Que a força da fé lhe seja renovada a cada leitura do *Pão Diário*. **Que o seu dia seja abençoado com a sabedoria transformadora**, mediante a reflexão da Palavra de Deus, nosso Pai. Seja você, a cada dia, uma bênção!

EMILSON CARLOS DE SOUZA — CORONEL, PRESIDENTE DA UMCEB

Os profissionais da Segurança Pública nos servem com excelência, e o devocional *Pão Diário* é uma poderosa ferramenta para levar a esses profissionais **uma palavra de fé, esperança e conforto**, como reconhecimento pelos serviços prestados à população.

ANDRÉ LUÍS, CAPITÃO DE MAR E GUERRA — MARINHA DO BRASIL

Todo ser vivo necessita de alimento para a sua sobrevivência. Sem o alimento físico vital, não terá vigor para cumprir a sua missão. Da mesma forma, todo ser humano precisa **nutrir a sua alma**; e o alimento mais puro, verdadeiro e poderoso é a Palavra de Deus. **Faça dela o seu pão diário e você verá quão poderosa ela é** para a vida de todos que dela se alimentam.

LUIZ CARLOS BARBOSA RIBEIRO
— BRIGADEIRO DO AR, FORÇA AÉREA BRASILEIRA

PARA DEVOCIONAIS INDIVIDUAIS OU EM FAMÍLIA DESDE 1956.

PÃO DIÁRIO

SEGURANÇA PÚBLICA

Louvado seja o SENHOR, minha rocha;
ele treina minhas mãos para a guerra
e dá a meus dedos habilidade para a batalha.

SALMO 144:1

Sobre os escritores

Ministérios Pão Diário contou com a colaboração voluntária de integrantes da segurança pública e capelães envolvidos com a área que, num esforço conjunto, produziram os devocionais desta obra. A contribuição desses bravos homens e mulheres proporcionou a realização de um sonho: a primeira edição, no mundo, escrita por profissionais da segurança pública para profissionais da segurança pública! A lista completa dos autores se encontra na última página deste volume.

Coordenação geral: Edilson Freitas
Coordenação de projeto: Beto Barros
Assessoria de projeto: Rev. Aluísio Laurindo
Coordenação editorial: Adolfo A. Hickmann
Revisão: Dalila de Assis, Dayse Fontoura, João Ricardo Morais
Coordenação gráfica: Audrey Novac Ribeiro
Projeto gráfico: Rebeka Werner
Imagens de Capa: Shutterstock

Exceto se indicado o contrário, as citações bíblicas são extraídas da Bíblia Sagrada, Nova Versão Transformadora © 2016, Editora Mundo Cristão.

Proibida a reprodução total ou parcial, sem prévia autorização, por escrito, da editora. Todos os direitos reservados e protegidos pela Lei 9.610, de 19/02/1998.

Pedidos de permissão para usar para usar citações deste devocional devem ser direcionados a permissão@paodiario.org

Publicações Pão Diário
Caixa Postal 4190, 82501-970 Curitiba/Paraná, Brasil
E-mail: publicacoes@paodiario.org • internet: www.paodiario.org
Telefone: (41) 3257-4028

Código: SV531 • ISBN: 978-65-86078-34-3 • Capa Polícia Soldados
Código: G1250 • ISBN: 978-65-5350-022-8 • Capa Leão
Código: EG905 • ISBN: 978-65-5350-049-5 • Capa Bombeiros Fogo
Código: Y8957 • ISBN: 978-65-5350-023-5 • Capa Bombeiros Equipamento
Código: TN680 • ISBN:978-65-5350-020-4 • Capa Brazão Azul

© 2021 Ministérios Pão Diário. Todos os direitos reservados.
Impresso no Brasil

QUEREMOS ORAR COM E POR VOCÊ!

Temos um convite especial para você: Que tal orarmos juntos? Pensando na importância da oração e no quanto ela nos faz bem, propomos aqui duas ações. Será um grande prazer tê-lo como parte dessa iniciativa.

Se você deseja aprender mais sobre oração e incluir um tempo de comunhão com Deus no seu cotidiano, oferecemos a você um *Curso Básico de Oração* para ajudá-lo em sua prática.

E caso deseje fazer um pedido de oração ou mergulhar na presença de Deus conosco, aponte a câmera do seu celular para o QR Code e acesse a página para orientações quanto a isso.

PESQUISA DE CONTEÚDO

VOCÊ PODE NOS AJUDAR?

Contamos com a sua colaboração para melhorar a nossa próxima edição. Para isso, basta apontar a câmera do seu celular para o QR Code e responder à breve pesquisa que preparamos para esse fim.

Sumário

Apresentação.. 9
Devocionais 11
Lista de autores 376

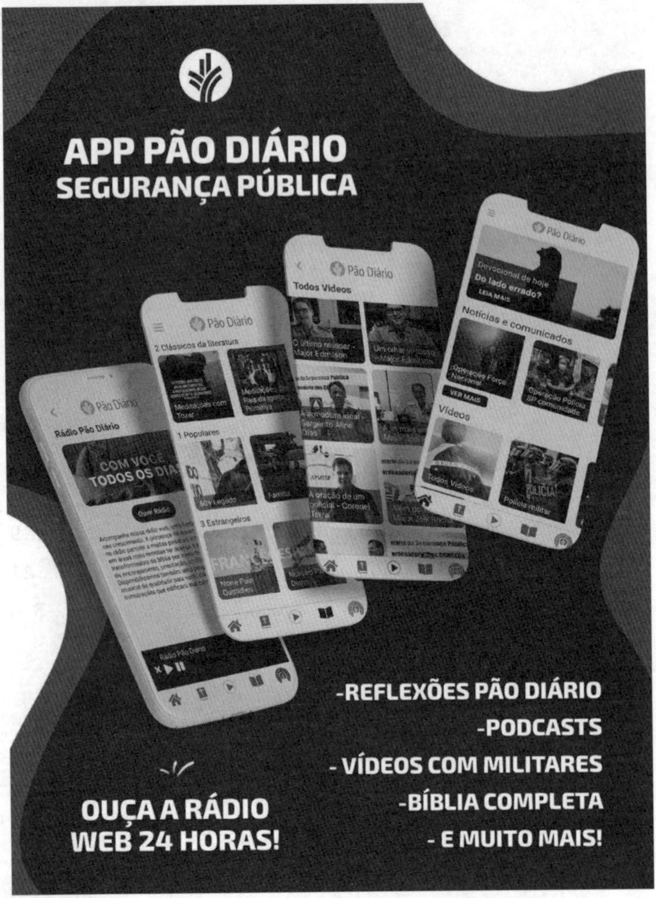
APP PÃO DIÁRIO
SEGURANÇA PÚBLICA
-REFLEXÕES PÃO DIÁRIO
-PODCASTS
- VÍDEOS COM MILITARES
-BÍBLIA COMPLETA
- E MUITO MAIS!
OUÇA A RÁDIO
WEB 24 HORAS!

CARO LEITOR,

Esta edição especial do *Pão Diário – Segurança Pública* é fruto do esforço conjunto de mais de 200 servidores dessa área no Brasil, da liderança de Ministérios Pão Diário, de organizações representativas, como a Aliança Evangélica pró Capelania Militar e de Segurança Pública do Brasil (ACEMEB), a União de Militares Cristãos Evangélicos do Brasil (UMCEB) e de capelães institucionais e voluntários. Há anos, essas organizações desenvolvem projetos que promovem o bem-estar e a qualidade de vida cristã, com programas de capelania espiritual, de prevenção ao estresse, à depressão e à ansiedade.

Ministérios Pão Diário tem parcerias em projetos com as Forças Armadas dos Estados Unidos, Inglaterra, Austrália, Peru, Gana, Trinidade e Tobago, Jamaica e com a base da Organização do Tratado do Atlântico Norte (OTAN) na Alemanha, entre outros projetos. No entanto, este devocional é o *primeiro projeto no mundo*, em mais de 80 anos de existência de nossa instituição. Foram várias reuniões online e presenciais com grupos de trabalho: especialistas em linguística, teologia, liderança militar, equipes de design gráfico, programadores, marketing, capelães e escritores que tornaram este devocional uma realidade — todos cederam seus textos e tempo, de forma voluntária, para enriquecer o projeto. Podemos agora lhe apresentar um programa de apoio, numa página web, e um aplicativo, com podcasts, vídeos, artigos, cursos, rádio web e excelente estrutura para compartilhar os textos por meio de mídias digitais. Nossa esperança é que esse esforço conjunto trará frutos para a eternidade.

Separe 10 minutinhos por dia. Leia, aprecie e pratique o que os seus colegas prepararam para você. Este é um presente do Senhor para a sua vida!

Edilson Freitas
Presidente de Ministérios Pão Diário no Brasil
Vice-presidente Ibero-Américas e Caribe

COMO USAR ESTE LIVRO

Como usar e obter o melhor resultado da leitura do devocional *Pão Diário – Segurança Pública*:

1 Escolha um momento e local. Escolha um momento e um local específico para ler *Pão Diário – Segurança Pública*.

2 Leia os versículos da Bíblia. Inicie o seu momento com Deus lendo a passagem da Bíblia impressa. A Palavra de Deus é a parte mais importante da sua leitura diária.

3 Medite sobre o versículo-chave. Ele destaca um tema-chave e indica um bom ponto de partida para a leitura do artigo.

4 Leia o artigo e reflita. Ao ler, procure aprender mais sobre Deus, seu relacionamento com Ele, e como o Senhor deseja que você viva.

5 Dedique um momento à oração. Após ler o artigo e as seções distintas, converse com Deus sobre o que você acabou de aprender e vivenciar. Compartilhe sua reação com o Senhor.

6 Compartilhe-a com outros também! Busque oportunidades de compartilhar o que você aprendeu. Ajude outros a conhecerem a Palavra de Deus usando *Pão Diário – Segurança Pública* todos os dias!

1º DE JANEIRO

Provérbios 3:1-12

DECISÕES

Busque a vontade dele em tudo que fizer,
e ele lhe mostrará o caminho que deve seguir. (v.6)

Temos que tomar decisões todos os dias. Em especial, quando há momentos específicos que se revestem de importância ímpar, nos quais uma escolha certa ou errada pode mudar muita coisa ou até transformar a nossa vida e a de outros sob a nossa responsabilidade.

Só quem tem que tomar uma decisão importante sabe a aflição, a incerteza e a angústia que isso gera. A responsabilidade por ela é pessoal e intransferível. Nem sempre acertaremos, mas as probabilidades de acerto serão ampliadas se contarmos com a contribuição de outros, pessoas de confiança, que nos estimam e se interessam por nós e que saibam considerar adequadamente a situação. Abrir mão do orgulho e buscar um bom conselho é sinal de sabedoria emocional e espiritual, como admoestam as Escrituras: "Planos fracassam onde não há conselho, mas têm êxito quando há muitos conselheiros" (PROVÉRBIOS 15:22).

Mais importante ainda, temos à nossa disposição uma opinião sempre oportuna, de fora, do alto: "Confie no Senhor de todo o coração; não dependa de seu próprio entendimento. Busque a vontade dele em tudo que fizer, e ele lhe mostrará o caminho que deve seguir" (PROVÉRBIOS 3:5-6).

Nem sempre acertaremos em nossas decisões. Mas quando colocamos a nossa vida nas mãos do Senhor, podemos estar certos de que Ele sempre estará presente para nos ajudar a lidar com as consequências, sejam elas boas ou ruins!

Trabalhe como se tudo dependesse de você.
Ore como se tudo dependesse de Deus!

SENHOR JESUS, AJUDA-ME A TOMAR AS MINHAS DECISÕES PARA A GLÓRIA DO TEU NOME.

CAP PAULO SAMUEL ALBRECHT — AFA/SP-FAB

2 DE JANEIRO — Salmo 121:1-2

ORIENTE SUA VIDA

Em silêncio diante de Deus, minha alma espera,
pois dele vem minha vitória. —SALMO 62:1

Assim que cheguei ao Amazonas como missionário, quis ter minha primeira experiência na selva e fui fazer a trilha do Parque do Mindu. Infelizmente, o meu primeiro erro foi rejeitar a ajuda dos monitores e, depois de alguns metros, saí da trilha segura para desbravar aquela mata cativante. Segundo erro: como eu estava com medo de pisar em algum animal peçonhento, olhava para baixo e, em poucos minutos de aventura, já estava perdido. Nunca orei tão fervorosamente a Deus, pedindo perdão pela minha arrogância e para encontrar o caminho de volta. Confesso que, sem querer, achei a trilha, e aprendi a lição.

Mais tarde, um sargento do exército me ensinou a regra do soldado perdido que é o ESAON: ESTACIONE (pare de rodear), SENTE (relaxe e tome o controle), ALIMENTE (busque forças), ORIENTE (suba em um lugar alto) e NAVEGUE (com confiança).

Aplicando essa regra à minha vida, tirei boas lições para usar em momentos de crise. Muitas das situações tensas que enfrentamos acontecem porque erramos em não buscar primeiro a orientação de pessoas mais experientes e acabamos focando apenas em nossos medos. Precisamos tirar os olhos do chão e utilizar o ESAON emergencial da vida: Pare de remoer seus problemas, busque a presença do Senhor, alimente-se da Palavra de Deus, aceite o conselho de pessoas sábias e, depois, vá em frente e busque uma solução para o problema.

É melhor pensar antes de falar e não falar tudo o que pensar
para evitar problemas desnecessários.

SENHOR, A SITUAÇÃO ESTÁ MUITO TENSA, MAS PREFIRO COLOCAR TUDO NAS TUAS MÃOS. ABRE MINHA MENTE E AJUDA-ME A ENCONTRAR A MELHOR SOLUÇÃO E SAÍDA. AMÉM!

REVERENDO MANUEL GAMALIEL LIMA — PRESIDENTE DA IGREJA DO NAZARENO NO BRASIL

3 DE JANEIRO

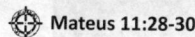 Mateus 11:28-30

SALVOS DE NÓS MESMOS

Venham a mim todos vocês que estão cansados e sobrecarregados, e eu lhes darei descanso. (v.28)

Ao término de uma palestra com o tema "Diga não ao suicídio", um dos militares saiu pela porta lateral do auditório do quartel. Inseguro, esperou que o palestrante passasse por ele e pudesse lhe falar em particular. Então, aproximando-se disse: "Eu venho pensando em fazer isso mesmo que você falou". Uma pessoa treinada para salvar vidas, mas que precisava ser salvo de si mesmo em suas intenções suicidas. Você conhece alguém assim?

Aquele jovem militar, ao ouvir sobre o assunto, despertou a esperança. Ao falar sobre seus sentimentos e pensamentos com alguém, diminuiu as tensões. Ao aceitar ser ajudado, foi amparado pelo especialista, que sabia como ajudá-lo.

Quantos morrem nos combates ou nas estradas por simples desprezo a si e à vida? No entanto, muitos foram "salvos de si mesmos" em suas intenções suicidas ao saírem do esconderijo e aceitarem ser socorridos, como aquele jovem. Às vezes, basta um telefonema. O próprio Jesus Cristo nos oferece esse contato e socorro em meio ao sofrimento quando diz: "Venham a mim todos vocês que estão cansados e sobrecarregados, e eu lhes darei descanso" (MATEUS 11:28).

Jesus é socorro que alivia, concede descanso e promove a vida, dando um novo sentido à nossa existência. É auxílio que recebemos quando oramos e aceitamos a Sua divina presença em nós. "Sim, Deus está conosco no meio do sofrimento e pode abençoar-nos de maneira que jamais chegaríamos a imaginar" (Billy Graham).

Só Deus define a minha vida.
O sofrimento é apenas uma parte dela.

DEUS, OBRIGADO POR NÃO DESISTIRES DE MIM. LIVRA-ME DOS PENSAMENTOS LOUCOS E COLOCA A TUA VIDA EM MIM.

CAP MARCELLO SILVA DE AZEVEDO — EB/RJ

4 DE JANEIRO

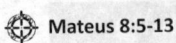 Mateus 8:5-13

O CENTURIÃO ROMANO

...Eu lhes digo a verdade: jamais vi fé como esta em Israel! (v.10)

Você tem fé? Há uma história bíblica em Mateus 8, no Novo Testamento, que envolve um centurião de fé. Um centurião era um militar encarregado de liderar 100 soldados, como se fosse um comandante de uma companhia de polícia atualmente.

Jesus estava entrando em Cafarnaum e foi abordado por esse militar implorando a cura de um membro da equipe dele que passava por um momento de muita dificuldade. Jesus disse que acompanharia o centurião até a sua casa, onde estava o enfermo. No entanto, esse homem disse: "Senhor, não mereço que entre em minha casa. Basta uma ordem sua, e meu servo será curado. Sei disso porque estou sob a autoridade de meus superiores e tenho autoridade sobre meus soldados. Só preciso dizer 'Vão', e eles vão, ou 'Venham', e eles vêm. E, se digo a meus escravos: 'Façam isto', eles o fazem" (vv.8-9). Esse militar creu na autoridade espiritual que Jesus tinha, e o enfermo foi curado no mesmo instante.

A fé daquele centurião impactou de tal forma o Senhor Jesus que Ele disse que não havia encontrado igual em Israel. Aquele homem não apenas reconheceu o poder e a autoridade de Cristo, mas se submeteu a eles. Assim como esse militar creu e recebeu a intervenção de Deus na vida do seu amigo, a sua fé pode também abençoar a sua vida, a sua família e alguém da sua equipe.

Creia em Deus porque Ele o incumbiu de ser um agente de paz e de bênção para a sociedade. Se você exercer sua fé nele, também estará cumprindo o propósito de viver essas palavras que Ele deixou para nós.

Todo o Universo está sob a autoridade de Jesus.
Creia nisso e verá maravilhas!

SENHOR, AJUDA-ME A CRER QUE TU ESTÁS ACIMA DE TUDO, MAS TE PREOCUPAS COMIGO, COM MINHA FAMÍLIA E COM A MINHA EQUIPE.

CEL ALEXANDRE MARCONDES TERRA — PMESP

5 DE JANEIRO

Romanos 15:1-7

SAIA DA GELADEIRA

Portanto, aceitem-se uns aos outros como Cristo os aceitou,
para que Deus seja glorificado. (v.7)

Certo dia, quando terminou o expediente num frigorífico, um dos funcionários decidiu inspecionar uma das câmaras frigoríficas nos últimos minutos. Porém, enquanto estava lá dentro, a porta se fechou sozinha e ele ficou trancado dentro da enorme geladeira de carnes. Desesperadamente ele gritou e bateu na porta, mas ninguém o ouviu. Uma hora mais tarde, quando o homem já estava à beira da morte, o segurança da empresa milagrosamente apareceu e abriu a porta, e explicou o porquê: "Trabalho aqui há 35 anos. Centenas de trabalhadores entram e saem todos os dias, mas você é o único que me cumprimenta pela manhã e se despede à tarde. Para os demais funcionários eu não existo. Por isso, todos os dias, espero o seu 'olá' e o seu 'até amanhã'. Hoje, não ouvi o seu 'até amanhã'. Então, desconfiei e vim fazer uma ronda na empresa".

Essa história verídica nos alerta que devemos dar atenção às pessoas à nossa volta, pois não vivemos sozinhos no mundo. A Bíblia nos dá algumas ideias do que fazer: "...Amem uns aos outros..." (JOÃO 15:12); "Abram sua casa de bom grado para os que necessitam de um lugar para se hospedar" (1 PEDRO 4:9); "...aceitem-se uns aos outros..." (ROMANOS 15:7); "...sejam bondosos e tenham compaixão uns dos outros, perdoando-se..." (EFÉSIOS 4:32).

Pratique esses mandamentos e você será muito mais feliz. Relacionamentos verdadeiros dão saúde ao corpo e libertação à alma. Saia da geladeira e viva a vida!

O silêncio demonstra insensibilidade, covardia e frieza
em relação ao sentimento e sofrimento alheio.

SENHOR, AJUDA-ME A SER ALGUÉM QUE SABE VERDADEIRAMENTE AMAR AS PESSOAS COM SINCERIDADE E SEM DISCRIMINAÇÃO.

S TEN ATILANO MURADAS NETO — EB/SP

6 DE JANEIRO

 3 João

SAÚDE ESPIRITUAL PARA VIVER BEM

Amado, oro para que você tenha boa saúde e tudo lhe corra bem, assim como vai bem a sua alma. (v.2)

Nesta pequena carta, João escreve para seu amigo Gaio e relata o desejo de encontrá-lo bem, sadio e forte em espírito. Muitas vezes as pessoas querem viver bem, mas não atentam que para tal é necessário buscar força espiritual. João lista alguns procedimentos que os cristãos precisam ter para buscar uma vida espiritual forte a fim de viver bem. O apóstolo João deixa algumas lições:

1. Precisamos andar na verdade, pois a verdade sempre prevalece. Jesus disse que Ele é a verdade.
2. Devemos ser fiéis no nosso proceder com os de casa e com os de fora, pois Deus nos chamou para sermos representantes dele neste mundo.
3. O que fizermos façamos com amor. João elogia os irmãos que estavam recebendo bem os missionários e os hospedando com amor.
4. Devemos imitar as coisas boas. Temos a tendência de imitar as pessoas. Imitemos apenas as coisas boas.
5. Nosso testemunho deve ser verdadeiro, pois na vida do cristão não deve haver espaço para falsos testemunhos. Como cristãos, somos e devemos ser imitadores de Cristo.
6. Devemos sondar nossos corações todos os dias para nos policiar, de forma a vigiar para não pecar e viver em santidade e em conformidade com a Palavra de Deus.

Deus se agrada quando recebo bem as pessoas com amor e hospitalidade.

JESUS, OBRIGADO POR TUA PALAVRA. AJUDA-ME A TER UMA BOA SAÚDE ESPIRITUAL E A SER UM INFLUENCIADOR, ABENÇOANDO OUTRAS PESSOAS.

PASTOR SHARLES CRUZ — PRESIDENTE DA IGREJA COBERTURA CRISTÃ

7 DE JANEIRO

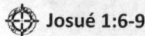 Josué 1:6-9

NÃO TEMA

*...Seja forte e corajoso! Não tenha medo nem desanime,
pois o SENHOR, seu Deus, estará com você... (v.9)*

Ao me preparar para mais um turno, tudo fluía com normalidade. Entretanto, é de conhecimento de todos que a atividade policial é sempre imprevisível.

Chegando ao batalhão, fomos direto para o Treinamento Físico Militar. A preparação física, além de contribuir na atividade fim, contribui na saúde mental e aumenta ainda mais a camaradagem entre a equipe. Finalizamos o dia de serviço sem alteração, missão cumprida! Passamos o serviço para outra guarnição, e eu já estava me preparando para ir para o aconchego do lar.

Ao sair do serviço, ofereci carona para um colega que estava entristecido. No percurso, perguntei como estava. Olhando para mim, ele disse: "Hoje será o último dia da minha vida!". Treinei para diversos tipos de combate, mas nunca para aquele momento: olhar nos olhos do seu irmão de farda e perceber que ele não deseja mais viver.

O medo bateu à porta, mas a primeira coisa que fiz foi pedir a Deus que conduzisse minhas palavras e que Ele me usasse naquele momento para impactar a vida daquele irmão. Fomos conversando até a sua casa. Logo em seguida, entrei em contato com a corporação, procurando ajuda especializada e informei sobre o ocorrido. A assistência foi realizada com sucesso e hoje, graças a Deus, ele permanece conosco, são e salvo!

*Não temas, Deus está contigo. Não há motivo
para assombro, pois Ele é o teu Deus.*

**SENHOR, GRAÇAS POR TEU AMOR E MISERICÓRDIA.
GUARDA NOSSA VIDA EM TUAS MÃOS!**

SD THIAGO MACHADO DE ARAÚJO — PMSE

8 DE JANEIRO

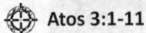 Atos 3:1-11

SOU IMPORTANTE PARA DEUS

Então Pedro segurou o aleijado pela mão e o ajudou a levantar-se. (v.7)

Há momentos em que nos sentimos imobilizados e carentes, precisando de ajuda. Isso pode acontecer a qualquer pessoa. No livro de Atos, temos uma situação como essa. Alguém precisava de uma mão amiga e o apóstolo Pedro foi essa mão oportuna. Porém, ele mesmo deixou bem claro que não possuía recursos financeiros, mas tinha algo mais elevado a dar: "em nome de Jesus Cristo, o nazareno, levante-se e ande!" (ATOS 3:6).

O escritor sagrado informa que Pedro e João estavam indo ao templo para orar (v.1), revelando a importância do hábito da oração pessoal. Ao chegarem lá, encontraram um homem que pedia esmolas. Ele era aleijado de nascença. "O que poderia ter sido uma ocasião da caridade mecânica transforma-se em encontro pessoal, na medida em que o coxo e os apóstolos se entreolham atentamente" (*Atos — Introdução e comentário*, por I. H. Marshall, Editora Mundo Cristão, 2006). Era uma oportunidade que poderia lidar com a causa do problema do homem e, "em nome de Jesus", isto é, sob a autoridade de Jesus, ajudaram o homem a se levantar (v.7). O que vem depois é a pura demonstração de gratidão por parte do homem curado: "saltando e louvando a Deus" (v.8).

Existem situações nas quais temos a oportunidade de estender a mão a alguém necessitado, que precisa entender que Deus se importa e tem interesse em ajudá-lo. Existem momentos em que somos convocados a ajudar e, ao fazê-lo, somos ajudados. Contudo, só podemos oferecer o que realmente temos. O que você tem? Ou melhor, em qual dos polos você se encontra: do aleijado ou dos apóstolos?

Quando nos dispomos a ajudar, ajudamos a nós mesmos.

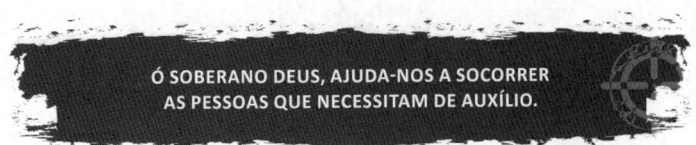

Ó SOBERANO DEUS, AJUDA-NOS A SOCORRER AS PESSOAS QUE NECESSITAM DE AUXÍLIO.

TEN CEL NIOBEY AYER DA SILVA — PMTO

9 DE JANEIRO

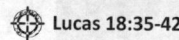 Lucas 18:35-42

SOLTE-ME DAS FERRAGENS

Quando Jesus se aproximava de Jericó, havia um mendigo cego sentado à beira do caminho. (v.35)

Nos mais variados sinistros atendidos, e com árduo emprego de forças e ações a fim de libertar as vítimas presas nas ferragens, veiculares ou estruturais, era notório, para todos ali, o grito: "Solte-me das ferragens". Era um grito por liberdade e pela vida.

No texto bíblico de Lucas 18:35, encontramos Jesus atendendo a um grito por uma cura do sofrimento. Um homem pelas ruas, conhecido como "o cego de Jericó", clamava dizendo: "Jesus, Filho de Davi, tenha misericórdia de mim". Jesus logo lhe perguntou: "O que você quer que eu lhe faça?". O homem cego respondeu-lhe: "Senhor, eu quero ver!" (v.41). Disse-lhe o Senhor: "Receba a visão! Sua fé o curou" (v.42). Quantas vezes o nosso grito por socorro e liberdade é até sem palavras! Não pedimos expressamente que nos soltem das ferragens, mas sim que nos soltem de outras situações desesperadoras e impossíveis, que aos nossos próprios olhos não têm conserto.

A Palavra de Deus nos diz: "Pois nada é impossível para Deus" (LUCAS 1:37). Portanto, podemos chegar a Ele com toda esperança e a cada dia desfrutar de Sua presença, amor, cuidado e proteção. Ele é maravilhoso. Devemos permitir que Ele se aproxime e pergunte: "O que você quer que eu lhe faça?", pois nele podemos encontrar toda a expressão de amor e refúgio.

Mesmo em meio às dificuldades, a presença de Deus,
Sua bondade e promessas sempre estarão conosco.

DEUS TODO-PODEROSO, OBRIGADO POR TEU AMOR, PELA VIDA, PELAS CONQUISTAS E POR TUA PALAVRA.

3º SGT ELIEZER VITOR COELHO — CBMSC

10 DE JANEIRO

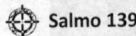 **Salmo 139**

O PLANO PERFEITO

*Como são preciosos os teus pensamentos a meu respeito,
ó Deus; é impossível enumerá-los!* (v.17)

O número de 34.884 mil inscritos para o concurso de delegado do Estado do Paraná de 2020 me fez refletir sobre concursos públicos. Pessoas têm deixado suas carreiras, abdicado de finais de semana, de tempo com familiares e amigos. Tudo por um cargo público. Por algum tempo, vivi essa rotina insana. Nesse período, eu vivia para cumprir com excelência minhas atividades no trabalho e minhas metas de estudo até que, horas antes, a esperada prova foi suspensa.

Confesso que eu estava tão exausta na semana que antecedeu à prova, que passei aqueles dias à base de analgésicos. Junto com certo alívio, um buraco de frustração se abriu e dentro dele caíram todas as expectativas que eu havia colocado naquela prova e senti certo arrependimento por tudo que abdiquei naquele período.

O salmista diz que Deus nos teceu no ventre de nossa mãe (SALMO 139:13) e que registrou cada dia de nossa vida em Seu livro, estabelecendo cada momento quando nenhum deles ainda existia (v.16). Com o salmista, aprendemos que, quando entregamos nossa vida a Jesus, Deus, na Sua infinita sabedoria e bondade, direciona-nos dentro do Seu plano perfeito para que atinjamos aquilo que Ele sonhou para nós. Quando entendemos a Sua maravilhosa graça, tiramos o peso de conquistarmos com a força do nosso braço e passamos a cumprir nossos compromissos com a certeza de que Ele nos conduzirá em Seu plano perfeito.

*A sua história começou a ser escrita na cruz do calvário.
Foi por você!*

DEUS, AGRADEÇO POR ESCREVERES OS NOSSOS DIAS E POR NOS DIRECIONARES NA TUA MARAVILHOSA VONTADE.

INVESTIGADORA DE POLÍCIA LUCIMÉIA SWIECH — PCPR

11 DE JANEIRO

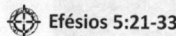 Efésios 5:21-33

FAMÍLIA, UM PRESENTE DE DEUS

*...cada homem deve amar a esposa como ama a si mesmo,
e a esposa deve respeitar o marido.* (v.33)

A Bíblia fala que é agradável que haja comunhão entre os irmãos (SALMO 133:1). Mas o primeiro lugar onde temos que vivenciar a comunhão é em nossa família. Contudo, infelizmente, o mundo hoje vive uma crise de identidade familiar. O modelo estabelecido pela Palavra de Deus tem sido colocado de lado.

Faço parte da Polícia Militar do Ceará, essa instituição centenária, e tenho visto o quanto é comum nossos colegas terem lares destruídos. No entanto, há uma saída! Buscando ajudá-lo nesse processo, eu lhe darei um alicerce por onde começar. As Escrituras falam, em Efésios 5:25-26, que o marido deve amar a esposa como Cristo amou a Igreja: dando sua vida por ela. Isso implica em renúncia. Se queremos ter um lar abençoado, precisamos amar a nossa esposa, e não a ver somente como um objeto que usamos. Diante de Deus, os maridos e as esposas têm a mesma importância.

Para as esposas, a Bíblia diz: "...sujeite-se cada uma a seu marido, como ao Senhor" (v.22). Essa sujeição não é uma escravidão. É um feedback que você dá ao seu marido em resposta ao amor dele.

Sei que a convivência não é fácil. Quando nos casamos, criamos uma ilusão de que nosso cônjuge será perfeito. Mas sabemos que não é assim: as pessoas têm diferenças e desejos, e é preciso equacionar isso dentro de um lar, para que o matrimônio tenha sucesso. Se você não consegue fazer isso sozinho, busque a ajuda de um pastor, um conselheiro, um psicólogo de família. O fracasso está no silêncio e no orgulho.

"Se o SENHOR não constrói a casa, o trabalho dos construtores é vão."
(SALMO 127:1)

**SENHOR, MINHA FAMÍLIA PRECISA DE TUA INTERVENÇÃO.
COMEÇA POR MUDAR O MEU CORAÇÃO.**

1º SGT ALTEMIR MENEZES — PMCE

12 DE JANEIRO

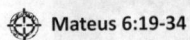 Mateus 6:19-34

MANTENHA O PRINCIPAL COMO O PRINCIPAL

Busquem, em primeiro lugar, o reino de Deus e a sua justiça, e todas essas coisas lhes serão dadas. (v.33)

Há uma frase que costumo guardar comigo, que diz: "O importante é você manter o principal como o principal". A vida é feita de escolhas, de prioridades que você determina. Ou você controla a sua agenda, ou ela o controlará. Como podemos nos disciplinar a reservar tempo para as coisas que são importantes?

Muitas vezes, estou saindo pela porta da minha casa e me lembro de que esqueci o principal. Então, eu regresso para um cômodo separado onde posso dobrar meus joelhos e me apresentar diante de Deus em favor daquele dia. Não temos como saber o que cada dia nos reserva. Mas, se tivermos a compreensão de que o Senhor, como um guarda que vai à nossa frente, vai nos proteger, iluminar e direcionar, podemos ter certeza da vitória.

Estarmos preparados para as batalhas diárias faz toda a diferença! Assim, se você separar um tempo para meditar na Bíblia, ler um devocional, enriquecer-se com a sabedoria de um livro inspirado e orar, fará com que suas ferramentas estejam bem afiadas. Tempo devocional não é tempo perdido; é investimento para que você tenha mais sucesso e esteja mais bem preparado para as lutas cotidianas.

Buscar a Deus é sempre a principal estratégia e a prioridade máxima.

DEUS PAI, AJUDA-NOS A SABER TRAÇAR AS PRIORIDADES DE NOSSA VIDA E A SEMPRE TE COLOCARMOS NO TOPO DELAS.

MAJ JOEL ROCHA — PMESP

13 DE JANEIRO — 1 Timóteo 6:6-10

O CAMINHO DO CONTENTAMENTO

*De fato, a piedade com contentamento
é grande fonte de lucro.* (v.6)

Vivemos num mundo materialista e consumista. Parece que nunca estamos satisfeitos. Tira-nos a paz o fato de não podermos ter o que gostaríamos. Não deve ter sido fácil para os soldados ouvirem de João Batista: "...contentem-se com o seu salário" (LUCAS 3:14).

Às vezes treinamos os nossos filhos, mesmo sem perceber, para o não contentamento. Ao lhes darmos tudo o que querem e pedem, alimentamos algo que pode levá-los a uma vida de insatisfação constante. O remédio, segundo o texto bíblico, é nutrirmos uma vida de contentamento. Se estivermos satisfeitos, então já temos o lucro. O raciocínio de Paulo é simples: uma pessoa imagina fazer um investimento para ter lucros, mas se ela se sentir satisfeita com o que tem, ela deixa de investir, porque entende que o sentimento que teria se tivesse o lucro já veio sem o investimento. Esse sentimento é o contentamento.

É bom observar que Paulo não nos ensina o comodismo, a indolência e o não planejamento. Ele nos instrui a algo maior: a trabalharmos e planejarmos, sim, mas, acima de tudo, a vivermos contentes com o que Deus já nos tem concedido, a nutrir uma vida cristã verdadeira, piedosa, e a confiarmos que Ele cuidará de nós de uma maneira maravilhosa.

O verdadeiro "milagre econômico" acontece a cada dia quando experimentamos o cuidado especial de Deus conosco.

*O melhor investimento é a paz interior.
É a satisfação com o que Deus já tem nos concedido.*

SENHOR, AJUDA-NOS A CONFIAR MAIS EM TI PARA NOSSA PROVISÃO E DÁ-NOS UM SENTIMENTO DE MAIOR CONTENTAMENTO POR AQUILO QUE TU JÁ NOS DESTE.

BISPO LUIZ CESAR NUNES DE ARAÚJO — PRESIDENTE DA IGREJA CRISTÃ EVANGÉLICA DO BRASIL

14 DE JANEIRO 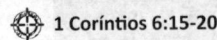 **1 Coríntios 6:15-20**

ELE HABITA EM NÓS

Vocês não sabem que seu corpo é o templo do Espírito Santo...? (v.19)

Durante uma reunião com mulheres, num município de Pernambuco, estávamos em oração e grande clamor quando uma delas começou a falar ao coração das demais com grande poder, revelando mistérios sobre suas vidas.

Quando o momento foi encerrando, e todas já estavam assentadas, a que mais nos causava a impressão de estar cheia do Espírito Santo pediu para que outra mulher sentada a sua frente profetizasse sobre sua vida, revelando o que Deus tinha para ela.

Nesse momento, observando de longe a cena, Deus falou ao meu coração: "Você está vendo, filha? Quem mais estava parecendo estar cheia da minha presença ainda está vazia, esperando algo de fora, da boca de alguém para enchê-la".

Tudo o que precisamos para preencher qualquer área de nossa vida não está em um lugar distante ou necessariamente vem de alguém. O que nos completa está dentro de nós. Deus sabe tudo o que sentimos ou pensamos. Antes mesmo que venhamos falar, Ele nos conhece, pois faz morada em nós e tem-nos como templo para Sua presença.

*O Espírito Santo faz morada naqueles que têm Jesus
como Senhor e Salvador.*

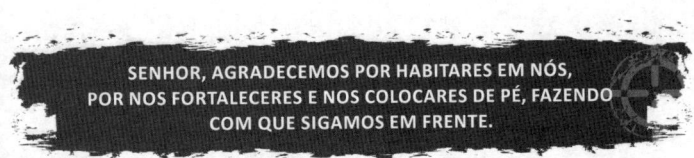

SENHOR, AGRADECEMOS POR HABITARES EM NÓS, POR NOS FORTALECERES E NOS COLOCARES DE PÉ, FAZENDO COM QUE SIGAMOS EM FRENTE.

3º SGT MONICK CRISTINE DA SILVA BARROS — CBMPE

15 DE JANEIRO

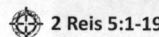 2 Reis 5:1-19

NAAMÃ, UM COMANDANTE ESPECIAL

*E havia muitos leprosos [...] no tempo do profeta Elizeu [...]
o único que ele curou foi Naamã...* —LC 4:27

Há mais de dois mil anos, o Senhor Jesus fez menção àquele honrado homem da Síria, chamado Naamã, que viveu séculos antes de Cristo. Mas afinal quem foi Naamã, que teve tanta notoriedade mesmo sendo estrangeiro?

Naamã foi um comandante muito bem-sucedido, oficial de alta patente do exército sírio, combatente perspicaz e valoroso. Era um grande homem naquele reino. Na verdade, Naamã obteve a glória em sua carreira militar não apenas porque era muito bem-preparado e experiente em combate. É claro que um bom preparo faz a diferença em qualquer tropa operacional — "o alto preparo técnico do homem é fator de importância fundamental para a eficácia de sua ação". No entanto, os triunfos de Naamã ocorriam porque Deus, em Sua sabedoria insondável, dera vitória à Síria.

Apesar de Naamã caminhar triunfalmente contra seus inimigos, esse general não conseguia vencer uma doença que o afligia diuturnamente: a lepra. Contudo, o bom Deus, por meio da Sua misericórdia infinita, concedeu-lhe a cura a ponto de sua pele ficar como a de uma criança. Além da cura física, Deus lhe concedeu a cura da alma.

Assim como esse general, também enfrentamos batalhas que não podemos vencer sozinhos, com as nossas próprias forças. Somente estando na total dependência do Eterno é que seremos triunfantes!

*A graça de Cristo nos proporciona a maior das vitórias:
a vida eterna!*

QUE A EXTRAORDINÁRIA GRAÇA DO BOM DEUS EM CRISTO JESUS ESTEJA SEMPRE CONOSCO, AJUDANDO-NOS EM TODAS AS BATALHAS DA VIDA.

2º SGT OZEAS LUCAS RODRIGUES — BOPERJ

16 DE JANEIRO — 1 Samuel 7:10-12

ATÉ AQUI O SENHOR NOS TEM AJUDADO

*Deu à pedra o nome de Ebenézer, pois disse:
"Até aqui o SENHOR nos ajudou!". (v.12)*

A amizade é um termo sublime e de profundo significado que possui uma grande importância para a sociedade, desde o ambiente familiar até a formação de uma nação.

Ao relacionar esse termo com a minha vida profissional na segurança pública, lembro-me de um momento em que me foi designada a responsabilidade de assumir a coordenação de saúde da minha instituição. Confesso que não foi nada fácil, pois tive que desempenhar a função de implementar uma política de boas relações com os diversos setores integrantes, mesmo com o *establishment* local e a insatisfação de alguns que não desejavam a minha presença ali.

As invejas então começaram a se levantar e tentaram desfazer a autenticidade de nossas atividades, mas, sempre que eu me deparava com tais provocações, recorria ao nosso Conselheiro, Deus Forte, Pai da eternidade e Príncipe da paz.

O que seria de mim se Deus não estivesse presente de forma vibrante e intensa em minha vida nos mais de trinta e quatro anos de função pública! Ele me proporcionou amizades especiais e manifestações sobrenaturais de Sua presença.

Querido amigo, não perca a oportunidade de servir ao Deus Eterno por meio de Seu Filho Jesus Cristo! Lanço assim a você este grande e maravilhoso desafio de render-lhe graças e adoração e de receber dele chuvas de bênçãos. Posso lhe dizer com toda a certeza que vale a pena servi-lo.

"...Até aqui o SENHOR nos ajudou!" (1 SAMUEL 7:12)

O Senhor é o nosso Ebenézer, nossa "pedra de ajuda".

DEUS, GRAÇAS POR TUA FIDELIDADE. CONTINUA A ME CONDUZIR NESTA DURA JORNADA TERRENA, PARA QUE, AO FINAL, EU POSSA DESFRUTAR DO TEU LINDO CÉU.

CEL PAULO JOSIMAR DIAS SIMÕES — PMCE

17 DE JANEIRO

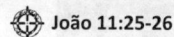 João 11:25-26

MORTE E VIDA

...Eu sou a ressurreição e a vida. Quem crê em mim viverá, mesmo depois de morrer. (v.25)

Ao entardecer, a nossa equipe de local de crime foi contatada para o atendimento de uma ocorrência de latrocínio em um tradicional estabelecimento comercial localizado em área nobre do estado do Rio de Janeiro. Mas, quando chegamos ao endereço, para nossa surpresa, a vítima fora encaminhada com sinais vitais a uma unidade de saúde mais próxima.

Preliminarmente, adotamos os devidos procedimentos técnicos iniciais: ajustes no isolamento do local. Na sequência, periciei o lugar a fim de elaborar a possível dinâmica do fato e permitir a eventual identificação de autoria. Findando, retornamos para a base policial, sendo os vestígios coletados e devidamente catalogados entregues ao setor responsável pela sua guarda e trâmites.

Posteriormente, redigi os laudos daquele plantão, inclusive o do caso em tela. E, nos momentos de descanso e lazer com meus familiares e amigos, involuntariamente assistia à expressiva repercussão com os diversos meios de comunicação relatando sobre o acontecido. Toda a situação me fez refletir a respeito da vida.

Já no plantão seguinte, soube que o criminoso havia sido capturado e, felizmente, a vítima havia sobrevivido. A vida logrou êxito! Com os laudos entregues, emanou a sensação de dever cumprido, realizei a minha parte.

Como é bom ter a convicção de que Deus faz parte do nosso dia a dia!

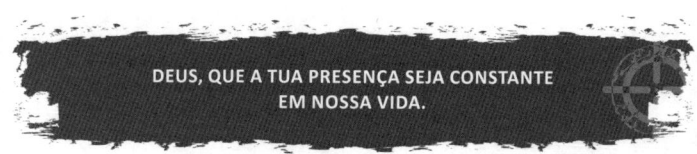

DEUS, QUE A TUA PRESENÇA SEJA CONSTANTE EM NOSSA VIDA.

PERITO CRIMINAL CRISTIANO ABIRACHED JUNQUEIRA LOPES — PCERJ

18 DE JANEIRO — Marcos 10:17-31

SEGUIR A JESUS

...Bom mestre, que farei para herdar a vida eterna? (v.17)

O texto da leitura de hoje mostra um diálogo de Jesus com Seus discípulos e outras pessoas sobre o reino de Deus e suas demandas. Sim, existem demandas para entrar no reino de Deus, e uma delas, a principal, é seguir a Jesus. Os discípulos estavam seguindo a Jesus e experimentariam a maior de todas a provas, o terrível flagelo e morte do Senhor. Nesse diálogo, Jesus os adverte sobre a seriedade que é seguir esse caminho de Deus, assumir suas demandas, encarnar seus valores. O jovem rico, diante disso, ficou triste e não conseguiu tomar a decisão de seguir o Mestre.

Os discípulos ficaram admirados com as palavras de Jesus, mas também acharam muito difícil entrar no reino de Deus. Mas os empecilhos que Jesus apresenta seriam muito mais pela nossa dificuldade de assumir os valores do reino do que por alguma imposição que existisse. Jesus, sempre abrindo portas, afirma que pode ser difícil, mas não é impossível.

Conosco não será diferente. As demandas e os valores do reino são altos e nobres, e a nossa capacidade é limitada. Contudo, o Senhor Jesus sempre abrirá uma porta para aqueles que, de fato, desejam seguir Seu caminho e se tornar agentes de transformação neste mundo. Nunca permita que a sua vida fique distante do reino de Deus por conta de suas limitações. Ele suprirá todas elas.

Seguir a Jesus é mais do que acreditar nele.
É seguir Seus passos em todo tempo.

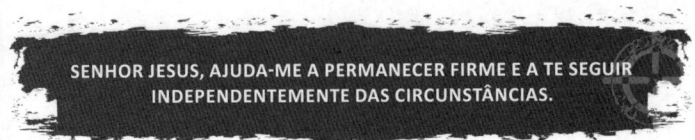

SENHOR JESUS, AJUDA-ME A PERMANECER FIRME E A TE SEGUIR INDEPENDENTEMENTE DAS CIRCUNSTÂNCIAS.

BISPO MIGUEL UCHÔA — PRESIDENTE DA IGREJA ANGLICANA NO BRASIL

19 DE JANEIRO — João 15:11-16

AMIGOS DE DEUS

Vocês serão meus amigos se fizerem o que eu ordeno. (v.14)

Ao entrarem na Escola de Bombeiro, os novos alunos soldados passam por uma longa jornada de treinamentos e instruções, na qual aprendem as técnicas e táticas para serem bombeiros. E, para ingressarem nas fileiras da corporação, os novos bombeiros fazem um juramento: "Ao ingressar no Corpo de Bombeiros Militar, prometo regular a minha conduta pelos preceitos da moral, cumprir rigorosamente as ordens das autoridades a que estiver subordinado e dedicar-me inteiramente ao serviço bombeiro-militar, à manutenção da ordem pública e à segurança da comunidade, mesmo com o risco da própria vida".

Essas palavras farão parte da vida do Policial ou Bombeiro militar, mesmo que de folga em sua casa, passeando em um shopping ou passando o fim de semana na praia. Ele estará sempre pronto a cumprir seu juramento. Ao escutar um chamado de socorro, ele atenderá prontamente de todo o coração, pois, a cada ocorrência atendida, ele dedica a sua vida pelo próximo.

Assim como nós não escolhemos ser bombeiros, mas somos escolhidos, assim é a nossa vida com Deus. Nós não o escolhemos, mas por Ele fomos escolhidos.

Aquele que der sua vida pelo seu irmão será amigo de Deus.

DEUS TODO-PODEROSO, SOMOS GRATOS A TI POR NOS TERES ESCOLHIDO E SUSTENTADO, PARA QUE POSSAMOS FAZER O BEM E SERMOS CHAMADOS DE TEUS AMIGOS.

3º SGT ANDERSON SILVIO MENDES — CBMMS

20 DE JANEIRO

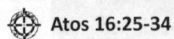 Atos 16:25-34

CREIA

*Eles responderam: "Creia no Senhor Jesus,
e você e sua família serão salvos".* (v.31)

Acompanhei a situação de uma manicure que passou por momentos muitos difíceis em sua vida. Um passado marcado por traumas emocionais profundos, abandonos e conflitos internos que ensejaram no cometimento de um crime contra sua filha caçula, e menor de idade, num momento de correção. Uma vida desprovida de amor, confiança, recursos e apoio que a deixaram à mercê de um comportamento violento e impensado. As atitudes daquela manicure causaram repúdio em uma comunidade sem altruísmo e cheia de julgamentos. A força policial atuou e, mediante o flagrante, a manicure foi presa. Suas crianças ficaram num abrigo. "Abandonada por todos, o que Jesus faria nessa ocasião?", eu pensei.

Com o apoio de algumas pessoas, cuidamos daquela família em todos os sentidos, dando-lhe esperança. Jesus foi apresentado, e a manicure creu nele. Ela foi salva juntamente com toda sua casa!

Depois de cumprir sua pena em regime semiaberto, ela se casou com seu companheiro e obteve a guarda de seus filhos. Apesar do momento fatídico, ela era uma boa mãe. A família toda foi acolhida e ajudada! Desde então, ela e sua família servem a Deus numa igreja.

Podemos ajudar as pessoas se formos mais amorosos e menos julgadores. Não há problema ou situação na qual não possamos ajudar! Quem precisa da sua ajuda hoje?

O amor verdadeiro é expresso por atitudes.

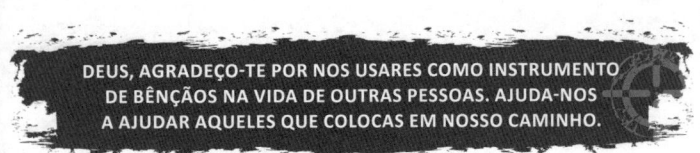

DEUS, AGRADEÇO-TE POR NOS USARES COMO INSTRUMENTO DE BÊNÇÃOS NA VIDA DE OUTRAS PESSOAS. AJUDA-NOS A AJUDAR AQUELES QUE COLOCAS EM NOSSO CAMINHO.

MAJ VANILCE ALMEIDA ALVES — PMRO

21 DE JANEIRO

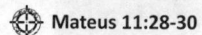 Mateus 11:28-30

ALÍVIO PARA O CANSADO

Todo aquele que o Pai me der virá a mim, e quem vier a mim eu jamais rejeitarei. —JOÃO 6:35

Como é bom receber um convite para o casamento de um amigo, para participar do almoço com pessoas amadas ou para viajar e passar alguns dias no sítio de um familiar para descansar! Quem trabalha nas forças de segurança pública vive constantemente sob tensão e precisa de descanso. O descanso físico e mental. Dormir bem e ter uma alimentação equilibrada são importantes para uma qualidade de vida melhor.

Descansar é desligar-se de tudo. É cuidar de si mesmo, renovar as forças e continuar ainda melhor. Descansar também é ter uma espiritualidade saudável. Jesus faz um convite a todos e nos dá uma promessa: "Venham a mim, todos os que estão cansados e sobrecarregados, e eu lhes darei descanso" (MATEUS 11:28).

Quando você estiver cansado e tiver o pensamento de desistir, lembre-se do convite de Jesus. Ele o ama e quer cuidar de você nas horas difíceis, que parecem não ter solução ou alívio para seu cansaço. Jesus é a alegria para todas as pessoas. Ele tem o poder de nos levar ao Pai, pois Ele é o caminho, a verdade e a vida (JOÃO 14:6). Nos dias de estresse, quando estiver muito cansado, pare, pense e entregue sua vida aos cuidados do Senhor da vida, que nos concede o refrigério para viver. Seu nome é Jesus!

Quem se aproxima de Jesus tem a certeza do alívio para uma nova vida!

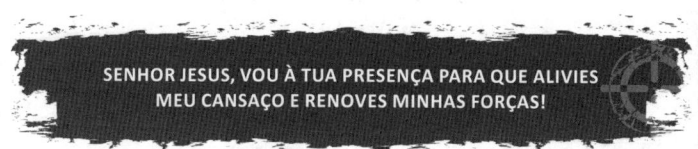

SENHOR JESUS, VOU À TUA PRESENÇA PARA QUE ALIVIES MEU CANSAÇO E RENOVES MINHAS FORÇAS!

PR. SANDRO SOARES DE O. LIMA — CAPELÃO VOLUNTÁRIO/PR

22 DE JANEIRO 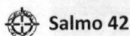 Salmo 42

VENCENDO A CRISE INTERIOR

Por que você está assim tão triste, ó minha alma?
[...] Ponha a sua esperança em Deus!... (v.5)

A alma nem sempre é perfeitamente estável. Frequentemente, observamos que ela oscila, vacila e manca muitas vezes. Isso acontece em nossa própria vida, quando variamos do sentimento de triunfo para o de medo, dúvida, angústia ou aflição. A realidade é que hoje há muitas pessoas com a alma atribulada. Gente atemorizada, deprimida, sufocada e angustiada.

Estamos vivendo um momento ímpar na história mundial. A pandemia tem prejudicado muitas pessoas. A questão, então, é: como libertar-se de situações emocionais deprimentes? Como vencer essa crise interior que nos afeta?

O Salmo 42 foi escrito por alguém que estava vivendo uma crise interior. Percebam que no versículo 3, ele chora de dia e de noite, não consegue dormir, está deprimido e se pergunta: "Por que você está assim tão triste, ó minha alma?" (SALMO 42:5). No entanto, ele termina o Salmo com uma palavra de esperança.

O que ele fez e devemos fazer também? Ele abriu o seu coração para Deus (v.9). Temos um Deus que nos ama e que cuida de nós, convidando-nos a ir a Ele: "Venham a mim, todos os que estão cansados e sobrecarregados..." (MATEUS 11:28). O salmista decidiu esperar em Deus. Nunca deixe de acreditar no Deus dos impossíveis. Confie que Ele tem tudo sob controle.

Talvez você esteja com sua alma em crise. Você tem chorado muito, dormido pouco, tem estado deprimido, sem esperança e emocionalmente abalado? Eu o convido a abrir seu coração a Deus. O nosso Deus não mudou. Ele é o mesmo ontem, hoje e será para todo o sempre.

O amor de Deus é a certeza de que jamais seremos abandonados
e de que sempre seremos socorridos.

QUERIDO DEUS, OBRIGADO POR TEU AMOR.
OBRIGADO PORQUE SEMPRE NOS OUVES E POR SERES O NOSSO
SOCORRO BEM PRESENTE NA HORA DA ANGÚSTIA.

BISPO JAMIR CARVALHO — PRESIDENTE DO COLÉGIO EPISCOPAL DA IGREJA METODISTA WESLEYANA

23 DE JANEIRO

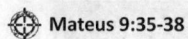 **Mateus 9:35-38**

EM BUSCA DO RESGATE

...as multidões [...] estavam confusas e desamparadas, como ovelhas sem pastor. (v.36)

Quando o Rei Jesus palmilhou este chão há mais de dois mil anos, Ele percorreu várias cidades e aldeias, ensinando, pregando e curando enfermidades. Quando olhava para o povo, sentia compaixão dele, pois via tristeza, dúvida e desesperança. O povo estava oprimido pela falsa religiosidade judaica da época e a opressão política romana. Passavam-se os dias e nada mudava. Somente a miséria espiritual e humana aumentava numa escala assustadora. Por isso, quando Jesus olhava para as pessoas, Ele se compadecia e as comparava a ovelhas que não tinham pastor, aquele que conduz a águas tranquilas, alimenta e protege.

Hoje, vivemos um cenário muito parecido. Dias difíceis de uma pandemia devastadora, ideologias políticas opressoras que separam a humanidade, causando desunião entre os povos. Posso imaginar Jesus, mais uma vez, olhando e se compadecendo, e nos impulsionando a rogar a Deus que nos capacite e envie mais trabalhadores para a seara. Agindo assim, mostramos que fomos influenciados pelo poder do Evangelho do reino. Precisamos colocar de lado divergências litúrgicas e, dentro de nossas áreas de trabalho, que é fundamental para a segurança e bem-estar da sociedade, agirmos como pastores de um rebanho disperso, levando a palavra de esperança nestes dias às ovelhas que estão clamando sem rumo nesse deserto chamado mundo.

Deus nos usa como canal para formar canais que um dia alcançarão o Céu através da graça.

SENHOR, OBRIGADO PELO DESPERTAMENTO PARA LEVARMOS O MILAGRE DA ESPERANÇA A ESTA GERAÇÃO.

S TEN ANTÔNIO DE PÁDUA LOPES AGUIAR — PMCE

24 DE JANEIRO

Lucas 5:1-11

LARGANDO TUDO
PARA SEGUIR O MESTRE

...Jesus respondeu a Simão: Não tenha medo!
De agora em diante, você será pescador de gente. (v.10)

Vemos o Senhor Jesus, carpinteiro por profissão, ensinando a pescadores profissionais a arte de pescar.

Muitos de nossos problemas não são resolvidos ou solucionados porque desistimos de fazer novas tentativas ou de buscar outros meios para resolvê-los. Mas Jesus nos mostra que se procurarmos a resposta no lugar certo, certamente a encontraremos. E a resposta certa é Ele! E as respostas certas sempre estão nele!

Pedro, mesmo tendo se decepcionado por não ter apanhado nenhum peixe durante toda a noite, decidiu obedecer à voz do Mestre! Pedro firmou-se na Palavra! É na palavra do Senhor que encontramos autoridade, força e fé! É pela Palavra que determinamos nossos sucessos, nossas conquistas e nossas vitórias!

Após a pesca maravilhosa, o Senhor lhes lançou um desafio muito maior: aprender a pescar almas! E eles, largando tudo, o seguiram!

Quando Jesus mandar, obedeça! Quando Jesus o chamar, siga-o. Só Ele tem as respostas certas para todos os nossos questionamentos!

A visão de Deus nos faz atingir o inatingível!

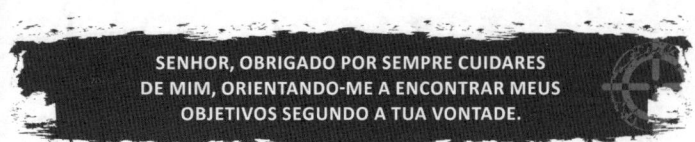

SENHOR, OBRIGADO POR SEMPRE CUIDARES DE MIM, ORIENTANDO-ME A ENCONTRAR MEUS OBJETIVOS SEGUNDO A TUA VONTADE.

S TEN JOÃO BATISTA DOS SANTOS DE LIMA — PMCE

25 DE JANEIRO 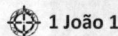 1 João 1

CULPA E ARREPENDIMENTO

Mas, se confessarmos nossos pecados... (v.9)

Ao servir como juiz militar no conselho especial de Justiça em Goiás, constatei o óbvio: os réus evitavam reconhecer a sua culpa e assumir as consequências de seus atos. Não era raro chegarem para as audiências, trazendo nas mãos uma Bíblia que nunca leram e no rosto uma piedade que nunca tiveram. O objetivo era sensibilizar os operadores do direito.

Isso faz todo sentido ao observar desde as crianças menores, que negam sua culpa diante do mal praticado, passando pela maioria das pessoas, que prefere culpar os outros pelos seus atos, e chegando aos primeiros seres humanos, que negaram a culpa diante de Deus depois da queda.

Realmente não é nada fácil admitir a culpa e pagar pelo comportamento inadequado. E no campo espiritual, isso se torna impossível, pois na relação com Deus e na esperança do perdão eterno, não há outro caminho a não ser o do arrependimento e confissão dos pecados. Deus, em Sua infinita misericórdia, já pagou antecipadamente o preço da nossa absolvição com o sangue de Seu próprio Filho, o nosso Senhor Jesus Cristo. É muito difícil explicar isso, "mas, se confessarmos nossos pecados, ele é fiel e justo para perdoar nossos pecados e nos purificar de toda injustiça" (1 JOÃO 1:9).

Reconhecer que a salvação é pela graça me permite receber
o que Deus prometeu mediante a fé.

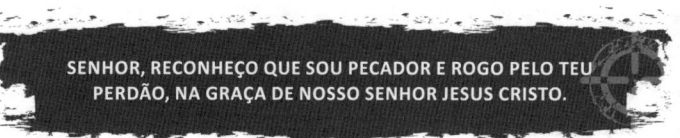

SENHOR, RECONHEÇO QUE SOU PECADOR E ROGO PELO TEU PERDÃO, NA GRAÇA DE NOSSO SENHOR JESUS CRISTO.

TEN CEL AILTON SOUSA BASTOS — CBMGO

26 DE JANEIRO — Isaías 40:26-31

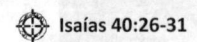

DEUS É A NOSSA FORÇA

Dá força aos cansados e vigor aos fracos. (v.29)

Temos ouvido nos últimos longos meses de pandemia que "a vida está chata!", "tudo parou", "não podemos ver nem quem amamos". Enfim, tudo bem real e tem sido algo global, sentido por muitos na face da Terra.

Nossa geração, que sempre se habituou com a velocidade da tecnologia, acostumou-se a viver num outro ritmo e a se deparar com os dias "vazios", "mais lentos". Deve estar sendo bem conflitante.

Outro aspecto desfavorável é que a pandemia levou cada um para seu próprio recolhimento, sem abraços ou toques. Então, começaram-se os esgotamentos, as dores da saudade. Fomos enfraquecendo e nos abatendo, sentindo nossas forças se esvaírem.

Um "novo normal" — expressão nova que aprendemos — se descortinou diante de nossas expectativas, um cotidiano impensado, e nós tendo que aturá-lo, vivê-lo. Quantas perdas de vidas humanas, sem ao menos poder-se realizar um velório decente! Tudo isso foi, e ainda está sendo, bem difícil de se lidar. Sentimos o esgotamento.

Ouvi e li muitos *memes* na internet dizendo: "Tudo fechou, menos o Céu. Ore!"

E a partir daqui tudo que conto muda de perspectiva, pois nunca fomos autossuficientes, pelo contrário, reconhecendo nossas fraquezas é que nos tornamos fortes. Nossas forças advêm da confiança e da fé naquele que nos amou primeiro.

A comunhão com Deus é o caminho,
ânimo e a força de que tanto necessitamos.

DEUS AMADO, OBRIGADO POR TUA PALAVRA E VERDADES QUE FORTALECEM NOSSA MENTE, ESPÍRITO E CORPO NESTES TEMPOS DE INDETERMINAÇÃO.

TEN CEL KEYDNA ALVES LIMA CARNEIRO — PMCE

27 DE JANEIRO — Deuteronômio 20:1-4

UM PRINCÍPIO PRESENTE NA BATALHA

Quando vocês se aproximarem de uma cidade para atacá-la, primeiro proponham paz... (v.10)

que fazer em um conflito? Em um conflito, deixar-se levar pelas emoções, não refletindo sobre as consequências espirituais, é um perigo real tão danoso quanto o próprio conflito. Num primeiro momento, procurar a paz pode até ser visto como sinônimo de ausência de ação. Mas é justamente o contrário.

Procurar a paz é buscar o melhor para nós e também para os nossos adversários. O êxito na missão e o bem-estar não podem suplantar o princípio da justa medida. Jesus Cristo declara aos Seus discípulos como deve ser a personalidade dos filhos de Deus: "Felizes os que promovem a paz, pois serão chamados filhos de Deus" (MATEUS 5:9). Também encontramos o apóstolo Paulo ensinando que o nosso primeiro esforço deve ser o de buscar a paz: "No que depender de vocês, vivam em paz com todos" (ROMANOS 12:18).

Os conflitos estão tão enraizados nas relações existentes que, para que o êxito, o bem-estar, a paz e a prosperidade nacionais sejam alcançados, eles acabam se tornando necessários. Não obstante, dentro de nossa esfera imediata de ação, faz-se necessário levar o coração a Cristo, para buscar, de fato, a justa medida, ou seja, aquilo que é justo e extremamente necessário à situação, ainda que os adversários queiram nos causar danos.

Até os nossos adversários são alvo do amor divino.
Ame-os e, no mínimo, já terá vencido uma guerra.

SENHOR, PRECISO DE SABEDORIA PARA COMBATER, SEM, CONTUDO, NEGAR AOS MEUS ADVERSÁRIOS O TEU AMOR E A TUA JUSTIÇA.

1º TEN FREDERICO JONAS ALCICI — FAB/A

28 DE JANEIRO

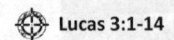

Lucas 3:1-14

OS TRÊS CONSELHOS DO PROFETA

"E nós?", perguntaram alguns soldados.
"O que devemos fazer?"... (v.14)

É interessante como, mesmo sendo escrita há milhares de anos, a Bíblia tem um recado particular para nós, policiais e militares. Isso também demonstra o cuidado e o amor de Deus conosco.

Antes de Jesus iniciar Seu ministério terreno, Deus enviou um grande profeta, um precursor, com a missão de preparar o caminho para o Salvador: João Batista. As multidões iam até ele e faziam perguntas, pois estavam em busca de conselhos e direcionamentos para suas vidas.

A pergunta dos policiais/militares da época foi a seguinte: "E, nós? [...] O que devemos fazer?" (LUCAS 3:14). Ao que João Batista respondeu: "Não pratiquem extorsão nem façam acusações falsas. Contentem-se com seu salário" (v.14).

Os policiais perguntaram, e João, sem temer os homens, não hesitou em responder com a coragem que é peculiar a um homem de caráter forjado pela própria verdade. Observe que, em momento algum, João os orienta a abandonar o seu ofício. Isso refuta a ideia de alguns que afirmam que cristão não pode ser policial ou militar. João Batista não concordava com isso, tanto que aconselhou os soldados a serem honestos, disciplinados e equilibrados em todas as ações.

Nobres leitores, as Escrituras Sagradas têm muitos conselhos práticos e relevantes para o nosso dia a dia. Daí a importância de degustá-las como nosso pão diário.

Os bons conselhos são como pérolas divinas na vida do homem,
que o enriquece em todo tempo.

BONDOSO DEUS, AJUDA-NOS A COLOCAR EM PRÁTICA ESSES CONSELHOS PARA QUE EXALEMOS O BOM PERFUME DO SENHOR A TODOS AO NOSSO REDOR.

2º SGT OZEAS LUCAS RODRIGUES — BOPERJ

29 DE JANEIRO

Provérbios 15:1-2

CAUSA E EFEITO

A resposta gentil desvia o furor, mas a palavra ríspida desperta a ira. (v.1)

Jorge e João, amigos de infância que há tempos não se encontravam, marcaram um almoço juntos, pois mereciam aquele momento. Definido o restaurante, foram cheios de expectativas pelos momentos que viveriam — havia muito a compartilhar. Tudo que vivenciaram naquele dia serviu para reafirmar sua sólida amizade.

Ao retornarem para o estacionamento, encontraram uma pessoa enfurecida e esbravejante. Sua disposição era de ir às vias de fato. Foi quando Jorge e João notaram o deslize que cometeram: haviam estacionado na entrada de uma garagem. Depois de ouvirem "poucas e boas" em silêncio, Jorge dirigiu-se ao enfurecido dando-lhe total razão. Assumiu o erro, pediu perdão e perguntou humildemente como poderiam reparar o mal provocado, ainda que sem intenção. Diante de sua postura, o homem se acalmou, aceitou as desculpas e ainda dispôs sua espaçosa garagem noutra oportunidade. Naquele dia, uma amizade nascia além de uma boa história com muitas lições que os bons amigos teriam para relembrar!

Acertaremos mais em nossos relacionamentos se, em vez de nos entregarmos aos impulsos das emoções, aplicarmo-nos ao equilíbrio que a Bíblia nos ensina. Em Provérbios 15:1, duas lógicas éticas nos trazem equilíbrio: a primeira é que *o que arrefece a fúria é a brandura*; a segunda é que *o que inflama a ira é a resposta dura*. Essas noções aplicadas nos conduzem a bons resultados, pois a brandura atua como água fria em meio ao calor de uma emoção descontrolada. É notório que, ao lidarmos respeitosa e humildemente com um enfurecido, alcançaremos positivamente seu coração. Que Deus nos ajude!

Zele pelo que sente, pensa, fala e faz.
Aja e reaja com humildade e brandura.

DEUS, SÓ POR TEU ESPÍRITO POSSO SER BRANDO E HUMILDE. AJUDA-ME, SENHOR.

PR. HUDSON FARIA DOS SANTOS — CAPELÃO VOLUNTÁRIO/GO

30 DE JANEIRO

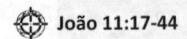

João 11:17-44

A NATUREZA HUMANA DE CRISTO

Jesus chorou. (v.35)

Não há qualquer questionamento sobre a vinda de Cristo e que Ele se fez homem a fim de que pudéssemos, por meio dele, ter a salvação. Nós, que estávamos alijados dessa tão grande graça, por intermédio dele pudemos alcançá-la, já que Ele foi rejeitado pelos Seus.

O que, às vezes, esquecemos é que Cristo se fez carne, passando por todas as dores, tendo os cinco sentidos que temos, sentindo o que sentimos, tendo frustrações, decepções, sentindo a dor do outro, tendo empatia, porém, tendo um só coração com o Pai.

Jesus chorou. Esse pequeno versículo da Bíblia é o que mais expressa o que o ser humano sente diante da perda. Imagino Cristo sendo avisado do estado de saúde de Lázaro, a quem Ele amava, dizendo que a doença não seria para a morte, mas para a glória de Deus. Mesmo assim, tomado pelo espírito de tristeza que envolvia a todos diante da morte de Lázaro, Jesus veio a chorar.

Imaginemos Cristo, com todo Seu poder, sabendo que ressuscitaria Lázaro, que em breve o traria de volta à vida, mas, mesmo assim, diante de tudo que já sabia, sendo homem, chorou, entristecendo-se diante da visão do corpo inerte de alguém que Ele tanto amava.

Cristo se fez carne, sentiu o que sentimos,
para compreender melhor nossas angústias e necessidades.

SENHOR JESUS, QUE EU POSSA SENTIR POR TI O MESMO AMOR QUE TINHAS POR LÁZARO E SER CHAMADO DE TEU AMIGO.

TEN CEL SINVAL DA SILVEIRA SAMPAIO — PMCE

31 DE JANEIRO

João 12:23-26

A VERDADEIRA HONRA VEM DE DEUS

*Se alguém quer ser meu discípulo,
siga-me [...] E o Pai honrará quem me servir.* (v.26)

No dia 13 de maio de 1997, fui privado de minha liberdade de ir e vir. Fui recolhido ao Presídio Militar. Eu era um soldado escravo do pecado, manietado pelos vícios. Jogado naquela prisão, o desespero tomava conta de mim. Estava fadado ao fracasso. Parecia ser o meu fim. Porém Deus, em Sua Infinita bondade e misericórdia, ouviu o clamor de minha esposa. Ela juntamente com dois servos de Deus foram me visitar e me falaram de Jesus, anunciando o evangelho. Naquele mesmo dia, 6 de agosto de 1997, dobrei meus joelhos em oração, entreguei minha vida ao Senhor Jesus. Com o coração contrito e arrependido dos meus pecados, recebi o perdão e o amor de Deus. Passei desde então a segui-lo e a servi-lo, vivendo em novidade de vida. Uma nova história Ele passou a escrever para mim e para minha família. Libertou-me de todas as prisões — físicas e espirituais. Saí da prisão excluído da Corporação PM, mas com Jesus em meu coração.

Verdadeiramente, o Senhor Jesus julgou minha causa com fidelidade, restituindo-me a paz, a dignidade, a esperança, a alegria da salvação e a minha reintegração aos quadros da PM, promovendo-me ao posto de Subtenente PM. Nosso Deus sempre nos conduz em triunfo e honra a todos os que se dispõem a segui-lo e a servi-lo.

A verdadeira liberdade é a que Deus nos concede.

SENHOR, OBRIGADO POR ME LIBERTARES DAS AMARRAS DO PECADO E ME DARES UMA NOVA CHANCE DE VIVER PLENAMENTE.

S TEN WANDECY ROCHA — PMCE

1º DE FEVEREIRO — Jó 8

O MELHOR ESTÁ POR VIR

E, embora tenha começado com pouco, no final você terá muito. (v.7)

Na trajetória da minha vida, lá está o nome na lista de aprovados no concurso da Polícia Militar do Estado do Acre. Uma notícia que veio repleta de alegria. Certeza da conquista e da realização. Aquela lista autenticava todo o meu empenho, dedicação aos estudos e os investimentos destinados à preparação para aquele propósito, além das orações.

No dia 16 de agosto de 2002, iniciou-se o curso de formação. Confesso que entrei em um mundo totalmente novo, com um linguajar próprio, uma didática um tanto quanto diferente, uma energia que se distinguia de cada um dos instrutores, monitores e profissionais daquele centro de formação de praças. Até aquele momento, eu não havia percebido o quanto as intempéries meteorológicas eram fortes e impiedosas, muita chuva e um sol forte.

Lembro muito bem de todos os treinamentos diários, todas as pressões, algumas vozes de comando até hoje são reconhecidas. Lembro-me de um dia de chuva, quando estávamos em forma, permanecendo na posição de sentido por toda aquela longa e gelada chuva. Para alguns, uma tortura, mas ao meu coração veio a mensagem do quanto Deus é maravilhoso. Eu poderia não estar precisando daquela chuva e sol, mas muitos seriam beneficiados por eles.

Situações adversas que coincidem com a nossa trajetória de vitória nos remetem à fragilidade. Entretanto, o salmista nos ensina: "Deus é nosso refúgio e nossa força, sempre pronto a nos socorrer em tempos de aflição (SALMO 46:1). Tudo na vida passará. Tire uma lição, acreditando que você está em um processo de crescimento.

Na vida, somos todos aprendizes.

DEUS, FAZE-ME CADA VEZ MAIS HUMILDE PARA RECONHECER QUE PRECISO CONSTANTEMENTE ME APERFEIÇOAR.

2º SGT SIDICLEI SILVA DE ARAÚJO — PMAC

2 DE FEVEREIRO
Marcos 5:21-29

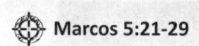

JESUS, O SOCORRO BEM PRESENTE

...pois pensava: Se eu apenas tocar em seu manto, serei curada. (v.28)

Enquanto Jesus cumpria o ministério terreno que o Pai lhe outorgou, deparou-se com uma grande multidão e nela havia uma mulher desesperada em momento de muita aflição, debilitada e rejeitada por sua condição. Provavelmente muito abalada, ou até mesmo sem conseguir chamar a atenção do Mestre.

Hoje, em uma sociedade com tantos recursos, poderia até haver uma melhora no seu quadro clínico, porém, naquela ocasião, ela já tinha perdido todos os seus bens e todo o seu padrão de qualidade de vida. Já não existia mais alegria. Há doze anos ela estava enferma e sozinha.

De repente, o Mestre Jesus vai passando. O dono da vida que para tudo tem uma solução. Então, ela lhe toca, recebe seu milagre e fica curada imediatamente. Seu esforço e sua fé em romper a multidão lhe dão a vitória, encerrando toda aquela situação de sofrimento.

Quantas vezes você já se sentiu assim, no vale da aflição? Ou quem sabe em um deserto que aparenta a sequidão do desespero. Mas hoje Jesus chega com Seu milagre e com a vida. Não importa se é doença na alma ou no coração, o Mestre Jesus lhe dá força para vencer. Faça como aquela mulher. Vá além, sem olhar as dificuldades. Vá além e seja abençoado por Jesus.

Confie no poder de cura de Jesus.

SENHOR, GRAÇAS PORQUE TU ÉS AQUELE QUE PODE TODAS AS COISAS.

CB ELIAS CHAMPOSKI — PMSC

3 DE FEVEREIRO — Salmo 13

ONDE ESTÁ DEUS?

Até quando, Senhor, te esquecerás de mim?... (v.1)

Você já achou que Deus não responde suas orações? O salmista Davi teve momentos em que achava que Deus estava distante, em silêncio, e por isso ele perguntou quatro vezes: "Até quando?" (SALMO 13:1-2).

Na angústia e sofrimento, a percepção do tempo faz com que um minuto se pareça uma eternidade. Por essa razão, Davi achava que Deus não ouvia suas orações. No entanto, diante da aparente ausência e silêncio do Senhor, mesmo em perplexidade e dor, ele conclui o salmo confiante de que, apesar do silêncio, Deus continuava ativo, e por isso, ele permanece resignado, descansa em Deus e canta louvores (vv.5-6). "O Senhor está perto de todos que o invocam, sim, de todos que o invocam com sinceridade" (SALMO 145:18). Em tempos de sofrimento, perguntamos onde está Deus? Mas o tempo todo Ele caminha ao nosso lado e, quando necessário, semelhante a um pai, carrega-nos em Seus braços.

Recorde por um instante a experiência de crianças que estão aprendendo a dormir sozinhas no quarto. Elas choram quando percebem que os pais não estão próximos. No entanto, à medida que desenvolvem a confiança no pai, sabem que ele está por perto, o que lhes proporciona paz, tranquilidade e segurança.

Nosso relacionamento com Deus guarda semelhança com essa experiência infantil. O fato de não sentirmos a presença dele quando julgamos estar sozinhos, ou quando sofremos, não quer dizer que Ele esteja ausente, distante ou tenha deixado de se importar.

Deus se importa conosco. Ele nunca nos abandona.

ONIPRESENTE DEUS, FORTALECE A MINHA FÉ E ME FAZ SEMPRE PERCEBER QUE ESTÁS COMIGO ATÉ O FIM DOS TEMPOS.

PR. EZEQUIEL BRASIL PEREIRA — CAPELÃO VOLUNTÁRIO/GO

4 DE FEVEREIRO — **1 Samuel 17:41-58**

AUTOCONFIANÇA

Quando o filisteu se aproximou para atacar,
Davi foi correndo enfrentá-lo. (v.48)

Por volta do século 10 a.C., Israel se viu afrontado pelos filisteus. Eles tinham um guerreiro chamado Golias, treinado, equipado, armado e com uma estatura absurda de 2,92 m. Esses adversários desafiaram Israel para que mandassem um de seus guerreiros para enfrentá-lo. A nação do guerreiro vencedor subjugaria a perdedora. Todavia, não houve em Israel ninguém com coragem suficiente para enfrentar o gigante, exceto o jovem pastor de ovelhas sem nenhum treinamento militar, equipamento ou arma, senão uma funda e cinco pedras. Todavia, em seu coração valente, havia uma fé inabalável no Deus de Israel. Sua fé e coragem o fizeram derrotar o gigante filisteu, salvando a soberania e a honra de sua nação e glorificando o nome do seu Deus. Esse jovem se tornou um grande general e, depois, o maior rei de Israel.

É impressionante como a fé tem o poder de superar situações que parecem impossíveis. Muitas vezes nos vemos em momentos em que tudo o que temos, tudo com que podemos contar, é a presença e o poder de Deus. Nessas horas, somos desafiados a ir além da lógica e das aparências, sabendo em quem temos depositado a nossa fé.

Davi não foi imprudente nem negligente. Ele apenas sabia quais eram os planos de Deus para Israel. Sabia que Deus não o abandonaria. Isso foi suficiente! Sua fé o destacou, não permitindo que ficasse paralisado de medo. Enfrentou o desafio como quem já conhecia o desfecho. Como Davi, submetamos nossa confiança e dependência ao Senhor e não haverá gigantes que nos resistam.

Façamos dos obstáculos e dificuldades da vida
verdadeiras oportunidades de superação e vitória!

SENHOR, ASSIM COMO DAVI, QUE MEU CONHECIMENTO DA TUA PALAVRA E MINHA FÉ EM TI POSSAM ME LEVAR A SUPERAR AS VÁRIAS ADVERSIDADES!

1º TEN JACKSON JEAN SILVA — EB/GO

5 DE FEVEREIRO — Salmo 72:12-14

NÃO HESITE EM FAZER A SUA PARTE

*Ele livrará o pobre que clamar por socorro
e ajudará o oprimido indefeso.* (v.12)

Em certo dia chuvoso, eu estava em minha casa preocupado com uma situação financeira e dependia de serviços extras. Mesmo já tendo feito alguns contatos, eu nada tinha conseguido. Orei pedindo a direção de Deus e saí para fazer algumas visitas aos colegas militares e familiares. Foram realizadas 2 visitas muito importantes que me deixaram maravilhado com o resultado positivo delas, com a conversa e oração que foram realizadas.

Chegando em casa, tirei a capa, pois estava de moto, e fui tomar um café. O telefone tocou. Era uma chamada para um trabalho que duraria um ano. Pude colocar em dia todas as pendências financeiras e ainda sobrou para investir na obra missionária. Percebi que temos que dar as primícias para Deus, e, com certeza, a resposta virá com grandes vitórias.

Quando faltar fé ou boa expectativa diante de uma situação intrigante ou aparentemente sem solução, faça a obra missionária primeiro, visitando colegas de farda e irmãos. Eles precisam ouvir uma palavra de ânimo, uma oração, e Deus lhe dará a resposta que tanto precisa!

*Confie no Deus que sabe todas as coisas
e pode todas as coisas.*

**SENHOR, QUE PRIVILÉGIO É SERVIR
A UM DEUS ONISCIENTE E ONIPOTENTE.**

CB JONAS DE MELLO — PMSC

6 DE FEVEREIRO

Salmo 27:1-3

LUZ, CORAGEM E PROTEÇÃO

Eu sou a luz do mundo. Quem me segue, nunca andará em trevas, mas terá a luz da vida. —JOÃO 8:12

É comum a criança ter medo do escuro. Para dormir, ela precisa deixar uma luz acesa para ficar tranquila. Durante a vida, aparecem outros medos: o de altura, o de manusear uma arma de fogo, o de ficar doente e o medo de morrer. O medo faz parte da vida. Alguém certa vez disse: "Coragem não é ausência de medo, mas o domínio sobre ele".

A palavra de Deus é lâmpada que ilumina, encoraja e traz proteção. O rei Davi enfrentou muitas batalhas, conquistou cidades e destruiu os inimigos. Ele faz a reflexão a respeito de quando os caminhos ficam sem luz e quando o medo chegar: "O SENHOR é a minha luz e a minha salvação; de quem terei temor?" (SALMO 27:1). Assim como a luz resplandece nas trevas, o amor e a coragem lançam fora todo o medo! "No amor não há medo; ao contrário o perfeito amor expulsa o medo, porque o medo supõe castigo. Aquele que tem medo não está aperfeiçoado no amor" (1 JOÃO 4:18).

Quem trabalha na segurança pública está sempre alerta. Não pode baixar a guarda e o cuidado com os que estão ao seu redor e os lugares que frequenta. Mas, quando a vida é iluminada por Jesus, é possível ter luz e proteção para viver em paz e seguro. A vitória contra o medo vem do Senhor, a minha luz e a minha salvação. Prove e veja que o Senhor é bom!

"Espere no SENHOR. Seja forte! Coragem!
Espere no SENHOR". (SALMO 27:14).

SENHOR JESUS, TU ÉS A LUZ QUE ILUMINA OS NOSSOS CAMINHOS E NOS LIVRA DO MAL A CADA DIA.

PR. SANDRO SOARES DE O. LIMA — CAPELÃO VOLUNTÁRIO/PR

7 DE FEVEREIRO — Neemias 1:1-11

SERVINDO COM COMPAIXÃO

*Quando ouvi isso, sentei-me e chorei [...] lamentei,
jejuei e orei ao Deus dos céus.* (v.4)

Neemias, o copeiro do rei Artaxerxes, ocupava uma posição bem confortável, segura e de muito prestígio. Ele tinha tudo o que precisava. Deus havia colocado uma cerca em volta dele. Apesar de estar longe de Jerusalém, ele não havia abandonado seus valores, pois temia a Deus e dirigia sua vida por meio da oração. Ao receber a visita de Hanani, seu irmão, Neemias lhe pediu notícias a respeito da cidade e dos judeus que haviam escapado do exílio. A resposta o atingiu fortemente: "As coisas não vão bem para os que regressaram à província de Judá. Eles estão passando por dificuldades e humilhações. O muro de Jerusalém foi derrubado, e suas portas foram destruídas pelo fogo" (NEEMIAS 1:3).

A reação de Neemias ao relato de seu irmão poderia ter sido de alívio: "Graças a Deus estou seguro, tranquilo e em paz. Deus me ama, pois colocou uma cerca ao meu redor e me deu tudo do que preciso". Em vez disso, Neemias assentou-se, chorou e lamentou por alguns dias, nos quais jejuou e orou a Deus a respeito de seu povo.

Não devemos ignorar a dor do próximo. Se você está bem, goza de boa saúde e está protegido, não deve se desviar do necessitado. Se recebeu a oportunidade de servir, faça isso com zelo e compaixão. No cuidado do outro, seu modelo deve ser o próprio Cristo, "que não veio para ser servido, mas para servir e dar a sua vida em resgate por muitos" (MATEUS 20:28).

*O mais persistente e urgente da vida
é o que estamos fazendo pelos outros.*

AMADO DEUS, AJUDA-ME A EXERCER MEU OFÍCIO COM COMPAIXÃO E A SER COMO TEU FILHO, JESUS CRISTO.

CEL CÍCERO NUNES MOREIRA — PMMG

8 DE FEVEREIRO

Neemias 3:1-32

CADA UM FEZ SUA PARTE

...o sumo sacerdote Eliasibe e os outros sacerdotes começaram a reconstruir a porta das Ovelhas. (v.1)

Ao chegar a Jerusalém, antes de se encontrar com as autoridades e com os moradores da cidade, Neemias inspecionou os muros e fez um diagnóstico para ter uma visão melhor da situação. Certamente, após examinar tudo, concluiu que não seria possível reedificar os muros sem a ajuda de todos. Há tarefas que fazemos sozinhos e tarefas que somente poderão ser realizadas com a participação de todos.

Toda a cidade, com poucas exceções, envolveu-se no trabalho: sacerdotes e leigos, ricos e pobres, artesãos e comerciantes, por cidade e por família, cada um contribuiu para a conclusão da tarefa. Não obstante toda a irritação dos adversários, que rangiam os dentes e começavam a cogitar a possibilidade de um ataque armado contra a cidade, guiados pela boa mão de Deus, os moradores de Jerusalém trabalhavam com energia e alegria.

Aprendi cedo que para ser bem-sucedido precisava contar com a ajuda de todos, pois o comandante que elabora o plano e determina sua execução não é onipresente, nem executa o que planejou. Por essa razão, precisa valorizar e respeitar o trabalho de todos. A missão será um sucesso se cada um fizer sua parte. Quando isso acontece, assentado em Seu trono, Deus, certamente, se agrada e abençoa a todos.

A unidade é um princípio essencial da vida cristã. Onde existe unidade, o Senhor ordena a Sua bênção.

PAI CELESTIAL, AJUDA-NOS A VIVER UNIDOS COMO IRMÃOS, ENSINA-NOS A COOPERAR EM VEZ DE COMPETIR.

CEL CÍCERO NUNES MOREIRA — PMMG

9 DE FEVEREIRO

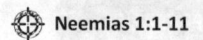

Neemias 1:1-11

UM PRINCÍPIO PODEROSO

...Sim, minha própria família e eu temos pecado! Temos pecado terrivelmente contra ti... (vv.6-7)

Se existe algo que caracteriza o tempo em que vivemos é a velocidade com que as coisas acontecem e mudam. Talvez por essa razão, refletimos pouco antes de agir, pois não há tempo. Se oramos antes de tomar alguma decisão, fazemos uma rápida oração. Neemias era um homem piedoso e fazia tudo debaixo de oração. Seu estilo era "primeiro orar, depois agir". Antes de fazer qualquer coisa, Neemias se pôs a orar, jejuar e confessar os pecados. Ele nos ensina a orar antes de agir.

O fato de não ser sacerdote, nem profeta, não o impediu de se identificar com os pecados de seus irmãos e apresentar sua oração, em confissão de pecados: "Temos pecado terrivelmente contra ti. Não temos obedecido a teus mandamentos, decretos e estatutos..." (NEEMIAS 1:7).

No relacionamento do homem com Deus, não há transformação sem arrependimento e confissão de pecados: "Se meu povo, que se chama pelo meu nome, humilhar-se e orar, buscar minha presença e afastar-se de seus maus caminhos, eu os ouvirei dos céus, perdoarei seus pecados e restaurarei sua terra" (2 CRÔNICAS 7:14).

Se você deseja transformação em sua vida, seu lar, sua cidade ou nação, precisa entender o princípio bíblico utilizado por Neemias e aprender a lição básica ensinada por Jesus a Seus discípulos: Estamos todos interligados. Somos todos responsáveis. O pecado é nosso.

Confessar os pecados é um passo importante para a nossa restauração.

PAI, RECONHECEMOS QUE TEMOS PECADO CONTRA TI. PERDOA NOSSO PECADO E NOS RESTAURA.

CEL CÍCERO NUNES MOREIRA — PMMG

10 DE FEVEREIRO — Neemias 2:1-5

PARA VENCER BATALHAS

"O que você deseja que eu faça?", perguntou o rei. (v.4)

O que você faz quando enfrenta grandes desafios? Como reage quando se vê envolvido em grandes problemas? Você costuma envolver Deus em suas batalhas?

Neemias, copeiro do rei Artaxerxes, compareceu diante do rei inadequadamente. Confrontado, ele relatou ao rei a situação em Jerusalém. Em vez de se zangar, Artaxerxes respondeu com empatia: "O que você deseja que eu faça?" (NEEMIAS 2:4). Diante dessa oportunidade, Neemias fez uma breve oração silenciosa e apresentou seu pedido: "Envie-me para Judá, com carta para que eu possa viajar em segurança e madeira para reedificar o muro, as portas e minha casa". O rei deu-lhe tudo o que pediu e ainda lhe acrescentou uma escolta.

Muitas vezes, ao ler esse texto, fiquei maravilhado com a generosidade de Artaxerxes. Ao ser questionado, Neemias orou e apresentou seu pedido. Fica evidente que Deus moveu o coração do rei, mas será que tudo foi resultado de uma pequena e silenciosa oração?

O evangelista americano R. A. Torrey (1856-1928) disse certa vez: "A razão pela qual muitos falham na batalha é porque esperam até a hora da batalha. A razão pela qual outros têm sucesso é porque conquistaram sua vitória de joelhos muito antes da batalha chegar". Por muitos dias, antes de chegar à presença do rei, Neemias orou secretamente. Se você deseja ter sucesso, precisa aprender a travar suas batalhas de joelhos em seu quarto.

O coração do rei é como canais de águas controlados pelo SENHOR...
(PROVÉRBIOS 21:1)

SENHOR DOS EXÉRCITOS, AJUDA-ME A DISCERNIR AS BATALHAS E A CONFIAR EM TI.

CEL CÍCERO NUNES MOREIRA — PMMG

11 DE FEVEREIRO — Neemias 2:11-18

LEVANTANDO O EXÉRCITO

*...Venham, vamos reconstruir o muro de Jerusalém
e acabar com essa vergonha!* (v.17)

Quando eu estava no serviço ativo da polícia, gostava de fugir da papelada para participar das atividades de rua. Às vezes, servia apenas como motorista; às vezes, entrava em uma operação com toda a equipe. Há tarefas que fazemos sozinhos e tarefas que demandam todo o exército: clássicos de futebol, eleições e carnaval exigiam muita preparação e recursos. Neemias travou e venceu sua primeira batalha sozinho, em secreto, dia e noite, com choro, oração e jejum. No entanto, para reedificar os muros da cidade, necessitaria de todo o exército e precisaria convencê-lo a participar.

Em primeiro lugar, Neemias compartilhou sua visão do problema e os convocou para a tarefa: "Vocês sabem muito bem da terrível situação em que estamos. Jerusalém está em ruínas [...] vamos reconstruir o muro de Jerusalém e acabar com essa vergonha!" (NEEMIAS 2:17). Depois, em vez de se vangloriar e tirar proveito pessoal, ele glorificou a Deus e testemunhou a razão de tudo o que estavam para presenciar: a boa mão de Deus estava sobre ele. Em resposta, disseram: "'Sim, vamos reconstruir o muro!', e ficaram animados para realizar essa boa obra" (v.18).

Se você deseja ter sucesso em suas lutas, precisa aprender a depender de Deus em primeiro lugar e a contar com a ajuda de seus irmãos. Há tarefas que necessitam de todo o exército.

*A unidade é um princípio tão poderoso
que atrai a bênção de Deus.*

DEUS TODO-PODEROSO, ENSINA-NOS A AMAR NOSSOS IRMÃOS E CONTAR COM ELES. AJUDA-NOS A SERVI-LOS SEMPRE QUE PRECISAREM.

CEL CÍCERO NUNES MOREIRA — PMMG

12 DE FEVEREIRO

Neemias 2:11-20

ENFRENTANDO RESISTÊNCIA

Mas quando Sambalate [...] Tobias [...] e Gesém [...] souberam de nosso plano, zombaram de nós... (v.19)

Naquele tempo, muralhas e portas eram essenciais para a sobrevivência da cidade. Neemias recebeu a permissão do rei para viajar e recursos para reedificar os muros. Entusiasmados, os moradores da cidade decidiram executar a obra, pois a boa mão do Senhor estava sobre eles. Mais rápido do que esperavam, levantou-se oposição contra seu propósito, pois aqueles que temem a Deus sempre encontram resistência. Sempre foi assim, esse é o padrão. Aqueles que temem a Deus e desejam obedecer-lhe enfrentam dificuldades.

Na história da redenção, os justos sempre encontraram resistência. Foi assim com Daniel, lançado na cova dos leões, e com Mordecai, tio de Ester, para o qual Hamã preparou uma cilada, construiu uma forca e marcou a data para a destruição do povo de Deus. Sempre que Deus se move, as trevas se opõem. Deus, porém, sempre triunfa. Os inimigos de Daniel foram lançados na cova dos leões pelo rei Dario assim que Daniel foi retirado ileso da cova. E Hamã foi enforcado na forca que preparou para Mordecai. Sambalate, Tobias e Gesém se levantaram contra Neemias, que, sem perder tempo e o foco, respondeu-lhes: "O Deus dos céus nos dará bom êxito" (v.20).

Se o seu coração é reto diante de Deus, Sua boa mão está sobre você. Portanto, não tenha medo, nem dê atenção àqueles que se opõem. Continue a boa obra, certo de que Deus lhe concederá êxito.

"Grandes espíritos sempre encontraram oposição violenta de mentes medíocres". —ALBERT EINSTEIN

DEUS TODO-PODEROSO, GRAÇAS TE DAMOS POR TUA FIDELIDADE. CERTAMENTE, ÉS FIEL AOS TEUS FILHOS.

CEL CÍCERO NUNES MOREIRA — PMMG

13 DE FEVEREIRO

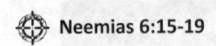

Neemias 6:15-19

UM GRANDE MILAGRE

...no dia 2 de outubro, 52 dias depois de começarmos o trabalho, o muro ficou pronto. (v.15)

O que você faz diante de grandes desafios? Conta com os outros ou segue em frente sozinho? Sua vida faz diferença para outras pessoas? O que você faz quando encontra alguém em necessidade?

Sob a liderança de Neemias, os muros arruinados por quase um século e meio foram reconstruídos em menos de dois meses. Apesar de sua grande habilidade de liderança, o sucesso de Neemias advém de seu relacionamento com Deus. Ele não se assentou e escreveu um projeto, nem recebeu uma revelação do que devia fazer, assim como Moisés. Seu sucesso está diretamente relacionado à fé, compaixão, confissão de pecados, ao choro e jejuns. Neemias pavimentou o caminho para o sucesso. Alguns dias de entrega diante de Deus abriram-lhe as portas e lhe trouxeram os recursos necessários.

Suas qualidades de administrador podem ser avaliadas. Porém, Neemias realizou a reconstrução do muro em 52 dias por causa da boa mão do Senhor. Todos reconheceram que a obra foi feita por intervenção de Deus.

Assim como aconteceu com Neemias, você não edificará os muros de sua vida sem enfrentar forte oposição, sem os seus "Sambalates, Tobias e Geséns", sem passar por aflições, angústias, medos e ameaças. Neemias é um bom exemplo. Com ele, você aprende que a vitória é conquistada em secreto, com empatia, oração, jejum e choro, antes mesmo de o plano ser colocado no papel, bem antes de a estratégia ser definida.

Deus usa pessoas para realizar Sua vontade.
Ele procura aqueles que têm um coração quebrantado.

DEUS TODO-PODEROSO, CRIADOR DE TUDO E DE TODOS, DÁ-ME UM CORAÇÃO COMPASSIVO, AJUDA-ME A DEPENDER DE TI.

CEL CÍCERO NUNES MOREIRA — PMMG

14 DE FEVEREIRO — Jeremias 17:5-10

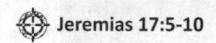

ELE É A NOSSA ESPERANÇA

Feliz é quem confia no Senhor,
cuja esperança é o Senhor. (v.7)

Vivendo um tempo de grande aflição, em um setor administrativo do Corpo de Bombeiros de Pernambuco, eu tentava fazer com que as coisas pudessem melhorar, que o trabalho se tornasse mais agradável e que a equipe conseguisse trabalhar mais unida e movida por grande respeito e companheirismo. Percebi que, por mais que eu tentasse através do meu entendimento e estratégias resolver o que acontecia, o tempo passava e a situação não mudava. Cada vez mais, percebia que eu estava me prejudicando.

Certo dia, conversando em oração com Deus, entreguei todos os meus anseios, preocupações e tudo o que estava acontecendo aos Seus cuidados. O interessante foi que, no dia seguinte, Deus respondeu em três momentos diferentes, usando três pessoas diferentes, que eu devia iniciar uma intercessão. E foi o eu fiz! Uni um grupo de militares em uma rede social e passamos uma semana orando pelo lugar, pelas pessoas que trabalhavam ali, pela gestão do comando e o comandante. Enfim, tudo começou a mudar.

Simplesmente, eu não estava tentando fazer nada. Estava apenas esperando uma intervenção que não fosse a minha. Mas situações começaram a acontecer, modificando o problema instalado. Além disso, tudo o que era controverso começou a ser esclarecido.

Precisamos confiar em Deus, saber que Ele pode abençoar Seus filhos em qualquer tempo e que não há nada que impeça o Seu agir.

Faça a sua parte, pois Deus sempre faz a dele.

SENHOR, AGRADEÇO POR NOS AUXILIARES EM TODOS OS MOMENTOS, LANÇANDO A TUA LUZ SOBRE AQUILO QUE NÃO CONSEGUIMOS ENXERGAR.

3º SGT MONICK CRISTINE DA SILVA BARROS — CBMPE

15 DE FEVEREIRO

1 Pedro 5:8-11

SEMPRE EM PATRULHA

Estejam vigilantes. Permaneçam firmes na fé.
Sejam corajosos. Sejam fortes. —1 CORÍNTIOS 16:13

Servi, em 1982, no navio-patrulha costeiro Poti-P15, subordinado ao Grupamento de Patrulha Naval do Nordeste, sediado na cidade de Natal, RN. Nossa missão era vigiar e patrulhar a costa do nordeste dos estados do Maranhão até Alagoas.

Em uma dessas patrulhas de rotina, abordamos uma embarcação de grande porte, de nacionalidade estrangeira, que estava praticando pesca ilegal. A embarcação tinha largura, altura e comprimento muito superiores ao nosso navio-patrulha costeiro. Fizemos contato através de um canal de VHF, porém, eles resolveram tentar partir para cima do nosso navio. Estava para iniciar uma batalha de Davi contra Golias.

Mas uma coisa o inimigo não sabia: apesar da nossa embarcação ser menor, havia a bordo uma tripulação altamente treinada e capacitada. Tínhamos três metralhadoras 50 e um lançador de morteiro. Portanto, estávamos preparados para o combate contra o inimigo. Eles estavam dispostos a jogar seu navio contra o nosso, mas, mais uma vez foi solicitado que aceitassem vistoria a bordo. Ao virem que não podiam combater, renderam-se.

É assim que o nosso Deus faz. Lembre-se de que "usamos as armas poderosas de Deus, e não as armas do mundo, para derrubar as fortalezas do raciocínio humano e acabar com os falsos argumentos" (2 CORÍNTIOS 10:4). Portanto, meus irmãos, estejam sempre atentos, vigilantes e preparados contra as astutas ciladas do inimigo.

Só conseguiremos combater o bom combate
totalmente revestidos de toda a armadura de Deus.

BONDOSO DEUS, ELEVAMOS A NOSSA ORAÇÃO E SÚPLICA AO TEU ALTAR, VIGIANDO E PERSEVERANDO TODO TEMPO.

SO ADELMO ANTÔNIO DE SOUZA — MB/RS

16 DE FEVEREIRO

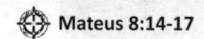

Mateus 8:14-17

JESUS EM NOSSO LAR

...viu que a sogra dele estava de cama, com febre.
Jesus tocou em sua mão e a febre a deixou... (vv.14-15)

Pedro era um dos discípulos de Jesus e Seu amigo. Acompanhava Jesus durante a missão na Terra, presenciava Suas ações e acreditava que o conhecia bem. O texto mostra que Pedro tinha caminhado com Jesus o dia inteiro, por isso não sabia que a sua sogra estava muito doente. Naquele tempo qualquer febre ou infecção costumava significar a morte. Numa época em que a ciência estava iniciando, não existiam exames de laboratórios e nem remédios. Imagine o que você faria se tivesse que remover o doente, ou mesmo a quem recorrer numa situação dessas para ajudá-lo. Mas quando servimos a Jesus, Ele sempre está presente.

Observamos que Deus nunca nos abandonou e nem abandonará. Como foi dito pelo profeta Isaías: "...foram as nossas enfermidades que ele tomou sobre si, e foram as nossas doenças que pesaram sobre ele" (53:4). Hoje o sistema de saúde ainda não é perfeito, mas observamos que a medicina evoluiu muito. Está muito melhor do que naquela época. Porém, a raça humana está muito doente.

Quando Jesus entrou na casa de Pedro, curou sua sogra, resolvendo assim o problema. Creio que se Jesus entrar em sua casa, também vai transformar a sua vida e da sua família. Tudo vai mudar. Haverá um novo sentido espiritual.

Quando levamos Jesus para nossa vida, nosso lar, trabalho, nossos deslocamentos, tudo muda. Onde havia tristeza e angústia, surge a solução. A alegria retorna. Contudo, você precisa estar ciente de que deve fazer a sua parte.

No combate, nós, soldados,
somos a necessidade dos oprimidos!

NESTE MOMENTO SENHOR, SUPLICO A TUA BÊNÇÃO
PARA QUEM ESTIVER LENDO ESTA MEDITAÇÃO.

1º TEN ANTÔNIO CARLOS DA SILVA — BMRS

17 DE FEVEREIRO — Provérbios 31

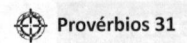

VIRTUDE

*Os encantos são enganosos, e a beleza não dura [...]
a mulher que teme o SENHOR será elogiada.* (v.30)

Na década de 80, quando o primeiro contingente de mulheres ingressou no serviço militar ativo da Força Aérea Brasileira, tive a oportunidade de compartilhar o versículo acima com uma serva de Deus designada para servir na mesma unidade militar que eu servia.

Era uma realidade nova para nós em virtude de que, até aquele momento, as atividades militares da Força Aérea eram desenvolvidas única e exclusivamente por homens. Qual deveria ser então o comportamento da serva do Senhor na vida militar?

Provérbios 31:30 apresenta três princípios marcantes que envolvem a vida de uma mulher cristã na sociedade: a vaidade, ligada à juventude; a beleza, à formosura; o temor ao Senhor, à uma vida de comunhão com Deus. A vaidade é enganosa. A formosura é passageira. Mas o temor ao Senhor é o que perdura na vida de uma mulher, fazendo com que ela se sobressaia diante das demais que não valorizam uma vida de comunhão com o Altíssimo.

A mulher que teme ao Senhor sempre será honrada, cortejada, valorizada e louvada na sociedade em que vive. Portanto, o temor ao Senhor, como virtude cristã, deve compor o padrão de procedimento da mulher cristã na vida militar.

*Não é possível a existência de virtudes públicas
sem que existam as virtudes privadas.*

PAI, QUE AS TUAS FILHAS SEJAM ORNADAS COM AS VIRTUDES CONCEDIDAS POR TI PARA TUA GLÓRIA E ENRIQUECIMENTO DO TESTEMUNHO DELAS ONDE QUER QUE SIRVAM.

TEN CEL MARIVALDO DE SOUZA FRANÇA — FAB/AM

18 DE FEVEREIRO — Isaías 55:1-6

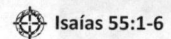

EMERGÊNCIA. EM QUE POSSO AJUDAR?

Busquem o SENHOR enquanto podem achá-lo; invoquem-no agora, enquanto ele está perto. (v.6)

Há alguns anos em Marília, São Paulo, retornava para casa quando presenciei uma queda de moto. Parei em local seguro, acionei os piscas e liguei para 193. Depois, corri até a vítima sinalizando para os carros reduzirem a velocidade.

Fiz a checagem primária na vítima, estado de consciência: perguntei seu nome, idade etc. Tudo estava bem. Busquei possíveis fraturas e luxações, mantendo-a estável no local. Ao mesmo tempo, informava ao 193 seu estado geral. Em minutos, a viatura chegou. A vítima foi atendida e levada ao hospital.

Bem, assim é a nossa vida. Quando menos esperamos, algo novo acontece. Pode ser uma boa notícia como a promoção tão esperada, um filho chegando ou aprovação em uma faculdade. Mas, como no meu relato, um acidente. Nesses momentos, a sociedade em geral lembra dos "homens e mulheres invisíveis", os operadores de segurança pública. Eles sempre estão à disposição para atender a população.

Mas e quando o problema não pode ser resolvido com uma ligação ao 190 ou 193? Como pessoas que somos, também sentimos tristeza, medo, desamparo e confusão. O que fazer, então? Ligar para o serviço de emergência do Céu. Deus está sempre atento. O número é fácil: "zero, zero, dois joelhos no chão". Aqui podemos descrever o estado do nosso coração, da nossa vida, tudo... Nada foge ao conhecimento de Deus. Veja que Isaías nos manda "Buscar ao SENHOR" (55:6).

Caro operador, busque, portanto, ao Senhor enquanto você pode achá-lo. O Senhor certamente o ouvirá e lhe trará uma solução.

Busque ao Senhor e espere confiadamente nele, sempre, todos os dias.

SENHOR, AJUDA-NOS A BUSCAR A TUA PRESENÇA POR MEIO DA ORAÇÃO E DA LEITURA DA TUA PALAVRA. COMPADECE-TE DE NÓS. AMÉM.

PR. ANDERSON ADRIANO S. FARIA — CAPELÃO VOLUNTÁRIO/PR

19 DE FEVEREIRO — **Ageu 2:1-8**

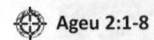

DEUS É O GRANDE PROVEDOR

A prata e o ouro me pertencem,
diz o SENHOR dos Exércitos. (v.8)

Projeto arquitetônico pronto, mão de obra disponível para construção de uma parte do 11º Batalhão em São Miguel do Guaporé, RO, porém, não havia verba. Um sargento e um cabo da Polícia Militar adentram a sala da comandante dizendo: "Hoje é o prazo final para conseguirmos levantar o valor para o projeto elaborado. Ele foi enviado ao Poder Judiciário da Comarca da sede do batalhão supracitado sem resposta, após a garagem do quartel ser destelhada por um vendaval e toda a sede da antiga companhia inundada pela chuva com diversos prejuízos".

A comandante observou seus graduados atônitos e entristecidos pelas circunstâncias fáticas. Movida pelo Espírito Santo de Deus, ela ousou orar e declarar que, em nome de Jesus Cristo de Nazaré, o projeto seria recebido pela Exma. Sra. Juíza. Mesmo que o valor disponível fosse inferior ao do pleito, eles conseguiriam receber e multiplicar as finanças, pois criam que Deus era o dono de todo ouro e de toda a prata. Em menos de um ano, a obra ficou pronta.

O projeto foi aprovado junto ao judiciário e houve outras doações, sendo que se tornou parte (1/4) do Projeto Arquitetônico final do Batalhão, produzido pela Diretoria de Apoio Logístico da PMRO. Essa obra está em processo de execução com verbas parlamentares, entre outras. Neste ano, 2021, está instalada na sede do Batalhão o Estado Maior Geral. O novo Comandante está recebendo mobília nova e outros implementos para a melhoria das instalações.

Só o Senhor é Deus! Você está precisando de recursos financeiros hoje?

Os recursos de Deus são infindáveis. Seja um colaborador
da obra de Deus e sua vida será abençoada.

DEUS, AGRADEÇO A TI POR ME AJUDARES COM RECURSOS FINANCEIROS EM MOMENTOS CRUCIAIS. CONFIO NAS TUAS PROVISÕES.

MAJ VANILCE ALMEIDA ALVES — PMRO

20 DE FEVEREIRO

Salmo 28:7-9

CONFIANÇA

*O Senhor é minha força e meu escudo;
confio nele de todo o coração.* (v.7)

Durante minha jornada como policial militar do estado de Mato Grosso do Sul, estive lotado no Departamento de Operações de Fronteira – DOF. Éramos 4 policiais compondo uma guarnição e percorrendo longas distâncias entre as divisas do Brasil com o Paraguai e Bolívia. Logo, por realizar o patrulhamento tão próximo da linha internacional, o risco era sempre ampliado, com a tensão estando sempre presente. Isso por dois motivos relevantes: a fronteira atrai atividades criminosas de alta periculosidade, tais como tráfico de drogas, armas e contrabando. E outra circunstância temerosa é que no caso da necessidade de apoio, estávamos longe de tudo e de todos, em face da enorme distância de qualquer cidade ou povoado. Entretanto, o fato de estarmos tão longe e sozinhos, e constantemente em situação de risco, fortalecia nossos laços de confiança uns nos outros. Sabíamos que em qualquer circunstância de confronto, podíamos confiar nossa segurança ao colega de farda.

Assim, também devemos proceder em todos os segmentos da vida, confiando em nosso Deus quando nos sentirmos desamparados ou em situação de perigo. Devemos entender que o Senhor jamais nos abandonará. "Por isso, podemos dizer com toda a confiança: 'O Senhor é meu ajudador, portanto não temerei; o que me podem fazer os simples mortais?'" (HEBREUS 13:6). Como é confortante sabermos que não lutamos sozinhos!

Confiar em Deus é entregar-se a Ele todos os dias.

**DEUS TODO-PODEROSO, CONFIO EM TI.
VEM E REINA SOBRE A MINHA VIDA E GUARDA-ME
DOS HOMENS QUE NÃO TÊM AMOR POR TI.**

S TEN PAULO EDSON DE SOUZA — PMMS

21 DE FEVEREIRO

Isaías 48:12-18

GRANDEZA É SE FAZER PEQUENO

Eu sou o SENHOR, seu Deus, que lhe ensina o que é bom e o conduz pelo caminho que deve seguir. (v.17)

Deus me levará a situações longe de meus limites e capacidades. A fé sempre me levará além daquilo que imagino. Logo, à medida que a vida vai acontecendo, os desafios aumentam, juntamente com minha dependência e fé em Deus, pois percebo que sei tão pouco.

Os discípulos estavam impressionados sobre o operar do Céu na Terra, e perguntaram a Jesus quem era o maior no reino de Deus. Jesus responde: "Quem se torna humilde como esta criança é o maior no reino dos céus" (MATEUS 18:4).

Aqui há um princípio espiritual sobre a humildade, um dos requisitos do reino de Deus. A humildade surge quando descubro quem realmente sou. Então, percebo que, desesperadamente, preciso de Deus. Quando me faço pequeno na presença de Deus, Ele se torna gigante em mim. É necessário humildade para reconhecer minha insignificância, que sou feito do pó da terra e que preciso caminhar na dependência de Deus. Humildade significa ser transparente, ter confiança e saber aceitar sem orgulho, egoísmo ou ambição.

Quanto mais Deus se revela, menor a pessoa se torna. Exatamente o oposto do que o sistema do mundo ensina. Ele sabe que preciso mais de Sua graça.

É necessário que o copo esteja vazio para Deus enchê-lo.

SENHOR, DÁ-ME GRAÇA PARA CONHECER MAIS A TI. GUIA E ORIENTA OS MEUS PASSOS A CADA DIA.

SD VINÍCIUS DA SILVEIRA MACHADO — CBMSC

22 DE FEVEREIRO

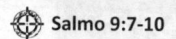

Salmo 9:7-10

CONHECER E CONFIAR NO SENHOR

*Quem conhece teu nome confia em ti, pois tu, SENHOR,
não abandonas quem te busca.* (v.10)

Quando somos incumbidos de realizar alguma missão, muitas vezes ficamos apreensivos para saber quem mais será designado conosco. Conhecer o parceiro e ter confiança nele é um passo importante para o cumprimento exitoso da tarefa designada. Com Deus não é diferente! Aqueles que conhecem o Senhor sabem que podem depositar sua total confiança nele. É impossível conhecer a Deus e não confiar integralmente nele!

Ao lermos as Escrituras Sagradas, conhecemos as grandiosas obras realizadas pelo Senhor no passado. A leitura bíblica é uma prática saudável que alimenta e alicerça a nossa fé em Deus e, assim, podemos sobrepujar os desafios diários que a vida nos impõe. Com uma fé forte e bem alicerçada, ainda que sejamos desafiados pelas inúmeras dificuldades do dia a dia, não seremos jamais confundidos e poderemos prevalecer sobre elas.

Se procurarmos manter um relacionamento pessoal com Deus, as nossas experiências pessoais também testemunharão do que Ele é capaz. A partir daí, comprovaremos que os grandes feitos do Senhor não estão restritos ao passado.

Assim poderemos crer que, mesmo na hora da aflição, o Senhor não nos abandona. Mesmo diante da mais árdua missão, Ele não desampara aqueles que buscam a Sua face. Antes, sustenta-os, fortalece-os e os livra de todo o mal!

*Os que confiam integralmente no nome do Senhor
jamais estarão sozinhos. Que rica promessa!*

SENHOR, AJUDA-ME A CONHECER A TI E A BUSCAR A TUA FACE COTIDIANAMENTE. NÃO ME ABANDONES, POIS EM TI CONFIO!

1º TEN JOÃO PAULO MARTINS DA SILVA — FAB/PE

23 DE FEVEREIRO — Lucas 3:10-14

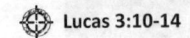

A BÍBLIA, MANUAL DA ÉTICA POLICIAL

"E nós?", perguntaram alguns soldados. "O que devemos fazer?" (v.14)

Desde tempos remotos até hoje se pergunta se é possível o cristão ser militar das Forças Armadas ou Policiais, visto que portam armas e correm o risco de morrer ou matar em combate de guerras ou no policiamento cotidiano.

Alguns soldados romanos foram ao profeta João Batista para tirar essa dúvida milenar persistente. O profeta respondeu como se fosse um capelão ou instrutor de Ética Militar: "Não pratiquem extorsão nem façam acusações falsas. Contentem-se com seu salário" (LUCAS 14). A resposta harmoniza a fé com a vida prática do soldado.

"Não pratiquem extorsão": o policial não tem o direito de exercer justiça, não deve maltratar o cidadão, colega de farda, familiar ou detento. Não extorquir significa não fraudar, enganar, trapacear nem despojar. O policial deve se contentar com o seu salário. Ele deve estar feliz e alegre, e não viver se maldizendo, pois o salário que recebe é fruto de sua profissão. O texto é também prevenção ao suborno, que o policial muitas vezes é tentado a aceitar, mas deve resistir.

Podemos, sim, exercer a profissão de policial e sermos cristãos ao mesmo tempo, seguindo a regra áurea de não sermos injustos nem desleais com ninguém e vivermos felizes com o soldo, pois essa atitude honra a Deus e à corporação.

O amor e a graça de Deus se revelam pelos ensinos de Sua santa Palavra.

NÓS, SOLDADOS, AGRADECEMOS AO SENHOR PELOS ENSINOS. AJUDA-NOS A SERMOS PROFISSIONAIS FIÉIS A TI.

CAP JOSÉ DIERSON RICARDO — PMDF

24 DE FEVEREIRO — Salmo 1

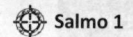

SER FELIZ

...tem prazer na lei do SENHOR e nela medita dia e noite. (v.2)

O que é preciso ter para ser feliz? O que basta para uns pode ser insuficiente para outros. Aliás, nunca tivemos tantas coisas no que se refere a facilidades e comodidades materiais. No entanto, ainda assim, a felicidade das pessoas não parece maior. Ansiolíticos e remédios para dormir tentam amenizar as angústias e receios. As redes sociais transbordam de ódio e descontentamento. Muitos, de fato, andam infelizes.

O Salmo 1 fala de como ser feliz. Para tanto, é preciso abster-se de algumas coisas: "Feliz é aquele que não segue o conselho dos perversos, não se detém no caminho dos pecadores, nem se junta à roda dos zombadores" (v.1). As pessoas andam infelizes porque seguem palavras e orientações ruins. Apegam-se a meias verdades e ideologias. Fermentam no coração os xingamentos e as discussões que tiveram. Perdem o respeito pelos valores humanos e de fé. Enfim, vinculam a sua felicidade àquilo que seres humanos, passageiros e parciais, têm a dizer.

Na sequência, o salmista expõe o que é preciso ter para ser realmente feliz: "Pelo contrário, tem prazer na lei do Senhor e nela medita dia e noite" (v.2). Ouvir as palavras que vêm do Altíssimo, nelas refletir, seguir o que Ele tem a dizer, é o caminho para aprender a ser feliz, pois elas ensinam a ter fé, esperança e amor. Ser feliz não depende do que você tem, mas a quem você escuta.

Sim, paz real. Sim, gozo na aflição. Achei o segredo:
É Cristo no coração.

FALA, SENHOR, QUE O TEU SERVO ESCUTA!
ENCHE O MEU CORAÇÃO COM A ALEGRIA DE CRISTO!

CAP PAULO SAMUEL ALBRECHT — AFA/SP-FAB

25 DE FEVEREIRO — Apocalipse 19:11-21

O ETERNO COMANDANTE

Em seu manto, na altura da coxa, estava escrito o nome:
Rei dos reis e Senhor dos senhores. (v.16)

Em um grande desfile, ou formatura, com a presença de um general, todas as tropas ficam formadas, alinhadas, em total atenção ao toque de corneta. Todos os militares e seus comandantes apresentam armas e a devida honra e zelo pela hierarquia e disciplina. Bravos homens assumem a posição de submissão e reverência à maior autoridade presente.

Chegará o dia em que todos nos Céus, na Terra e debaixo dela dobrarão seus joelhos e declararão que Jesus Cristo é o Senhor. Ele virá vestido de glória e esplendor, acompanhado dos exércitos do Céu para cumprir a Sua promessa para a humanidade. Aos que pertencem a Ele, será um momento de triunfo e alegria incomparável. Aos que o rejeitaram, será momento de desespero e dor. O soberano comandante conhece Sua tropa e chamará cada um pelo nome!

Para honrar o Rei dos reis e Senhor dos senhores, devemos não somente aceitá-lo como Salvador, mas dedicar-lhe a posição de Senhor absoluto da nossa vida. Aquele que nos direciona, nos autoriza, nos capacita e que responde por nós! Diante dele nos apresentaremos com as nossas obras nas mãos, prestaremos conta da missão que nos foi dada. Por Ele seremos recebidos ou por Ele seremos rejeitados.

Que nossa vida e nossos esforços sejam consagrados a vencer e a ouvir naquele grande dia: "Muito bem, meu servo bom e fiel [...] Venha celebrar comigo (MATEUS 25:23).

Pela graça de Deus, estaremos de pé
e seremos reconhecidos por nosso eterno Comandante.

DEUS TODO-PODEROSO, AJUDA-NOS A CUMPRIR A MISSÃO COM HONRA E ÊXITO.

2º TEN RUANA CASAS — CBMAC

26 DE FEVEREIRO — Salmo 46:1-3

PRECISANDO DE UM GENERAL

*Deus é nosso refúgio e nossa força, sempre pronto
a nos socorrer em tempos de aflição.* (v.1)

Entre tantos acontecimentos que vivenciei na caserna, um deles justifica o versículo acima. Nos anos 90, a instituição abriu seleção para cursos de acesso à carreira de oficial. Havia poucas vagas, e o número de candidatos era bem significativo.

A agitação entre os concorrentes era grande. Foi quando um desses aspirantes ao oficialato veio conversar comigo. O moço, já com algum tempo de casa, me interpelou:

— "O senhor conhece algum general?"

— "Como assim?", respondi.

Na percepção do candidato, "O curso parece um aquário em que só entra peixe. Só gente indicada. E eu não conheço ninguém".

— Respondi sem pestanejar: "Sim, conheço um General (Deus) e vou falar com Ele a seu respeito".

Passados alguns dias, encontro o moço radiante de felicidade. Ele havia sido aprovado na seleção para o curso de oficial na corporação. Desta feita, nosso diálogo foi rápido.

— "Então, chefe. Como é o nome do general?"

— Respondi enfaticamente: "Senhor dos Exércitos é o Seu nome".

Esse episódio vem apenas para constatar que, diante de provas e desafios colocados diante de nós, não serão as pessoas que determinarão a nossa vitória. Faça a sua parte e confie. É Deus quem muda a nossa sorte (DEUTERONÔMIO 30:3). Entregue sua vida nas mãos dele, e Ele fará o melhor (SALMO 37:5). O Senhor dos Exércitos está conosco (SALMO 46:11).

Nosso amanhã está nas mãos do nosso Deus.

DEUS, OBRIGADO POR GUARDARES NOSSO FUTURO EM TUAS MÃOS. A TUA ONISCIÊNCIA NOS TRAZ CONFORTO.

CAP AMARO MARTINS NETO — PMPR

27 DE FEVEREIRO — 2 Timóteo 1:1-7

MANTENHA O DESLOCAMENTO

...Deus não nos deu um Espírito que produz temor e covardia, mas [...] poder, amor e autocontrole. (v.7)

Certa vez, dois bombeiros, o soldado Gonzaga e o sargento Malaquias deslocavam-se para uma ocorrência na rodovia e chovia muito. Vendo que a tempestade não parava, o soldado queria parar a viatura no acostamento, mas o sargento pediu para que ele seguisse. O soldado dirigiu por mais alguns quilômetros e quis estacionar a viatura, pois a chuva só aumentava. Mas, o sargento insistia em que ele continuasse a dirigir, seguindo por mais dois quilômetros. Com a chuva cada vez mais forte, o motorista disse que pararia no acostamento, mas o sargento Malaquias, com o olhar sereno, disse: "Em nome de Jesus, prossiga". Logo depois, a chuva cessou e eis que passaram a se deslocar sob um sol limpo e claro, e a chuva ficava cada vez mais para trás.

Se as circunstâncias têm se tornado insuportáveis pelo caminho, não pare de caminhar, apenas confie naquele que o chamou e continue o deslocamento. Tenha fé em quem o chamou, pois Ele é fiel e justo para protegê-lo e sustentá-lo em todo o caminho. Saiba que Ele é quem o guarda de todo o mal. Deus é conhecedor de todas as coisas e em momento algum se esquece dos Seus. Ele está conosco em todos os lugares por onde quer que vamos e se faz presente todos os dias de nossa vida.

Deus está conosco quer chova ou faça sol.

PAI AMADO, CLAMAMOS A TI PARA QUE TOMES A DIREÇÃO DE NOSSA VIDA E A DIRIJAS CONFORME A TUA VONTADE. CONDUZE-NOS CONFORME O TEU QUERER.

3º SGT ANDERSON SILVIO MENDES — CBMMS

28 DE FEVEREIRO — Salmo 23:1-4

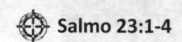

FIRME NA DIREÇÃO

Mesmo quando eu andar pelo escuro vale da morte [...]
Tua vara e teu cajado me protegem. (v.4)

Estamos vivendo um momento muito difícil nos últimos tempos. Em época de pandemia, a Covid-19 tem pegado muitas famílias de surpresa. Perdemos muitos colegas com essa doença terrível. Eram homens valentes, bons trabalhadores! Tive a oportunidade de trabalhar com um deles por um período de aproximadamente 4 anos. Ele era sensacional! Uma pessoa muito boa de coração e servo do Senhor. Quando morreu, confesso que fiquei indignada e questionei a Deus: "Por que ele, Senhor? Ele era um homem tão bom! Por que ele?". E Deus me respondeu: "Por que não ele? Acaso é você quem sonda os corações ou conta-lhes os dias de vida?"

Pedi perdão a Deus imediatamente e passei a entender que todos nós precisamos confiar nos desígnios de Deus e não apenas desejar uma cura física. A Palavra de Deus afirma no Salmo 23:3: "Renova minhas forças e me guia pelos caminhos da justiça; assim, ele honra o seu nome". Quando lemos esse versículo, percebemos de imediato que a grande verdade é que somos frágeis e temos que aprender a entregar o controle de nossas vidas nas mãos do Senhor. E esse entendimento se completa no versículo seguinte: "Mesmo quando eu andar pelo escuro vale da morte, não terei medo, pois tu estás ao meu lado. Tua vara e teu cajado me protegem" (v.4).

Quando confiamos nele, certamente entendemos o porquê de cada caminho que Ele coloca à nossa frente.

A minha alma confia no Senhor e espera o cumprimento
de Suas promessas.

SENHOR DEUS TODO-PODEROSO, ENTREGAMOS OS NOSSOS CAMINHOS EM TUAS MÃOS NA CERTEZA DE UM FUTURO MELHOR.

POLICIAL PENAL AMANDA MENDES BRANDÃO DE FARIA — SAP/DF

1º DE MARÇO

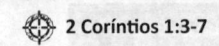

2 Coríntios 1:3-7

ENCORAJANDO UNS AOS OUTROS

Ele nos encoraja em todas as nossas aflições, para que [...] possamos encorajar outros quando eles passarem por aflições. (v.4)

Os cursos de formação e capacitação ministrados nas diversas unidades de ensino de segurança pública espalhados por nossa nação nos instruem ao combate da criminalidade, à proteção do cidadão, à preservação da lei e da ordem e à defesa de nossa pátria. Porém, por vezes, somos levados a nos sentirmos frágeis, vulneráveis e indefesos. O que realmente somos, conforme apóstolos, salmistas e profetas expressam na Bíblia Sagrada?

As tribulações que vêm sobre a sociedade também arrombam nossas casas, dívidas invadem nossas dispensas, doenças pulam nossos muros que estavam tão bem fortificados e o maligno lança dardos inflamados que transpassam nossos *IPIs* tão bem elaborados.

Mas o nosso Deus é zeloso e quer cuidar de nós em nossas tribulações. O Senhor está sempre atento ao nosso pedido de socorro, o Seu amor por nós é imensurável. "Ele o cobrirá com as suas penas e o abrigará sob as suas asas; a sua fidelidade é armadura e proteção" (SALMO 91:4).

Como é bom sabermos que há um Deus Altíssimo que se importa conosco, e mais ainda, fortalece-nos e ensina-nos em meio às tribulações, forja-nos para o bom combate, capacita-nos ao uso das armas espirituais, e assim, encoraja-nos a prosseguir para o alvo. Como bons soldados, temos de dar ouvidos ao nosso Comandante. Encorajados por aquele que tem todo o poder, podemos encorajar o nosso próximo na certeza de que há um Pai misericordioso, um Deus de toda a consolação.

*Que confiemos no amor de Deus em meio às tribulações
e que sejamos usados para ajudar os outros.*

SENHOR DEUS, SOBERANO SOBRE A TERRA E CÉUS, AGRADECEMOS POR NÃO DESAMPARARES AQUELE QUE TE BUSCA DE TODO O CORAÇÃO.

CAP TELMA LÚCIA BERNARDES — PMGO

2 DE MARÇO

Êxodo 12:1-4

A IGREJA QUE ESTÁ EM SUA CASA

A família que for pequena demais [...] deverá compartilhá-lo
com outra família da vizinhança. (v.4)

Alguns cristãos vivem no mundo e vão à igreja; outros, vivem na igreja e vão ao mundo. Os que vivem no mundo e vão à igreja dizem: temos uma mensagem para pregar. Os que vivem na igreja e vão ao mundo dizem: temos uma mensagem para praticar.

A igreja doméstica é uma instituição natural e se propõe a oferecer formação e desenvolvimento da fé cristã. Ela busca o amor mútuo e forma um ambiente onde seus membros possam alcançar maturidade em atitudes, palavras e ações. É formada pela família nuclear, podendo admitir outros participantes, como parentes, amigos e vizinhos.

Como todos temos ouvido, a família é a célula fundamental da sociedade. Ela oferece o melhor campo para a semeadura dos ensinamentos de Deus. É na igreja doméstica, por seu exemplo e pela Palavra, que os pais têm a graça de serem os primeiros influenciadores de seus filhos. A igreja doméstica tem o privilégio e o dever particular de guiar os seus e as pessoas em geral para uma vida plena em Cristo e prepará-las para a eternidade. A Páscoa era uma realização para a família. É pouco provável que os pais realizassem aquela cerimônia deixando de fora seus filhos.

Nossos lares devem ser onde o nosso Deus
mais tem liberdade para atuar.

DEUS, FAZ DE NOSSAS CASAS SANTUÁRIOS
E DE NOSSAS MESAS ALTARES.

PASTOR IRAN BERNARDES DA COSTA — MINISTÉRIOS CRISTÃOS GRÃO DE MOSTARDA

3 DE MARÇO — Tiago 4:7-10

DEUS NOS ACOLHE

Aproximem-se de Deus, e ele se aproximará de vocês. (v.8)

Em tempos de situações difíceis na vida e família, afastada dos caminhos que Deus desejava para mim, eu estava em uma seção administrativa do Corpo de Bombeiros de Pernambuco, participando de um momento de edificação com a Palavra de Deus. Ali eram feitas orações e liam-se as Escrituras Sagradas. Muitas vezes, ofereceram-me a Bíblia para que eu acompanhasse o texto, mas eu nunca conseguia segurá-la em minhas mãos. Eu sempre dizia: "Consigo acompanhar ouvindo". Na verdade, não a pegava porque me sentia indigna de segurar a Palavra de Deus, por estar vivendo de forma desregrada.

Mas, um dia, senti o desejo de segurar a Bíblia. Abri-a, acompanhei o texto e, naquele momento, sem que ninguém percebesse, baixei minha cabeça, coloquei uma das mãos sobre a testa, escondendo as lágrimas. Algo começou a acontecer dentro de mim. Era como se um peso estivesse saindo, e um amor cheio de compaixão me enchesse. Comecei a me sentir amada por alguém que naquele momento os meus olhos não viam, mas eu sabia que Ele estava ali.

Em um ambiente de trabalho, em momentos periódicos com a Palavra de Deus, Jesus me tocou e Sua presença me encheu, me concedendo tudo o que preciso. Não importa o tempo que passe, se nós, como instrumentos de Deus, cumprirmos a missão de pregar o Evangelho, Deus se fará presente.

Servimos a um Deus onipresente. Confie!

DEUS, QUE TUA PRESENÇA SEJA NOTADA E QUE HAJA QUEBRANTAMENTO DIANTE DE TI.

3º SGT MONICK CRISTINE DA SILVA BARROS — CBMPE

4 DE MARÇO

Mateus 14:22-31

O DEVER É OBEDECER

...Jesus estendeu a mão e o segurou. "Como é pequena a sua fé!", disse ele. "Por que você duvidou? (v.31)

Uma das primeiras lições que o militar tem ao adentrar na caserna é sobre disciplina, que, ao lado da hierarquia, constituem-se em fundamentos basilares das organizações militares. Consta dos manuais que disciplina é a rigorosa observância e o acatamento integral das ordens, normas e regulamentos, traduzindo-se pelo perfeito cumprimento do dever. Portanto, disciplina e obediência estão diretamente relacionadas. Já diziam os mais antigos: "o dever é obedecer!"

Jesus, ao terminar um ciclo de ensinamentos, despediu a multidão e ordenou aos Seus discípulos que entrassem no barco e partissem para o outro lado (v.22). Algum tempo depois, uma tempestade se formou e ondas e ventos fortes batiam contra o barco (v.24). Os discípulos estavam no barco porque Jesus mandara e, mesmo estando debaixo de total obediência, foram visitados por tempestade e ventos contrários.

Com isso, aprendemos que a obediência não vai nos isentar da tempestade ou da manifestação de ventos contrários. Não é porque estamos obedecendo que dias ruins não podem acontecer. Porém, a obediência é a garantia de que não estaremos sozinhos.

A obediência nos supre na adversidade. É a garantia de viver o livramento. Jesus foi quem deu ordem aos discípulos e foi Ele mesmo que se direcionou para dar livramento, pois não perdeu o controle das coisas (v.25). Jesus não tarda, nem falha. Ele chega na hora certa.

Andar em obediência é a garantia de que nunca estaremos sós.
Jesus chegará na hora certa.

DEUS TODO-PODEROSO, NO DIA MAU, TRAZ PROVISÃO, PRESENÇA E MILAGRE SOBRE A NOSSA VIDA.

TEN CEL CLEYTON CRUZ — CBMMA

5 DE MARÇO — **Romanos 12**

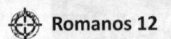

NÃO VIVAM COMO MUNDANOS

...mas deixem que Deus os transforme por meio de uma mudança em seu modo de pensar... (v.2)

Antônio Rangel, natural de Cachoeiro de Itapemirim, Espírito Santo, nasceu em 8 de setembro de 1958. Aos 13 anos, já trabalhava em lojas de móveis e calçados. Serviu o "Tiro de Guerra" em 1977 e, aos 19 anos, tornou-se soldado da PMES. Aos 24 anos, Rangel, a despeito de ser um "pecador rebelde", aceitou a ajuda de um oficial e foi conduzido ao Salvador Jesus Cristo, que transformou sua vida. Rangel inicia a evangelização no cemitério da cidade em Dia de Finados, em 1982. Foi batizado em 1983.

A mudança no comportamento de Rangel foi notória em sua corporação. Além de cumprir com suas obrigações funcionais, ele participou da fundação da UMCEES (União de Militares Cristãos Evangélicos-ES), dedicou-se aos estudos de Teologia e Psicanálise, serviu voluntariamente à Diretoria da UMCEES, criou e implementou o projeto "Leitura da Bíblia nos ônibus", na Grande Vitória, em milhares de ônibus, participou da construção de três templos, sendo um no Batalhão da PMES, sua cidade natal, outro no 6º Batalhão, no Município da Serra, e de outro no Quartel do Corpo de Bombeiros Militar em Vitória.

Na reserva, Rangel deu continuidade ao projeto "Leitura da Bíblia nos ônibus" e dedicou-se a outro intitulado "Antissuicídio, estresse, vícios e depressão", com a finalidade de cooperar com a Segurança Pública do Estado. E assim, o ex-pecador rebelde tem procurado viver para a glória de Deus e para o bem da sociedade.

Enquanto uma ovelha balir, haverá chances de ser encontrada pelo pastor de nossas almas.

SENHOR, OBRIGADO PELAS TRANSFORMAÇÕES QUE REALIZAS, POIS EM JESUS CRISTO SOMOS NOVAS CRIATURAS E AS COISAS VELHAS JÁ PASSARAM.

PR. JOSÉ TARCÍSIO R. PINTO — CAPELÃO VOLUNTÁRIO/ES

6 DE MARÇO — Gênesis 21:8-21

ANIME-SE, DEUS QUER ABENÇOÁ-LO!

*Levante-o e anime-o, pois farei dos descendentes
dele uma grande nação.* (v.18)

Hagar era uma serva egípcia de Abraão. Porém, depois de ela ter lhe dado um filho, a esposa de Abraão, Sara, ficou enciumada e pediu para que ele a mandasse embora. Quando Hagar estava no deserto com seu filho, seus suprimentos e água acabaram. Ela ficou apavorada. Para não ver seu filho morrer, deixou-o debaixo de um arbusto. Note que se em algum lugar no deserto há arbusto, então há água. Mas o desespero de Hagar era tão grande que ela não pôde ver as possibilidades. Assim também acontece com muitas pessoas em diversas circunstâncias. Deus os coloca perto das bênçãos e, mesmo assim, não conseguem vê-las.

Precisamos estar atentos, pois Deus não desampara Seus filhos. Entretanto, em alguns momentos de aflições, eles são levados pela cegueira do desespero e não conseguem ver as possibilidades. No caso de Hagar, foi necessário aparecer um anjo para lhe mostrar que havia água naquele lugar. "Então Deus abriu os olhos de Hagar, e ela viu um poço cheio de água..." (GÊNESIS 21:19). Deus os supriu com a água, como também prometeu abençoar a descendência de Ismael.

O que se passa em sua vida? Quem sabe você esteja passando por momentos de aflição. Reflita bem e permita que Deus abra seus olhos para ver as possibilidades ao seu redor. Deus o ama e quer supri-lo, abençoando também sua família.

*Deus está comigo e Ele abre meus olhos
para ver as possibilidades.*

DEUS SANTO E PODEROSO, ABENÇOA ESTE QUE LÊ PARA QUE POSSA VER AS POSSIBILIDADES QUE TU PROMOVES.

PASTOR SHARLES CRUZ — PRESIDENTE DA IGREJA COBERTURA CRISTÃ

7 DE MARÇO

Provérbios 31:10-31

O PAPEL SOCIAL DA MULHER

Há muitas mulheres virtuosas neste mundo,
mas você supera todas elas. (v.29)

Para as mulheres, o trabalho em um sistema prisional é bastante desafiador, pois o ambiente costuma ser naturalmente mais masculino.

Desempenhar nossas funções sendo policiais femininas nos traz sempre à mente o quanto somos fortes e capazes de conquistar reconhecimento e, também aplausos, por que não?

O mundo contemporâneo trouxe grandes possibilidades para o universo feminino mostrar toda sua coragem, força e inteligência. E esses atributos podem ser usados em favor da humanidade.

Desenvolver os papéis de mãe, esposa, filha e ainda policial feminina corroboram, num contexto social, para uma realidade que atualmente tem ganhado bastante espaço e tem sido muito notada: que somos essenciais para a sociedade!

A neurociência é muito sábia quando denota que nós, mulheres, somos mais multifocais. Essa qualidade, quando bem aplicada, traz inúmeros benefícios, dentre eles a facilidade de adquirir múltiplos conhecimentos. Quando a Bíblia explicita que "...suas palavras são sábias; quando dá instruções, demostra bondade" (PROVÉRBIOS 31:26), ela confirma a sabedoria feminina e também enaltece toda a sua delicadeza. Além disso, a Bíblia reafirma essas qualidades quando completa o entendimento afirmando "recompensem-na por tudo que ela faz; que suas obras a elogiem publicamente" (v.31). Contudo, é notório que somos merecedoras dos frutos de nossas conquistas!

O nosso Deus criou mulheres corajosas e fortes.

SENHOR DEUS TODO-PODEROSO, MOSTRA-NOS COMO SOMOS VALOROSAS E ESPECIAIS. ENSINA-NOS A ENXERGAR A NOSSA AUTOIMAGEM DE FORMA POSITIVA.

POLICIAL PENAL AMANDA MENDES BRANDÃO DE FARIA — SAP/DF

8 DE MARÇO — **2 Timóteo 2:1-7**

GUERREANDO NA LINHA DE FRENTE

*Nenhum soldado se deixa envolver
em assuntos da vida civil...* (v.4)

Há anos as mulheres vêm conquistando espaços que eram permitidos apenas aos homens. Foram tão bem-sucedidas que até no Exército brasileiro elas servem como militares e já estão se formando na Academia Militar para atuarem em funções de apoio ao combate. Isso mesmo, apoio! A elas ainda não é permitido ingressar, por exemplo, na infantaria, uma arma de confronto direto com o inimigo.

No entanto, independentemente de ser militar ou não, a mulher cristã faz parte da linha de frente da guerra espiritual, lutando contra o inimigo que quer roubar, matar e destruir as famílias. Como boa sentinela, ela não se distrai, mas vigia. Ora e age para que sua família esteja protegida dos dardos inflamados do maligno.

A mulher militar sabe que deve obedecer aos seus superiores e que deve seguir os manuais internos da Força. Na vida cristã, sendo militar ou não, ela também não deve vacilar, mas seguir diligentemente o regulamento disciplinar, que é a Bíblia Sagrada, e obedecer ao Senhor dos Exércitos que a alistou para o Exército celestial aqui da Terra.

Todos os dias, juntamente com sua tropa, a mulher militar entra em forma para se apresentar ao comandante. Semelhantemente, a mulher cristã deve se apresentar diariamente ao comandante espiritual, o Senhor Jesus, buscando sabedoria e direção para manter a ordem e a disciplina em sua casa, a fim de que sua família permaneça na presença de Deus.

*O Exército pode passar tempos sem ser acionado,
mas deve estar sempre preparado.*

**SENHOR, DÁ-ME SABEDORIA E DISCERNIMENTO
PARA VENCER OS INIMIGOS QUE INTENTAM PREJUDICAR
MINHA FAMÍLIA E TIRÁ-LA DA TUA PRESENÇA.**

1º TEN ISILDINHA MURADAS — EB/SP

9 DE MARÇO

Efésios 5:25-28

O VALOR PRECIOSO DA MULHER

*Maridos, ame cada um a sua esposa, como Cristo amou a igreja.
Ele entregou a vida por ela.* (v.25)

É bastante comum termos que lidar com custodiadas que sofreram algum tipo de agressão por parte de seus parceiros ou até mesmo de seus familiares mais próximos. A violência doméstica, muito bem descrita na Lei Maria da Penha, de n°11.340/06, infelizmente, é uma realidade. Constantemente, vemos mulheres sentenciadas completamente desmotivadas e com um conceito de autoimagem muito negativo. A violência moral, física, psicológica e demais violências, destroem a autoestima feminina.

Num contexto socioeconômico, observamos as relações de diferenças de poder entre os homens e as mulheres. Essas diferenças têm corroborado, em demasia, para que fatos trágicos, como o feminicídio, aconteçam.

Nós, mulheres, nascemos para sermos amadas, bem cuidadas e quando isso acontece, de fato, muitos problemas sociais diminuem. Um relacionamento familiar baseado no amor e no respeito traz paz e sensatez a ambas as partes. A Bíblia é clara ao relatar em Efésios 5:28: "Da mesma forma, os maridos devem amar cada um a sua esposa, como amam o próprio corpo, pois o homem que ama sua esposa na verdade ama a si mesmo". Uma mulher, quando é suprida no amor, geralmente não sente necessidade de se impor ao ponto do desrespeito. Pelo contrário, ela se dedica a reconhecer o seu marido como um homem bom. Uma mulher amada se torna melhor em tudo o que faz.

*A mulher é, literalmente, a expressão de delicadeza
e de preciosidade.*

SENHOR DEUS TODO-PODEROSO, ENSINA-NOS A BUSCAR UM RELACIONAMENTO SAUDÁVEL E BASEADO NO AMOR.

POLICIAL PENAL AMANDA MENDES BRANDÃO DE FARIA — SAP/DF

10 DE MARÇO • **Romanos 12:1-2**

BATALHA E RENOVAÇÃO DA MENTE

...mas deixem que Deus os transforme por meio de uma mudança em seu modo de pensar... (v.2)

Ao acordar naquela madrugada fria e escura, eu não imaginava quão movimentado seria aquele dia. O que parecia ser mais uma madrugada de cumprimento de mandados de busca e apreensão, tornou-se a missão que mostraria ao país que podemos ter esperança de dias melhores. Logo foi iniciada uma batalha na mente e veio a ansiedade e a preocupação para que tudo saísse bem e que tivéssemos êxito na busca de provas, cumprindo com zelo e denodo a missão.

Quando o apóstolo Paulo afirma que precisamos ser transformados pela renovação da nossa mente, logo me vem a imagem dos treinamentos operacionais que são importantes. Mas, tão importantes quanto eles, é sermos transformados pela Palavra de Deus, que renova nossa mente, trazendo conhecimento e sarando nossa ansiedade e preocupação. A verdadeira esperança em dias melhores está em renovar a nossa mente e reconhecer Cristo como Senhor e Salvador de nossa vida, acreditando que Ele nos protege e nos dirige em cada missão.

Acredito que a "senha" desse versículo é a "renovação da mente". Buscar conhecer cada vez mais profundamente a Palavra de Deus vai nos abrir horizontes e fará cair as escamas dos olhos, como aconteceu com o apóstolo Paulo, autorizando-nos a enxergar e vivenciar o melhor de Deus para nós com uma "mente renovada".

A renovação da nossa mente em Cristo nos permite viver a boa, perfeita e agradável vontade de Deus.

PAI AMADO, FORTALECE-NOS, POIS QUEREMOS A RENOVAÇÃO DA NOSSA MENTE ATRAVÉS DO CONHECIMENTO DA TUA PALAVRA.

AGENTE FEDERAL GIANCARLO TENÓRIO — SRPF/DF

11 DE MARÇO — Salmo 46

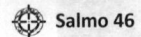

DEUS DOS EXÉRCITOS

O Senhor dos Exércitos está conosco;
o Deus de Jacó é a nossa torre segura. (v.7)

A Bíblia narra várias batalhas dos israelitas. No tempo de Josué, o Deus dos Exércitos esteve com ele e ele venceu. Lemos a história de Sansão, que com sua força defendeu o seu povo dos inimigos. O rei Davi, ainda jovem, enfrentou e derrotou o gigante Golias. O jovem Davi confiou no Senhor Deus dos Exércitos de Israel e foi o grande diferencial para vencer aquele inimigo.

Desde o início da criação, o ser humano enfrenta um de seus maiores conflitos: desejar fazer o bem, mas ser vencido pelo mal. Buscar a Deus ou viver em conflito com o Criador.

O filósofo e pastor H. H. Farmer escreveu: "As vitórias de Deus são alcançadas somente no campo de batalha do coração humano". É a guerra que ocorre na vida de todos. Escolher servir ao Senhor Deus dos Exércitos e ter a vitória, o perdão e a vida eterna, ou lutar contra Ele e ser derrotado e destruído para sempre. A escolha é de cada um. Deus é o socorro nas horas de aflição.

O salmista nos encoraja: "Parem de lutar! Saibam que eu sou Deus!..." (SALMO 46:10). Conhecer a Deus faz grande diferença para vencer as batalhas na vida. O Senhor dos Exércitos quer estar ao seu lado. Você decide que lado escolher na guerra espiritual. Busque a direção e proteção do Senhor Deus dos Exércitos.

Há uma guerra espiritual na vida de todos.
O Senhor Deus dos Exércitos é a nossa paz!

SENHOR DEUS DOS EXÉRCITOS, ENSINA AOS TEUS SOLDADOS A LUTAR SEMPRE COM FÉ E ESPERANÇA.

PR. SANDRO SOARES DE O. LIMA — CAPELÃO VOLUNTÁRIO/PR

12 DE MARÇO — Salmo 39

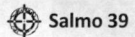

QUANDO AS INQUIETAÇÕES SÃO INÚTEIS

*Somos apenas sombras que se movem,
e nossas inquietações não dão em nada...*(v.6)

Quando eu era tenente, sofri um acidente na Escola de Educação Física do Exército e fui tomado por sentimentos de medo, raiva e culpa. Medo de ser desligado de um curso com o qual tanto sonhara, raiva da situação que não provoquei e culpa por meu orgulho ferido, pois estava com o ego inflado por estar naquele lugar.

Ao meditar no Salmo 39, senti como se o texto tivesse sido escrito para mim. Deus falou profundamente ao meu coração sobre minha fragilidade e trouxe clareza sobre o amor dele por mim, qualquer que fosse o desfecho daquela história. Saber que o Senhor estava comigo naquele momento difícil me trouxe paz, apesar de não entender, como cristão, se eu poderia ter aqueles sentimentos sem entristecer a Deus.

Muito tempo depois, já mais maduro, aprendi que as pessoas que não sentem medo, raiva ou culpa são os psicopatas insensíveis e que mesmo sendo militar cristão, o normal seria colocar minhas fragilidades diante do nosso Senhor.

Ao continuar a leitura pelo Salmo 40, veio a paz com a lição que marcou a minha vida para sempre: "Esperei com paciência pelo SENHOR; ele se voltou para mim e ouviu meu clamor. Tirou-me de um poço de desespero, de um atoleiro de lama. Pôs meus pés sobre uma rocha e firmou meus passos..." (vv.1-2).

*Deus nos fez seres falhos que só podem ser
completados por Ele mesmo*

SENHOR, GUIA-ME PELO DISCERNIMENTO E PELA PROVIDÊNCIA PARA QUE EU RECONHEÇA A MINHA FRAGILIDADE E SAIBA DEPENDER DE TI.

TEN CEL AILTON SOUSA BASTOS — CBMGO

13 DE MARÇO
Romanos 8:26-29

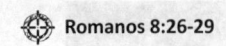

NADA É POR ACASO

...Deus faz todas as coisas cooperarem para o bem daqueles que o amam e que são chamados... (v.28)

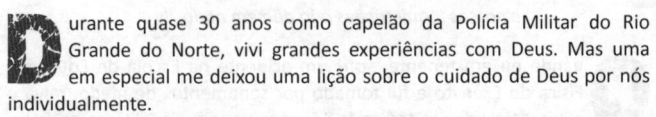

Durante quase 30 anos como capelão da Polícia Militar do Rio Grande do Norte, vivi grandes experiências com Deus. Mas uma em especial me deixou uma lição sobre o cuidado de Deus por nós individualmente.

No final do expediente, peguei meus pertences e parti. Chegando ao portão de saída, percebi que havia esquecido os óculos. Pensei em não voltar, mas algo mais forte dentro de mim me impulsionou a retornar à capelania, e assim o fiz. Ao chegar lá, deparei-me com um soldado de pé em frente à capela. Ele estava decidido a tirar a própria vida com sua arma. Naquele momento, entendi que voltar ali não foi obra do acaso ou dos óculos, dos quais havia me esquecido. Sem dúvida, estava tudo nos desígnios de Deus. Então, falei do amor de Deus para aquele jovem, e ele aceitou Jesus como Salvador de sua vida.

A vida não é aleatória, sem sentido. Como Deus tinha um plano para aquele soldado, Ele também tem para nós hoje. Nada acontece por acaso em nossa vida. Para tudo há um propósito. Deus está no controle de tudo.

Pequenas coisas, pequenos detalhes, grandes resultados.

PAI, QUE SEJAMOS SENSÍVEIS À TUA VOZ, PARA QUE TODAS AS COISAS COOPEREM PARA O NOSSO BEM.

MAJ JOSÉ RIBAMAR DE LIMA MARTINS — PMRN

14 DE MARÇO — Salmo 34:6-8

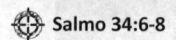

NÃO HÁ NADA IGUAL AO SEU CUIDADO

Clamei ao Senhor em meu desespero, e ele me ouviu;
livrou-me de todas as minhas angústias. (v.6)

De repente ouvi um barulhinho insistente do lado de fora. Um choro agudo. Abri a porta e consegui identificá-lo. Era o choro de um filhote de passarinho, com algumas poucas penas. Pensei: *Provavelmente ele caiu do ninho!* Debaixo daquela chuva, o passarinho chorava desesperado, sentindo falta de sua mãe.

Quis pegá-lo, mas logo me lembrei de que meu cheiro poderia ensejar a rejeição de sua mãe. Em segundos, diversas perguntas me vieram à mente: *Estaria o bebê passarinho machucado? Como poderia cuidar dele? Ele sobreviveria sem os cuidados necessários? Como o alimentaria? Sua mãe estaria procurando por ele?* A partir dali, fiquei preocupada com aquela pequena criatura e esperando que sua mãe o resgatasse. Para o meu alívio, ela ouviu o seu choro e veio ao seu encontro.

Essa história real nos traz lições relevantes, inclusive ao militar adestrado às adversidades: o segredo é pedir socorro. Quando estamos feridos, desanimados ou mesmo com medo, Deus nos oferece Seu colo, consolo e cuidado. Seu braço forte nos faz vencer os reveses da vida. Em Deus podemos confiar plenamente, porque Ele nunca nos abandona. Em todo o tempo Ele zela por nós. Seu cuidado é uma nítida demonstração de amor e Ele deseja o melhor em todos os aspectos da nossa vida. Ele cuida das flores e dos passarinhos da mesma forma. Portanto, cuidará de nós! Podemos então, com segurança, elevar nosso clamor ao Senhor, pois Ele pode nos livrar.

Nos momentos de profundo desamparo e solidão,
é o cuidado de Deus que nos tranquiliza.

SENHOR DEUS, AGRADEÇO-TE PELO TEU SOCORRO SEMPRE PRESENTE NAS HORAS DE AFLIÇÃO.

TEN CEL JESIANE CALDERARO COSTA VALE — PMPA

15 DE MARÇO

Lucas 3:1-14

A IMAGEM DE UM POLICIAL

...perguntaram alguns soldados. "O que devemos fazer?"
João respondeu: "Não pratiquem extorsão..." (v.14)

Tempos atrás fui convidado a palestrar num curso de formação de soldados da PMGO. A partir da mensagem do profeta João Batista, escolhi como tema de minha palestra "A imagem de um policial".

Dividi a turma em 5 grupos. Cada grupo discutiria o tema e apresentaria conclusões sob os seguintes olhares: o olhar do policial, o de sua família, o da sociedade, o do Estado e o de Deus.

Lembrei a todos que a autoimagem se basearia no conceito que cada um tinha a respeito de si mesmo. A imagem feita pela família se basearia no conceito que tinham a respeito deles, a partir da projeção feita por eles mesmos. A imagem feita pela sociedade em matérias veiculadas pelos meios de comunicação e outros disponíveis. A imagem feita pelo Estado em conceitos adotados conforme o estatuto, regulamento disciplinar, no Código de Ética e noutros documentos da corporação. Por fim, a imagem feita por Deus se basearia no conceito por Ele adotado na Bíblia Sagrada.

Ao concluirmos, os futuros policiais estavam convencidos de que a profissão apresentava graus de exigência que se constituíam em verdadeiros desafios ao longo de toda a carreira policial. A dinâmica empregada alcançou o objetivo proposto: a constante busca do profissional ideal. Encerramos nosso encontro com um momento de oração, rogando a Deus Sua ajuda em favor de todos aqueles jovens, desejosos de construir a melhor imagem possível do policial de seus sonhos. Como está sua imagem de policial? Pense nisso!

"Se eu tomar cuidado do meu caráter, a minha reputação tomará conta de si mesma." —DWIGHT L. MOODY

PAI, AJUDA-ME A REFLETIR A IMAGEM DE UM POLICIAL PADRÃO DURANTE MINHA CARREIRA NA QUAL ESCOLHI TE SERVIR, ENQUANTO SIRVO AO ESTADO E À SOCIEDADE.

CAP ALUÍSIO LAURINDO DA SILVA — CBMPA

16 DE MARÇO — **1 Timóteo 6:6-10**

PENSAR NA ÁREA DA SEGURANÇA

O dinheiro ganho por meios ilícitos logo acaba;
a riqueza conquistada com trabalho árduo cresce... (v.11)

Em todas as profissões há pessoas que são muito ambiciosas, que desejam encher os bolsos a qualquer custo, independentemente de qual seja a forma para granjeá-lo: lícita ou não. Na área da segurança pública não é diferente.

Quem trabalha no policiamento ostensivo se depara com diversas situações: tráfico de drogas, assassinatos, furtos, roubos de carros, sequestros, estupros, assaltos etc. Muitas vezes, enquanto o policial está prendendo um criminoso em flagrante delito, na intenção de passar incólume, o advogado ou o próprio criminoso lhe faz uma proposta de suborno, presumindo que todas as pessoas são vendáveis e que o crime compensa.

Lamentavelmente, existem apurações que mostram que alguns servidores ambiciosos e apegados aos seus bolsos aceitam o tal suborno. Ignorando a probidade e a ética profissional, acabam se nivelando ao transgressor da lei. Todavia, ao aceitarem propina, esquecem-se de que o dinheiro conquistado de modo desonesto é sempre maldito. Mesmo que ninguém esteja vendo, Deus está, e isso não ficará impune.

Certa vez Jesus, falando aos Seus seguidores, exortou-os claramente quanto ao apego aos bens terrenos, deixando maravilhosas orientações: "Não ajuntem tesouros aqui na terra [...] as traças e a ferrugem os destroem [...] ladrões arrombam casas e os furtam. Ajuntem seus tesouros no céu [...] traças e ferrugem não destroem [...] ladrões não arrombam nem furtam. Onde seu tesouro estiver ali também estará seu coração" (MATEUS 6:19-21).

Melhor é ser pobre com integridade do que ser rico pela desonestidade.

SENHOR DEUS, ENSINA-ME A GUARDAR O MEU CORAÇÃO DO PECADO E A AJUNTAR TESOUROS NO CÉU.

TEN CEL JESIANE CALDERARO COSTA VALE — PMPA

17 DE MARÇO — Juízes 6:11-23

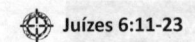

TENHO MEDO!

...A doença de Lázaro não acabará em morte...
—JOÃO 11:4

Enquanto Davi fugia do rei Saul, ele se abrigou numa floresta estéril e, vendo que ali não conseguiria alimentos facilmente, percebeu o quanto dependia da proteção de Deus e de Sua providência divina, exclamando confiante: "O SENHOR é meu pastor, e nada me faltará" (SALMO 23:1).

A labuta diária nos envolve de tal forma que parecemos uma "máquina" que sequencia nossas tarefas. Acordar, alimentar-se, trabalhar, alimentar-se outra vez, dormir, acordar... tudo de novo e de novo, nos fazendo esquecer da importância de alimentar nosso espírito. Nesse sentido, Cristo nos educa dizendo: "...Uma pessoa não vive só de pão, mas de toda palavra que vem da boca de Deus" (MATEUS 4:4).

Nos dias atuais temos várias "florestas sombrias e estéreis", especialmente face à presença dessa pandemia mundial que nos fere sem qualquer distinção. O medo da perda de nosso sustento, da nossa saúde e da própria vida, não somente nossa, mas também de um ente querido, nos leva à conclusão que é preciso estreitar nosso relacionamento com Deus, pois "É da natureza humana fazer planos, mas a resposta certa vem do SENHOR" (PROVÉRBIOS 16:1).

Nossas conquistas, sucessos ou grandezas não estão enraizados em nós mesmos. São fruto da incomparável graça de Deus, da qual somos eternamente dependentes.

A graça de Deus é o amor infinito expressando-se
por meio de infinita bondade.

QUERIDO DEUS E AMADO PAI, ABENÇOA A TODOS QUE TÊM EM TI O CAMINHO DA SALVAÇÃO ETERNA. AMÉM!

CEL JOSÉ WALBER RUFINO TAVARES — CBMPB

18 DE MARÇO

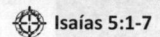

Isaías 5:1-7

O JARDIM AGRADÁVEL DE DEUS

*Ele [...] plantou as melhores videiras [...] o vinhedo
só produziu uvas amargas.* (v.2)

Em Isaías 5, o Senhor exorta Seu povo, através do profeta, sobre a inversão de valores, bebedice, injustiça, ganância, egoísmo, apostasia, dentre outros, e como não pensavam em Deus, nem em Suas obras. Mas também declara que tem um jardim agradável, composto das melhores sementes de videira, que é o Seu povo.

Infelizmente, da mesma forma que o povo de Israel virou as costas para Deus e sofreu as consequências de uma vida de devassidão, de modismos, de influências nefastas, temos hoje muitos policiais e familiares sofrendo martírios por não usufruir dos benefícios da comunhão com o "Pai Eterno".

Se os frutos de sua vida e de sua família não são bons, saiba que há restauração, há perdão, há um caminho de transformação. Você e seus familiares também são as melhores sementes de Deus, foram criados para produzir os melhores frutos e serem o jardim agradável do Senhor. Ele continua com Sua mão poderosa estendida para vocês.

Jesus ensina que Ele é a videira e que Seus discípulos são os ramos. Venha ser enxertado na videira verdadeira e viver os propósitos celestiais para sua vida e de sua família.

Os projetos e planos de Deus são sempre os melhores para nós.

DEUS TODO-PODEROSO, OBRIGADO PELO INVESTIMENTO EM NOSSA VIDA E POR MANTERES TUA MÃO SEMPRE ESTENDIDA PARA NOS ACOLHER.

CEL DENILSON LOPES DA SILVA — PMAC

19 DE MARÇO

2 Coríntios 12:7-10

FORÇA NA FRAQUEZA

Mas ele disse: "Minha graça é tudo de que você precisa.
Meu poder opera melhor na fraqueza. (v.9)

A conclusão a que Paulo chegou depois de ouvir de Deus que Seu "poder opera melhor na fraqueza" (2 CORÍNTIOS 12:9) foi que "quando sou fraco, então é que sou forte" (v.10). Certamente, essa afirmação do apóstolo Paulo causa estranheza, pois representa exatamente o contrário do que se ensina nos nossos dias.

Os nossos supostos "pontos fortes" podem ser os nossos "pontos mais fracos". Quando nos julgamos fortes e invulneráveis, aí está a nossa maior fraqueza e vulnerabilidade. Quando, porém, reconhecemos nossa fraqueza, passamos a depender de Deus e de Sua graça, e aí está nossa maior força. O fato é que, à medida em que nos sentimos fortes, mais nos afastamos de Deus por acreditar que somos autossuficientes. E, à medida em que nos sentimos fracos, mais nos aproximamos de Deus, pois reconhecemos o quanto dependemos e precisamos dele. Considerar-se forte é rejeitar o poder de Cristo e se firmar na fragilidade do homem. Sábio é reconhecer a fraqueza humana e então se fortalecer no Senhor e na força do Seu poder.

Dependamos e confiemos totalmente em Deus, que é a nossa força, a nossa segurança, a nossa confiança, a nossa esperança.

No relacionamento com Deus, a fraqueza torna-se força,
pois passamos a depender totalmente dele.

DEUS TODO-PODEROSO, EM NOSSA FRAQUEZA TORNA-NOS FORTES PELO TEU PODER.

PR. JOÃO DE DEUS DOS S. SILVA — CAPELÃO VOLUNTÁRIO/GO

20 DE MARÇO

2 Coríntios 4:10-18

DESÂNIMO? JAMAIS!

*...nunca desistimos [...] nosso interior
está sendo renovado a cada dia...* (v.16)

A americana Lizzie Velasquez, conhecida como "a mulher mais feia do mundo", tem uma história inspiradora. Nasceu com uma rara doença genética (ainda desconhecida), que impede o ganho de gordura corporal. Com menos de 30 kg, a sua condição fez com que ficasse cega de um olho, além de frágil imunologicamente. Depois da fama com o vídeo que a intitulava a mulher mais feia do mundo, ela se tornou alvo de cruéis ataques de *bullying* na escola e na internet, enfrentando momentos de forte depressão. Mas, conhecida por sua força e otimismo, Lizzie não se deixou abater e terminou dando a volta por cima! Apropriando-se da visibilidade negativa que lhe atribuíram, iniciou uma campanha contra o *cyberbullying* ao redor do mundo.

Ninguém está imune, nem mesmo o militar, de passar por tribulações. Qualquer pessoa pode se sentir abatida diante de realidades e situações adversas que a vida e a função naturalmente oferecem. O apóstolo Paulo, em 2 Coríntios 4:16, ponderando esse fato, chegou à conclusão de que ainda que seu físico sofresse alterações, interiormente ele se renovaria, e isso porque ele já havia descoberto a fonte de sua estabilidade, vida e motivação: o próprio Deus. O corpo do servo de Cristo pode sofrer mudanças. Pode ser atingido por situações de desgastes, dor e sofrimento, porém, se em seu interior estiver firmado em Deus e em Sua graça, mesmo em meio às adversidades, ele se renovará. Aleluia!

Não se concentre nas dores. Olhe para Deus que o aviva!

SENHOR, RENOVA-ME NA TUA GRAÇA. COMPENSA MEUS CANSAÇOS, EM CRISTO TE PEÇO.

PR. HUDSON FARIA DOS SANTOS — CAPELÃO VOLUNTÁRIO/GO

21 DE MARÇO

Salmo 122:1-9

CÂNTICOS DAS ESCADAS

Em favor da casa do SENHOR, nosso Deus,
buscarei o seu bem. (v.9)

Era um domingo ensolarado. Fazia tempo que eu não via uma manhã tão bonita como aquela. Era o dia do Senhor. Há algum tempo não íamos todos juntos a um culto presencial devido ao isolamento social. Estávamos muito ansiosos em rever amigos e irmãos. Durante o trajeto, comecei a lembrar do Salmo 122. Esse é um dos salmos que compõem os conhecidos "Cânticos dos Degraus" ou "Salmos de Romagem". Esses salmos eram entoados pelo povo de Deus ao longo do caminho quando retornavam a Jerusalém para prestar seus cultos. As caminhadas de peregrinação eram longas e exaustivas, ou até mesmo perigosas. Eram os cânticos que animavam o povo a continuar a sua caminhada pelo deserto.

O Salmo 122, esse belíssimo cântico que nos encoraja até hoje, demonstrava a satisfação do povo de Deus em rever a Casa do Pai (Aba). Em nossa imaginação, podemos viajar no tempo e no espaço e vermos famílias inteiras subindo as escadarias do Templo e cantando "Alegrei-me quando me disseram: 'Vamos à casa do SENHOR'" (SALMO 122:1), encontrando amigos e parentes, juntos entrando pelos átrios da Casa de Deus, em uma alegria contagiante.

Que essa alegria de estarmos na Casa de Deus seja transmitida aos nossos filhos, netos e gerações futuras! Que nunca percamos o desejo de entrarmos por aquelas portas com nossas famílias para apresentarmos juntos o nosso culto racional a Deus!

Não são as paredes, não é o púlpito. Somos nós
a morada do Espírito Santo de Deus.

MEU DEUS, MUITO OBRIGADO POR TUDO.
QUE O CÂNTICO DAS ESCADAS CONTINUE A SUSSURRAR
EM NOSSOS OUVIDOS SEMPRE.

MAJ SÍLVIO JOSÉ DA SILVA — PMPE

22 DE MARÇO — 1 Tessalonicenses 5:16-18

UM CORAÇÃO GRATO

Sejam gratos em todas as circunstâncias [...]
essa é a vontade de Deus [...] em Cristo Jesus. (v.18)

Charles Plumb era piloto de um bombardeiro na guerra do Vietnã. Depois de muitas missões de combate, seu avião foi abatido. Plumb saltou de paraquedas, foi capturado e passou seis anos numa prisão norte-vietnamita. Ao retornar aos EUA, passou a dar palestras relatando sua odisseia e o que aprendera na prisão. Certo dia, num restaurante, foi saudado por um homem de quem não se lembrava e descobriu que aquele homem era quem dobrava o seu paraquedas, um simples marinheiro, alguém que todos os dias lhe passava despercebido e cujo trabalho salvara a sua vida. Plumb pôde, finalmente, agradecer-lhe. Após aquele dia, Plumb passou a iniciar suas palestras perguntando à sua plateia: "Quem dobrou seu paraquedas hoje?".

Ninguém, por melhor que seja, vive, alcança ou vence sozinho. Somos ajudados em todo tempo. Percebendo ou não, há sempre alguém que nos ajuda de alguma forma, facilitando nossa caminhada. Deus é o nosso principal amigo de todas as horas, sempre presente nos abençoando. Devemos reconhecê-lo e ser gratos a Ele. Ele provê pessoas, anônimas ou não, reconhecidas ou não, que cooperam para o êxito de nossas missões. Há sempre alguém dobrando os nossos paraquedas!

Olhe ao seu redor. Você nunca esteve só. Reconheça a boa mão de Deus sempre presente. Perceba, reconheça as pessoas que Ele designou para que dobrassem os seus paraquedas ao longo de toda a sua vida!

A gratidão é uma virtude dos fortes!

PAI QUERIDO, CRIA EM MIM UM CORAÇÃO GRATO A TI E A TODOS OS QUE, AO LONGO DA MINHA VIDA, TÊM DOBRADO OS MEUS PARAQUEDAS. EM NOME DE JESUS, AMÉM!

1º TEN JACKSON JEAN SILVA — EB/GO

23 DE MARÇO

Hebreus 4:1-16

DEUS NÃO REJEITA O ARREPENDIDO

...aproximemo-nos com toda confiança do trono da graça, onde receberemos misericórdia e [...] graça... (v.16)

Após uma noite de serviço, saí do quartel pela manhã e me dirigi ao calçadão, na beira-mar da nossa cidade. Tinha muitos problemas e tristeza em meu coração. Havia chegado ao fundo do poço. Olhei para minha pistola e pensei: "É tão fácil. Só um tiro e estará tudo resolvido. Sou péssimo filho, péssimo marido, péssimo pai." Eu não achei nada de bom em mim.

Apesar de ter nascido em um lar cristão, e de ser filho de pastor, criado na escola dominical, batizado aos 17 anos, eu estava afastado de Deus. Naquele momento de desespero, lembrei do conselho do meu pai: "Quando chegar ao fundo do poço, não faça besteira! Grite por Jesus! Peça socorro a Ele!". Então, eu disse para Deus que precisava de ajuda e não estava aguentando mais a vida que levava.

Em poucos dias, viajei para casa do meu irmão no interior do estado e acabei indo a um congresso de jovens. A igreja estava lotada, e as palavras do pregador chamaram minha atenção. Ele falava sobre a minha vida. "Será que meu irmão lhe contara algo?", pensei. Comecei a sentir algo diferente e quis sair, mas não consegui. O pregador disse que Deus já havia falado comigo cinco vezes, mas eu não quisera ouvir. Naquele momento, senti Sua presença. As escamas dos meus olhos espirituais caíram e comecei a entender muitas coisas. Naquele dia, Deus me acolheu e mudou a minha vida.

Jesus morreu na cruz por amor a mim e a você. Se acha que está no fundo do poço e que não há nada de bom em você, clame por Ele, e Ele ouvirá o seu lamento.

Com certeza, o pecado é um problema grave, mas não é tão grave quanto a falta de arrependimento.

DEUS, A TUA PALAVRA DIZ: "VENHAM A MIM TODOS VOCÊS QUE ESTÃO CANSADOS E SOBRECARREGADOS, E EU LHES DAREI DESCANSO". AQUI ESTOU EU.

2º SGT JOEL ANTÔNIO VIEIRA LOPES — BMRS

24 DE MARÇO — Filipenses 4:6-7

BUSCANDO A PAZ

Então vocês experimentarão a paz de Deus, que excede todo entendimento... (v.7)

Esse trecho das Escrituras relembra as palavras do Senhor Jesus Cristo em Mateus 6:25-34, e também as de Pedro: "Entreguem-lhe todas as suas ansiedades, pois ele cuida de vocês" (1 PEDRO 5:7).

Nesse versículo, Pedro, ao mesmo tempo que nos exorta contra a ansiedade, ensina como nos livrar dela. O substantivo feminino "ansiedade" significa estado afetivo em que há sentimento de insegurança.

O psicólogo cristão Cleyde M. Narramore diz que "A ansiedade não esvazia o amanhã da tristeza que o envolverá, mas priva o dia de hoje da força e do alento que o assiste". A ansiedade, por menor que seja, é prejudicial e inútil. Provoca inquietação, tirando a serenidade e a paz.

O remédio para a ansiedade é a oração e a súplica com ações de graças. E a resposta de Deus à nossa oração é a Sua paz. O esquema é muito simples. Toda vez que surgir uma preocupação, deve-se apresentá-la diante de Deus por meio da oração suplicante juntamente com ações de graças. O resultado não demora: "então vocês experimentarão a paz de Deus, que excede todo entendimento e que guardará seu coração e sua mente em Cristo Jesus" (FILIPENSES 4:6-7).

À medida que apresentamos as nossas inquietações a Deus, por meio da oração e súplica com ações de graças, a paz de Deus invade o nosso coração e a nossa mente, trazendo a serenidade e o sossego que precisamos.

Deus tem pensamentos de paz a nosso respeito e deseja nos tornar plenos da Sua paz.

DEUS DE TODA A PAZ, NAS INQUIETAÇÕES DA VIDA, ENCHE O NOSSO CORAÇÃO COM A TUA PAZ.

CAPELÃO JOÃO DE DEUS DOS SANTOS SILVA — PMGO

25 DE MARÇO — Mateus 8:5-13

DEIXAR JESUS ADMIRADO

...Basta uma ordem sua... (v.8)

Um oficial romano deixou o Senhor Jesus admirado com suas atitudes de fé. Imagine o que significa deixar Deus (Jesus Cristo) surpreso. As atitudes dele servem como bom exemplo a ser seguido pelos militares cristãos.

O centurião romano implorava a Jesus pela cura de seu criado. Ele desafiou o Senhor a fazer algo inédito: cura a distância. Disse ele: "Sou homem sob autoridade. Dou ordem aos soldados e eles me obedecem e o criado faz o que digo". Dessa forma, o oficial fez uma comparação: se eu, sendo um mortal, faço isso, o Senhor fará grandes maravilhas só com Sua palavra. Então, disse a Jesus: "basta uma ordem sua, e meu servo ficará curado" (MATEUS 8:8). O Senhor aceitou o desafio, deu ordens e naquela mesma hora o criado foi curado.

Vendo tamanha fé, o Senhor Jesus fala aos discípulos: "Eu lhes digo a verdade: jamais vi fé como esta em Israel!" Esta declaração é uma referência a muitos de nós, cristãos de lugares e tempos distantes, que também terão a fé à semelhança daquele centurião. Sejamos policiais cristãos exemplares na profissão e na fé para causar admiração aos colegas.

Atitudes de fé trazem resultados. Elas servem
de referencial de vida cristã.

SENHOR, AGRADECEMOS A TI PELO RELATO DA FÉ DO CAPITÃO ROMANO, QUE NOS SERVE DE EXEMPLO.

CAP JOSÉ DIERSON RICARDO — PMDF

26 DE MARÇO — **Romanos 12**

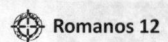

DEPENDENTES DO AMOR DE DEUS

*O temor do Senhor é fonte de vida; ajuda a escapar
das armadilhas da morte.* —PROVÉRBIOS 14:27

Lembro-me de, enquanto cadete, vivenciar um livramento maravilhoso. Em uma instrução de orientação, havíamos marcado na carta militar (mapa) o local onde estava uma granada de morteiro não detonada, disparada na noite anterior, pela qual devíamos evitar passar perto durante a instrução.

Procurando pelos pontos junto com a equipe, verificamos que estávamos perdidos e, quanto mais tentávamos nos encontrar, mais perdidos ficávamos. Em determinado momento, eu havia assumido a liderança do grupo, julgando estar mais bem orientado. Foi quando "travei do nada" e fiquei muito confuso. Um amigo que vinha atrás apenas disse: "não se mexa". Pude perceber que minhas pernas se detiveram a apenas um metro do local onde estava a granada. Pude apenas agradecer a Deus e, depois, contar a todos sobre Sua bondade em nos manter vivos.

Por vezes, parecemos saber o que devemos fazer ou que somos mais iluminados que os outros, por termos estudado mais, termos mais experiência ou, quem sabe, por sermos cristãos. De todo modo, precisamos entender que somos como a palha, carentes de sabedoria e estaremos inteiramente à mercê da sorte se não escolhermos confiar em Deus. Da mesma forma, nunca podemos nos esquecer da dimensão do Seu amor por nós, o quanto Ele nos aprecia e deseja o nosso bem.

Ao optarmos por depender de Deus, não apenas nós somos abençoados, mas também todos ao nosso redor.

*A submissão a Deus nos possibilita experimentarmos
do Seu amor e cuidado.*

SENHOR, AJUDA-NOS A RECEBER O TEU AMOR E, ENTENDENDO QUE NADA SOMOS, SEJAS TUDO O QUE PRECISAMOS.

CAP CAIO CÉSAR NASCIMENTO FRANCO — EB/MG

27 DE MARÇO — Isaías 43:1-3

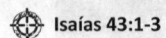

DEUS ESTÁ EM TODA PARTE

Quando passar por águas profundas [...] Quando atravessar rios [...] Quando passar pelo fogo... (v.2)

Que privilégio ter a certeza que não estamos sozinhos. Jesus certa feita disse: "E lembrem-se disto: estou sempre com vocês, até o fim dos tempos" (MATEUS 28:20). E Deus disse: "Pode a mãe se esquecer do filho que ainda mama? Pode deixar de sentir amor pelo filho que ela deu à luz? Mesmo que isso fosse possível, eu não me esqueceria de vocês!" (ISAÍAS 49:15).

Quando na ativa como Bombeiro Militar, nas preleções no início dos plantões, eu sempre orientava os cristãos, principalmente os das atividades de primeiros socorros, Unidades de Resgate, Combate a Incêndio, Busca e Salvamento que, ao chegar ao local da ocorrência e sempre que tivessem a oportunidade, falassem do amor de Jesus e fizessem o convite para a vida eterna ao Seu lado. Uma vez que os bombeiros são os primeiros a chegar, temos essa oportunidade de ter o primeiro contato. Sempre tive a convicção da presença de Deus ao meu lado como Bombeiro Militar em todos os momentos, inclusive nas ocorrências. "Busquem o SENHOR enquanto podem achá-lo; invoquem-no agora, enquanto ele está perto" (ISAÍAS 55:6).

Deus está em toda a parte, mas o homem o encontra somente quando o busca.

DEUS BONDOSO, GRAÇAS POR TUA PRESENÇA EM TODOS OS LUGARES E INCLUSIVE COMIGO NO TRABALHO, DANDO-ME SABEDORIA, GUARDANDO-ME E LIVRANDO-ME DE TODO MAL.

TEN CEL MOYSÉS CRUZ — CBMGO

28 DE MARÇO — Neemias 2:1-3

RECONSTRUINDO OS MUROS

...Como meu rosto não pareceria triste?... (v.3)

Quando nos encontramos em meio a aflições e não sabemos como vencer ou por onde começar a enfrentar as lutas que se levantam contra nós, podemos nos espelhar nas atitudes de Neemias. Quando ele contemplou o grande problema que seus irmãos estavam enfrentando em Jerusalém, orou e foi à luta. Convocou auxiliares e começou primeiro pela limpeza. Retirou todos os entulhos acumulados e começou a levantar os muros.

Quando estava em meio à obra, um exército de inimigos se levantou para os derrotar ou fazê-los desistir. Contudo, Neemias se levantou e falou para seus inimigos: "Estou fazendo uma grande obra!". Em 52 dias, a reconstrução dos muros foi finalizada. Seguindo o exemplo de Neemias, vivendo em santidade e orando, Deus levantará muralhas ao nosso redor e nos dará vitória. Comece pelo tijolo da oração, e Deus o ajudará a fechar todas as brechas. Assim você vencerá seu adversário. Seja forte!

Deixe Deus usá-lo para a realização de Seus propósitos.

SENHOR, DÁ-NOS O PRIVILÉGIO DE SERMOS INSTRUMENTOS EM TUAS MÃOS.

CB LEONOR FARIAS — PMSC

29 DE MARÇO

Mateus 7:7-11

ALCANÇANDO AQUILO QUE SE DESEJA

Peçam, e receberão. Procurem, e encontrarão.
Batam, e a porta lhes será aberta. (v.7)

Você pode se perguntar: "Por que não consigo aquilo que desejo?". É vital refletir a respeito da natureza do seu pedido. "E, quando pedem, não recebem, pois seus motivos são errados; pedem apenas o que lhes dará prazer" (TIAGO 4:3). Sendo assim, seu pedido deve ser realmente o necessário, e ele contribuirá para seu crescimento.

Quando marquei meu casamento, iniciei um projeto que só teria sucesso se contasse com a bondade de Deus suprindo os recursos materiais. Comecei a construção de nossa casa apenas cinco meses antes e com cerca de 60% do valor orçado. Não bastasse a obra, queríamos uma bela festa e uma viagem internacional de lua de mel. Diante das dificuldades, resolvi fazer um voto juntamente com minha noiva. Abrimos mão de algo que gostávamos muito de fazer como um pequeno sacrifício a Deus em prol de tudo que desejávamos. Decidi também fazer um jejum a partir das dezoito horas, voltando a me alimentar apenas no dia seguinte. Faltando um mês para o casamento, passei a dormir ouvindo os Salmos. Toda essa busca aumentou nossa fé. Nem tudo saiu como esperávamos. A casa só ficou pronta após o prazo, e ganhamos a viagem de presente de um dos padrinhos. Porém, cumpriu-se o que está na Bíblia: "Digo-lhes que, se crerem que já receberam, qualquer coisa que pedirem em oração lhes será concedido" (MARCOS 11:24).

O desejo revestido de fé transforma o sonho em realidade.

SENHOR JESUS, AUMENTA A MINHA FÉ PARA QUE EU POSSA CRER QUE RECEBEREI TUDO O QUE PEDIR A TI.

TEN CEL MARCELO ALVES DOS SANTOS — CB PMESP

30 DE MARÇO

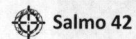

Salmo 42

SEDE DE DEUS

Como a corça anseia pelas correntes de água [...]
Tenho sede de Deus... (vv.1-2)

No ano de 1999, com a incumbência de combater o crime organizado, e fazendo parte do 1º Batalhão de operações especiais, estava vivenciando um período de medo e dúvida. Meu filho do meio, na época recém-nascido, estava hospitalizado e desenganado pela medicina.

O diagnóstico era de infecção generalizada causada por uma bactéria que estava acabando com ele. Eu, motorista em uma escala de 8 horas por dia, de segunda a sábado, sempre com a responsabilidade do peso daquele bracelete de operações especiais, tinha um filho em situação crítica.

Em determinado dia, fui até a igreja em que congregava, coloquei-me de joelhos perante o Senhor, juntamente com o meu pastor, e naquela manhã, Deus veio ao nosso socorro e curou meu filho, Renã Gottschalk. Glória a Deus! Dentro de uma farda policial ou militar há uma alma que tem sede de Deus e precisa de um encontro com o Senhor.

Posso estar contristado e abatido, mas confiante,
pois sem fé é impossível agradar a Deus.

PAI ETERNO, BEM SEI QUE PODES TODAS AS COISAS E TEU QUERER É SOBERANO. TEM MISERICÓRDIA E TRAZ A TUA PRESENÇA SOBRE MIM. AMÉM!

2º SGT ALEXANDRE GOTTSCHALK — BMRS

31 DE MARÇO

Colossenses 3:10-15

PRESENÇA QUE TRAZ PAZ

Felizes os que promovem a paz, pois serão chamados filhos de Deus.
—MATEUS 5:9

A sirene do quartel tocou. Em poucos segundos, a equipe de bombeiros já estava de saída para combater um incêndio num dos bairros de Belém do Pará. Decidi acompanhar a equipe. Lá fomos nós, viatura com sirene ligada, percorrendo inúmeras avenidas e ruas. Chegamos! Num piscar de olhos, a equipe iniciou o combate ao fogo que estava consumindo valiosíssimo material num galpão de uma empresa.

Ali por perto, vi um jovem tomado de pavor. Afirmava: "Se meu pai chegar, vou me lançar naquele fogo!". Era o filho do empresário! Postei-me ao lado dele. Disse-lhe que eu estava ali como Capelão Bombeiro para lhe dar atenção. Tentei acalmá-lo. Convidei-o a agradecer a Deus, já que nenhuma vida tinha sido atingida pelo fogo. Aí ele se lembrou que no domingo anterior a mensagem que ouviu na igreja foi sobre a confiança em Deus. A partir desse momento, o jovem foi tornando-se cada vez mais receptivo às palavras de conforto e encorajamento que eu lhe transmitia.

O incêndio foi combatido. Chegou a hora da despedida. O jovem, com seu ânimo refeito, olhou para mim e disse: "Como é bom quando vocês chegam! A presença de vocês traz muita paz!" Mais tarde, à entrada do galpão, podia-se ver esse rapaz acenando para os bombeiros na viatura, como que a transmitir sua gratidão, enquanto a sirene do caminhão anunciava nossa partida.

Felizes os pacíficos, que substituem má vontade,
orgulho e vaidade por amor, piedade e compreensão.

SENHOR, AJUDA-ME A SERVIR COMO INSTRUMENTO DE TUA PAZ NO EXERCÍCIO DE MINHA PROFISSÃO NESTE MUNDO!

CAP ALUÍSIO LAURINDO DA SILVA — CBMPA

1º DE ABRIL

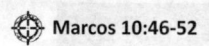

Marcos 10:46-52

O CAMINHO E A MISSÃO

Um mendigo cego chamado Bartimeu, filho de Timeu, estava sentado à beira do caminho. (v.46)

Quando Deus nos envia a uma missão, Ele vai fornecer todo suporte necessário para cada situação. Podemos enfrentar vários tipos de inimigos durante o trajeto e em épocas diferentes. Mesmo havendo tempos de tristeza, há muito mais tempos de alegria.

No exercício do livre-arbítrio, em razão de tomarmos decisões erradas, não fundamentadas em Deus, agindo em autodefesa, entendendo ser a atitude ou a decisão mais correta, muitas vezes pagamos com o sofrimento. Atrasamos ou até mesmo abortamos a missão que Deus nos confiou, parando à beira do caminho na condição de cego, mendigo, doente.

Bartimeu era cego, mas não surdo. Ele tinha sua origem familiar, como todos nós. Seu pai era Timeu. Ao longo de nossa trajetória de vida, podemos acabar à beira de um caminho por onde as pessoas passavam, porém não nos conhecem. Mas, se nos conhecerem, muitas não nos darão importância por causa dos preconceitos sociais e de nossas atitudes passadas.

Hoje, Jesus, o Cristo, está passando no caminho onde estamos. Podemos estar cegos, mas não estamos surdos! Ainda podemos ouvir a voz de Deus em meio ao barulho. Basta jogarmos fora a capa do pecado e voltarmos à casa do nosso Pai, pois Jesus ainda é o caminho, a verdade e a vida. Ele é a porta para retornarmos ao Céu, de onde saímos para a missão na Terra.

O Senhor Jesus Cristo pergunta: "O que você quer que eu lhe faça?" (v.51). A fé pode ser reconquistada no exato momento em que você se voltar para Deus e crer.

Deus é o comandante e nós, os soldados em cumprimento da missão!

SENHOR DEUS TODO-PODEROSO, VENHO SUPLICAR A TI A BÊNÇÃO PARA A PESSOA QUE MEDITOU NESTA MENSAGEM.

1º TEN ANTÔNIO CARLOS DA SILVA — BMRS

2 DE ABRIL — **2 Tessalonicenses 3:1-5**

VENCENDO PELA FÉ

*Mas o Senhor é fiel; ele os fortalecerá
e os guardará do maligno.* (v.3)

Na família, no trabalho, na igreja ou no mundo secular, onde as lutas se travam, passamos por momentos difíceis, de dor e perdas. Mas temos o Espírito Santo de Deus, que nos consola e nos guarda do maligno nesses momentos, não permitindo que nos sejam roubadas a paz e nem a salvação que encontramos em Cristo Jesus.

Lembro-me de um dia em que saí de casa para uma missão de 24 horas. Mal sabia que esse dia se tornaria dezessete longos dias longe de casa. Minha esposa estava grávida de 5 meses, era meu primogênito que estava para chegar. Hoje ele é casado, presbítero da igreja, engenheiro eletricista e me deu dois netos.

Olhando para trás, penso o quanto valeu a pena suportar e seguir a carreira como policial militar. Hoje com 3 filhos, 2 netos e a minha companheira desde os dias da mocidade, vejo o quanto Deus foi cuidadoso não deixando que a distância, as missões e nada mais mudassem Seu propósito e nem que se apagasse o amor em família.

*O choro passa. Deus tem todo o poder
para nos ajudar a ir em frente.*

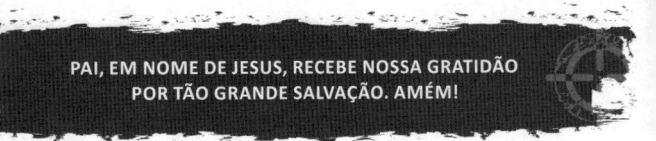

PAI, EM NOME DE JESUS, RECEBE NOSSA GRATIDÃO POR TÃO GRANDE SALVAÇÃO. AMÉM!

2º SGT ALEXANDRE GOTTSCHALK — BMRS

3 DE ABRIL

Jeremias 33:1-3

JESUS, O COMUNICADOR PERFEITO

Pergunte-me e eu lhe contarei coisas maravilhosas,
segredos que você não sabe... (v.3)

Quando trabalhei na sala de operações, sentia um frio na barriga quando o Copom (Centro de Operações Policiais Militares) estava em manutenção ou quando apresentava algum tipo de interferência no rádio comunicador. O receio era de não conseguir comunicar de forma eficiente, para que as viaturas que estavam em ocorrências pudessem receber todas as informações necessárias e prestar o melhor atendimento.

Em algumas localidades, existem regiões onde a comunicação dos rádios comunicadores das viaturas policiais também pode ser prejudicada. Lembro quando realizava patrulhamento e atendimentos de ocorrências na região do Pilarzinho, Curitiba. Lá existem emissoras de rádio e, devido a isso, ocorre uma leve interferência nos rádios das viaturas, que por um momento atrapalha o bom andamento dos trabalhos.

A história da salvação narra a comunicação de Deus com Seu povo, que por muitas vezes foi perdida. A torre de Babel é um exemplo onde o povo teve sua comunicação prejudicada devido ao seu pecado. Nosso Deus é um Deus relacional e comunicativo, sempre buscando se revelar a nós.

Jesus Cristo nos reconciliou com Deus através da Sua morte e ressurreição. Assim temos comunicação direta com nosso Pai Eterno. Precisamos valorizar esse ato de amor e graça e abandonar tudo que interfere em nossa intimidade com Deus.

Deus sempre busca se comunicar com Seu povo.
Devemos estar atentos à Sua voz.

SENHOR DEUS, AJUDA-NOS A ORAR CONSTANTEMENTE. QUE POSSAMOS SER SEMPRE GRATOS POR TER ACESSO DIRETO A TI.

SD LAEDSON DOS SANTOS — PMPR

4 DE ABRIL · **1 Pedro 2:13-17**

SER LIVRE

*Pois vocês são livres [...] não usem sua liberdade
como desculpa para fazer o mal.* (v.16)

Como instrutor do Proerd (Programa Educacional de Resistência às Drogas e à Violência), programa desenvolvido pela Polícia Militar dentro das escolas, perguntei aos meus alunos o que era ser livre. Muitos responderam que era fazer tudo o que se quer. Muitas pessoas pensam assim. Pensam que ser livre é fazer o que se quer da vida ou poder fazer tudo o que desejar fazer.

Disse-lhes que a Bíblia nos ensina que ser livre é o contrário do que eles e muitas pessoas pensam. Ser livre não é fazer o que se quer, pois muitas vezes as pessoas fazem o que querem e não são livres. Às vezes, queremos fazer o pior. Por exemplo, alguém que escolhe ser um usuário de drogas escolhe gastar tudo o que tem porque se sente livre, e usar drogas está na moda. Simplesmente quer fazer isso.

No entanto, quando decidir parar, é possível que não consiga porque sua vontade estará presa às drogas. Mesmo sabendo que as drogas fazem mal, não conseguirá deixá-las. Fez tudo o que bem quis na hora de usá-las, mas agora não é livre para parar de usá-las, pois simplesmente, não consegue. Perdeu sua liberdade para a escravidão das drogas.

O texto bíblico nos fala para não usarmos a nossa liberdade como desculpa para fazer tudo o que queremos, pois nem tudo que queremos é bom para nós, mas sim usarmos a nossa liberdade para fazer o que é correto e agrada a Deus.

*Ser livre é poder dizer "não" para tudo aquilo que nos faz mal.
Ser livre é ter escolha.*

SENHOR, QUE POSSAMOS SER LIVRES PARA CONHECER A TUA VERDADE, PARA TE SERVIR E TE ADORAR E PARA COMPREENDER A SALVAÇÃO QUE HÁ EM JESUS CRISTO.

2º SGT JOEL ANTÔNIO VIEIRA LOPES — BMRS

5 DE ABRIL

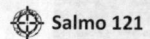

Salmo 121

DE ONDE VIRÁ O SOCORRO?

O Senhor o guarda de todo mal e protege sua vida. (v.7)

No início de minha carreira na Polícia Militar do Rio Grande do Sul, eu fazia parte do Pelotão de Choque da unidade. Na ocasião, foi realizada uma semana de instrução junto aos integrantes mais antigos do Pelotão, uma espécie de nivelamento.

Aquela foi uma semana com diversas atividades típicas às funções do pelotão. Porém, o encerramento da "Semana Zero" se daria cerca de 125 km da nossa base, em um Campo de Instrução. Saímos cedo. Era madrugada e o pelotão estava a bordo de um micro-ônibus. O comandante do pelotão em sua viatura, puxando o comboio. Em um dado momento, um veículo cortou a frente do comboio, sendo necessária uma manobra brusca pelo condutor, o que ocasionou um acidente com o micro-ônibus em que estávamos. Acabamos por tombar na rodovia.

Pela graça de Deus, dos 22 colegas, somente três tiveram lesões mais graves. Eu e outros quatro retornamos à base por não apresentar lesões. Os demais foram encaminhados para atendimento médico em ambulatórios da região e liberados.

O versículo 5 diz: "O Senhor é seu protetor! O Senhor está ao seu lado, como sombra que o abriga". Pude perceber que Deus é quem nos guarda. Ele é o nosso socorro.

Deus, o fiel guarda dos homens.

SENHOR, OBRIGADO POR TUA PROTEÇÃO DIÁRIA.

SD MÁRIO CÉSAR VALÉRIO MONTEIRO SOARES — BMRS

6 DE ABRIL

Eclesiastes 3:1-8

SILÊNCIO NO RÁDIO

...tempo de calar, e tempo de falar. (v.7)

Em 1988, eu servia a bordo do porta-aviões "Minas Gerais A-11", quando realizei minha última comissão, participando da operação "Caribex", ocasião em que visitamos alguns países do Caribe. Tínhamos a bordo um grupo de militares evangélicos chamado "Igreja Flutuante". Reuníamo-nos todas as noites para louvar, adorar, testemunhar e compartilhar a Palavra do Senhor. Foram quase três meses de viagem.

Fazendo parte da equipe de radiotelegrafistas do navio, transmitíamos e recebíamos mensagens. Num determinado momento da viagem, aconteceu um silêncio no rádio sinal em código Morse. Não se conseguia nem receber e nem transmitir as mensagens. Realizamos a substituição de antenas e equipamentos de comunicação e não obtivemos sucesso. A cobrança e a tensão eram grandes. Nesse momento de pânico e pavor, junto com outro irmão, fomos a uma das seis estações de rádio do navio e levantamos um clamor ao nosso Deus. Quando retornamos à estação principal, a notícia era que todas as comunicações haviam sido restabelecidas, não só aquele canal como todos os outros. Ali agradecemos ao nosso Deus.

Assim é com o nosso Deus quando Ele fica em silêncio. Ele está trabalhando, preparando coisas maiores e melhores a nosso favor. O Salmo 50:15 nos mostra três verdades: "...clamem a mim em tempos de aflição; eu os livrarei, e vocês me darão glória".

O segredo para viver as promessas e se livrar das angústias
é invocar e agradecer ao Senhor.

ETERNO DEUS, AGRADEÇO-TE POR TEU CUIDADO E PROTEÇÃO. É TEMPO DE OUVIR A TUA VOZ. TU ÉS O MEU SOCORRO PRESENTE NA HORA DA ANGÚSTIA.

SO ADELMO ANTÔNIO DE SOUZA — MB/RS

7 DE ABRIL

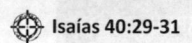

Isaías 40:29-31

NÃO PARE. CONTINUE!

...os que confiam no SENHOR renovam suas forças [...]
Correm e não se cansam [...] e não desfalecem. (v.31)

Ser bombeiro não é fácil. É necessário ter excelente preparo físico para correr, saltar, erguer pesos, nadar etc. Enfim, é necessário estar em excelente forma física.

Em um teste físico, um bombeiro teria que percorrer 3.200 m em 12 minutos para alcançar a pontuação máxima. Perto da reta final, ele começou a demonstrar que algo não ia bem. Diminuiu o ritmo e passou a mancar, como se estivesse com câimbras. Muito contrariado, teve que abandonar a prova. Havia treinado muito para passar por aquele teste.

Na corrida da vida, passamos por várias provas. Enfrentamos vários testes, mas será que estamos preparados? Será que o cansaço não nos derrubará? Deus promete que aqueles que esperam nele renovarão suas forças, correrão e não se cansarão, caminharão e não se fatigarão (ISAÍAS 40:31). Ele nos diz que seremos muito mais que vencedores em Cristo Jesus, e o apóstolo Paulo nos afirma: "prossigo para o final da corrida, a fim de receber o prêmio celestial para o qual Deus nos chama em Cristo Jesus" (FILIPENSES 3:14).

A vitória é daquele que não desiste da corrida.

DEUS, CLAMAMOS A TI PARA QUE NOS DÊS FORÇAS PARA CONTINUAR A CAMINHADA PROPOSTA PARA NÓS POR MEIO DAS TUAS PROMESSAS.

3º SGT ANDERSON SILVIO MENDES — CBMMS

8 DE ABRIL — Marcos 5:1-17

ONDE JESUS ESTIVER, ALGO ACONTECERÁ

A multidão começou a suplicar que Jesus fosse embora da região. (v.17)

Por onde Jesus passava, as pessoas queriam estar perto dele. Mas em Gadara foi diferente. O que Jesus oferecia não interessava àquele povo.

Como ninguém conseguia resolver a situação do endemoniado, conformaram-se em deixá-lo viver no cemitério para não perturbar muito a vida de ninguém. Mas Jesus não aceitou a letargia espiritual daquela comunidade. Ele expulsou a legião de demônios, que, ao entrar na manada de porcos, caiu no mar e se afogou. Os gadarenos se indignaram pela perda dos porcos. Um homem estava liberto, mas cerca de dois mil porcos foram desperdiçados. Essa matemática não fechava para eles. As prioridades da nossa geração estão tão invertidas que muitos também têm preferido coisas às pessoas. Amam as coisas e usam as pessoas.

Jesus não estaria mais naquela região, mas deixou um fruto do Seu ministério ali. O anteriormente endemoniado agora era um evangelista de dez cidades. Onde Jesus passa, algo tem que acontecer. Onde está um pequeno Cristo, um cristão, algo também tem que acontecer.

O Senhor o colocou onde você está para que haja uma mudança radical neste lugar. Você não controlará a reação das pessoas. Convencê-las do pecado é ação do Espírito Santo. Sua função é ser um instrumento poderoso nas mãos de Deus.

Onde você estiver, algo tem que acontecer.
Deus o colocou aí com essa finalidade.

ETERNO DEUS, NÃO ME PERMITAS ME ACOSTUMAR COM A LETARGIA ESPIRITUAL DE MINHA GERAÇÃO. USA-ME COMO UM INSTRUMENTO TEU.

1º TEN CLAUDIO BRITTO — FAB/PA

9 DE ABRIL — Salmo 34:15-17

PROVIDÊNCIA DIVINA NÃO PERCEBIDA

*O Senhor ouve os justos quando clamam por socorro;
ele os livra de todas as suas angústias.* (v.17)

Em 1990, recém-promovido a capitão bombeiro militar, numa madrugada, fomos para uma ocorrência de escapamento de GLP (gás de cozinha). Muito sonolento, fui orando até o local de socorro, pois esse tipo de ocorrência é uma das situações mais traiçoeiras e perigosas.

Era um restaurante. Determinei ao chefe da guarnição como deveria proceder e a retirada dos moradores do prédio vizinho, caso ocorresse uma explosão. Retornei ao restaurante, e um senhor de boné me chamou em frente a uma porta dos fundos. Dei uma bronca nele, fui para a porta e ela estava aberta, para minha surpresa.

Foi a primeira vez que vi uma nuvem de GLP numa altura de uns 30 cm do piso. Após os procedimentos para a dispersão do gás, pedi ao sargento chefe da guarnição para anotar o nome do cidadão que abrira a porta, conforme as características que informei. O sargento me disse que não havia ninguém com aquelas características. Fiquei intrigado ao sair do prédio. A lingueta da fechadura e os pregos estavam intactos, sem sinal de arrombamento.

Alguns anos depois, lendo o livro "Este Mundo Tenebroso", de Frank Peretti (Ed. Vida Livros, 2006), percebi que Deus tinha enviado um anjo para me proteger. A providência divina foi dada, e por causa da tensão do socorro não tive a percepção disso. Deus cuida daqueles que o amam. Esse é o meu sentimento de gratidão pelo cuidado que Ele teve nos meus 30 anos de serviço, e o tem até hoje.

*O cuidado de Deus com Seus filhos
é a expressão de amor em qualquer atividade.*

QUERIDO PAI, OBRIGADO PELO CUIDADO QUE TENS POR NÓS, TEUS FILHOS, E PELOS LIVRAMENTOS DADOS.

CEL EINARS WILIS STURMS — CBMERJ

10 DE ABRIL — Mateus 14:22-36

ANDANDO ACIMA DAS DIFICULDADES

...Quem é este homem? Até o vento e o mar lhe obedecem!
—MARCOS 4:41

Nesses dias de tantas incertezas, quando algo bom acontece não sabemos se nos alegramos ou choramos. Muitas vezes, apenas as coisas boas, os lauréis, as bênçãos recebidas são percebidos. Porém, o cristão passa por dificuldades antes de ser abençoado.

Por vezes, somos enviados ao deserto, e deserto é sinônimo de solidão, escassez e sofrimento. Após matar um egípcio, Moisés fugiu para o deserto e permaneceu lá por 40 anos até receber o chamado do Senhor para a libertar Seu povo (ÊXODO 2:11-25).

Nossos desertos podem durar dias, semanas ou meses e já ficamos perplexos, quanto mais 40 anos! João Batista era uma voz que clamava no deserto, e Jesus foi tentado por Satanás também no deserto.

Em algumas ocasiões, somos submetidos ao medo e ficamos tal qual o profeta Elias, escondidos em uma caverna. Após Elias matar 450 profetas de Baal e 400 profetas de Aserá, Jezabel promete matá-lo e ele foge para o deserto. Lá, o anjo do Senhor o socorre (1 REIS 19:1-8). Certo dia, os discípulos estavam num barco quando surgiu uma tempestade. Todos ficaram apavorados. Jesus levantou-se, repreendeu o vento e o mar (MARCOS 4:39). Os cristãos também enfrentam tempestades em seu dia a dia.

A passagem pelo mar Vermelho foi maravilhosa. Elias subindo aos céus num redemoinho foi espetacular. Os milagres de Jesus são incomparáveis. Mas, para chegar a isso, muitas lutas, dificuldades, renúncias foram necessárias. Um preço muito caro foi pago. Você tem pagado o preço para ser usado por Deus?

*Ainda que tenhamos dificuldades, cremos que Deus é fiel
e está pronto para nos capacitar.*

ALTÍSSIMO E SOBERANO DEUS, OBRIGADO PELA PROMESSA DE QUE ESTARIAS CONOSCO TODOS OS DIAS, ATÉ A CONSUMAÇÃO DOS SÉCULOS.

3º SGT SELMIR MORAES DE SOUZA — CBMSC

11 DE ABRIL — **Romanos 13:1-6**

A LEI DO CERTO E DO ERRADO

Portanto, sujeitem-se a elas [...] para evitar a punição [...]
para manter a consciência limpa. (v.5)

Durante o meu período de academia militar, era comum ouvir sermões sobre a "Disciplina Consciente". Nossos instrutores repetiam, incansavelmente, o dever consciente de obedecer, mesmo sem vigilância. Na academia de Paulo, os discípulos se submetem não porque têm medo da espada, mas porque têm uma boa consciência. Para o apóstolo, a consciência é como um sistema de alarme que permite ao ser humano refletir sobre o caráter moral de suas ações, distinguir o certo e o errado e fazer escolhas.

Esse padrão de moralidade é universal, está fora do homem e configura aquilo que o escritor, filósofo e apologista C. S. Lewis chamou de Lei Moral ou Lei do Certo e Errado. Existe, para Lewis, além dos fatos comuns do comportamento humano, algo que é real e que não foi inventado pelo homem, mas que devemos observar. Conhecendo essa lei, o homem é capaz de, livremente, transgredi-la. Daí Paulo apelar para o dever de consciência.

Ao discutir o relacionamento do cristão com as autoridades, Paulo apela para o dever de consciência de viver em conformidade com a moralidade universal estabelecida e ensinada pela Palavra de Deus. Nesse caso, a consciência é consciência para com Deus, aquele a quem todos prestaremos conta a respeito de nossas escolhas e de nossas condutas.

A Bíblia ensina que a vontade de Deus é boa, perfeita e agradável.
Deus deseja a nossa submissão.

PAI CELESTIAL, OBRIGADO POR ME ORIENTARES A FAZER A ESCOLHA CERTA. QUE O TEU REINO E A TUA VONTADE SEJAM REALIDADES EM MINHA VIDA.

CEL CÍCERO NUNES MOREIRA — PMMG

12 DE ABRIL — Salmo 91:1-7

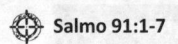

ENFRENTANDO NOSSOS TEMORES

*Ainda que mil caiam ao seu lado e dez mil morram ao seu redor,
você não será atingido.* (v.7)

Reza a lenda que entre os índios *Cherokees* há um rito de passagem de menino para homem: o pai leva o filho para a floresta no final da tarde, venda-lhe os olhos e deixa-o sozinho. Ele não pode, sob hipótese alguma, remover a venda até o novo dia. Não pode pedir socorro, por mais amedrontado que esteja. Ele poderá ouvir coisas, imaginar outras, afinal, está à mercê de feras e todo tipo de perigos. Ele pode sentir frio, fome, sede, ou mesmo o terror e o pânico podem rondar o seu coração. Essa é a única forma de se tornar um homem. Ao amanhecer, a venda é retirada e ele se depara com o seu pai sentado ao seu lado. Só então que ele se dá conta de que nunca esteve só ou desprotegido, seu pai sempre estava ao seu lado e o protegia.

Em nossa vida são muitos os momentos e situações em que imaginamos estar sozinhos, entregues à sorte, vulneráveis e desprotegidos. Todavia, assim como na história acima, nosso Pai Celeste jamais nos abandona. Mesmo que não o vejamos, Ele está ao nosso lado, velando e nos protegendo.

Não se deixe vencer pelo medo, não permita que o terror e o pânico assolem a sua alma. Deposite sua confiança em Deus. Creia que Ele é seu Pai e está sempre ao seu lado. Seja no aspecto pessoal, familiar, no dia a dia e nas missões mais difíceis, tenha sempre a convicção da presença provedora e protetora daquele que é sempre fiel!

*A consciência do amor de Deus é a chave para a vitória
sobre todos os nossos temores!*

PAI AMOROSO, QUE NÃO NOS ESQUEÇAMOS DE QUE TU ESTÁS SEMPRE AO NOSSO LADO, EM QUALQUER CIRCUNSTÂNCIA!

1º TEN JACKSON JEAN SILVA — EB/GO

13 DE ABRIL — Salmo 127

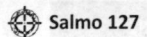

O MILITAR E SUA FUNÇÃO DE PROTEGER

...Se o SENHOR não protege a cidade, de nada adianta guardá-la com sentinelas. (v.1)

O versículo acima nos faz refletir sobre a função do militar em proteger. Essa é a nossa grande missão institucional. Mas o texto nos desafia, afirmando que de nada adianta guardar a cidade se Deus não a proteger. Quando confiamos em Deus, cumprimos não apenas nossa função em proteger a sociedade, mas principalmente nossa família. Do que adiantaria termos êxito em guardar a sociedade e falharmos com a nossa própria família? A proteção à família não é feita apenas pela função militar, mas sim como pais e mães presentes que devemos ser. Precisamos urgentemente fornecer proteção às nossas famílias. Estou falando da maior proteção que elas precisam: a proteção emocional.

A proteção emocional se faz com a presença ativa e não uma presença *off-line*, como acontece com muitos pais modernos. Devemos oferecer proteção emocional com abraços, carinho, momentos em família quando podemos ter a liberdade de brincar, sorrir, conversar, alegrar-se. Essa é a maior proteção que um pai pode dar aos seus filhos.

Assim como precisamos depender de Deus para assegurar a segurança de todos, precisamos ainda mais depender de Deus para produzir segurança emocional para nossa família. Quando confiamos em Deus, estamos emocionalmente protegidos e, consequentemente, capazes de dar proteção emocional à família.

Dependa de Deus em toda a sua existência e você será bem sucedido em todas as áreas da vida, seja profissional, emocional ou familiar.

Somente Deus pode garantir a nossa segurança.

DEUS, PROTEGE-ME E AOS MEUS COMPANHEIROS, E PRINCIPALMENTE MINHA FAMÍLIA.

1º TEN CLAUDIO BRITTO — FAB/PA

14 DE ABRIL — Atos 12:1-8

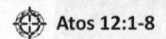

VIVEREI

Não morrerei; pelo contrário, viverei para contar o que o Senhor fez. —SALMO 118:17

Em meados do século 20, surgiu a Tanatologia — uma ciência interdisciplinar que se debruça a estudar o fenômeno da morte e o medo decorrente dela. Desde então, psicólogos, antropólogos e filósofos se uniram aos religiosos que já orbitavam essa temática. Contudo, os povos tinham suas peculiaridades nesse assunto. Para os gregos, por exemplo, o resultado de negar o pagamento a Caronte (o barqueiro) seria uma alma vagando do lado de cá do rio, "pegando no pé" dos vivos. Em que pese o folclore, a morte (e o medo dela) sempre será assunto na pauta do dia! Na esteira da pandemia, barqueiros de plantão exploram, e alguns comemoram, o número de mortos por motivos sórdidos. Assim, os vivos são assombrados não pelos mortos, mas pelo medo que têm da morte.

Contudo, nem todos aceitam esse jugo. Para esses, a morte é apenas um veículo que os conduzirá à presença de Cristo. A morte não conseguiu nem mesmo roubar um minuto do precioso sono do apóstolo Pedro, mesmo diante da sentença derradeira.

Portanto, o seguidor de Cristo está vacinado quanto a esse assunto. Ele está seguro de que "...nem morte nem vida [...] nada, em toda a criação, jamais poderá nos separar do amor de Deus revelado em Cristo Jesus, nosso Senhor" (ROMANOS 8:38-39).

Celebremos, pois, a vida e as vidas recuperadas na pandemia. Celebremos a vitória sobre a morte, na certeza da ressurreição!

Preferir viver e ser útil na seara no Mestre! Esta é a desejada estatura espiritual.

SENHOR, SOMOS GRATOS PELA VIDA E POR TEU AMOR DERRAMADO EM NOSSO CORAÇÃO, QUE LANÇA FORA TODO MEDO!

3º SGT CHARLES ADRIANO FERNANDES — PMSC

15 DE ABRIL — João 3:1-16

O AMOR E A JUSTIÇA DIVINOS

...Mas Deus prova o seu próprio amor para conosco pelo fato de ter Cristo morrido por nós quando ainda éramos pecadores. —ROMANOS 5:8

Na cruz, temos a síntese perfeita, estabelecida na relação entre a justiça divina e o amor divino. Nela, encontramos suas expressões mais elevadas. Na cruz, a justiça e o amor prevalecem soberanamente. É o amor que não cede, mesmo diante de uma justiça implacável, e uma justiça que não se deixa relativizar diante de um amor imensurável.

A justiça divina deu o seu veredito: "O salário do pecado é a morte" (ROMANOS 6:23) e "todos pecaram e não alcançam o padrão da glória de Deus" (3:23). O amor divino, sem contrariar a justiça divina, responde: "Porque Deus amou tanto o mundo que deu seu Filho único, para que todo o que nele crer não pereça, mas tenha a vida eterna" (JOÃO 3:16).

A intransigente justiça constata-se no fato inequívoco de que nem mesmo o Filho de Deus, em Sua morte vicária, eximiu-se dela. O Justo morreu porque se colocou no lugar dos injustos. Igualmente, só é possível hoje os injustos viverem porque receberam a justiça dAquele que os substituiu na cruz. Desta forma, a cruz veio a se tornar sentença condenatória inapelável para o Justo que nela morreu.

Eis aí o testemunho mais poderoso do amor de Deus: aquele que vem a partir de Sua própria justiça. A prova do incomensurável amor de Deus por nós é testemunhada no pleno cumprimento de Sua justiça.

Daí se afirmar que a prova do amor de Deus para conosco está em que Cristo morreu por nós, sendo nós ainda pecadores (RM 5:8). Que amor extraordinário! O versículo de João 3:16 deve ser lido no contexto da justiça divina.

A intensidade do amor de Deus é discernida pelo testemunho da cruz: o preço pago pela salvação.

SOBERANO DEUS, DERRAMA MAIS DO TEU IMENSO E INTENSO AMOR EM NOSSO CORAÇÃO POR MEIO DO ESPÍRITO SANTO.

MAJ EDMILSON ALVES GOUVEIA — CBMDF

16 DE ABRIL — **Provérbios 13:13-14**

AS ÁGUAS CLAMANDO

O temor do Senhor é o princípio da sabedoria...
—PROVÉRBIOS 9:10

Em 1984, fiz um curso no Centro de Instrução Almirante Wandenkolk (CIAW), na Ilha das Enxadas, na Baía da Guanabara, Rio de Janeiro, onde se chega apenas por meio de embarcações ou aeronaves. Diversos cursos de formação de marinheiros, cabos, sargentos e de oficiais estavam acontecendo. Havia um total de quase mil militares, contando com a guarnição.

Tínhamos cultos diários ao Senhor nosso Deus, sempre no horário das 12h às 13h. Era um local amplo, com grande frequência, onde muitos ouviam a Palavra, se comprometiam, mas depois não retornavam. Era grande a rotatividade de pessoas nos cultos.

Em certa ocasião, as águas começaram a se agitar e a subir, invadindo o CIAW. Havia a presença de ventos muito fortes, parecia um ciclone subtropical. Esse fenômeno começou a se formar bem no início da manhã, depois que todos já estavam na ilha para mais um dia de atividades e estudos.

Exatamente nesse cenário, realizamos o nosso culto diário ao Senhor. Nunca tivemos tanta presença, inclusive daqueles que não frequentavam regularmente. Após esse dia, nossos cultos passaram a ser mais frequentados, e muitas almas se renderam aos pés de Jesus. Existem pessoas que voltam seus pensamentos ao Senhor somente diante de coisas e fenômenos inesperados em suas vidas. Entretanto, saibam que "é necessário que seus adoradores o [Deus] adorem em espírito e em verdade" (JOÃO 4:24).

Tuas misericórdias, Senhor, preservam nossa vida.

SENHOR, TU ME SONDAS E ME CONHECES. TIRA DO MEU CORAÇÃO E DA MINHA MENTE TUDO AQUILO QUE NÃO TE AGRADA.

SO ADELMO ANTÔNIO DE SOUZA — MB/RS

17 DE ABRIL — Mateus 28:1-9

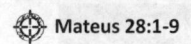

HÁ ALGO URGENTE A SER FEITO

*Agora vão depressa e contem aos discípulos que ele ressuscitou
e que vai adiante de vocês...* (v.7)

Na segurança pública há incontáveis urgências. A urgência sugere rapidez e importância. Geralmente quando o número 190 é acionado, se não for trote, do outro lado da linha há algo sério a ser resolvido, e quanto mais rápido for o tempo-resposta dos agentes, melhor será o desfecho. Às vezes, é um assalto em andamento, um sequestro com reféns, um incêndio, um acidente de trânsito com vítimas entre as ferragens, um afogamento. Enfim, há nitidamente a necessidade de pronta intervenção.

Considerando a urgência, a importância, e que o tempo passa depressa, um dia também, depois de um terremoto, o anjo do Senhor acionou duas mulheres no lugar onde Jesus estava sepultado e, em tom de urgência, repassou-lhes uma mensagem, que ainda faz todo o sentido no tempo presente: "Agora vão depressa e contem aos discípulos que ele ressuscitou e que vai adiante de vocês para a Galileia. Lá vocês o verão. Lembrem-se do que eu lhes disse!" (MATEUS 28:7).

Constata-se que a manifestação de Cristo ressuscitado foi tão real que mudou a história da humanidade e continua mudando ainda hoje a vida de quem o desejar. Nesse sentido, há algo urgente a ser feito pelos que são Seus seguidores: faz-se imperioso levar a boa notícia de que Jesus ressuscitou! Ele venceu a morte e está vivo. E porque Ele vive, podemos crer no amanhã!

A ressureição de Cristo é o grande fundamento da nossa fé.

**SENHOR JESUS, ENSINA-ME A ESTAR SEMPRE PRONTO
A DAR BOAS NOTÍCIAS ACERCA DO TEU REINO.**

TEN CEL JESIANE CALDERARO COSTA VALE — PMPA

18 DE ABRIL — **Lucas 24:13-35**

DISCÍPULO DE JESUS

...dois dos seguidores de Jesus caminhavam para o povoado de Emaús... (v.13)

Diante da dolorosa crucificação de Jesus, em Jerusalém não se falava em outra coisa a não ser na morte do nazareno. E com os dois discípulos de Jesus que caminhavam para o povoado de Emaús não foi diferente. Não há nada mais angustiante do que remoer um assunto a ponto de ele se tornar o centro da vida.

Como um soldado que conhece bem a sua missão, os discípulos sabiam que após a crucificação de Jesus deviam ficar juntos em Jerusalém. Na vida, há acontecimentos que tomam o coração e mente de uma pessoa que a fazem sair do lugar onde deveria estar e se distanciar dos verdadeiros propósitos de Deus.

Um agente de segurança e genuíno discípulo de Jesus sabe que Deus estabeleceu propósitos para sua vida! Mas os tantos acontecimentos a sua volta, como a fadiga das longas jornadas de trabalho, pouco tempo de qualidade com a família, problemas financeiros e outros fazem-no sair do centro da vontade de Deus. Ainda movidos pela angústia, os discípulos na estrada de Emaús insistiam em falar apenas das coisas que viram. Foi impressionante quando Jesus se juntou a eles enquanto caminhavam, do mesmo modo que o foi quando se assentou à mesa para partir o pão (vv.30-32). A chama ardeu no coração daqueles homens.

Há momentos em nossa vida em que precisamos nos assentar, acalmar a mente e o coração para desfrutar a gloriosa presença de Deus e viver os Seus propósitos. Ficarmos distantes dos Seus propósitos só vai nos tirar da rota e da missão.

O amor de Deus é pleno e Ele está sempre desejoso em vir nos resgatar!

SOBERANO E ETERNO DEUS, PERDOA-NOS POR NOS DISTANCIARMOS DOS TEUS PROPÓSITOS. OBRIGADA POR VIRES ATRÁS DE NÓS E ABRIRES OS NOSSOS OLHOS.

1º SGT ALINE LAUER — PMESP

19 DE ABRIL

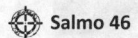

Salmo 46

UM EXÉRCITO, UMA PÁTRIA, UMA NAÇÃO

> *O SENHOR dos Exércitos está entre nós;*
> *o Deus de Jacó é nossa fortaleza.* (v.7)

Em 19 de abril de 1648, foi travada a Batalha dos Guararapes, em Pernambuco. Pela primeira vez, brancos luso-brasileiros, negros e índios se uniram como um só povo para combater o inimigo invasor. Foram 2.200 bravos brasileiros contra cerca de 7.400 soldados holandeses preparados, equipados e com poderio bélico superior. Essa data histórica ficou eternizada como o Dia do Exército Brasileiro, caracterizado pelo poder da união, da coragem e da determinação de seu povo. Ele tem sido reconhecido, no decorrer de seus mais de 370 anos, como "Braço Forte e Mão Amiga", sempre presente, atuando dentro e fora de nossas fronteiras na defesa de nossa soberania, liberdade e dos poderes legalmente constituídos. Ao lado da Marinha, Aeronáutica e Forças de Segurança Pública, nosso Exército é um baluarte do amor à pátria e dos mais altos valores de nossa sociedade.

Que hoje, ao olharmos para fatos como esse de nossa história, sejamos inspirados por Deus ao amor à pátria e ao reconhecimento de que somos todos brasileiros, independentemente da cor da pele. Que sejamos conscientes de que poderemos vencer as adversidades de hoje e de amanhã, a exemplo dos heróis de ontem, estando unidos em um só ideal e irmanados sob as cores da Bandeira Nacional, prontos a defender a nossa nação de toda e qualquer ameaça, interna ou externa, fazendo de Deus, por meio da instrução da Sua Palavra, o nosso grande General.

> *Uma nação será tão forte quanto a fortaleza,*
> *a sanidade e a harmonia de suas instituições!*

DEUS, QUE HAJA EM MIM A CONSCIÊNCIA E O SENSO DO DEVER DOS HERÓIS DO PASSADO, PARA QUE O LEGADO DELES SEJA HONRADO POR MIM E POR MEUS DESCENDENTES!

1º TEN JACKSON JEAN SILVA — EB/GO

20 DE ABRIL — 1 Coríntios 2:14-16

O OLHAR DE DEUS

...Mas nós temos a mente de Cristo. (v.16)

Sempre que possível, participamos dos eventos dos militares evangélicos no Rio Grande do Sul ou em outros lugares do Brasil. São eventos que reúnem militares de vários postos e graduações com o objetivo comum de adorar ao Senhor Jesus Cristo.

Estávamos viajando juntamente com outros irmãos em um voo do qual contemplávamos as belezas da natureza, quando, observando as montanhas num verde colossal, que mal pareciam montanhas, pois se confundiam com a paisagem, o Espírito Santo falou ao nosso coração dizendo: "Os problemas de muitas pessoas são como essas montanhas: grandes, imponentes e quase inacessíveis, se visualizados ao nível deles". Alguns ainda dizem: "Isso porque você não conhece o meu problema". Para essa pessoa, o problema dela é o maior de todos. Mas o Espírito Santo nos fez perceber que, por maior que fosse a dificuldade, Deus vê como algo que se mistura à paisagem. A montanha parece muito pequena quando vista lá do alto e quanto mais alto estivermos, menor ela fica.

Assim é que devemos agir com os problemas que surgem — contemplá-los com os olhos de Deus. Quanto maior o problema, mais alto devemos subir em direção a Deus e Ele nos fará vencedores.

Deus deseja que renovemos nossa mente hoje mesmo.

PAIZINHO QUERIDO, AJUDA-NOS A ENFRENTAR QUALQUER SITUAÇÃO COM OS TEUS OLHOS!

MAJ VOLNI POMPEO VIEIRA — BMRS

21 DE ABRIL — 1 João 3:16-24

COM O SACRIFÍCIO DA PRÓPRIA VIDA

...Jesus deu sua vida por nós. Portanto, também devemos dar nossa vida por nossos irmãos. (v.16)

A data de 21 de abril é alusiva ao Patrono das Polícias Militares, Joaquim José da Silva Xavier, o Tiradentes, personagem que deu sua vida neste dia, em 1792, na precursora luta pela Independência do Brasil. Seu exemplo se consolidou nos juramentos de ingresso nas Polícias Militares, que se encerram com a expressão "com o sacrifício da própria vida". Muitos de nossos irmãos de farda, como verdadeiros heróis, levaram o juramento às últimas consequências, entregando sua vida na defesa da sociedade.

Nossa missão policial é de alta nobreza! É uma vocação de amor verdadeiro e prático! Altruísmo que se mostra diariamente: trabalhar para que outros se divirtam; ficar acordado para que outros durmam; ir a locais que ninguém quer ir; ver o que ninguém quer ver; se expor a riscos para livrar as pessoas de riscos... Enfim, às vezes morrendo para que outros vivam.

Enquanto fazemos isso, decidindo muitas vezes em milésimos de segundos para salvar vidas, somos avaliados o tempo inteiro. Diante disso, é de suma importância que tenhamos boa consciência de tudo o que fazemos. E se, em algum momento, nossa consciência nos acusar, recorrer a Deus, que nos ama, perdoa e consola. O Senhor Jesus nos compreende muito bem. Foi fiel à missão até o fim. Com o sacrifício da própria vida nos resgatou. Vive e reina para todo o sempre. E Ele nos prometeu: "...estou sempre com vocês, até o fim dos tempos" (MATEUS 28:20). Não estamos sós!

Não estamos sós! Ele nos guarda e nos recompensará!

SENHOR, AGRADEÇO-TE PELA NOBRE MISSÃO QUE A MIM CONFIASTE! AJUDA-ME A CUMPRI-LA COM EXCELÊNCIA E COM AMOR VERDADEIRO!

TEN CEL GISLENO GOMES DE FARIA ALVES — PMDF

22 DE ABRIL — **Lucas 9:23-27**

FÉ E MISSÃO ALÉM DAS APARÊNCIAS

Se alguém quer ser meu seguidor, negue a si mesmo,
tome diariamente sua cruz e siga-me. (v.23)

A fé em Jesus Cristo nos leva a mudanças profundas e duradouras, a algo que vai além, que transcende o tangível e conduz a uma entrega profunda, um alto nível de transformação, comprometimento e excelência. A autodisciplina e o senso de urgência expõem a fragilidade e a limitação de qualquer um que se proponha a percorrer este caminho. Naturalmente, muitos desafios e emoções se tornam nossos companheiros de viagem. Quando o visível é o limite, esse é o ponto de parada! Mas, quando se busca força, motivação e capacitação em Deus, esse é o campo de batalha. É onde, somente pela fé, se poderá encontrar as forças necessárias para acessarmos as riquezas da glória de Deus — o inimaginável!

Paulo, quando expõe sua própria experiência pessoal, diz: "Por três vezes, roguei ao Senhor [...] Ele me declarou: 'A minha graça te é suficiente, pois o meu poder se aperfeiçoa na fraqueza [...] me gloriarei nas minhas fraquezas, a fim de que o poder de Cristo repouse sobre mim'" (2 CORÍNTIOS 12:8-9 KJA). Paulo sofreu desafios desagradáveis e desencorajadores. Suas fraquezas e incapacidades foram expostas e confrontavam sua consciência. Seu desejo era apenas uma situação favorável, pois, para ele, era o que lhe faltava. Contudo, sua fraqueza se tornou o motivo da manifestação da força transformadora que há em Deus. A fé na existência e no poder de Deus pode desvendar o arsenal bélico poderoso diante de nós.

Alcançar êxito com recursos sobrenaturais é algo improvável
que se torna possível pela fé.

Ó DEUS, CRIADOR DE TODAS AS COISAS, CRIA EM MIM UM ESPÍRITO FORTE, CAPAZ E CORAJOSO, TOTALMENTE DEPENDENTE DO SENHOR.

1º TEN FREDERICO JONAS ALCICI — FAB/AM

23 DE ABRIL — Mateus 19:1-2

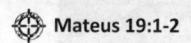

CURA INTERIOR À LUZ DA BÍBLIA

Grandes multidões o seguiram, e ele curou os enfermos. (v.2)

Quando recém-incluído na Polícia Militar, em 1984, recebi um convite para ir a certa curandeira "fechar meu corpo" por medo de ser atingido, pois na atividade policial sempre há o risco de ataque. Após consultar algumas pessoas, ouvi dizer que isso de nada adiantaria e que eu estaria dando ao inimigo oportunidade, pois ele saberia da minha fraqueza. Procurei, então, pessoas religiosas para que dessem seu parecer. Um colega de farda mostrou para mim uma maneira de realmente eu ser protegido. Citou o Salmo 34:7: "O anjo do Senhor é guardião; ele cerca e defende os que o temem".

Qual aprendizado podemos tirar dessa ilustração? O único que pode nos livrar é Jesus, através de nossa fé nele e de confiarmos totalmente nosso caminho a Ele, procurando fazer o nosso melhor. Muitas vezes, buscamos ajuda em coisas que não nos trazem paz e tranquilidade e acabamos por perder a oportunidade de entregar nossa vida a Deus por completo.

Cristo é o único Senhor e Salvador que sempre nos dará o norte para termos uma vida completa. Isaías 53:4 diz: "...foram as nossas enfermidades que ele tomou sobre si, e foram as nossas doenças que pesaram sobre ele...".

A cura da alma começa quando passamos a buscar a causa da enfermidade e tentamos ajudar as pessoas a se livrarem dos traumas existenciais. Faça escolhas certas para que tenha uma vida reta diante de todos e, principalmente, diante de quem nos deu a vida, Jesus Cristo.

Mais do apenas a cura física,
Jesus nos traz a cura da alma.

DEUS, DÁ-NOS UMA VIDA TRANSFORMADA E CHEIA DE PAZ QUE SÓ TU PODES DAR.

3º SGT ARLINDO JOSÉ ROTTA — PMSC

24 DE ABRIL — Romanos 8:31-34

DEUS É POR NÓS

...Se Deus é por nós, quem será contra nós? (v.31)

Não se preocupe. Deus está no controle absoluto de tudo. Portanto, quem será contra nós? A crise financeira, a crise conjugal, o medo da morte, a tristeza, a depressão? Em Romanos 8:31, há quatro palavras para nossa meditação: "Deus é por nós". Leia-o de novo, ou melhor, repita a frase mentalmente, sem pressa: "Deus é por nós".

Lembre-se: muitos podem desprezá-lo ou persegui-lo, mas Deus é por você. Independentemente dos problemas que você estiver enfrentando, ao alcance das suas orações está o Rei do Universo. Deus é por você hoje, nesse momento, não importa o que você fez ou deixou de fazer. Deus é por você!

Em Isaías 49:16, lemos que Deus tem o nosso nome gravado na palma das Suas mãos. Imagine um Deus que nos ama, que desenha um coração e no meio dele escreve o nome de Seus filhos queridos. No versículo anterior, o escritor sagrado vai mais longe e declara: "Pode a mãe se esquecer do filho que ainda mama? Pode deixar de sentir amor pelo filho que ela deu à luz? Mesmo que isso fosse possível, eu não me esqueceria de vocês!" (v.15). Que promessa maravilhosa! O amor de Deus por nós é incomparável.

Em Mateus 28:20, o Senhor Jesus diz: "...estou sempre com vocês, até o fim dos tempos". Portanto, deposite aos pés de Jesus todos os seus problemas, todos os seus fardos. Ele está ao nosso lado o tempo todo. Pense bem! Jesus seria pregado na cruz para nos salvar e depois rejeitaria nossas orações? De modo algum. Se Deus é por nós, quem será contra nós? Somente creia e descanse no Senhor.

Descanse no Deus de amor.

SENHOR JESUS, QUE A TUA GRAÇA E O TEU CONSOLO ESTEJAM CONOSCO TODOS OS DIAS.

CB ANTÔNIO BRANCO DIAS — PMSC

25 DE ABRIL — Mateus 22:34-40

PRIMEIRO, O MAIS IMPORTANTE

Ame o Senhor, seu Deus, de todo o seu coração [...]
Este é o primeiro e o maior mandamento. (vv.37-38)

Deus é o Senhor da sua vida? Você honra e reconhece a Jesus Cristo como seu único e suficiente Salvador? Você é guiado e aconselhado pelo Espírito Santo?

Jesus disse: "Mas quem me negar aqui na terra, eu também o negarei diante de meu Pai no céu" (MATEUS 10:33). Certifique-se de dizer em verdade: Eu amo a Deus! Pois o Senhor disse: "Aqueles que aceitam meus mandamentos e lhes obedecem são os que me amam. E, porque me amam, serão amados por meu Pai. E eu também os amarei e me revelarei a cada um deles" (JOÃO 14:21).

Se amamos alguém, desejamos estar sempre juntos, queremos agradar e nos esforçamos para conhecer a pessoa, para honrá-la e fazê-la feliz. Nós nos preocupamos em não magoar ou envergonhar quem amamos. Deus nos amou a ponto de dar o Seu filho para morrer em nosso lugar, para levar nossos pecados sobre Ele. O amor de Deus nos trouxe salvação pela graça e nos deu acesso a Ele. Temos a liberdade de nos achegarmos ao Pai por Seu favor imerecido e por quem Ele é, amá-lo, e entregarmo-nos a Ele de todo coração, alma e mente.

A. W. Tozer disse: "Jesus é o único que sabe o pior de você, e, apesar disso, Ele é o que mais o ama". O que você é capaz de fazer, e até de sofrer, para demonstrar seu amor por Ele?

Amar a Deus na Terra é a melhor escolha e privilégio
dos que querem passar a eternidade com Ele.

DEUS TODO-PODEROSO, ENSINA-NOS A AMAR-TE E, ACIMA DE TUDO, MANTÉM O NOSSO CORAÇÃO SEMPRE LEAL A TI.

2º TEN RUANA CASAS — CBMAC

26 DE ABRIL — Salmo 121

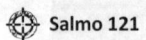

O ENCONTRO

O Senhor o guarda de todo mal e protege sua vida. (v.7)

Em 1993, aos meus 26 anos, casado, pai de dois filhos, estava na expectativa do terceiro. Por complicações na gravidez, o bebê não resistiu. Segundo o laudo médico, era uma gravidez molar — tumores haviam tomado o útero.

Ficamos abalados, pois já esperávamos o bebê com o enxoval pronto. Minha esposa, que era saudável, teve depressão e problemas de nervos. Ficou oito dias hospitalizada. Após sua alta, recorremos a muitos lugares religiosos, pois a medicina já a tinha desenganado. Seu estado era muito complicado. Não poderia mais ter filhos, disse o médico!

Mesmo sem conhecer a verdade, sentíamos que não era somente físico o que minha esposa sofria. Era também espiritual. Certo dia, fomos convidados a irmos a uma igreja. Ouvimos a Palavra de Deus, e a semente foi plantada em nossos corações. Começamos a ir com frequência para buscar a Deus. Ao lermos que Jesus disse "...todo reino dividido internamente é condenado à ruína..." (MATEUS 12:25), a Palavra de Deus descortinou nossos olhos. Eu e minha esposa nos entregamos a Jesus.

Deus transformou nossa vida por Sua misericórdia. Fomos libertos e regenerados. Minha esposa foi curada pelo poder de Deus, e Ele nos deu uma menina. Após 1 ano e seis meses, concedeu-nos outra. Duas filhas perfeitas, com muita saúde. Para tudo há uma saída no nome de Jesus Cristo.

*O amor, o perdão e a graça de Deus estão ao alcance
de todos, sem acepção de pessoas.*

**SENHOR DEUS, OBRIGADO POR TEU GRANDE AMOR
E MISERICÓRDIA E POR TUA SALVAÇÃO.**

3º SGT ALDAIR DONATO ESPÍNDOLA — PMSC

27 DE ABRIL

Colossenses 4:1-6

PERSEVERAR EM ORAÇÃO

Dediquem-se à oração com a mente alerta e o coração agradecido. (v.2)

Ao enfrentarmos situações adversas, principalmente aquelas cujas soluções estão além do nosso alcance, é muito comum ficarmos aflitos. As Escrituras Sagradas nos dizem que a melhor estratégia para superar tais crises é perseverar. Mas não apenas isso! A recomendação apostólica é que perseveremos em oração com ação de graças. Isso significa que devemos orar com nosso coração cheio de fé e gratidão.

Persistência, determinação, resiliência, foco e força de vontade são expressões que estão em moda e tiveram seus significados banalizados. Todavia, não podemos ignorar o fato de que essas também são características de alguém que não se deixa abater. Um indivíduo perseverante não desiste com facilidade!

Ora, se cremos em um Deus Todo-poderoso, precisamos crer também que Ele, no tempo oportuno, mostrará a melhor solução para as nossas aflições. Se o Senhor tem a solução para todas as crises que possam nos sobrevir, então, devemos perseverar em oração já com os corações gratos, certos de que Ele nos fará triunfar sobre o mal.

Por isso, não devemos desistir de orar até que o Senhor tenha respondido todas as nossas orações. Como bons soldados de Cristo, não podemos retroceder diante de qualquer dificuldade no campo de batalha! O Senhor, dos altos Céus, tem ouvido as preces de Seus filhos. Na hora certa, Ele nos dará a resposta. Assim, já podemos ser gratos desde hoje!

Uma oração cheia de fé e gratidão pode mover a mão do Senhor.
Não desista de orar e de agradecer!

SENHOR, QUE MEU CORAÇÃO POSSA APRENDER A CONFIAR EM TI E A SER GRATO, MESMO QUANDO PARECER IMPOSSÍVEL!

1º TEN JOÃO PAULO MARTINS DA SILVA — FAB/PE

28 DE ABRIL — Êxodo 2:11-16

INTEGRIDADE NAS SOMBRAS

*Olhou para todos os lados e, não avistando ninguém
por perto, matou o egípcio.* (v.12)

A paixão por tecnologia da informação me levou a ler sobre o assunto. E por essa razão, ao fazer pesquisas, surpreendi-me quando encontrei os meus dados arquivados pelo Google por mais de 10 anos.

Semelhante a um espelho, as informações arquivadas revelaram quem de fato sou eu quando ninguém vê. Eles são uma ressonância dos meus hábitos e apresentam em detalhes tudo sobre mim. Lembrei-me da Palavra de Deus quando afirma que "tudo que está encoberto será revelado, e tudo que é secreto será divulgado" (LUCAS 12:2).

Experiência semelhante ocorreu com Moisés. Ele viu um egípcio surrando um escravo hebreu e, ao perder o domínio próprio, permitiu que a indignação com a injustiça se transformasse em ira e, na sequência, cercando-se de cuidados para que ninguém o visse, assassinou o egípcio. Porém, em outra ocasião, ao separar a briga de dois hebreus, foi surpreendido quando ouviu de um deles: "Vai me matar como matou o egípcio?" (ÊXODO 2:14).

Diante do exposto, podemos pensar que nossos erros, se forem bem planejados, não serão descobertos. No entanto, esquecemos que o silêncio da consciência pode irromper gritos de culpa no futuro. Mesmo assim, ainda que possamos esconder nossos erros, eles não ficam escondidos porque "...os olhos do SENHOR estão em todo lugar" (PROVÉRBIOS 15:3).

Cumpra seu dever, aconteça o que acontecer.

DEUS, DÁ-ME FORÇAS PARA MANTER MINHA INTEGRIDADE QUANDO EU ESTIVER SOZINHO, E FORTALECE-ME ESPIRITUAL E EMOCIONALMENTE.

PR. EZEQUIEL BRASIL PEREIRA — CAPELÃO VOLUNTÁRIO/GO

29 DE ABRIL — 2 Coríntios 4:8-18

A FORÇA DA MOTIVAÇÃO

De todos os lados somos pressionados por aflições,
mas não esmagados... (v.8)

A Bíblia é um livro de motivação. O próprio Deus é o maior motivador. Quando Seus filhos perdem o ânimo e querem desistir, Ele chega com uma palavra para nos erguer e nos encher de forças. É o Seu cuidado para que as circunstâncias adversas da vida não roubem o que Ele tem preparado para Seus filhos.

O povo de Israel, em meio a uma crise, entrou em desespero, murmurou, revoltou-se contra Deus, duvidou da promessa e quis desistir de prosseguir. Porém, Josué e Calebe, firmes e confiantes, motivaram o povo a conquistar a terra prometida.

Já aconteceu com você algo semelhante, que o levou ao desespero, pânico, revolta e vontade de desistir? Nessas horas, precisamos de uma palavra de Deus que é bálsamo em meio à dor e ao sofrimento. "Aqui no mundo vocês terão aflições, mas animem-se, pois eu venci o mundo" (JOÃO 16:33).

Dois jovens motivaram o povo relembrando-o das promessas que Deus tinha para eles e que, apesar dos obstáculos no caminho, não podiam desistir. Teriam que confiar no Senhor, ter ânimo, fé e coragem.

Não deixe que os sentimentos impeçam os planos que Deus tem para você. "...somos mais que vencedores por meio daquele que nos amou" (ROMANOS 8:37).

Não se esqueça das promessas de Deus.
Elas o animam a continuar.

SENHOR, DÁ-ME FORÇAS E TUA GRAÇA PARA EU NÃO PERDER A MOTIVAÇÃO NO CUMPRIMENTO DOS TEUS PROPÓSITOS.

MAJ JOSÉ RIBAMAR DE LIMA MARTINS — PMRN

30 DE ABRIL

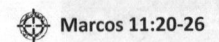

Marcos 11:20-26

A IMPORTÂNCIA DA PALAVRA

...vocês poderão dizer a este monte: 'Levante-se e atire-se no mar', e isso acontecerá... (v.23)

Quando bebês, somos menos inteligentes que um chimpanzé. Perto dos cinco anos de idade, com a aquisição da linguagem estruturada, passamos a desenvolver, em razão do uso da língua, as conexões neurais que nos distinguem de todos os outros animais, demonstrando a capacidade única de nossa espécie: a comunicação pela palavra.

Ao tratar do poder da fé, como vemos no versículo acima, Jesus fala sobre a nossa verbalização dela. Ele afirma que devemos *dizer* a Deus quais são os nossos pedidos. Além de servir para apresentar nossos pedidos, a palavra também serve para perdoar. Se bem utilizada, ela nos ajuda diariamente.

Jesus também nos alerta para o fato de vigiarmos nossos pensamentos, antes mesmo de proferirmos nossas palavras: "Pois a boca fala do que o coração está cheio" (LUCAS 6:45). Façamos de nossos pensamentos e palavras um culto racional a Deus a quem pretendemos seguir, conhecer e servir, conscientemente. Que, a cada dia, possamos pedir forças a Deus para transformar nossos antigos pensamentos e palavras, tratando-os como se fossem uma oração, bendizendo e abençoando a nós mesmos e àqueles que amamos.

A palavra tem grande importância.
Devemos ser sábios ao falar.

SENHOR JESUS, DÁ-ME A SABEDORIA NECESSÁRIA PARA VIGIAR MINHAS PALAVRAS, TRANSFORMANDO-AS EM INSPIRADA ORAÇÃO.

TEN CEL MARCELO ALVES DOS SANTOS — CB PMESP

1º DE MAIO
Efésios 6:10-17

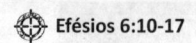

MANTENHA OS PÉS SECOS

Como calçados, usem a paz das boas-novas, para que estejam inteiramente preparados. (v.15)

Certa vez, fizemos uma marcha de 34 km. Durante o percurso, fizemos uma maca carregando "um canga" e transpusemos um curso d'água. Fomos instruídos a tirar os calçados e parte da roupa para não prejudicar o ritmo da marcha. Bem, eu não tirei nada. Esse foi um dos maiores arrependimentos de minha vida. Coturnos pesados, meias molhadas e toda roupa enxarcada. Sofri durante toda a marcha com os pés "detonados". Aprendi a lição: mantenha os pés secos e tenha meias reservas, sempre.

Todo combatente deve aprender essa lição, da maneira fácil ou difícil. Não adianta termos os melhores equipamentos se não pudermos andar ou correr e operá-los corretamente. Um soldado com pés em mau estado é um soldado praticamente inútil. O apóstolo Paulo sabia muito bem disso. Sua afinidade com a armadura do soldado romano é clara e muito útil para nossa vida espiritual.

Somos orientados a ter os pés bem preparados, caso contrário, podemos ser achados inaptos ao combate da vida cristã. Pés molhados e machucados impedem-nos de marchar. Pedrinhas e pés molhados dentro de nosso coturno também atrapalham a marcha da vida. Todos sabemos o que uma pequena pedra faz a nossos pés. Muito mais à nossa vida espiritual.

Nossos pés estão secos e prontos para o combate? Estamos aptos a marchar longas distâncias? É imprescindível ter os pés firmados no evangelho.

Pedrinhas são sempre empecilhos para seguir a Cristo.
Ferem os pés e nos tiram a atenção.

SENHOR DEUS, TIRA DE NOSSOS PÉS TODAS AS PEDRINHAS QUE NOS ATRAPALHAM DE SEGUIR JESUS CRISTO ATÉ O CÉU. AMÉM

PR. ANDERSON ADRIANO S. FARIA — CAPELÃO VOLUNTÁRIO/PR

2 DE MAIO — Salmo 20

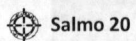

VITÓRIA NAS LUTAS

O cavalo é preparado para o dia da batalha, mas quem dá a vitória é o Senhor. —PROVÉRBIOS 21:31

As primeiras linhas do hino 454 "Vitória nas Lutas" (hinário Cantor Cristão) sinalizam para nós a certeza de que a nossa vitória sempre vem de Deus. "Temos por lutas passado, umas temíveis, cruéis; Mas o Senhor tem livrado delas Seus servos fiéis. Força e poder nos tem dado; Ele nos tem sustentado...". Sim, na história da nossa existência, temos tido lutas diuturnamente. Sejam elas em forma de doença, carência, fragilidade, medo, violência etc. Algumas menos, outras mais intensas. Mas em quem você apostaria pelas vitórias alcançadas sobre os problemas, em Cristo ou em você mesmo?

Saiba que o ser humano, por ser limitado e imperfeito, não é onipotente. Deus detém todo o poder, incluindo o poder da vida e o da morte. Então, Ele é tão suficiente, que basta uma só palavra ou pensamento para que tudo aconteça.

Suas lutas estão acima das suas condições? O seu nível de limitação é de fácil percepção? Então, deixe-se ser dirigido pelo Senhor Jesus. Ele sabe tudo sobre você. Ele pode coordenar sua vida com maestria infalível. Ele quer ser o seu Senhor e Salvador, para que seja o seu sustentáculo, o seu caminho, a sua esperança. Lembre-se de que a confiança em Deus vai levá-lo a um amplo relacionamento de dependência e acolhida eternas.

O salmista consolidou com clareza essa dependência quando afirmou que "Alguns povos confiam em carros de guerra, outros, em cavalos, mas nós confiamos no nome do Senhor, nosso Deus (SALMO 20:7).

O reconhecimento da nossa dependência de Deus nos faz mais do que vencedores.

SENHOR DEUS, ENSINA-NOS A NOS RELACIONARMOS CONTIGO POR MEIO DO TEU SANTO ESPÍRITO. QUE SEJAMOS FILHOS DEPENDENTES DO TEU AMOR E DA TUA GRAÇA INFINITA.

CEL SAIMON QUEIROZ DOS SANTOS — PMCE

3 DE MAIO

Salmo 37:3-6

DEUS PERDOA E TRANSFORMA

*Entregue seu caminho ao Senhor; confie nele,
e ele o ajudará.* (v.5)

Todo policial é um instrumento de Deus para que haja paz nas cidades. Com essa frase, por muitos anos, iniciava a minha palestra sobre ética ou deontologia policial militar. Sim, todo policial é um tipo de "cristo", pois está disposto a proteger os integrantes da sociedade, mesmo com o sacrifício da própria vida. Esse é o juramento feito pelo policial ao se formar.

Já imaginou se cada policial estiver nas mãos de Deus e for transformado pelo Seu poder? Certamente ele será uma pessoa melhor e mais abençoada, sua família será beneficiada e a sociedade também.

Certa vez, ao visitar um presídio militar, conheci um detendo que tinha o apelido de "diabo louro". Ao olhar para ele, o que se via era ódio e ressentimento. Em um dos cultos, ele entregou sua vida a Jesus. A partir daquele momento, o que se viu foi uma transformação total de sua vida. Ele foi julgado, inocentado e retornou ao seu trabalho como policial. Ninguém acreditava em sua transformação, mas o que se viu foi uma real e verdadeira salvação proporcionada pelo Senhor Jesus. Aquele homem, que tinha ódio e ressentimento em seu coração, experimentou o perdão de Deus e passou a ser conhecido como servo. Todos testemunharam com admiração aquela transformação.

É isso que Jesus faz quando entra no coração daquele que nele crê. Se você ainda não experimentou o perdão de Deus, faça isso agora. "Entregue o seu caminho ao Senhor; confie nele, e ele o ajudará (SALMO 37:5).

*De todas as escolhas que já fiz na vida, a melhor
e mais importante foi a de seguir a Jesus.*

SENHOR JESUS, ARREPENDO-ME DE PECAR E RECONHEÇO-TE COMO MEU SALVADOR. PERDOA-ME E TRANSFORMA-ME E, A PARTIR DE HOJE, SEREI TEU SEGUIDOR PARA SEMPRE.

CEL JORGE LUÍS DOS SANTOS LACERDA — PMERJ

4 DE MAIO — Isaías 40:28-31

BUSCANDO FORÇAS EM DEUS

Dá forças aos cansados e vigor aos fracos. (v.29)

Diante de um momento tão difícil, diante de tantas incertezas quando temos perdido tantos entes queridos para a Covid-19, muitos têm perdido suas forças. Que maravilha ter a certeza de que existe um Deus amoroso e bondoso, que tem o controle de tudo e todos e que deseja dar força aos Seus filhos que o buscam. "Você não ouviu? Não entendeu? O Senhor é o Deus eterno, o Criador de toda a terra. Ele nunca perde as forças nem se cansa, e ninguém pode medir a profundidade de sua sabedoria" (ISAÍAS 40:28).

O nosso Deus tem incontáveis atributos e um deles é a Sua onisciência, que quer dizer deter todo o saber. Ele sabe tudo, quer seja cognoscível ou incognoscível. Isso inclui possibilidades, pensamentos, sentimentos, vida, passado, presente, futuro, e todo Universo. Somos orientados na carta de Tiago a que, se precisarmos de sabedoria, devemos apenas pedi-la a Deus. Podemos também pedir força quando estivermos cansados. "Se algum de vocês precisar de sabedoria, peça a nosso Deus generoso e receberá. Ele não os repreenderá por pedirem" (TIAGO 1:5).

Deus Todo-poderoso, obrigado poque tu dás força aos cansados e vigor aos fracos. Renova as nossas forças e dá-nos sabedoria.

DEUS DÁ FORÇAS AOS CANSADOS E VIGOR AOS FRACOS. PRECISAMOS APENAS TER FÉ E CONFIAR.

TEN CEL MOYSÉS CRUZ — CBMGO

5 DE MAIO — Mateus 11:28-30

O VERDADEIRO DESCANSO

*Meu jugo é fácil de carregar, e o fardo
que lhes dou é leve.* (v.30)

Temos uma atividade no Sistema Prisional em que os custodiados, por direito, recebem visitas de seus parentes num determinado período da semana. Esse expediente exige um alto grau de atenção, pois situações de risco podem acontecer a qualquer momento. É um trabalho bastante exaustivo, árduo e que demanda um esforço mental constante, além de um esforço físico. Por essa razão, sempre estamos mais expostos a crises de ansiedade, irritabilidade, nervosismo e estresse.

Nem sempre é tão fácil lidar com as emoções em um ambiente que é naturalmente mais hostil. Contudo, com as pressões do dia a dia, o próprio Jesus nos fala: "Venham a mim todos vocês que estão cansados e sobrecarregados, e eu lhes darei descanso" (MATEUS 11:28).

As palavras de Jesus a Paulo na segunda carta aos Coríntios se aplicam muito bem a nós: "...Minha graça é tudo de que você precisa. Meu poder opera melhor na fraqueza..." (v.9). Elas explicitam que é justamente nas nossas fraquezas, no nosso cansaço e no nosso esgotamento emocional, que o poder de Jesus se aperfeiçoa em nós, trazendo cura e o devido refrigério para a nossa alma. É claro que um dia de visita de parentes em qualquer Unidade Prisional é bem desgastante, mas também é uma oportunidade que o Senhor nos dá para descansarmos nele, assim como Ele mesmo nos ensinou: "Meu jugo é fácil de carregar, e o fardo que lhes dou é leve" (v.30).

*O poder de Deus é tão grande e infinito que é capaz
de trazer refrigério ao nosso corpo.*

SENHOR DEUS TODO-PODEROSO, MOSTRA-NOS O VERDADEIRO DESCANSO. QUEREMOS APRENDER A ENTREGAR NOSSAS ANSIEDADES EM TUAS MÃOS.

POLICIAL PENAL AMANDA MENDES BRANDÃO DE FARIA — SAP/DF

6 DE MAIO

2 Coríntios 3:1-6

DEUS É QUEM NOS CAPACITA

Não que nos consideremos capazes de fazer qualquer coisa [...] nossa capacitação vem de Deus. (v.5)

Sempre fui muito abençoado no que se refere ao aprendizado. Na infância, acostumei-me a ser, por diversas vezes, o primeiro aluno da sala.

No trabalho policial militar, os concursos e cursos são determinantes para o sucesso na carreira. Colecionei primeiras colocações algumas vezes. Isso fez com que a confiança na minha capacidade aumentasse ao longo da vida profissional.

Por conta desse histórico, fiquei muito surpreso com todas as dificuldades enfrentadas durante a preparação e realização das avaliações do doutorado. Ao retornar do exame escrito, eu estava tão decepcionado com o meu desempenho, que resolvi fazer um jejum e apresentá-lo a Deus, pedindo que me fizesse entender os motivos pelos quais não havia ido bem na prova. Naquele dia, durante as minhas orações, Deus falou ao meu coração: "Eu queria que você tivesse certeza de que não passou pelos seus méritos e, sim, pela minha intervenção".

Na véspera da divulgação do resultado, disse para minha esposa: "Podia ser o último colocado, ficaria muito feliz apenas por estar classificado". No dia seguinte, pude comemorar com muito júbilo. Fui aprovado em penúltimo lugar, cumprindo o que Deus havia dito, assim como está escrito: "Fez tudo isso para que vocês jamais viessem a pensar: 'Conquistei toda esta riqueza com minha própria força e capacidade'" (DEUTERONÔMIO 8.17).

Cada ser humano possui talentos únicos concedidos por Deus.

SENHOR MEU DEUS, CAPACITA-ME PARA REALIZAR OS TEUS PROPÓSITOS EM MINHA VIDA.

TEN CEL MARCELO ALVES DOS SANTOS — CB PMESP

7 DE MAIO

João 4:19-30

A VERDADEIRA ADORAÇÃO

Pois Deus é Espírito, e é necessário que seus adoradores o adorem em espírito e em verdade. (v.24)

De Gênesis a Apocalipse, observa-se uma estreita e profunda relação de causa e efeito entre os temas da verdade, cujo conhecimento define o nível de relacionamento espiritual do homem com Deus, e o da adoração, cuja prática consciente e sincera autentica o ápice dessa comunhão como uma necessidade essencial do caráter cristão. A importância de sermos adoradores de Deus em espírito e em verdade implica necessariamente que, sem o novo nascimento, ou seja, a conversão, não é possível sermos verdadeiros adoradores.

Assim sendo, somente uma vida íntegra e piedosa, que gere o fruto do Espírito (GÁLATAS 5:22), e a verdade que liberta e salva (JOÃO 8:32) podem fazer de nós adoradores autênticos e fiéis, capazes de compreender e exercitar a adoração como um elemento essencial da realidade espiritual que Deus deseja que alcancemos, como um prenúncio da vida eterna que em Cristo Jesus já se encontra assegurada a todos os que nele creem (JOÃO 3:16).

Que possamos estar atentos à voz de Deus e submissos à Sua santa vontade para escolhermos estar entre aqueles que, ao final, vestidos de branco e com palmas nas mãos, se colocarão em pé diante do trono e do Cordeiro, adorando-o em espírito e em verdade, servindo-o de dia e de noite no Seu santuário, como verdadeiros e fiéis adoradores do Rei da Glória (APOCALIPSE 7:9,15).

Adoramos a Deus em espírito e em verdade quando o colocamos no trono da nossa vida.

SENHOR DEUS TODO-PODEROSO, ENSINA-NOS E AJUDA-NOS A TE ADORARMOS EM ESPÍRITO E EM VERDADE EM QUAISQUER CIRCUNSTÂNCIAS. QUE ASSIM SEJA!

CEL ANTÔNIO SOARES NOGUEIRA — PMCE

8 DE MAIO — Êxodo 15:22-27

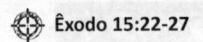

DEUS PODE SACIAR SUA SEDE

...o Senhor lhe mostrou um pedaço de madeira. Moisés o jogou na água [...] se tornou boa para beber. (v.25)

Moisés estava conduzindo os hebreus pelo deserto, mas, mesmo tendo visto vários milagres, ainda assim eles murmuravam. Depois de três dias andando, sem água, chegaram em Mara e não puderam beber suas águas porque eram amargas. Este é um dos problemas e pecado da humanidade: a reclamação. Moisés foi clamar a Deus, e o Senhor lhe mostrou um madeiro. Moisés o jogou sobre as águas de Mara, e elas ficaram doces, boas para beber. Mas a obra de Deus não terminara aí. "Depois que saíram de Mara, os israelitas viajaram até Elim, onde encontraram doze fontes de água e setenta palmeiras, e acamparam ali, junto às águas" (ÊXODO 15:27).

Deus, ao fazer uma obra, a faz por completo. Mesmo com aquele povo murmurador, Ele foi misericordioso e didático. Podemos aprender muito com esse texto. Primeiro, não devemos murmurar. Segundo, quando estivermos em apuros devemos clamar ao Senhor, como fez Moisés, e depositar nossa confiança nele, que fará mais do que precisamos e imaginamos. Deus os levou para Elim, que significa lugar de descanso, onde havia 12 fontes de águas e 70 palmeiras.

Quero lhe dizer que Deus pode saciar sua sede, suprindo suas necessidades pelos 12 meses do ano, com sombra e água espiritual. Confie no Senhor e Ele transformará sua situação amarga em doce e o levará ao lugar de descanso.

Troquemos a reclamação pelo clamor a Deus e o louvemos pelo que Ele é em nós.

SENHOR MEU DEUS, OBRIGADO POR TUA MISERICÓRDIA E POR SACIARES NOSSA SEDE DANDO-NOS DESCANSO EM MOMENTOS DIFÍCEIS.

PASTOR SHARLES CRUZ — PRESIDENTE DA IGREJA COBERTURA CRISTÃ

9 DE MAIO — **1 Samuel 1:19-28**

O SEGREDO DA ORAÇÃO DE ANA

Agora, eu o dedico ao SENHOR. Por toda a sua vida
ele pertencerá ao SENHOR... (v.28)

Quando decidi fazer o concurso para a Polícia Civil do Paraná, não recebi incentivo das pessoas à minha volta. Pelo contrário, alguns diziam que eu não conseguiria. Eu não era "concurseira". Havia feito apenas duas provas de concurso público e assumido em uma delas, trabalhando à época numa penitenciária. Eu sabia que, humanamente, não teria condições de passar na prova, pois comecei a estudar quando o edital foi publicado, sem saber absolutamente nada de Direito, o que era essencial para a aprovação.

Diante desse cenário, fiz a seguinte oração: Deus, se não for conforme a Sua vontade eu entrar para a Polícia, que eu não entre. Mas, se o Senhor tem um propósito na minha vida nesta instituição, que eu seja aprovada". Para minha surpresa, eu fui aprovada.

Todos os anos, Elcana levava suas duas esposas, Ana e Penina, e os filhos desta última até Siló para adorar a Deus e oferecer-lhe sacrifícios. Penina provocava e zombava de Ana por ela não gerar filhos, o que a deixava muito triste. Certa vez, Ana orou e fez um voto a Deus de que, se gerasse um filho, ela o devolveria para servir no Templo (1 SAMUEL 1:11). Ana gerou a Samuel e, após desmamá-lo, cumpriu seu voto (v.22).

Ana desejava ter um filho. Deus desejava um profeta. Quando a oração daquela mulher se alinhou à vontade de Deus, ela gerou o profeta Samuel.

Deus não precisa dos mais preparados. Ele precisa apenas
de um coração disponível para servi-lo.

DEUS, REVELA-NOS OS DESEJOS DO TEU CORAÇÃO PARA QUE A NOSSA ORAÇÃO ESTEJA ALINHADA À TUA VONTADE.

INVESTIGADORA DE POLÍCIA LUCIMÉIA SWIECH — PCPR

10 DE MAIO — Provérbios 1:1-7

A ESSÊNCIA DE TUDO

O temor do Senhor é o princípio do saber, mas os loucos desprezam a sabedoria e o ensino. (v.7 ARA)

Nossa vida precisa regularmente de realinhamentos. Existem atividades de treinamento que os guerreiros bombeiros militares precisam repetir sistematicamente. Uma delas se refere ao uso das mangueiras para apagar os incêndios. Eles esticam, checam e as enrolam. Elas são compridas e pesadas, e são determinantes nas missões de debelamento de chamas. Se essas mangueiras não forem habilidosamente manuseadas, ou se elas não estiverem devidamente preparadas e alinhadas, bens serão perdidos e vidas serão afetadas e até perdidas. Daí a necessidade da checagem desse equipamento e dos constantes exercícios de treinamentos.

À semelhança das mangueiras, nossa vida também carece de constante checagem e cuidados diários. E, nas palavras de Salomão, um dos elementos determinantes de nossa estabilidade é o temor de Deus. Por esse temor seremos sempre capazes de lograr sucesso nos diversos aspectos de nossa existência. Nas palavras de Salomão, não podemos desprezar essa medida de sabedoria e ensino. Aqueles que desprezam esse direcionamento são classificados como loucos e certamente sofrerão prejuízos por ignorarem a vontade justa e soberana de Deus. Sempre que alguém despreza esse princípio, a injustiça toma forma. Que Deus nos ilumine e nos ajude a aplicar essa instrução, resguardando-nos de sermos classificados como loucos! Temamos a Deus!

O saber humano destituído de Deus é incompleto.

SENHOR, HOJE REASSUMO A CONSCIÊNCIA DE QUE NÃO POSSO SEGUIR ADIANTE IGNORANDO-TE NAS DECISÕES E RUMOS DE MINHA VIDA.

PR. HUDSON FARIA DOS SANTOS — CAPELÃO VOLUNTÁRIO/GO

11 DE MAIO

Provérbios 21:21-31

A TI PERTENCEM OS LOUROS

O cavalo é preparado para o dia da batalha,
mas quem dá a vitória é o SENHOR. (v.31)

"A ti pertencem os louros" é retirado de um trecho da oração das Forças Especiais, a tropa de elite das forças militares. Quando eu era Comandante do BOPE, costumava reunir a tropa armada e equipada para expor o objetivo da operação e fazermos essa oração, antes de partirmos para cumprir uma missão de alto risco.

Mesmo tendo consciência do aprimoramento técnico-profissional da nossa tropa, que treina exaustivamente em busca da perfeição tática-operacional para que o combate seja sempre exitoso, jamais poderíamos colocar nossa fé em nosso próprio esforço nem em nosso ego ou soberba, com um clima de "já ganhou". Tampouco em nossos equipamentos e armas especiais, apesar de imprescindíveis e necessários. A nossa oração demonstrava submissão a Deus e nossa dependência do Senhor dos Exércitos na condução do que havia por vir.

Existem momentos em que enfrentamos dificuldades que nos obrigam a lutar. Nessa hora, devemos agir como uma tropa de operações especiais do reino de Deus, sempre preparados preventiva e antecipadamente para o combate, por meio da adoração, leitura da Palavra, oração e jejum, além de nos revestirmos da armadura de Deus (EFÉSIOS 6).

Nossa vitória será alcançada à medida que tivermos consciência de que nos preparamos para o pior, cabendo a nós lutar e crer que a vitória virá do Senhor, pois a Escritura Sagrada diz que "o cavalo é preparado para o dia da batalha, mas quem dá a vitória é o SENHOR" (PROVÉRBIOS 21:31). Logicamente, não é dos cavalos que estamos falando, mas de nós mesmos.

A vitória está garantida por meio de nosso Deus,
o Comandante Supremo.

SENHOR DEUS, GRAÇAS POR NOS CONCEDERES OS MEIOS NECESSÁRIOS PARA A BATALHA. DÁ-NOS FORÇA PARA ENFRENTAR AS DIFICULDADES E VENCER AS TENTAÇÕES.

CEL ULYSSES ARAÚJO — PMAC

12 DE MAIO — Salmo 91

OS LIVRAMENTOS DE DEUS

*O Senhor diz: Livrarei aquele que me ama,
protegerei o que confia em meu nome.* (v.14)

A atividade policial é repleta de riscos, quer sejam relacionados à integridade física quer digam respeito às responsabilidades legais que podem ser atribuídas ao policial caso incorra em erros ou excessos no desempenho de suas funções.

Quando eu era aluno oficial da Academia do Barro Branco, na fase dos estágios, certa noite, ao me deslocar até o batalhão para assumir o serviço, deparei-me com duas crianças que moravam na rua. Pareciam estar brincando na calçada, uma de frente e a outra de costas para mim, bem na minha frente. De repente, o que estava de costas virou-se apontando um revólver em minha direção. Imediatamente saquei a minha arma e olhei em direção ao meu pretenso agressor. Foram instantes intermináveis. Determinei que largasse a arma. É claro que pensei na possibilidade de ele atirar antes de mim. Não soube explicar o real motivo de não ter disparado imediatamente. Hoje tenho certeza de que foi um livramento de Deus.

Lentamente, o garoto colocou a arma no chão. Após a busca pessoal realizada nos dois, peguei o revólver de brinquedo que, segundos atrás, havia sido apontado em minha direção. Imagino o grande número de consequências que uma decisão precipitada poderia ter causado. Serei eternamente grato a Deus pelo livramento recebido.

*Jesus, em Sua infinita misericórdia, constantemente
nos livra de todo o mal.*

SENHOR JESUS, OBRIGADO POR TODOS OS LIVRAMENTOS RECEBIDOS AO LONGO DA MINHA VIDA.

TEN CEL MARCELO ALVES DOS SANTOS — CB PMESP

13 DE MAIO

Gênesis 2:1-17

SOB A PROTEÇÃO DA LEI

...Coma [...] de todas as árvores do jardim, exceto da árvore do conhecimento do bem e do mal... (vv.16-17)

A disciplina é essencial ao bom funcionamento de qualquer organização. A definição de regras e tarefas são indispensáveis ao sucesso de uma missão. Pensando numa organização militar, onde a disciplina é fundamental, essa realidade é ainda mais genuína. Na maioria dos estatutos e códigos de ética dos militares, a disciplina está conceituada como a rigorosa observância e acatamento integral de leis, regulamentos e princípios militares, traduzindo-se pelo perfeito cumprimento do dever de seus integrantes.

A obediência à disciplina não teve origem com as corporações militares. Princípio semelhante é encontrado no livro de Gênesis, quando Deus impôs ao homem certa restrição, que serviria para sua proteção.

Conhecer as regras do ambiente em que estamos inseridos nos permite desfrutar tudo aquilo que não nos fora vedado. Além disso, quando nos propomos a obedecer a essas regras, estamos protegidos contra consequências decorrentes da violação.

Ao primeiro casal no Éden foi permitido desfrutar todas as belezas do paraíso e comer livremente de todos os frutos. Porém, ao decidirem descumprir a lei, foram punidos e banidos de lá.

Em Segurança Pública, somos igualmente instados a obedecer ao arcabouço normativo de nossas corporações. Quanto mais obedecermos, mais sucesso teremos na missão. Certo é que a desobediência à lei nos expõe a perigos incertos e rígidas sanções. Logo, prefira sempre estar ao lado da lei. Ela existe para nossa segurança e proteção.

Obedeça às autoridades constituídas. Isso agrada ao Senhor.

DEUS TODO-PODEROSO, AJUDA-NOS NO CUMPRIMENTO DE NOSSA MISSÃO. QUE ESTEJAMOS SEMPRE AO LADO DA LEI, DISPOSTOS A OBSERVÁ-LA E A DEFENDÊ-LA.

CEL CLAISON ALENCAR PEREIRA — CBMGO

14 DE MAIO — Salmo 68

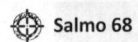

ALIVIANDO A MOCHILA PESADA

A cada dia ele nos carrega em seus braços. (v.19)

Durante um turno no trabalho, um soldado me procurou dizendo que tinha lido um trecho bíblico que eu havia compartilhado e que estava tentando entender como colocar em prática aquela passagem bíblica, pois estava sentindo um peso muito grande em sua vida. O texto era Mateus 11:28-30, que chama todos aqueles que estão sobrecarregados para encontrarem descanso para sua alma.

Em diversos treinamentos, também aprendemos a carregar o companheiro quando o mesmo está ferido. Chamei-o para conversar, e ele me disse que já tinha tentado conversar com outros colegas de trabalho, porém, alguns riram não dando muita importância. O soldado começou a chorar quando falou suas primeiras palavras, expondo algumas situações pelas quais estava passando com sua família.

Oramos juntos. Foi uma oração muito simples de entrega a Deus de todo fardo pesado e de reconhecimento de Jesus Cristo como Senhor e Salvador de sua vida. Ele enxugou suas lágrimas e agradeceu dizendo que estava se sentindo leve e que tinha certeza de que Deus estava trabalhando em sua família.

Existem muitos policiais que sentem muita dificuldade em pedir ajuda. Que possamos estar sensíveis a isso e orar por eles.

Jesus oferece descanso ao cansado e sobrecarregado.
Seu jugo e seu fardo são leves.

SENHOR DEUS, SOU GRATO POR TUA GRAÇA E MISERICÓRDIA E POR MUITAS VEZES ME CARREGARES NO COLO.

SD LAEDSON DOS SANTOS — PMPR

15 DE MAIO — Marcos 16:1-7

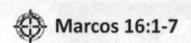

SEGUNDA CHANCE

*Agora vão e digam aos discípulos, incluindo Pedro,
que Jesus vai adiante deles à Galileia...* (v.7)

Ao ler o versículo em destaque, começo a perceber que errei ou não usei a forma correta de proceder em algumas ocasiões. Muitas vezes, não percebi a necessidade de abraçar um amigo, dar um aperto de mão, um beijo em um filho, dar uma resposta a um subordinado ou mesmo a um superior. Percebo também que o Espírito Santo está me assistindo, e o Seu desejo é me ajudar. Entendo que meus erros em tempos passados e atuais não são o meu fim, mas, ao reconhecê-los, uma oportunidade de recomeço.

Acredito, também, que as chances de um recomeço são quase impossíveis por causa de nosso imediatismo. Tudo tem que ser agora. Entretanto, a Palavra de Deus diz que Jesus está indo adiante de nós.

Claramente podemos perceber que, em todos os dias, temos uma segunda chance. Avante, bons soldados de Cristo! Vamos como guerreiros em plena batalha. Nosso precursor vai adiante de nós. Confie e espere! Ele sempre está à frente.

*O sentimento de cuidado invade o nosso coração ao sabermos
que Deus nos conduz na mais perfeita paz.*

ESPÍRITO SANTO, OBRIGADO POR TEU CUIDADO E AMOR, E PELA OPORTUNIDADE DE ESTARMOS SENDO CONDUZIDOS NA PAZ.

PR. JAIRO MEDEIROS DE SOUZA — CAPELÃO VOLUNTÁRIO/PE

16 DE MAIO
Salmo 34:15-20

SAINDO DO VALE DAS SOMBRAS

Os olhos do Senhor estão sobre os justos... (v.15)

Ela tinha 16 anos e estava sozinha na casa. Ligou para a polícia e só falou: "Venham retirar o meu corpo antes de meus pais chegarem. Vou me suicidar". Quando a nossa equipe chegou, só conseguiu atestar o óbito.

No Salmo 34:18, lemos: "O SENHOR está perto dos que têm o coração quebrantado e resgata os de espírito oprimido". Aquela jovem, sem dúvida, achou-se no vale das sombras e não sabia como sair dele. Ela não foi a primeira, nem será a última, em experimentar um coração quebrantado, um espírito oprimido. Aquela nuvem escura que não deixa você ver o amanhã é algo que todos nós experimentamos alguma vez na nossa vida. Isso é parte da nossa caminhada nesta Terra. Mas não temos que caminhar sozinhos!

O Senhor fala que Ele está perto de nós. Ele compreende essa opressão que aflige o nosso coração e está pronto a nos ajudar. O versículo 17 nos reafirma na segurança de que "O SENHOR ouve os justos quando clamam por socorro; ele os livra de todas as suas angústias".

Você já clamou ao Senhor hoje? Ele está pronto para o socorrer. Junto a Ele, você poderá cantar mais uma vez "Porque Ele vive, posso crer no manhã; porque Ele vive, temor não há. Mas eu bem sei, eu sei, que a minha vida está nas mãos de meu Jesus, que vivo está".

> *Porque Ele vive, vou crer no amanhã.*
> *Porque Ele vive, temor não há!*

JESUS, OBRIGADO PELA PROMESSA DE QUE TU ESCUTAS O MEU CLAMOR. SOCORRE-ME, SENHOR!

LUIS SEOANE — VICE-PRESIDENTE SÊNIOR DE MINISTÉRIOS PÃO DIÁRIO

17 DE MAIO — Salmo 42:1-2

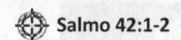

RELACIONAMENTO COM DEUS

Eu os atenderei antes mesmo de clamarem a mim...
—ISAÍAS 65:24

Naquela manhã, ao se levantar, aquele menino pensou: "Estou com fome! Vou ver o que temos na cozinha!". Após verificar, percebeu que não tinham nada para comer! Então foi falar com sua mãe. Ao chegar ao quarto, viu que ela estava falando com Deus em oração, e se lembrou que sua mãe já o havia ensinado a orar e sempre dizia: "Filho, Deus é bom, amoroso e gosta das crianças!"

Ao sair de casa, assentou-se na calçada e pensou: "Vou falar com Deus sozinho pela primeira vez! Será que Ele atenderá meu pedido? Precisamos de dinheiro, pois assim minha mãe poderá comprar pão, leite, e um par de chinelos para mim!". Contudo, antes de iniciar a oração, o menino viu que na rua, um papel voava em sua direção! Curioso, foi verificar, e percebeu ser uma nota de dinheiro. Emocionado, começou a chorar dizendo: "Minha mãe estava certa! Muito obrigado, Deus!".

Quantas vezes nos encontramos nessa situação? Temos necessidades urgentes, mas ficamos duvidosos sobre o agir de Deus? Talvez nossa insegurança e desconfiança ocorram devido à nossa falta de contato com Ele!

Se estamos bem ou não, precisamos fortalecer nosso relacionamento diário com Deus! É como cultivar uma amizade! Quanto mais mantemos contato com um amigo, mais essa amizade se fortalece! Com Deus não é diferente. Quanto mais tempo passamos com Ele, mais Ele se aproxima de nós!

Através da oração, nossa fé é fortalecida,
e ajustamos a nossa intimidade com Deus.

QUERIDO DEUS, QUE POSSAMOS FORTALECER NOSSO RELACIONAMENTO CONTIGO ATRAVÉS DA ORAÇÃO E LEITURA DAS SAGRADAS ESCRITURAS!

TEN CEL JOSIEL BORGES DA SILVA — CBMMT

18 DE MAIO — Lucas 5:18-25

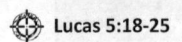

INTERCEDER POR UM AMIGO

Ao ver a fé que eles tinham, Jesus disse ao paralítico:
"Homem, seus pecados estão perdoados". (v.20)

Um bombeiro militar com uma trajetória honrosa se encontrava a um triz de sua promoção a subtenente e de sua aposentadoria por tempo de serviço prestado à corporação. A doença covarde (câncer), porém, chegou em sua vida para apagar o brilho dos seus olhos e a alegria que contagiava os que tinham o privilégio de com ele trabalhar. Desenganado pelos médicos, em um leito de hospital, não reconhecia mais ninguém. Sua esposa já não conseguia ficar ao seu lado pela dor de ver aquele bombeiro herói prestes a morrer. Mesmo nesse estado, eram muitos os que estavam a orar e alguns a visitá-lo.

Numa tarde de visitas, amigos fizeram um círculo ao seu redor e, tocando em sua cabeça, louvaram a Deus e oraram por sua cura. No outro dia, o milagre aconteceu. Deus lhe deu uma sobrevida. Ele retornou à consciência e teve uma melhora considerável, podendo, assim, retornar ao seu lar.

Aproximadamente um mês depois, porém, veio a falecer e, em meio à tristeza, mesmo afundados em lágrimas, os que com ele conviviam ficaram tranquilos em saber que dentro daquele mês de sobrevida ele havia aceitado Jesus Cristo como Senhor e Salvador.

Que sejamos sensíveis à necessidade do próximo e que possamos ajudá-lo com amor e fé, conduzindo-o a Cristo. A salvação é individual, mas através da nossa fé em Jesus Cristo são feitos grandes milagres.

Que o amor de Deus transborde através de nós
para alcançar muitas vidas.

JESUS CRISTO, OBRIGADO POR TEU GRANDE AMOR TRANSBORDADO LÁ NA CRUZ PARA NOSSA SALVAÇÃO.

CB PRISCILA PONTES — PMPE

19 DE MAIO — Efésios 3:14-19

ENCONTRANDO A VERDADEIRA FORÇA

...que, da riqueza de sua glória, ele os fortaleça com poder interior por meio de seu Espírito. (v.16)

Não sei o porquê, mas no ano de 1998, quando havia sido recém-aprovado no concurso da Policial Federal, achei que minha crença e fé em Deus não seriam compatíveis com a função de policial.

Eu achava que ser um policial exigiria 100% de foco para o trabalho e que não teria tempo para as coisas de Deus, e que toda minha força deveria estar concentrada na atividade policial. Por algum tempo, até perdi a conexão com Deus e com Sua Palavra. Depois de um período, já empossado no cargo, descobri que era exatamente ali que Deus queria que eu exercitasse minha fé e que pudesse ajudar outras pessoas a conhecerem o amor do Pai.

O apóstolo Paulo, em Efésios 4:16, fala sobre uma força, muito maior do que a força física ou mental, que podemos utilizar para enfrentarmos os desafios diários. Ele diz que pede a Deus, de joelhos, para que, da riqueza da Sua glória, por meio do Seu Espírito Santo, Ele nos fortaleça com poder interior.

É importante crermos e recebermos esse poder interior vindo de Deus, que Paulo menciona, independentemente da profissão ou do lugar onde estivermos. Precisamos estar conectados com Deus para sermos fortalecidos espiritualmente e termos condições de combater os combates, de acabarmos a carreira e guardarmos a fé em Cristo, vivendo sempre fortalecidos pelas promessas de Deus, apesar das circunstâncias.

O fortalecimento vindo do Espírito de Deus vai nos capacitar em toda as áreas da vida.

DEUS AMADO, PEDIMOS QUE NOS FORTALEÇAS INTERIORMENTE COM O PODER VINDO DO TEU ESPÍRITO SANTO.

AGENTE FEDERAL GIANCARLO TENÓRIO — SRPF/DF

20 DE MAIO — Lucas 3:10-14

PROPOSTA ÉTICA DE JOÃO BATISTA

"E nós?", perguntaram alguns soldados.
"O que devemos fazer?" (v.14)

A Bíblia revela o amor e o propósito de Deus a todos e tem uma mensagem específica para os militares. Assim como todos faziam, os soldados também foram a João Batista e lhe perguntaram: "E nós? O que devemos fazer?". A resposta de João é como uma prescrição ética que atravessou os séculos e nos alcança hoje: "...Não pratiquem extorsão nem façam acusações falsas. Contentem-se com seu salário" (LUCAS 3:14).

Na noite que antecedeu a Sua morte, Jesus celebrou a Páscoa com Seus discípulos. Antes do jantar, levantou-se, tirou Sua capa, enrolou uma toalha na cintura e, após lavar os pés dos discípulos, vestiu a capa novamente, retornou ao Seu lugar e perguntou: "Vocês entendem o que fiz? Vocês me chamam Mestre e Senhor [...] porque eu sou. E uma vez que eu, seu Senhor e Mestre, lavei seus pés, vocês devem lavar os pés uns dos outros" (JOÃO 13:12-14).

A Bíblia ensina que a autoridade instituída por Deus é para fazer o bem. Porém, há um modo recomendado por Ele para fazer isso: não praticar extorsão, não fazer acusações falsas e não aceitar suborno. Diariamente, ao proteger e socorrer aqueles que encontramos pelo caminho, estaremos, assim como Jesus, lavando os pés das pessoas. Sirvamos com amor, como Cristo, que não "veio para ser servido, mas para servir..." (MARCOS 10:45). Trabalhemos sempre com entusiasmo, pois sabemos que nada do que fazemos para o Senhor é inútil (1 CORÍNTIOS 15:58).

Jesus nos ensina que nosso serviço pode
e deve ser um culto a Deus.

SENHOR, OBRIGADO PELO PRIVILÉGIO DE SERVIR.
AJUDA-ME A SERVIR A TODOS E SERVIR COM AMOR.

CEL CÍCERO NUNES MOREIRA — PMMG

21 DE MAIO

Efésios 5:8-20

ALTA TENSÃO

Portanto, sejam cuidadosos em seu modo de vida. Não vivam como insensatos, mas como sábios. (v.15)

Quem já viu um fio de alta tensão partido, certamente observou uma cena assustadora e perigosíssima. O fio desgovernado descarrega sua energia naquilo que está mais próximo, causando muito dano e podendo até matar.

Os militares e profissionais de segurança estão entre as categorias que acumulam mais tensão. Ter de lidar com tanta responsabilidade e exigências, enfrentar as situações mais críticas, conviver com a degradação humana, com um turbilhão de emoções, e ainda o risco de matar ou morrer.

Nesse contexto, muitos têm agido como fios arrebentados, insensatos, ferindo a si mesmos e as pessoas mais próximas. Muitos têm descarregado sua tensão no endividamento, no abuso de drogas, na violência doméstica e profissional, no "QRU" (relacionamentos extraconjugais). Descarregar a tensão dessa forma é eficaz momentaneamente, mas desagrada a Deus e produz ainda mais tensão logo em seguida. Causa destruição generalizada em médio ou longo prazo.

Existem formas mais saudáveis e agradáveis a Deus para darmos curso às nossas tensões, sem deixar o fio se arrebentar e ficar descontrolado: esportes, ação social, clubes de tiro, eventos sociais, e muitos outros. Para diminuir a tensão, podemos desenvolver técnicas de meditação, oração, retiros, aconselhamento, psicoterapia, lazer, dentre outros. Seja como for, não deixe o fio se partir. O estrago pode ser muito grande.

Direcione a sua energia para o que agrada a Deus e traz resultados duradouros.

SENHOR, AJUDA-ME A VIVER DE MODO CUIDADOSO E LIVRA-ME DOS PERIGOS DA ALTA TENSÃO.

TEN CEL GISLENO GOMES DE FARIA ALVES — PMDF

22 DE MAIO — Mateus 14:22-33

JESUS CRISTO É A SOLUÇÃO

*Depois de mandá-las para casa, Jesus subiu sozinho
ao monte a fim de orar...* (v.23)

Naquela época, depois de um dia agitado e de muito trabalho durante o cumprimento de Sua missão, orientando, curando e abençoando a população local, Jesus manda os Seus discípulos entrarem no barco e atravessar o mar da Galileia, porque Ele queria um momento a sós com Deus. Em obediência, os discípulos foram antes de Jesus. Em meio à viagem, vieram os problemas. O vento estava soprando contrariamente na direção da embarcação, causando-lhes medo, por se tratar de uma situação que eles não estavam em condições de controlar.

Do mesmo modo que Jesus desejou ficar a sós com Deus, existem situações em que precisamos ficar a sós com Deus também. Embora Deus conheça nossas necessidades, temos que buscar intimidade com Ele, relatando os problemas, as decisões e também os motivos de nossas alegrias na vida. Por mais difícil que seja o transcorrer da nossa vida, Deus nunca nos abandonou e podemos vencer as adversidades. Não importam as circunstâncias encontradas durante a trajetória; podemos ir em frente porque estamos protegidos e vamos conquistar os nossos objetivos. Cada obstáculo enfrentado é um testemunho de vitória evidenciando a nossa força através da fé em Deus.

*Ser soldado requer fé e preparo
para enfrentar as adversidades.*

PAI NOSSO QUE ESTÁS NO CÉU, ABENÇOA A PESSOA QUE ESTÁ MEDITANDO NESTA MENSAGEM. AJUDA-A A SAIR DO PROBLEMA QUE ESTÁ ENFRENTANDO.

1º TEN ANTÔNIO CARLOS DA SILVA — BMRS

23 DE MAIO

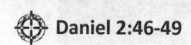

Daniel 2:46-49

JUNTOS ATÉ NA BONANÇA

A pedido de Daniel, nomeou Sadraque, Mesaque e Abede-Nego
para cuidarem de todos os negócios... (v.49)

O capítulo 2 de Daniel registra uma história impressionante. O rei Nabucodonosor teve um sonho perturbador que não conseguia recordar. Por isso, decidiu matar os sábios da Babilônia, pois nenhum deles revelou nem interpretou seu sonho.

O profeta Daniel procurou seus três amigos judeus para orarem a Deus a fim de que Ele revelasse o sonho e a interpretação, para que eles todos não morressem (DANIEL 2:18). Deus, em Sua infinita misericórdia, atendeu a oração aflita de Seus quatro servos e revelou a Daniel o sonho e a interpretação. Após ser lembrado da estátua (de ouro, prata, bronze, ferro e barro) e o significado, o rei se encurvou afirmando que o Deus de Daniel era maior que todos os deuses. Depois disso, promoveu Daniel a governador, chefe dos sábios, dando-lhe muitos e valiosos presentes (v.48).

Em destaque imperial, Daniel poderia se dar por satisfeito, mas agiu diferentemente de muitos que acertam o endereço, o número de celular, as redes sociais de alguém, somente quando estão em situações difíceis. Alguns, ao receberem honra, esquecem-se de quem os ajudou na hora da angústia. Não foi "toma lá, dá cá". Daniel alcançou o cargo por seu bom testemunho, o que lhe permitiu pedir ao rei posição de honra também para seus amigos. Não era uma quadrilha para desviar recursos e saquear a Babilônia. Eram servos de Deus comprometidos em fazer o seu melhor de forma justa em todos os sentidos. Não se esqueça de quem um dia o ajudou.

Lutar e ganhar com alguns e honrar apenas os outros
poderá ser uma amarga estratégia.

SENHOR, QUE EU NUNCA ME ESQUEÇA DAQUELES QUE ESTIVERAM COMIGO NOS MOMENTOS DIFÍCEIS. DÁ-ME A FORÇA NECESSÁRIA PARA AGIR COM GRATIDÃO.

1º TEN THARCIS DAMASCENO DE MACEDO — PMMA

24 DE MAIO — **Marcos 4:35-41**

AS TEMPESTADES DA VIDA

...Quem é este homem? Até o vento e o mar lhe obedecem! (v.41)

Em mais uma viagem a trabalho, a bordo do navio-patrulha costeiro Poti-P15, navegávamos em um "mar de almirante", expressão muito usada quando o mar está calmo, sem ondas, o sonho de qualquer navegador.

Porém, em se tratando de mar, a tripulação deve estar preparada para as mudanças climáticas repentinas, como tempestades com altas ondas, raios e ventos muito fortes. Foi exatamente isso o que aconteceu. O céu escureceu, e ela chegou. Com um navio medindo 28,95m, a situação exigia uma rápida tomada de decisão. Isolamos todas as entradas e escotilhas do navio e reforçamos toda a amarração a bordo. A experiência do comandante foi primordial em conduzir o navio de forma firme e segura.

Estamos também sujeitos às tempestades da vida e elas geram crescimento. Na situação que narrei, a vivência, a experiência, o conhecimento técnico de como conduzir uma embarcação em situações de tempestade apresentado pelo nosso comandante, somados à confiança que tínhamos nele, permitiram-nos sair ilesos daquela situação. Os discípulos ficaram apavorados, desesperados com a tempestade. Ao chamar por Jesus, eles questionaram se o Mestre não se importava com eles. Na adversidade, mantenha a calma. Angústia, medo, desespero roubam nossa esperança e confiança em Deus. Entregue o comando da sua vida nas mãos dele. "Entregue seu caminho ao Senhor; confie nele, e ele o ajudará" (SALMO 37:5)

Espere com paciência no Senhor. Nas tempestades,
ouça Sua voz e faça tudo o que Ele lhe disser.

ALTÍSSIMO E ETERNO DEUS, SOMOS TOTALMENTE DEPENDENTES DE TI. ACALMA, SENHOR, AS TEMPESTADES QUE TÊM SE LEVANTADO EM NOSSA VIDA.

SO ADELMO ANTÔNIO DE SOUZA — MB/RS

25 DE MAIO

Romanos 12:12-21

A ESPERANÇA EM DEUS NÃO MORRE

*Alegrem-se em nossa esperança. Sejam pacientes
nas dificuldades e não parem de orar.* (v.12)

A esperança é o sentimento de quem vê como possível a realização daquilo que deseja, confiança em coisa boa, fé. Fé é uma pequena palavra, porém, quando praticada, torna-se grande e poderosa. Paulo, ao escrever aos romanos, estava preparando o caminho para sua chegada em Roma. Sabendo das dificuldades daqueles irmãos, ele ensina que é necessário ser paciente na tribulação, perseverando em oração e, no lugar de amaldiçoar as pessoas que lhe fazem mal, retribuir com o bem, abençoando-as.

Nem sempre é fácil liberar perdão e muito menos abençoar quem nos prejudica. Entretanto, Paulo está ensinando aos romanos um caminho mais excelente. Se seguirmos os ensinamentos divinos, seremos muito abençoados. Não deixe o ódio tomar conta do seu coração, em vez disso, libere o perdão e abençoe.

A verdadeira esperança é viver a Palavra de Deus, não sendo orgulhoso, mas vivendo em harmonia com as pessoas e não pagando o mal com o mal. Deus sabe todas as coisas e quer que você tenha um coração puro. Não alimente o ódio e o rancor, mas deixe fluir o amor de Jesus através de você. Todo aquele que quer vingança está tomando o lugar de Deus, e já sabemos que isso desagrada ao Senhor. Então, o que nos resta fazer é confiar nele, adorando-o com fé e confiança. Sempre que tiver a tentação, feche os olhos e lembre-se do que Ele deseja de você.

*Para agradar a Deus é preciso amá-lo, amar o próximo
e até mesmo nossos inimigos.*

**SENHOR, AJUDA-ME A PERDOAR, PAGAR O MAL COM O BEM
E VIVER PARA TI COM ESPERANÇA EM TUA PALAVRA.**

PASTOR SHARLES CRUZ — PRESIDENTE DA IGREJA COBERTURA CRISTÃ

26 DE MAIO — 1 Pedro 5:8-9

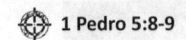

POSIÇÃO NA PELEJA

...o diabo, que anda como um leão rugindo à sua volta,
à procura de alguém para devorar. (v.8)

A batalha espiritual foi instituída desde o princípio do mundo, influenciando cotidianamente a vida humana terrena. Trata-se de uma luta com um adversário sagaz, hábil, astuto e enganador. O Espírito Santo o compara a um leão que brama. E sabemos que o felino, ao atacar, o faz com muita fúria e usando de suas estratégias. Eles escolhem presas inseguras, desprevenidas e desatentas. Deus nos adverte a respeito desse perigoso inimigo das nossas almas e de como devemos estar alertas e vigilantes para combatê-lo (1 PEDRO 5:8).

Dada essa situação de perigo, temos que estar focados na gloriosa Palavra de Deus e em seu conhecimento. Devemos ficar firmes na fé, estar sóbrios, ter autodomínio e mente sã. Devemos, também, atentar para o medo. Ele é como um vírus que se espalha.

Na cruz, fomos redimidos do pecado e libertos do poder do maligno. Jesus diz: "...Eu sou a luz do mundo. Se vocês me seguirem, não andarão no escuro, pois terão a luz da vida" (JOÃO 8.12). E também: "Sim, eu sou a porta. Quem entrar por mim será salvo..." (JOÃO 10.9).

Não se exima em assumir a posição de sentinela, olhe para a seriedade da luta, revista-se das armas de Deus e tenha a absoluta certeza de que em Cristo Jesus "somos mais do que vencedores por meio daquele que nos amou" (ROMANOS 8:37).

O infinito amor de Deus e a Sua maravilhosa graça se expressam
por meio de Sua ação salvífica e protetora.

OBRIGADO SENHOR, PELOS RICOS ENSINAMENTOS BÍBLICOS, PELA SALVAÇÃO, ORIENTAÇÃO E PELA LUZ QUE NOS GUIA NOS DIAS ESCUROS.

TEN CEL RAIMUNDO DE SOUZA OLIVEIRA — PMPA

27 DE MAIO — João 1:10-12

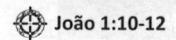

EU ACEITO. EU CONFESSO!

Mas, a todos que creram nele e o aceitaram, ele deu o direito de se tornarem filhos de Deus. (v.12)

A música "Calmaria" tem o seguinte verso: "Mas o dono deste mar, também é meu dono". Imagine ser filho do Criador de todo o Universo, de tudo que se vê e do que não se vê. Somos, com certeza, legítimos príncipes de um Papai tão poderoso, tão bom, tão zeloso, a ponto de entregar o Seu próprio Filho em sacrifício para que nossos pecados fossem perdoados, respeitando, sempre, o nosso livre-arbítrio.

Deus quer que nos entreguemos voluntariamente a Ele. E essa decisão precisa de coragem e perseverança, uma vez que tal aceitação poderá mudar toda a nossa vida. Mudam-se os ambientes que frequentamos, os amigos, os pensamentos, os comportamentos, em que os deleites e concupiscências da carne não serão mais interessantes. Em vez disso, agradar a Deus e salvar almas com nossas obras e bom testemunho passam a ser o centro de tudo o que mais se deseja, tornando-se uma real e irresistível prioridade, ou melhor, uma necessidade.

Assim como com o coração se crê para a justiça, e com a boca se faz confissão para a salvação (ROMANOS 10:10), creia, aceite e confesse que Jesus Cristo é o seu Senhor e Salvador, que é o único caminho, verdade e vida. No dia em que aceitei Jesus, estava fardada, no horário de serviço, quando um pastor perguntou se eu o aceitava. O meu coração queimava de alegria, e, aos prantos, o aceitei. E hoje sinto todo o amor de Deus sobre mim e todo o entendimento e paz que o mundo jamais conseguiu me dar.

"A velha vida acabou, e uma nova vida teve início!"
(2 CORÍNTIOS 5:27)

SENHOR, RECONHEÇO A TUA PRESENÇA EM MINHA VIDA. GUARDA O MEU CORAÇÃO E O MEU PENSAMENTO EM CRISTO JESUS.

TEN CEL KARISE NÉRIS — PMGO

28 DE MAIO — Oseias 6:1-3

CONHECIMENTO

Ah, como precisamos conhecer o SENHOR;
busquemos conhecê-lo!... (v.3)

O conhecimento é algo que devemos buscar constantemente. É uma fonte inesgotável, pois nosso cérebro é capaz de armazenar muito conhecimento. Devemos conhecer e prosseguir em conhecer o Senhor, pois o Seu povo foi destruído por falta de conhecimento (OSEIAS 4:6).

Jesus fala a Seus seguidores: "O erro de vocês está em não conhecerem as Escrituras..." (MATEUS 22:29). A falta de conhecimento faz com que as pessoas não pratiquem o certo, principalmente em relação à salvação, pois muitos, por não conhecerem a verdade divina, seguem caminhos errados que conduzem à perdição. A fé é essencial para uma vida de comunhão e para obter vitórias diante dos obstáculos da vida. Quando os discípulos não puderam expulsar um demônio e questionaram o porquê, Jesus lhes disse: "Por que a sua fé é muita pequena..." (MATEUS 17:20).

Quando Jesus falou sobre perdão, Seus discípulos lhe pediram: "Faça nossa fé crescer" (LUCAS 17:5). Quando a mulher cananeia se aproximou de Jesus, Ele lhe disse: "Mulher, sua fé é grande" (MATEUS 15:28). Nossas batalhas são constantes.

Efésios 6:12 nos diz: "...não lutamos contra inimigos de carne e sangue, mas contra governantes e autoridades do mundo invisível [...] grandes poderes neste mundo de trevas [...] espíritos malignos nas esferas celestiais". As lutas que travamos não são vencidas com armas bélicas, mas com consagração a Deus, revestindo-nos de toda a armadura de Deus e buscando na oração a comunhão com Ele.

Que todo o nosso conhecimento possa ser colocado em prática!

SENHOR, AJUDA-NOS A CONHECER-TE CADA VEZ MAIS, PARA VIVERMOS PARA A TUA GLÓRIA.

3º SGT NELSON BASTIAN — CBMSC

29 DE MAIO — Eclesiastes 9:10-12

PLANEJE COM DEUS

Aquele que corre mais rápido nem sempre ganha [...]
o guerreiro mais forte nem sempre vence... (v.11)

Tudo estava perfeitamente desenhado: a promoção a coronel era certa, a assunção de nova função também. Seria o corolário de uma carreira ilibada de 29 anos de profissão vivenciados sob o ônus do distanciamento da família, da superficialidade na relação com os amigos e parentes, de inúmeras renúncias e sacrifícios. A minha carreira era tudo o que me importava. Por ela, eu me esforcei o máximo que pude!

O diagnóstico de CA de pâncreas veio numa manhã de maio de 2019, a dois meses da tão sonhada promoção. Como isso era possível? Abstêmio, bons hábitos alimentares... Então era assim que se encerrava minha trajetória dentro de minha corporação, a Polícia Militar de Goiás? Assim findava a vida?

Como Jonas, clamei do ventre do grande peixe, juntamente com parentes e amigos. O mesmo Deus que ouviu o profeta, ouviu-nos também. Ele amorosamente me concedeu uma segunda chance quanto à vida (sem metástase) — e ainda a graça de ingressar na inatividade no posto de coronel.

Decorridos dois anos, e já na reserva da PMGO, entendi que não havia convidado o Pai Celestial para figurar em meus planos profissionais e compreendi o quão distante me posicionei das pessoas que me amam. Hoje, eles me acolhem, confortam e me estimulam a prosseguir na vida, que ganhou novos matiz e significado. Aprendi a dar um passo de cada vez, mas não sem antes convidar o Senhor a participar comigo da corrida da vida.

O azimute de Deus é seguro. Siga-o em estrita
obediência e desfrute a viagem.

PAI, OBRIGADO POR NOS ENSINARES TANTAS LIÇÕES! O SOFRIMENTO NOS ENSINA A DAR ATENÇÃO A TEUS DECRETOS.

CEL DAKSON LIMA DE ALMEIDA — PMGO

30 DE MAIO

1 Timóteo 1:18-19

A IMPORTÂNCIA DO PARCEIRO

*Timóteo, meu filho, estas são minhas instruções para você,
com base nas palavras proféticas...* (v.18)

Depois da Academia do Barro Branco, em São Paulo, fui trabalhar numa companhia de polícia na cidade de Suzano, que abrangia Itaquecetuba, Poá e Ferraz de Vasconcelos.

Certa noite, eu era "coroinha" (estagiário) de um tenente que comandava aquele turno de serviço. Estávamos realizando uma *blitz* quando um motorista, sem obedecer ao sinal de pare, veio em zigue-zague em minha direção. De imediato, saquei minha arma e já para puxar o gatilho, o cão já saindo de seu repouso, quando o tenente bradou: NÃO! Na mesma hora, baixei a arma. O motorista parou seu carro e saiu dele cambaleando de bêbado.

Hoje, vejo claramente o livramento de Deus e o possível comprometimento de minha carreira. Creio que Ele agiu por meio daquele oficial. Daí a importância de jovens profissionais terem parceiros idôneos e experientes.

A Bíblia traz uma história semelhante quando um recém-convertido, o jovem Timóteo, recebeu conselhos de seu mentor, o apóstolo Paulo. Paulo dedica duas cartas no Novo Testamento (1 e 2 Timóteo) para prepará-lo para crescer no conhecimento e na graça do Senhor Jesus Cristo, e assim se qualificar para ser o supervisor da igreja em Éfeso.

Você, recruta ou veterano, tem grandes responsabilidades. O recruta, a de aprender por meio da humildade; o veterano, a de ensinar o certo para o bem da sociedade e, obviamente, dele próprio. Assim, ambos voltarão para casa com a consciência do dever cumprido.

*Deus usa pessoas como Seus instrumentos para nos livrar
do erro deliberado e próprio da imaturidade.*

SENHOR, QUE TU SEJAS O NOSSO MELHOR PARCEIRO.

CEL CARLOS ANDRÉ MEDEIROS LAMIN — PMESP

31 DE MAIO — **1 Samuel 15:1-23**

JUSTIFICAR OU PEDIR PERDÃO?

Vocês serão meus amigos se fizerem o que eu ordeno.
—JOÃO 15:14

Trabalhando na PRF, no interior do Ceará, muitas vezes abordei motociclistas que não tinham habilitação e com inúmeras irregularidades no veículo. Alguns reconheciam que estavam errados e pediam desculpas, mas a maioria procurava justificativas para a situação.

Samuel deu uma ordem clara para Saul. Ele não atendeu plenamente. Samuel o confrontou, perguntando-lhe: "Por que você não obedeceu ao Senhor?" (v.19). A primeira reação de Saul foi se justificar, colocando a culpa nos outros e na situação. Davi também pecou, cometendo um adultério e um homicídio. Natã o confrontou, perguntando-lhe: "Por que, então, você desprezou a palavra do Senhor?" (2 SAMUEL 12:9). A primeira reação de Davi foi admitir o seu erro e pedir perdão. Ambos foram disciplinados. Davi foi restaurado, Saul não.

Muitas vezes, cometemos erros em nossa vida, mas, quando confrontados, quando tomamos ciência de fato do nosso erro, como reagimos? Procuramos justificativas? Tentamos colocar a culpa no outro ou na situação? Admitimos o erro e pedimos perdão a quem ofendemos?

Deus não deixa o erro impune, mas sempre restaura o coração verdadeiramente contrito. Ele não rejeita um coração humilde e arrependido (SALMO 51:17).

Servos bons e fiéis entrarão para o gozo do Senhor.

SENHOR, ABRE OS MEUS OLHOS PARA ENXERGAR CORRETAMENTE A TUA VONTADE E CUMPRIR OS DESEJOS DO TEU CORAÇÃO.

PRF TÉRCIO SILVA DAMASCENO — PRF/SE

1º DE JUNHO

Mateus 13:18-23

SERVIR EM FAMÍLIA

*E as que caíram em solo fértil representam os que ouvem
e entendem [...] produzem uma colheita...* (v.23)

O cabo Adílson estava de serviço operacional numa viatura da Polícia Militar de uma área litorânea do Estado de Pernambuco quando teve um impulso de fé e resolveu aceitar a Jesus. Sua mãe sempre orava e tentava fazê-lo servir ao Mestre, mas ele sempre relutava e rejeitava. Mas naquele dia, ele teve um encontro com Cristo.

Há muitos servos de Deus no meio militar, e o serviço de capelania sempre está disponível para cuidar daqueles que buscam auxílio espiritual. O serviço foi tranquilo, sem muitas ocorrências e Adílson estava ansioso para voltar para casa e dizer à sua mãe que, finalmente, havia sido alcançado pela maravilhosa graça.

Ele lembrava a cada momento que a sua mãe estava acamada e imobilizada, sentindo muitas dores em razão de uma queda. Finda a missão, ele foi para casa mal podendo esperar pelo encontro. Ao chegar, entrou no quarto de sua mãe e a saudou com a paz do Senhor Jesus. Quando ela reconheceu a sua voz, exultou de alegria e respondeu: "Eu sabia, meu filho! Eu sabia!". Ficou tão feliz que se levantou da cama num salto e abraçou seu filho chorando, ambos dando glórias a Deus! O cabo Adílson se tornou um evangelista e passou a dar bom testemunho e a pregar a salvação. A cuidadosa mãe do militar sempre semeou a Palavra de Deus no coração de seu filho, e a terra produziu frutos e se multiplicou.

*Que nós e nossa família sirvamos ao Senhor felizes por participar
da congregação dos salvos.*

**SENHOR, GRAÇAS POR TUA BONDADE
E POR ATENDERES AO CLAMOR DOS QUE TE SERVEM
E LEVAM SUAS FAMÍLIAS AOS TEUS PÉS.**

CEL EDUARDO JOSÉ PEREIRA DA SILVA — PMPE

2 DE JUNHO

Salmo 46:1-7

CLAMAR OU RECLAMAR, EIS A QUESTÃO

Deus é nosso refúgio e nossa força, sempre pronto a nos socorrer em tempos de aflição. (v.1)

Quando cheguei em um dos maiores quartéis operacionais de São Luís (MA), era comum observar colegas reclamando de diversos aspectos daquele grupamento, que, na ótica daqueles militares, precisavam de melhorias. Incomodado, certa vez questionei alguns deles: "Por acaso, alguma vez já levaram essas situações ao conhecimento do Comandante da Unidade? Mais que isso, alguma vez foram propostas soluções dos supostos problemas identificados?". O silêncio reinou como resposta.

Ao longo do tempo, percebi que muitas das soluções perpassavam por mudança de postura individual, o que chamo de autorresponsabilidade. Muitos colegas queriam mudanças, mas não queriam, eles mesmos, mudar.

Na história bíblica, percebemos em várias ocasiões o povo de Deus detendo-se exclusivamente a reclamar ou murmurar em vez de clamar ou orar. Deus ouviu o clamor do povo que era escravo no Egito, mas o rejeitou quando esse mesmo povo murmurou (ÊXODO 2:23; NÚMEROS 14:2,21-23).

Em Deus encontramos abrigo, refúgio e proteção. Basta tão somente crer e buscá-lo, de todo o nosso coração. Diante de qualquer adversidade da vida, ser autorresponsável é deixar de reclamar e assumir o papel de agente de mudanças e, para isso, precisamos nos achegar a Deus, fazendo conhecidas diante dele as nossas petições, porque certamente encontraremos boa acolhida.

Clamar ou reclamar? A escolha é sua,
e o resultado também!

CLAMO A TI, JESUS, QUE ÉS O MESMO ONTEM, E HOJE, E ETERNAMENTE.

TEN CEL CLEYTON CRUZ — CBMMA

3 DE JUNHO

1 Samuel 16:1-13

OS IMPROVÁVEIS DE DEUS

...O Senhor não vê as coisas como o ser humano as vê [...]
o Senhor olha para o coração. (v.7)

Toda vez que falo qual é minha profissão, deparo-me com uma reação de espanto, e a afirmação se repete: "Você não parece policial!". Passado o espanto, as perguntas também são as mesmas: "Você é tão delicada. Por que quis ser policial?". A verdade é que as coisas aconteceram naturalmente, pois eu também não acreditava que seria e não fiz tão grande esforço para passar nas provas. Creio que se estou onde estou, isso se deve a uma simples oração: "Se o Senhor tiver um propósito para mim nesta instituição, que eu seja aprovada".

Quando Deus rejeitou Saul, rei de Israel, enviou o profeta Samuel à casa de Jessé para ungir o novo rei. Samuel, olhando para a aparência humana, julgou ser Eliabe aquele que deveria ungir, mas foi advertido pelo Senhor a não julgar pela aparência exterior, pois Deus vê o coração. Passados os sete filhos de Jessé diante do profeta e não tendo o Senhor escolhido nenhum, Samuel perguntou: "São estes todos os seus filhos?". Jessé respondeu: "Ainda tenho o mais novo, mas ele está no campo, tomando conta do rebanho" (1 SAMUEL 16:11).

O fato de Davi parecer improvável, a ponto de seu próprio pai se esquecer de chamá-lo, não impediu o propósito de Deus de torná-lo rei. Assim é conosco, pois Deus não quer a aparência, Ele apenas precisa de nossa disposição para servi-lo.

Não limite sua visão nos erros do passado
e nas circunstâncias do presente. Deus vê o futuro.

DEUS, REVELA-NOS A NOSSA IDENTIDADE EM TI PARA QUE POSSAMOS NOS ENXERGAR COMO O SENHOR NOS VÊ.

INVESTIGADORA DE POLÍCIA LUCIMÉIA SWIECH — PCPR

4 DE JUNHO | **Isaías 40:12-18**

A MAIS ESPECIAL DAS SOLENIDADES

A quem vocês podem comparar Deus?
Que imagem usarão para representá-lo? (v.18)

As solenidades militares são celebrações muito especiais, com muita pompa, principalmente quando realizadas em espaços abertos. São preparadas com bastante antecedência, com publicação da nota de serviço em boletins gerais e uma parcela relevante da tropa é empregada na realização da cerimônia. Os preparativos são diversos: ornamentação, palanques, bandeiras, relação de autoridades, convites, cerimonialista, ensaios da banda, treinamento com desfiles, coquetel etc. Tudo deverá estar organizado antes do dia festivo, inclusive com previsão de um plano alternativo, caso haja imprevistos.

No dia exato da solenidade, a pontualidade é rigorosamente observada, pois a cerimônia somente terá início quando a personalidade mais ilustre e de maior grau ou patente já se encontrar no recinto.

Fazendo uma analogia e refletindo sobre a magnífica solenidade das Bodas do Cordeiro, ocasião da nossa aguardada reunião com Cristo, entendemos que se trata da reunião mais especial de todas que já participamos. Por isso, devemos ter todo o empenho nos preparativos para esse maravilhoso dia, sobretudo mantendo as nossas vestimentas espirituais impecáveis, a fé acesa, e a convicção de que Cristo Jesus, o personagem mais sublime, não se atrasará. Se somos zelosos com as figuras notáveis terrenas, mais zelosos devemos ser na espera de Cristo: "A quem vocês podem comparar Deus?..." (ISAÍAS 40:18).

Preparar-se para a arrebatadora vinda de Cristo
faz a vida terrena ter sentido.

SENHOR JESUS, AJUDA-NOS A PERMANECERMOS FIRMES EM TI, ENCORAJANDO TODOS OS QUE AGUARDAM A TUA VINDA.

TEN CEL JESIANE CALDERARO COSTA VALE — PMPA

5 DE JUNHO

2 Coríntios 5:14-17

DA PRISÃO AO SANTO MINISTÉRIO

*...todo aquele que está em Cristo se tornou nova criação [...]
uma nova vida teve início! (v.17)*

Dentro da vontade permissiva de Deus, vejam o que aconteceu comigo: No dia 15 de outubro de 1990, através de concurso, fui incorporado à briosa Polícia Militar do Maranhão, na cidade de Imperatriz. Três anos depois, através de concurso interno, fui promovido a cabo. Começa então uma nova história. Comecei a beber desordenadamente, e logo passei a ter uma vida de irresponsabilidades, prostituição, adultério, mentira. Na verdade, uma vida de engano, promíscua e muito sofrida.

Por conta disso, em 2001, fui preso acusado de homicídio. A prisão foi onde tive meu primeiro encontro com Deus. Fiquei 1 ano, 4 meses e 8 dias preso. Fui levado a júri popular e absolvido por unanimidade. Depois de 1 ano e 3 meses livre, já cantando nas igrejas e pregando o evangelho, fui preso novamente, condenado à revelia a 30 anos de reclusão. Fui levado ao presídio de segurança máxima da PMMA em São Luiz, quando minha mãe foi me visitar e sofreu um AVC vindo a óbito. Fui expulso da Polícia, mas, depois de 2 anos e 3 meses preso, fui absolvido pelo TJMA. Após 7 anos afastado, fui reincorporado na PMMA. "Sim, o SENHOR fez grandes coisas por nós, que alegria" (SALMO 126:3). Hoje, depois de tudo, sou subtenente, pastor da Assembleia de Deus em Imperatriz, auxiliar de capelania já há 15 anos.

Que tipo de providência divina você precisa? Você precisa de um milagre?

*O amor de Deus para conosco é inexplicável,
pois Ele nos ama incondicionalmente.*

MEU DEUS, AGRADEÇO-TE POR TERES ESTADO COMIGO TODO O TEMPO. OBRIGADO, MEU PAI!

S TEN ERILSON MESQUITA ARAÚJO — PMMA

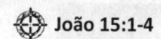

LUTANDO CONTRA O EGO

*Eu sou a videira verdadeira, e meu Pai
é o lavrador.* (v.1)

O Senhor está sempre perto de você. Ele se apresenta como uma videira em todos os momentos, sejam eles quais forem. Muitas vezes, pensamos estar sozinhos, mas isso não é verdade. Podemos comparar com muita exatidão e usar o termo intimidade para exemplificarmos um marido dedicado à sua esposa, um soldado dedicado ao seu batalhão e o pastor que cuida com carinho de suas ovelhas.

Entendemos, porém, que devemos estar apegados à videira, que é o Pai, pois só assim ela se torna uma extensão de nossa vida, e consequentemente os frutos logo aparecerão. Essa maravilhosa conexão, sempre irá além dos frutos, atingindo assim desde a raiz.

Sabemos que o lavrador faz tudo com excelência e não abandona Sua criação. Ele a protege, cuida, zela por ela, naturalmente, pois nos ama e quer ter prazer em nossa vida, apesar dos momentos de decepção, ataques e invasões que acontecem em nossos dias. "...tirou as pedras e plantou as melhores videiras" (ISAÍAS 5:2). Os sentimentos dele para conosco nunca mudarão. Fique firme, pois Ele sempre estará por perto.

*Não existe melhor lugar para estar do que em Deus,
nosso lavrador.*

SENHOR, AGRADEÇO A TI POR ESTE TÃO MARAVILHOSO DIA EM QUE SINTO PROFUNDAMENTE O TEU CUIDADO QUE ME FEZ VIVER A TUA GRAÇA.

PASTOR JAIRO MEDEIROS DE SOUZA — PRESIDENTE DA CONVENÇÃO BATISTA MISSIONÁRIA

7 DE JUNHO

Efésios 6:10-20

MENTE SAUDÁVEL

Usem a salvação como capacete e empunhem a espada do Espírito, que é a palavra de Deus. (v.17)

Para suportar a pressão do mundo moderno, os problemas no trabalho ou na família, é necessário ter a mente protegida, principalmente porque ela é a porta de entrada para todos os pensamentos e conflitos internos.

Eis aí a importância da armadura de Deus na vida de uma pessoa, para que ela complete a carreira e a cumpra com fé inabalável. Por isso, mantenha a sua mente ocupada com pensamentos bons, corretos e que edificam o espírito (FILIPENSES 4:8), para que dessa forma as bênçãos do Senhor o alcancem.

Mantenha a alegria de servir à pátria, à família e a Deus, como um servo fiel que não se embaraça com os laços da vida terrena, assim como somos ensinados na Palavra em 2 Timóteo 2:4: "Nenhum soldado se deixa envolver em assuntos da vida civil, pois se o fizesse não poderia agradar o oficial que o alistou".

Aquele que militar com alegria, servindo ao Senhor, estará capacitado e guardado por Ele.

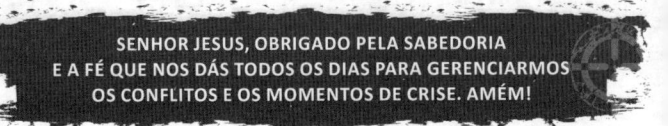

SENHOR JESUS, OBRIGADO PELA SABEDORIA E A FÉ QUE NOS DÁS TODOS OS DIAS PARA GERENCIARMOS OS CONFLITOS E OS MOMENTOS DE CRISE. AMÉM!

2º SGT ALEXANDRE GOTTSCHALK — BMRS

8 DE JUNHO

1 Coríntios 2:6-12

DEUS REVELA O PROPÓSITO DO HOMEM

Mas foi a nós que Deus revelou estas coisas por seu Espírito... (v.10)

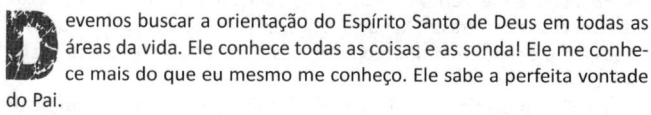

Devemos buscar a orientação do Espírito Santo de Deus em todas as áreas da vida. Ele conhece todas as coisas e as sonda! Ele me conhece mais do que eu mesmo me conheço. Ele sabe a perfeita vontade do Pai.

Quem pode dar ao homem seu próprio nome senão quem o criou? Somente Deus pode. Revelar é de Deus. Buscar é do homem. O Espírito sabe infinitamente mais que a mente humana limitada. Entregar as rédeas da vida ao Espírito não é simples.

Eu jamais imaginava que seria um Bombeiro Militar em Santa Catarina. Um dia, realizei um único concurso que prestei na vida, após estudar 2 meses para a prova. Não me preparei para isso. Para quem se formou em uma modesta escola pública e não se projetou para isso, foi um verdadeiro milagre.

Deus nos lança para projetos que a nossa mente não é capaz de imaginar. Ao contrário de seus irmãos, Davi não foi treinado para a guerra, tampouco tinha porte físico para tal. Ele não escolheu ser rei, mas Deus o escolheu, não pela aparência (1 SAMUEL 16:7). Glórias sejam dadas a esse Deus maravilhoso!

Porque a fé, uma vez exercitada corretamente, se transforma na mola mestra da natureza toda. —CHARLES SPURGEON

SENHOR, GRAÇAS POR TEU ESPÍRITO QUE NOS ORIENTA EM TODAS AS ÁREAS DA VIDA.

SD VINÍCIUS DA SILVEIRA MACHADO — CBMSC

9 DE JUNHO

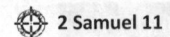

2 Samuel 11

OS PERIGOS DA AUTORIDADE

...Mas o que Davi fez desagradou o SENHOR. (v.27)

Quando eu me preparava para o concurso da Polícia Civil, ouvi várias pessoas dizendo que eu poderia encontrar problemas nessa atividade, e me alertavam para tomar cuidado quanto a não me deixar envolver caso encontrasse. Naquela época, eu já era concursada, então orei: "Deus, se o Senhor tem um propósito nesta instituição, ajuda-me passar na prova".

A Bíblia também nos traz um alerta sobre as facilidades que a posição de autoridade nos oferece. Davi não saiu com o exército para guerra e, ao passear no terraço do palácio, avistou a mulher de Urias, chamada Bate-Seba. Usando de sua posição de rei, mandou chamá-la e teve relações com ela. A consequência do pecado de Davi foi a morte de um inocente para encobrir seu erro.

Quando estamos em posição de autoridade, podemos usá-la de forma inadequada, acreditando que nunca seremos descobertos. Com isso, além de desagradarmos a Deus, cometeremos erros que podem gerar consequências irreparáveis como a destruição de uma família, a perda do cargo, a prisão e até a morte. Porém, quando entendermos que o trabalho é um lugar de honra a Deus, não permitiremos que atitudes o desagradem, e nos tornaremos servos diligentes com a autoridade que o Senhor nos concedeu.

A posição que ocupamos é um privilégio concedido pela incomparável graça de Deus para manifestação do Seu reino.

Ao olhar para um subordinado, julgo-me.
Assim, olho para Jesus e sei que somos todos servos.

DEUS, ENSINA-NOS A SERVIR-TE ATRAVÉS DO NOSSO TRABALHO, EXERCENDO-O COMO SE ESTIVÉSSEMOS FAZENDO PARA TI.

INVESTIGADORA DE POLÍCIA LUCIMÉIA SWIECH — PCPR

10 DE JUNHO — Romanos 1:21-28

DEUS ESTÁ SENDO ABANDONADO

*Uma vez que consideraram que conhecer a
Deus era algo inútil...* (v.28)

Nestes últimos dias, a fé tem se esfriado e Deus tem sido abandonado. Muitos passaram a viver sem sequer lembrar que existe um Deus que tudo vê. E, como eles não se importam em conhecê-lo, Deus os entrega a sentimentos perversos, à prática de tudo o que não convém e, cada vez mais, o homem despreza a Deus e é acometido de muitas doenças emocionais ou até mesmo a morte.

O homem necessita urgentemente de cura da alma, não importando onde atue na sociedade. Ele necessita de um verdadeiro encontro com Deus, reconhecendo que está enfermo. O próprio Jesus disse que são os doentes que precisam de médico (MATEUS 9:12). Para que a palavra chegue a essas pessoas, temos que nos dispor a anunciá-la. A humanidade vem sofrendo com muitas dores, pois o mundo está sob o controle do maligno (1 JOÃO 5:19).

Que possamos crer que, apesar de tantas dificuldades, temos que confiar e acreditar na palavra da verdade, pois somente Jesus é a verdade e a vida. "Não te peço apenas por estes discípulos, mas também por todos que crerão em mim por meio da mensagem deles" (JOÃO 17:20).

Talvez você esteja vivendo angústias e tenha marcas profundas na alma, ou esteja tentando superar vários problemas, melhorar sua qualidade de vida etc. De repente, você se vê caindo novamente naquele fosso de tristeza. Procure orar com sinceridade a Deus. Se você derramar o seu coração na presença do Senhor, Ele curará as suas feridas.

*A cura começa a partir do momento em que
o doente se reconhece enfermo.*

SENHOR, DERRAMA TEU AMOR E TUA GRAÇA SOBRE NÓS.

3º SGT ARLINDO JOSÉ ROTTA — PMSC

11 DE JUNHO — Isaías 44

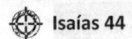

O FERREIRO E A FERRAMENTA

*O ferreiro trabalha na forja para criar
uma ferramenta afiada...* (v.12)

Um bom policial deve conhecer bem a sua arma, sua ferramenta de trabalho. Dominá-la e manejá-la com muita habilidade, principalmente em momentos de combate. Muitos policiais treinam utilizando seu armamento com a trava de segurança destravada, outros treinam com a trava de segurança acionada, assim condicionando a memória muscular para quando for utilizar o armamento, o acionamento da trava seja um movimento automático.

Somos ferramentas nas mãos de Deus e precisamos averiguar se estamos sendo uma ferramenta travada ou destravada. Uma ferramenta não pode ir contra o ferreiro. Precisamos estar totalmente disponíveis para a plena vontade de Deus em nossa vida, pois o nosso ferreiro está, e sempre estará, trabalhando em nós.

Como meros instrumentos nas mãos de Deus, é necessário destravar qualquer resistência contra Ele para que sejamos usados sem qualquer impedimento. Existem situações em que precisaremos orar semelhantemente ao nosso Senhor e Salvador Jesus Cristo: "Meu Pai! Se for possível, afasta de mim este cálice. Contudo, que seja feita a tua vontade, e não a minha" (MATEUS 26:39). Fomos criados para glorificar a Deus e que possamos entregar a Ele todas as áreas de nossa vida, para sermos verdadeiramente plenos.

*Somos criados por Deus para realizar as boas obras,
as quais Deus nos forja para praticarmos.*

SENHOR DEUS, AJUDA-NOS A NOS ENTREGARMOS TOTALMENTE A TI E SERMOS UMA FERRAMENTA AFIADA EM TUAS MÃOS.

SD LAEDSON DOS SANTOS — PMPR

12 DE JUNHO — 1 Coríntios 13:1-13

SEM AMOR, NADA IMPORTA

...seria como um sino que ressoa ou um címbalo que retine. (v.1)

Enquanto eu organizava uma mesa de lanches em uma época festiva do ano, fazendo uma simples decoração e cortando os alimentos, tentando deixar tudo pronto para que, na hora marcada, todos da equipe pudessem comer, conversar, se relacionar e se confraternizar, Deus falou ao meu coração sobre o fato de fazer tudo com excelência e com um propósito acima do que é visto. De repente, veio ao meu interior a frase: *Se não tiver amor, de nada adianta*. Fiquei meditando nisso e quando abri o texto para lê-la, mais ainda me foi revelado. Precisamos viver com a intenção correta, movendo-nos pelos propósitos mais altos, mais importantes.

Enquanto para os que viam, era apenas um lanche, para Deus, era uma oportunidade de se revelar, de mostrar o Seu amor e cuidado, através de alguém e para alguém.

Podemos viver como se não houvesse um amanhã, preocupando-nos com o que Deus se importa. Movendo-nos no local onde estamos estabelecidos, conforme a vontade de Deus. Só temos esta vida e precisamos vivê-la fazendo o que é melhor onde estivermos e oferecendo o melhor que há em nós.

Que possamos nos mover em amor, nas várias situações da vida, como Deus gostaria que fizéssemos.

SENHOR, ENSINA-NOS A FAZER TUDO COM EXCELÊNCIA, MAS, SOBRETUDO, COM AMOR.

3º SGT MONICK CRISTINE DA SILVA BARROS — CBMPE

13 DE JUNHO — 1 Reis 18:41-46

PEQUENOS SINAIS, GRANDES REALIZAÇÕES

...o servo lhe disse: "Vi subir do mar uma pequena nuvem, do tamanho da mão de um homem". (v.44)

O profeta Elias, por ordem de Deus, disse ao desobediente Acabe, rei de Israel, que não choveria naquela terra, e por 3 anos e 6 meses não choveu. Devastador, pois o celeiro real não estava preparado para a crise de abastecimento de alimentos.

Distante de Deus, sem pão e água, a manutenção da vida em Israel ficava difícil. A vida tem ciclos e as crises fazem parte deles. Se pudéssemos prever os penhascos desse circuito tudo seria fácil.

Agora Elias estava no monte com seu servo e orava para que a chuva descesse, mas demorou para que viesse um sinal de resposta à sua oração. Ele perseverou. Na sétima vez foi visto um sinal. Uma nuvem no céu do tamanho da mão de um homem e quase imperceptível. Isso mexe com a fé, pois alguns desejam que Deus realize grandes e repetidos sinais. A pequena nuvem subiu do mar (1 REIS 18:44). Parece que o profeta sabia que não existe nuvem sem gotículas de água. É necessário acreditar nas pessoas que Deus colocou ao nosso lado. O profeta Elias, que venceu 850 falsos profetas, não viu o sinal, mas seu servo, sim. E se Elias não tivesse dado crédito a alguém abaixo em sua hierarquia? O sinal seria perdido.

Cargo, posto, graduação, direção, comando... É preciso humildade para aceitar o que o outro vê e que, às vezes, nós ainda não conseguimos. Aquele pequeno sinal trouxe uma grandiosa chuva. Será que vale a pena não alcançar o objetivo só porque não é você que está vendo a solução?

A comunhão com Deus é o principal meio de excluir os falsos sinais.

SENHOR, AJUDA-ME A PERCEBER, ENTENDER E NÃO DESPREZAR TEUS SINAIS, QUE ME AJUDARÃO NOS CENÁRIOS DA MINHA VIDA.

1º TEN THARCIS DAMASCENO DE MACEDO — PMMA

14 DE JUNHO — Romanos 14:17-19

PACIFICADO, PACIFICANDO

Portanto, tenhamos como alvo a harmonia e procuremos edificar uns aos outros. (v.19)

A sociedade, de antemão, espera que o policial seja um promotor de segurança e paz nas mais diversas relações. Seja naquelas que contrariam a lei e a ordem e que, portanto, exigem dele pronta resposta a fim de restabelecer a paz social violada, ou mesmo nos dissabores da simples convivência humana, como tristezas, angústias e medos.

Isso, sem dúvida, está relacionado ao fato de que o policial, nas mais diversas situações, é a única representação do Estado com quem a grande maioria das pessoas tem contato real, e são eles que receberam a permissão social para o uso da força e das armas, nos limites da lei, o que lhes confere uma certa dimensão pedagógica.

A atividade policial é uma vida de extremos. Há dias em que tudo transcorre em relativa tranquilidade. Outros, em que as primeiras horas de trabalho sinalizam que o dia será longo e cansativo. Em ambos os casos, há uma percepção latente e persistente de incerteza e insegurança que nos tira a paz. Mesmo as ocorrências mais simples podem, em segundos, transformar-se em caos e tragédia.

Por isso, um bom policial tem que ser, acima de tudo, um ser pacificado antes de pensar em querer ser um pacificador. Logo, a primeira guerra a ser travada é interna, em nosso próprio coração, que precisa estar rendido à verdadeira paz que vem dos Céus, do trono da graça de Deus. Essa graça provém do sacrifício de Jesus Cristo que, mesmo no caos e na dor, nos conduz à paz e à edificação mútua.

Mais importante do que ser um pacificador é estar pacificado pela obra redentora de Jesus na cruz.

SENHOR JESUS, ANDAMOS EM TERRENOS DESCONHECIDOS, FIRMA NOSSOS PÉS NA DIREÇÃO DA TUA LUZ, DO TEU AMOR E DA TUA PAZ.

PRF ANTONIEL ALVES DE LIMA — PRF/DF

15 DE JUNHO

Mateus 8:5-13

O CENTURIÃO SUPLICANTE

...Senhor, não mereço que entre em minha casa. Basta uma ordem sua, e meu servo será curado. (v.8)

O império romano possuía estrutura militar organizada em legiões, coortes e centúrias. Uma legião, com cerca de seis mil legionários, distribuía-se em dez coortes, cada uma com seis centúrias com cerca 80 a 100 soldados. O centurião tinha capacidade de comando comprovada e posição normalmente conquistada em combate. Jesus percorria as cidades cercado por homens e mulheres simples: leprosos, cegos, surdos, endemoninhados, homens e mulheres abandonados e considerados invisíveis descobriam em Jesus a provisão para suas necessidades.

Ao encontrar Jesus, o centurião se prostrou e implorou-lhe: "Senhor, meu jovem servo está de cama, paralisado e com dores terríveis" (MATEUS 8:6). É surpreendente vê-lo implorar em favor de um servo, alguém de pouco valor social. Sem que houvesse uma petição, Jesus disse-lhe: "Vou até lá para curá-lo" (v.7). O centurião, porém, respondeu: "Senhor, não mereço que entre em minha casa. Basta uma ordem sua, e meu servo será curado. Sei disso porque estou sob a autoridade de meus superiores e tenho autoridade sobre meus soldados. Só preciso dizer 'Vão', e eles vão, ou 'Venham', e eles vêm" (vv.8-9). Ao ouvir o centurião, Jesus ficou admirado e disse aos que o seguiam: "Eu lhes digo a verdade: jamais vi fé como esta em Israel!" (v.10).

Você precisa reconhecer a autoridade e saber honrá-la, pois toda autoridade é instituída por Deus (ROMANOS 13:1-4). Porém, precisa se compadecer dos humildes e cuidar daqueles que não podem dar-lhe nada em troca.

O verdadeiro discípulo de Jesus testemunha primeiro com a vida, depois, com a palavra.

SENHOR, AJUDA-ME A VIVER UMA VIDA CRISTÃ GENUÍNA. UMA VIDA QUE SEJA UM SACRIFÍCIO VIVO, SANTO E AGRADÁVEL A TI.

CEL CÍCERO NUNES MOREIRA — PMMG

16 DE JUNHO — Mateus 24:32-36

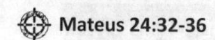

O ETERNO TEMPO DE DEUS

O céu e a terra desaparecerão, mas as minhas palavras jamais desaparecerão. (v.35)

Tenho observado que os militares e operadores de segurança pública gostam muito de registrar eventos com fotos. As fotos de formatura, reserva ou aposentadoria são valorizadas porque percebemos com clareza que tudo tem um início e um fim.

Nas nossas carreiras ou jornadas profissionais, desejamos que os tempos de bonança se prolonguem e os maus tempos acabem logo. Passamos boa parte do tempo brigando com o tempo e não vemos o próprio tempo passar, mesmo sabendo que de acordo com a Palavra de Deus "há um momento certo para tudo, um tempo para cada atividade debaixo do céu" (ECLESIASTES 3:1).

Como é bom saber que diante da nossa efemeridade existe um Deus com propósitos eternos e imutáveis para nós. A Bíblia Sagrada fala de um tempo precioso em nossa vida quando diz: "Busquem o Senhor enquanto podem achá-lo; invoquem-no agora, enquanto ele está perto" (ISAÍAS 55:6). É o tempo da oportunidade de se aproximar de um Deus interessado muito mais do que em nossos findáveis problemas, mas preocupado com a nossa vida eterna: "Eu lhes dou a vida eterna, e elas nunca morrerão. Ninguém pode arrancá-las de minha mão" (JOÃO 10:28). Essa palavra ou promessa verdadeira jamais vai se findar ou mudar, pois a eternidade é um propósito de Deus para os que, arrependidos de seus pecados, o buscam.

A segurança de um Deus imutável ainda está diante de nós.

DEUS, AGRADECEMOS A TI PELO TEMPO DA GRAÇA QUE NOS PERMITE CONHECER AO SENHOR E A TUA PALAVRA DE SALVAÇÃO.

CEL ENIR SOARES DE SOUZA JÚNIOR — PMMS

17 DE JUNHO

Lucas 24:13-35

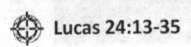

MELHOR COMPANHIA

E lembrem-se disto: estou sempre com vocês, até o fim dos tempos.
—MATEUS 28:20

Na tarde do domingo da ressurreição, dois discípulos realizavam o deslocamento para uma aldeia de nome Emaús. Enquanto caminhavam, falavam a respeito dos últimos acontecimentos ocorridos em Jerusalém — o sofrimento e a morte de Cristo. Nesse momento, um viajante se aproxima, participando com eles da conversa. Os discípulos notaram estar vivendo um momento especial enquanto conversavam, porém pareciam estar com seus olhos vendados e não reconheceram que quem estava com eles era o próprio Cristo.

Em nossos dias, não é diferente. Somos como os discípulos da narrativa. Questionamos o poder de Cristo e focamos somente nos problemas que ocorrem a nossa volta, sem perceber que Jesus está ao nosso lado. E ainda perguntamos: Onde Ele está em meio a todos os acontecimentos atuais? Onde Ele está que parece não ouvir nossas orações? Conversamos com Ele e não percebemos que Ele está bem ao nosso lado.

Assim como Cristo sofreu e foi morto a fim de cumprir as Escrituras, precisamos presenciar acontecimentos em nossos dias para entendermos que eles são necessários para que a Palavra de Deus se cumpra. "O capim seca e as flores murcham, mas a palavra de nosso Deus permanece para sempre" (ISAÍAS 40:8).

Como os discípulos convidaram o Mestre para ficar com eles naquele fim de tarde, façamos o mesmo, pois Ele está sempre à nossa disposição "...até o fim dos tempos". Não hesite! Convide-o para estar com você, pois é a melhor companhia que podemos ter.

Deus está perto de todos os que pedem Sua ajuda,
dos que pedem com sinceridade.

DEUS, OBRIGADO PELO CUIDADO DIÁRIO. MESMO SEM PERCEBERMOS, ESTÁS SEMPRE AO NOSSO LADO.

SD MÁRIO CÉSAR VALÉRIO MONTEIRO SOARES — BMRS

18 DE JUNHO — **Provérbios 23:12-19**

MANIFESTAÇÕES DA DISCIPLINA

*Ouça meu filho e seja sábio: mantenha seu coração
no rumo certo.* (v.19)

São manifestações da disciplina a correção de atitudes e a consciência das responsabilidades. É necessário escolher ser disciplinado não por força de obediência à ordem, mas por caráter e integridade. O que fazemos quando ninguém está olhando é o que de fato determina quem somos.

O dever de corrigir as atitudes deve estender-se para além dos quartéis. Deve ser a postura de um aprendiz, de um ser com coragem para admitir seus erros e poder para corrigi-los. Como disse o sábio Salomão: "Dedique-se à instrução; ouça atentamente as palavras de conhecimento" (PROVÉRBIOS 23:12). Não volte a cometer os mesmos erros, não entregue seu corpo a vícios, permaneça livre e escolha, em todo tempo, fazer o bem e confiar em Deus.

Que tenhamos a consciência das nossas responsabilidades, assumamos com galhardia nossos papéis (de pais, mães, filhos, filhas, irmãos, irmãs, cidadãos, militares...) e sejamos sabedores da importância que temos como seres com propósitos únicos e personalizados por Deus. O homem leal estabelece suas prioridades e as honra, dignifica seu caráter protegendo seus princípios e sua fé. Abraham Lincoln disse: "O autorrespeito é a raiz da disciplina; a noção de dignidade cresce com a habilidade de dizer não a si mesmo".

A obediência a valores morais como a lealdade, a cooperação, o respeito e o amor ao próximo evidenciam o legado de um militar disciplinado.

A obediência a Deus é a manifestação da verdadeira disciplina.

**DEUS TODO-PODEROSO, ENSINA-NOS A NOS SUJEITAR
À DISCIPLINA E A BUSCAR O CONHECIMENTO.**

2º TEN RUANA CASAS — CBMAC

19 DE JUNHO — 1 Coríntios 9:24-27

CONDICIONAMENTO RIGOROSO

O atleta precisa ser disciplinado [...] para ganhar um prêmio perecível. Nós [...] um prêmio eterno. (v.25)

O condicionamento físico de um atleta de alto desempenho é muito rigoroso. Salvaguardadas as devidas peculiaridades, os profissionais da segurança pública também são submetidos a um condicionamento nos cursos de formação, que para o bombeiro e o policial militar geralmente se denomina treinamento físico militar. Trata-se de uma disciplina muito valorizada, para a qual é destinada elevada carga horária e deve ser adotada não somente no período de formação, mas também no cotidiano. Ela auxilia o servidor a obter resistência cardiorrespiratória e muscular necessária para carregar o peso do colete, armamentos e outros equipamentos. Esse condicionamento também o ajuda em inúmeras atividades: escalar paredes, correr em perseguição e ter êxito numa luta corporal, combater incêndios e prevenir o desmatamento, ou mesmo carregar um colega ferido. O treinamento físico militar é exaustivo, mas proporciona um preparo de fundamental importância.

Igualmente, para a prática da fé cristã, o apóstolo Paulo compara o cristão a um atleta que se esforça para obter o prêmio eterno. Ele não pode negligenciar o seu condicionamento obtido por meio de disciplinas espirituais, isto é, dedicação à leitura das sagradas Escrituras, tempo em oração, vida de obediência à sã doutrina e fiel testemunho. Tal condicionamento é fundamental para o cristão resistir no tempo do mal e estar inteiramente preparado e fortalecido para todas as situações (EFÉSIOS 6:10-18).

Se é empolgante a busca pelo pódio terreno, maior dedicação deve existir na conquista do prêmio celestial.

SENHOR DEUS, AGRADEÇO-TE POR TUA ARMADURA, QUE ME CAPACITA A VENCER NO DIA MAU.

TEN CEL JESIANE CALDERARO COSTA VALE — PMPA

20 DE JUNHO — Salmo 51:1-13

TER PAZ PARA SER INSTRUMENTO DE PAZ

...apaga as manchas de minha rebeldia. Lava-me de toda a minha culpa [...] meu pecado me persegue... (vv.1-3)

Se cremos que Deus é onipresente, onisciente e onipotente, só nos resta abrir o nosso coração, sem esconder absolutamente nada diante dele. O salmista Davi, rei de Israel, evoca a compaixão e as misericórdias de Deus para receber o seu perdão.

Davi reconhece que não teria como ser livre da punição, senão com o perdão. Ele reconhece que ofendeu e feriu a santidade do Deus presente na sua vida. O risco é incalculável. Ele reconhece que não tem ânimo, com o afastamento da presença Santa de Deus. Sua vida só tem propósito se for instrumento de paz. Ele não consegue cumprir a contento sua missão de ensinar os transgressores. Precisa ter paz com Deus, paz consigo mesmo e paz com a sociedade. Ele não tem como ter paz e realizar sua vida sem a presença do Espírito Santo de Deus.

O salmista sabe que tem o Deus da compaixão, sabe que obterá o perdão, se confessar, se for transparente e abrir o seu coração em oração ao Pai das misericórdias. Ele usa três palavras para explicar a experiência do perdão de Deus: apagar, lavar e purificar. Deus apagará seu pecado e ficará com alma lavada, leve, alva como a neve. E assim ficará restituído de retidão, sabedoria, alegria, voluntariedade e do Espírito Santo. Abra o seu coração para Deus, fale com Ele como fez o guerreiro Davi.

Ao abrirmos o nosso coração para Deus, Sua presença nos fará aptos para sermos instrumentos de paz.

PAI CELESTIAL, PERDOA OS MEUS PECADOS. LIMPA, LAVA E PURIFICA O MEU CORAÇÃO. OBRIGADO POR TUAS MISERICÓRDIAS. AMÉM.

CEL EDSON FERNANDES TÁVORA — PMRJ

21 DE JUNHO

Êxodo 2:15-25

PERDEU A PATENTE

...o faraó tomou conhecimento do que havia acontecido... (v.15)

A tecnologia e sistemas de segurança de hoje estão cada vez mais integrados e acessíveis, criando muitas facilidades para gravar, filmar e bisbilhotar em tempo real. Os flagrantes legais e ilegais caem na internet e "viralizam" instantaneamente, revelando ao mundo o que até então estava oculto, o que por sua vez, sendo *fake news* ou não, destrói reputações. É interessante observar que isso não é novidade. Com frequência pessoas são flagradas pela tecnologia cometendo crimes, como ocorreu com um Capitão PM que, por não ter resistido às falsas oportunidades e propostas que enfraquecem a moral, manchou sua honra e arruinou sua carreira.

Semelhantemente a um alto oficial, Moisés havia se tornado príncipe. Ele "foi educado em toda a sabedoria dos egípcios e era poderoso em palavras e ações" (ATOS 7:22) e desfrutava de uma boa posição social com todas as prerrogativas e vantagens que o cargo oferecia. Ele havia firmado seus valores na ética, honra e educação hebraica aprendida com seus pais. Por isso, cresceu no palácio sem se contaminar com as oportunidades de fazer fortuna fácil.

Porém, ao buscar solução para uma injustiça, por seus próprios meios, acabou por cometer um crime. Para que a autoridade do Faraó não ficasse comprometida, sendo ele de origem hebraica, Moisés teria que ser punido exemplarmente. Assim, ele perdeu o posto de príncipe, teve que fugir e ficar exilado por 40 anos. Sejamos cuidadosos com nossas emoções e com a pressão sobre nós.

É preciso se comprometer diariamente com nosso dever
para cumprir a missão.

SENHOR NOSSO DEUS E PAI, DÁ-ME FORÇAS PARA FIRMAR MEUS VALORES DE HONRA, CORAGEM E LEALDADE.

PR. EZEQUIEL BRASIL PEREIRA — CAPELÃO VOLUNTÁRIO/GO

22 DE JUNHO — João 3:16-17

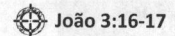

SALVAR O MUNDO: MISSÃO IMPOSSÍVEL

Deus enviou seu Filho ao mundo não para condenar o mundo, mas para salvá-lo por meio dele. (v.17)

Quando um policial sai para o seu trabalho, ele nunca sabe se vai retornar para seus familiares com vida. Faz parte de seu preparo para o cumprimento das missões na instituição entregar em sacrifício a própria vida no combate ao crime e em defesa da sociedade, se necessário for!

Em 2003, quando numa missão de segurança na Penitenciária Plácido de Castro, no Acre, antes de sair para transportar um preso de alta periculosidade, o chefe da equipe trouxe a informação do serviço de inteligência de que poderia haver um plano para resgatar aquele criminoso. Naquele dia, lembro que tive um calafrio na espinha em pensar na real chance de confronto com homens fortemente armados e dispostos a resgatarem o "chefe".

A Bíblia narra, em João 3:16, um ousado plano no qual um Pai amoroso enviou Seu Filho para a missão de resgatar pessoas que corriam o risco de perecerem no mundo. Para o cumprimento e total êxito daquela missão, onde seriam resgatados os "inimigos de Deus" (ROMANOS 5:10), só havia uma opção: Jesus teria que entregar a Sua própria vida. Morreria crucificado!

A minha missão policial terminou bem. A ameaça do possível resgate não se concretizou, e voltamos para casa incólumes. Assim também é com a missão de resgate de Jesus. Todos aqueles que nele crerem e aceitarem as condições da missão de resgate retornarão para "casa" sãos e salvos!

A bondade de Deus se revela no cumprimento da missão impossível para o homem de salvar a si mesmo.

DEUS PAI TODO-PODEROSO, OBRIGADO PELA MISSÃO DE RESGATE CUMPRIDA EM NOSSO FAVOR POR TEU FILHO JESUS, O CRISTO DE DEUS!

PAPILOSCOPISTA GLÉDSTON CAMPOS DOS REIS — PF/DF

23 DE JUNHO — 2 Reis 5:1-19

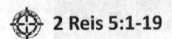

POR TRÁS DA FARDA

Humilhem-se diante do Senhor, e ele os exaltara.
—TIAGO 4:10

Naamã foi um general do exército da Síria, ganhou respeito, conquistou muitas vitórias para o seu país. Ele era um líder, porém, por trás daquele homem imponente, destemido, por trás da farda, escondia-se um segredo, uma doença incurável e contagiosa, a lepra. Para que não fosse excluído do convívio social, lutou à procura de cura. Aquele homem teve que "se desarmar" e reconhecer a soberania de Deus. Precisou se humilhar, descer, mergulhar no rio Jordão para ser curado.

Quantas vezes nos escondemos por trás do status, posição, profissão, redes sociais? Mostramos uma vida superficial que não vivemos. Na verdade, por trás da "farda", existe alguém que tem medo, feridas, fragilidade e sonhos.

Depois de muito relutar contra o seu orgulho, Naamã se humilhou diante do Deus altíssimo e foi curado! Quando reconhecermos que não somos nada, que somos fracos, que nossa posição social, financeira e nossa "farda" diante das adversidades da vida não são nada, e nos prostrarmos diante de Deus, o grande Salvador, que está de braços abertos para nos receber, seremos curados.

"A aparência vai chamar atenção por um tempo. O caráter vai surpreender pela vida toda" —AUTOR ANÔNIMO

PAI, LIBERTA-NOS DO PECADO DO ORGULHO, E NOS ENSINA A SERMOS HUMILDES.

MAJ JOSÉ RIBAMAR DE LIMA MARTINS — PMRN

24 DE JUNHO — **Salmo 46**

QUANDO NÃO HÁ MAIS SOLUÇÃO

*Deus é nosso refúgio e nossa força, sempre pronto
a nos socorrer em tempos de aflição.* (v.1)

Flávio Josefo, historiador judeu do século 1 d.C., relata que Alexandre, o Grande, na busca pela formação de um império mundial grego, partiu com grande fúria para saquear e destruir Jerusalém. Ao saber disso, o sumo sacerdote judeu chamado Jado convocou o povo para que clamasse a Deus por meio de orações públicas e sacrifícios.

Na noite seguinte, Deus apareceu-lhe em sonhos, dizendo que espalhasse flores por toda a cidade, abrisse as portas dela e que ele e os demais sacerdotes se vestissem de branco e, com todo o povo, dessem as boas-vindas àquele general e rei conquistador. Os judeus assim o fizeram, e Jerusalém não só foi poupada, mas o próprio Alexandre adorou a Deus, oferecendo-lhe sacrifícios.

Ao enfrentarmos situações difíceis, muitas vezes questionamos a Deus sobre Suas ações e, em certas ocasiões, entramos em desespero. Mas é certo que Ele jamais deixará de agir para o nosso bem.

O salmista nos lembra que Deus é o nosso refúgio e força, sempre pronto a nos socorrer. Mesmo que pareça não haver mais solução, o Senhor tem um livramento para nós. Basta clamarmos, aguardar e aquietar o coração, pois nada foge ao Seu controle. A nossa vida está em Suas mãos.

O socorro de Deus é bem presente, nunca falha e também não tarda. Ele age sempre na hora certa e com perfeição. Portanto, depositemos nossa esperança naquele que é fiel e soberano, que modifica circunstâncias aparentemente irreversíveis, socorrendo-nos sempre na angústia. Por isso, não temeremos mal algum.

*Deus sempre está cuidando de nós em todos
os momentos de nossa vida.*

DEUS, SENHOR DOS EXÉRCITOS, OBRIGADO POR CUIDARES DE NÓS, DANDO-NOS VITÓRIAS DIANTE DAS ADVERSIDADES, MESMO QUANDO PARECEM INVENCÍVEIS.

CAP ARTUR INÁCIO DA PURIFICAÇÃO — CBMAL

25 DE JUNHO — **Eclesiastes 3:1-8**

CELEBRANDO CRISTO NA CASERNA

Há um momento certo para tudo... (v.1)

Depois de 28 anos de experiência dentro da vida militar em dois estados da região Norte como Bombeiro e Policial Militar, vivenciando todo tipo de situação na vida de alguns militares, tal como bebida, drogas, traição e outros, veio o tempo de Deus para mudar toda essa situação. Os militares evangélicos se uniram dentro dos quartéis, no horário do almoço, em salas desocupadas, e começaram a orar. Depois, vieram os cultos e a construção da Capela Cristã. Hoje, semanalmente, temos cultos, *lives*, reuniões de oração e palestras, com liberdade para adorar o nosso Deus.

No entanto, vemos que muitos militares expuseram sua vida pelo nome do Senhor Jesus Cristo, assim como Paulo, Barnabé, Silas e outros. Colocaram sua vida em perigo com ameaças de prisão por falarem de Jesus dentro da caserna. Hoje, muitos que não simpatizavam com cristãos já foram para a reserva e outros Jesus converteu em Seus servos, fazendo com que o número de cristãos crescesse nas unidades militares e o reino de Deus ganhasse novas almas todos os dias.

Já tivemos muitos Comandantes Gerais cristãos e no momento temos um Comandante e o Chefe do Estado Maior que são pastores. Assim, temos a liberdade de ir em cada seção, quando isso é permitido e possível, para ler a Palavra, explaná-la e orar.

O Senhor se agrada daqueles que honram
o Seu nome onde quer que estejam.

DEUS, ENCORAJA-NOS A TESTEMUNHAR DAS SUAS MARAVILHAS MESMO EM MEIO A PERSEGUIÇÕES.

1º SGT JOSÉ CARLOS PORTO DA SILVA — PMAM

26 DE JUNHO — Lucas 8:22-25

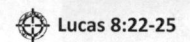

ACALMA A TEMPESTADE

Meu socorro vem do Senhor, que fez os céus e a terra!
—SALMO 121:2

Era Sábado de Aleluia quando uma família decidiu passear de lancha. O dia estava nublado, mas com a animação que tinham, pularam no mar aberto onde havia um banco de areia, esquecendo-se de colocar o colete salva-vidas. Devido às chuvas, o mar estava agitado e a maré subindo. Não demorou para perceberem que a âncora havia se soltado e que alancha estava se afastando rapidamente. Seis foram os que mergulharam. Entre eles, o marinheiro que deveria pilotar a lancha e uma bombeira, que estava a passeio com sua família.

Três nadaram em busca do barco para salvar a família, mas a bombeira ficou no meio do caminho com grandes dificuldades, lutando para sobreviver. Os outros três ficaram no banco de areia, onde apenas um conseguia, no intervalo entre ondas, tocar os pés no chão, pegar fôlego e suspender os demais.

O desespero tomou conta de todos. Da lancha, que já estava bem distante, quase não se dava para ver os que estavam no mar. Foi quando as mulheres da lancha oraram a Deus pedindo para que Ele enviasse socorro. Os que estavam no mar também pediram a Deus para que a família fosse salva. Deus mandou duas lanchas que resgataram aqueles mais distantes. Ao jogarem a outra âncora, conseguiram fazer o barco parar e os que estavam nadando conseguiram subir no barco, já quase sem fôlego.

Em meio às lutas e tempestades da vida, onde só enxergamos mares de dificuldades, devemos confiar e nos refugiar naquele a quem até o mar obedece.

Que reconheçamos nossas limitações e nossa força
quando estamos em Cristo Jesus.

SENHOR DEUS, INDEPENDENTEMENTE DA TEMPESTADE OU DO AGITO DO MAR QUE POSSAMOS ENFRENTAR, ESTEJAS SEMPRE EM NOSSO BARCO.

CB PRISCILA PONTES — PMPE

27 DE JUNHO — Salmo 27:1-5

SUPERANDO AS ADVERSIDADES

*...me abrigará em tempos de aflição [...] me esconderá;
em segurança, numa rocha alta, me colocará.* (v.5)

O colunista Sydney Harris conta uma história em que acompanhava um amigo à banca de jornais. O amigo cumprimentou o jornaleiro amavelmente, mas como retorno, recebeu um tratamento grosseiro. Pegando o jornal que foi atirado em sua direção, o amigo de Harris sorriu polidamente e lhe desejou um bom fim de semana. Quando os dois amigos desciam pela rua, o colunista perguntou: "Ele sempre trata você com tanta grosseria?". "Sim, infelizmente é sempre assim...", respondeu seu amigo. "E você é sempre tão polido e amigável com ele? Por que você é tão educado, já que ele é tão rude com você?" "Porque ele não vai decidir como eu vou agir", respondeu o amigo do colunista.

Em nosso dia a dia, somos, incessantemente, postos à prova por uma diversidade de situações adversas que, em geral, são desconfortáveis e desafiadoras. Elas podem ocorrer no lar, na família, no trabalho, no trânsito, nas memórias, enfim, em todos os âmbitos de nossa vida. Sejam quais forem as adversidades pelas quais estamos passando, é importante lembrar que tudo depende de como as enxergamos e de como optamos por lidar com elas. Podemos deixar que nos dominem, ceguem e nos prejudiquem, ou podemos enfrentá-las com nobreza e bom senso. Deus estará sempre pronto a nos ajudar a superar e vencer toda e qualquer adversidade na vida, dando-nos graça, sustentação, paz e sabedoria, elementos fundamentais para uma vida exitosa.

As adversidades não ditam seu sucesso ou seu fracasso e, sim, a maneira como você decide enfrentá-las!

PAI QUERIDO, QUE TU SEJAS O MEU ABRIGO E A MINHA ROCHA, ASSIM NÃO SEREI ABALADO.

1º TEN JACKSON JEAN SILVA — EB/GO

28 DE JUNHO — Jeremias 29:8-14

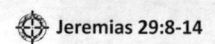

DEUS SE IMPORTA COM O SEU FUTURO

Porque eu sei os planos que tenho para vocês, diz o SENHOR... (v.11)

Era um dia de trabalho normal. Cheguei ao quartel, passei por um policial e percebi que ele havia se cortado ao se barbear. Em tom de brincadeira, perguntei-lhe se queria se suicidar, apontando para o corte em seu rosto. Ele deu um leve sorriso e continuou caminhando.

Mais tarde, aquele policial me procurou. Antes de iniciarmos a nossa conversa, fiz uma oração pedindo a Deus que o abençoasse, bem como a sua família. Foi quando ele começou a chorar e me confidenciou que saíra de casa naquele dia pensando em suicídio durante o serviço, mas quando eu passei por ele e brinquei sobre o corte em seu rosto, entendeu que aquilo era um sinal de Deus. Por isso, procurou-me. Ao orientá-lo biblicamente, falei sobre o amor de Deus por ele, expus-lhe o plano da salvação e o abracei. Ele, em lágrimas, decidiu entregar sua vida e o seu futuro a Jesus.

Existem momentos difíceis em nossa vida em que, às vezes, não vemos a solução. Lembre-se de que para toda e qualquer situação há solução quando a colocamos sob os cuidados e direção de Deus.

Jeremias nos ensina que o desejo de Deus é nos dar um futuro maravilhoso, cheio de paz e esperança. Ele disse: "Porque eu sei os planos que tenho para vocês, diz o SENHOR. São planos de bem, e não de mal, para lhes dar o futuro pelo qual anseiam" (JEREMIAS 29:11).

Não importa a situação que você esteja enfrentando, não desista. Deus se importa com você. Ele deseja abençoá-lo e transformar o seu futuro com esperança e paz.

A esperança em um futuro de paz ainda está viva em meu coração.

SENHOR, OBRIGADO POR TEU IMENSO AMOR. ENTREGO A TI A MINHA VIDA E O MEU FUTURO DE PAZ E ESPERANÇA.

CEL JORGE LUÍS DOS SANTOS LACERDA — PMERJ

29 DE JUNHO — Salmo 127:1-2

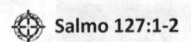

SE O SENHOR NÃO GUARDAR

Se o Senhor não constrói a casa [...] não protege a cidade, de nada adianta [...] sentinelas. (v.1)

Francisco Gomes Filho ingressou na PMES, iniciando sua carreira em Alegre. Transferiu-se posteriormente para Itapemirim, onde enfrentou grandes desafios sociais e políticos. Teve que lidar com cidadãos insubordinados, acostumados a mandar e desmandar. Por influência do gestor municipal, Francisco foi para Itaoca, distrito de Cachoeiro de Itapemirim, onde havia prepostos do crime. Ao cumprir sua missão policial, conseguiu desarmar muitas pessoas e reter suas armas na delegacia. Ele me declarou: "Se Deus não me guardasse, eu não estaria vivo".

Certo dia, após desarmar um meliante e reter suas armas, o sargento Francisco recebeu uma ameaça de morte daquele marginal. Numa madrugada chuvosa, surgiram na delegacia duas mulheres em pranto, chamando-o para ir com elas até a localidade de Sapecado, pois, num baile, uma delas teria sido estuprada. Dentro do carro havia um homem que sequer desceu. Ao conversar com sua esposa Anita, ela lhe disse: "Não vá. Isto é um laço". Ele decidiu não ir e disse que ao clarear o dia averiguaria os fatos e tomaria as providências cabíveis. Descobriu que não tinha havido festa, baile e nem estupro. Ou seja, era uma armadilha, e Deus guardou o Seu servo! O sargento Francisco, ao finalizar seu testemunho, assim se expressou: "Deus me guardou dessa empreitada".

Jesus é nossa maior segurança, a essência da vida. O amanhã virá, se hoje, a segurança você abraçar.

SENHOR, NOSSO GUARDIÃO POR EXCELÊNCIA, OBRIGADO POR GUARDARES SEMPRE NOSSA ENTRADA E SAÍDA, DESDE AGORA E PARA SEMPRE. AMÉM!

PR. JOSÉ TARCÍSIO R. PINTO — CAPELÃO VOLUNTÁRIO/ES

30 JUNHO — João 3:1-4

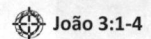

A CONVERSÃO QUE PRODUZ MUDANÇAS

...pode um homem velho nascer de novo? [...] pode voltar ao ventre da mãe e nascer uma segunda vez? (v.4)

Sou servidor militar, 1º Sargento da reserva da PMES. Em 1988, enquanto era cabo, tomei a decisão de morrer. Como morto não se alimenta, ficava até dezesseis horas aproximadamente sem consumir alimento. Fiz isso por vários dias, sem saber que era o Senhor Jesus providenciando minha transformação. Até então, eu era idólatra, não entendia os mistérios de Deus. Conclusão, estava jejuando e não sabia! Com a passagem do tempo, comecei a tomar decisões inéditas. Deixei as bebidas alcóolicas, cigarros, soltei meus pássaros etc. Virei a página de minha vida e comecei a orar, jejuar, participar de retiros espirituais, isto é, passei a entender os planos de Deus para minha vida.

Hoje já faz 32 anos que conheço o Senhor Jesus Cristo, que entrei no mundo espiritual "divino", digo, que me voltei para Deus, passei pela conversão, nasci de novo, e posso afirmar, com certeza, que não existe algo melhor do que servir ao Senhor. Posso endossar o que Paulo disse em Gálatas 2:20: "...assim, já não sou eu quem vive, mas Cristo vive em mim. Portanto, vivo neste corpo terreno pela fé no Filho de Deus, que me amou e se entregou por mim".

A vida eterna é para todos aqueles que creem em Jesus Cristo. E a fé vem pela Palavra de Deus!

Conversão é mudar de direção. Mude sua direção e verá a glória de Deus em seu caminhar diário.

SENHOR, ABENÇOA OS MILITARES DE TODAS AS ARMAS E PATENTES, A FIM DE QUE POSSAM COMPREENDER TEUS DESÍGNIOS MISTERIOSOS.

1º SGT SEBASTIÃO SOARES DE MOURA — PMES

1º DE JULHO

1 Coríntios 16:5-18

CORAGEM

Estejam vigilantes. Permaneçam firmes na fé.
Sejam corajosos. Sejam fortes. (v.13)

Os conselhos que o apóstolo Paulo deixou aos primeiros cristãos aplicam-se a todos nós, e o substantivo *coragem* aos bombeiros do Brasil.

Ao refletirmos sobre como é tomada a decisão para se tornar um bombeiro, um policial, um profissional da área da saúde, observamos que todas essas profissões são caracterizadas pela abnegação, coragem e sacerdócio. É um misto de sacrifício pessoal e doação. Tanto que, por diversas vezes, esses profissionais são vistos como heróis.

O bombeiro não escolheu ser herói, escolheu ajudar seus semelhantes. Não veio a este mundo para agir por arrogância, veio para servir de coração aberto e espírito de solidariedade. Não por vontade resolveu se colocar acima e à frente da adversidade. Quem em sã consciência escolheria esse procedimento? Ele veio ter com o fogo, o correr das terras e as tempestades. Veio lutar contra um inimigo indestrutível, inigualável e insuperável.

Mas, mesmo pequeno, fez-se grande e pareceu ser dos homens o mais corajoso. Não é fácil ser herói, pois, na verdade, o bombeiro é simplesmente humano. E, se não fosse a intervenção divina, padeceria como os aflitos aos quais tenta ajudar e, por vezes, não consegue. Não é fácil ser herói, porém, os heróis são necessários.

Pedimos que se cumpra o que está escrito: "Ele o cobrirá com as suas penas e o abrigará sob as suas asas..." (SALMO 91:4). Aceitamos e declaramos total dependência de Deus em todas as nossas tarefas.

Resgatar seu semelhante é uma grande
manifestação de amor.

SENHOR DEUS, GUIA E GUARDA TODOS OS BOMBEIROS NO DESEMPENHO DE SUAS MISSÕES.

TEN CEL MARCELO ALVES DOS SANTOS — CB PMESP

2 DE JULHO — Isaías 43:1-4

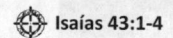

DIA DO BOMBEIRO BRASILEIRO

Quando passar pelo fogo, não se queimará;
as chamas não lhe farão mal. (v.2)

O 2 de julho é o Dia do Bombeiro Brasileiro, data instituída por meio do Decreto Presidencial nº 35.309, de 2 de abril de 1954.

É cristalizada a mística do bombeiro como profissional do fogo, das águas e das alturas. Esse é um sentimento forte, impregnado em nossos corações desde o período da formação profissional, marca vocacional legada dos bombeiros do passado: o bombeiro herói.

O bombeiro militar é um soldado versátil. Atua no combate aos incêndios, em acidentes veiculares, manuseia produtos perigosos, envolve-se em deslizamentos de barreiras, colapsos estruturais, inundações, em praias e águas interiores e em resgate em alturas. O bombeiro ajuda em operações humanitárias e no restabelecimento da incolumidade pública.

Aqueles que exercem essa nobre vocação, ao final das ocorrências complexas, com as forças físicas e emocionais exauridas, experimentam um forte sentimento: naqueles instantes em que foi possível contemplar o olhar angustiado da vítima, somos braços e pernas do próprio Deus. Quão gratificante é ser usado por um poder que não é nosso! Muitas pessoas salvas do horror do desastre procuram os bombeiros para agradecer pelo salvamento de suas vidas. Esses são momentos marcantes!

Deus, sendo todo-poderoso, escolheu usar homens e mulheres como instrumentos em prol dos seus semelhantes. Quando é iminente o risco à vida, Deus usa anjos sem asas, bombeiros comprometidos com a sociedade e com Deus, que se entregam em favor do próximo, "mesmo com o risco da própria vida!".

"Vida alheia, riquezas salvar!".

SENHOR, USA-NOS COMO BOMBEIROS A TEU SERVIÇO. SE PERECERMOS, QUE SEJA COM A HONRA DAQUELES QUE COMBATERAM O BOM COMBATE.¬

CEL LAMARTINE GOMES BARBOSA — CBMPE

3 DE JULHO

1 Samuel 18:6-9

O ANTÍDOTO

Daquele momento em diante, Saul começou a olhar para Davi com suspeita. (v.9)

É madrugada. Deus interrompeu meu sono com uma mensagem para o seu coração. Independentemente de sua função, você tem um superior, e o Espírito Santo deseja tratar desse assunto que lhe está tirando o sono.

A Bíblia conta a história de um chefe que deu a oportunidade para um "verdinho (novato) mostrar serviço". A missão suicida era vencer um grande guerreiro. Não é que o verdinho conseguiu derrotar Golias! Não importa o tempo de sua matrícula, Deus vai usar você, gostem ou não.

A vida de Davi nunca mais foi a mesma depois dessa vitória, uma vez que essa vitória acendeu em seu chefe um ciúme mortal e esse é um sentimento que destrói muitos setores pelo mundo. Você é acionado, faz o serviço bem-feito e isso desperta a inveja de alguém. Talvez o rei Saul teria tido um fim diferente se tivesse aprendido a conviver com alguém vitorioso. Davi tinha um coração limpo e não desejava "puxar o tapete" de Saul. Vale ressaltar que há quem trabalhe covardemente nos bastidores a fim de abater seu chefe, mas essa mensagem é para você que está sofrendo a perseguição de alguém que já se imagina em seu lugar.

O ambiente de trabalho tem levado muitos ao calabouço da depressão. O jeito pedante, o olhar enfurecido, ligações às escondidas para "queimar" os outros etc. O antídoto é amar e orar todos os dias, para que Deus abençoe a pessoa que mais o persegue. Acredite, essa experiência o está amadurecendo e servirá para o futuro.

Criar o hábito de orar por quem o persegue gera amor e cura para seu próprio coração.

DEUS, AJUDA-ME A SER COMO JESUS QUE AMOU E OROU POR SEUS INIMIGOS, VENCENDO ASSIM TODAS AS SUAS BATALHAS.

1º TEN THARCIS DAMASCENO DE MACEDO — PMMA

4 DE JULHO — Salmo 27:1

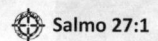

QUEBRANDO O PODER DO MEDO

*O Senhor é minha luz e minha salvação;
então, por que ter medo?* (v.1)

Do que você tem medo? Hoje muitas pessoas vivem sob o domínio do medo. Num estudo recente, um psiquiatra mostrou que o maior problema que os seus pacientes enfrentavam era o medo. Medo de acabar louco, medo de suicidar-se, medo da solidão, medo de sofrer do coração, medo de câncer, medo de desastres ou medo da morte. Na verdade, as pessoas que vivem sob o tacão do medo não se dão conta que seu maior inimigo não é propriamente a loucura, a solidão, a doença ou até mesmo a morte. Seu maior inimigo é o próprio medo. Essa coisa sem forma, invisível, sem vida própria e que só existe dentro de nós.

As pessoas sofrem mais pelo medo que nelas há do que pelos males que as possam acometê-las. O medo é um parasita que sobrevive de nossa atenção. Quanto mais atenção dermos ao medo, maior poder ele terá sobre nós.

Friedrich Nietzche disse que "quando você olha muito tempo para um abismo, o abismo olha para você". Jean Commerson declarou certa vez: "O medo é um microscópio que aumenta o perigo".

Neutralizamos o poder do medo em nós quando desviamos nosso olhar dele e passamos a olhar para o Senhor Deus Todo-poderoso.

Não permita que o medo o impeça de viver!

SENHOR, QUANDO EU ESTIVER CAMINHANDO PELO VALE DA SOMBRA DA MORTE, RETIRA O MEDO DO MEU CORAÇÃO.

MAJ EDMILSON ALVES GOUVEIA — CBMDF

5 DE JULHO

Salmo 34:1-8

EXPERIMENTANDO DEUS ALÉM DA TEORIA

Antes, eu só te conhecia de ouvir falar; agora, eu te vi com meus próprios olhos. —JÓ 42:5

Em uma noite chuvosa, eu estava encarregado de verificar o andamento das instruções que ocorriam durante o internato de soldados recrutas, sua primeira e difícil experiência no Exército. Em certo momento, aproximei-me do local onde estavam alguns soldados dispensados da instrução por terem contraído o Coronavírus. A uma distância segura, observei que dois deles fumavam e perguntei, em tom amistoso, o motivo, visto que estavam se tratando daquela moléstia.

Depois de me contarem histórias tristes, ansiedades e inúmeras preocupações, ainda mais por estarem "isolados do mundo", tentei mostrar alguns pontos de sabedoria, da vida e da Palavra de Deus. Nem o cigarro, tampouco as ansiedades, poderiam resolver seus problemas. Em resposta, obtive uma eloquente aula de teologia por parte de um deles. Sem surpresa, pude constatar que as palavras lhe eram bem conhecidas na mente, mas a sua condição momentânea o afastava da oportunidade de experimentar tudo aquilo em sua vida. Ao perceber isso, ele chorou, primeiro de tristeza, depois de alegria, ao perceber que poderia viver muito melhor se optasse por experimentar a Deus, ao invés de apenas conhecê-lo na teoria.

Muitos de nós conhecem a Deus muito bem de ouvir e ler as Escrituras sagradas. Isso é muito bom, mas só fará algum sentido se o experimentarmos. A Palavra deve ser capaz de nos lavar e alimentar, para uma finalidade primordial: viver em Sua presença.

A Palavra de Deus é maravilhosa demais para apenas a conhecermos.

> PAI DE AMOR, OBRIGADO POR TUA FANTÁSTICA PALAVRA, QUE LIMPA E ALIMENTA NOSSO SER. FAZE-NOS CAPAZES DE EXPERIMENTÁ-LA HOJE.

CAP CAIO CÉSAR NASCIMENTO FRANCO — EB/MG

6 DE JULHO

Mateus 6:14-15

PERDÃO

Seu Pai celestial os perdoará se perdoarem aqueles que pecam contra vocês. (v.14)

Recentemente li em uma postagem nas mídias sociais o seguinte: "Não devemos perdão a quem nunca se arrepende de nos fazer o mal". Eis aí uma questão interessante para refletirmos. Devemos perdoar somente aquele que se arrependeu de nos ter feito o mal ou qualquer ofensor, independentemente de ter se arrependido ou não?

Inicialmente, cumpre lembrar que o arrependimento é uma exigência para a remissão de pecados, e só quem pode redimir pecadores é Deus. Logo, compete a Deus exigir o arrependimento, e não aos homens.

Quando perdoamos, manifestamos misericórdia. Quando Deus perdoa, Ele manifesta graça divina. O perdão dos homens é fruto de uma "misericórdia solidária", própria daqueles que se enxergam pecadores tal como seus ofensores, e, por isso, não os condenam. Já o perdão de Deus, fruto de Sua graça, apaga a transgressão e torna justo pecadores. Então, para que perdoar se não para a remissão? Qual o sentido de um pecador perdoar outro pecador?

Perdoamos não para redimir, mas para sermos redimidos por Deus. Deus não redime com graça divina quem não perdoa o próximo com misericórdia solidária. Assim como não há redenção para quem não se arrepende dos seus próprios pecados, também não há redenção para quem não manifesta misericórdia para com seu irmão. Jesus disse: "Felizes os misericordiosos, pois serão tratados com misericórdia" (MATEUS 5:7). Na oração do Pai nosso, Jesus nos ensina a orar: "...perdoa as nossas dívidas, assim como perdoamos os nossos devedores" (MATEUS 6:12).

Que tenhamos sempre a disposição de perdoar assim como somos perdoados por Deus.

PAI, TORNA-NOS CADA VEZ MAIS MISERICORDIOSOS EM RELAÇÃO ÀQUELES QUE NOS OFENDEM.

MAJ EDMILSON ALVES GOUVEIA — CBMDF

7 DE JULHO

2 Timóteo 2:3-4

O MILITAR E A FÉ CRISTÃ

...como bom soldado de Cristo Jesus. Nenhum soldado se deixa envolver em assuntos da vida civil... (vv.3-4)

Você sabia da importante relação que há na Bíblia com os militares? Algumas pessoas pensam que a profissão militar é incompatível com a fé cristã, mas isso é um grande equívoco.

Os primeiros exércitos citados na Bíblia se formaram por conta da grande necessidade de proteção que as famílias tinham por viverem em tribos, onde colhiam o que plantavam. As famílias eram constantemente atacadas por povos invasores, obrigando-se a defender sua colheita e gado.

Primeiramente, os homens eram alugados para proteger uma determinada cidade ou povoado. Posteriormente, as famílias davam seus filhos homens para compor um exército de um determinado rei, havendo assim a criação dos exércitos institucionais, que se desenvolveram juntamente com os grandes reinos.

No Novo Testamento, há vários acontecimentos envolvendo militares e a fé cristã. O cenário é narrado a partir da Palestina, que naquele período era dominada pelo império romano.

O próprio Cristo teve contato com um militar, um encontro marcante com um centurião romano que foi ao Seu encontro pedir a cura de seu servo. Quando Jesus fez menção em ir até o servo, o centurião lhe deu uma das maiores demonstrações de fé, dizendo que bastava Jesus dizer apenas uma palavra e o servo ficaria curado. O centurião acrescentou: "...tenho autoridade sobre meus soldados. Só preciso dizer 'Vão', e eles vão, ou 'Venham', e eles vêm..." (LUCAS 7:8). Jesus ficou admirado com sua fé, e o servo enfermo foi curado.

É possível ser um profissional da segurança e manter uma relação de fé com Jesus Cristo.

SENHOR JESUS, RECEBO A TI EM MEU CORAÇÃO PARA SER UM BOM SOLDADO.

2º SGT CLÁUDIO LUZ — CBMSC

8 DE JULHO
Romanos 16:3-5

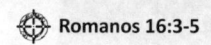

FAMÍLIA, A IGREJA DOMÉSTICA

Saúdem Priscila e Áquila [...] saúdem também a igreja que se reúne na casa deles. (vv.3,5)

A igreja doméstica oferece uma excelente plataforma ético-social para a afirmação da família nuclear, sem, contudo, desprezar outras modalidades de famílias que comportem o padrão moral bíblico.

A família, por mandato divino, é a célula primária que carrega a imagem de Deus e, nesse mistério, não é um vácuo social, mas uma unidade relacional de pessoas, conduzindo em sua natureza a marca da trindade representada no pai, na mãe e nos filhos. Oportunidade para *koinonia* na encarnação de Cristo, fazendo um corpo. É dessa extraordinária experiência de vida e de amor que nasce e cresce a família. E, do poder da reciprocidade do esposo e esposa, pais e filhos, nasce uma pequena comunidade. Aqui é que se redescobre o primeiro "nós", pluralidade de todos. O "eu" e o "você", a individualidade onde cada um é e está para todos. A família nasce do matrimônio, uma manifestação de igreja doméstica e santuário da fé (AT 18.8). As famílias no novo testamento eram a igreja. Os fiéis leigos, os membros.

A igreja doméstica concebe, gera e defende a vida. Ela inspira, sustenta e defende a comunhão e se constitui no seminário do reino de Deus. Aí está a família que, como igreja doméstica, expressa-se em quatro funções orgânicas fundamentais: paternidade, filiação, irmandade, nupcialidade.

Em tempos de isolamento social, a igreja doméstica nunca foi tão essencial.

PAI NOSSO, TEU NOME SEJA SANTIFICADO NA MINHA FAMÍLIA, A QUAL CONSAGRO COMO IGREJA DOMÉSTICA.

PR. IRAN BERNARDES DA COSTA — MINISTÉRIOS CRISTÃOS GRÃOS DE MOSTARDA

9 DE JULHO — Lucas 3:10-14

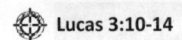

A TRANSFORMAÇÃO QUE AGRADA A DEUS

"E nós?", perguntaram alguns soldados. "O que devemos fazer?" (v.14)

Há 28 anos, movido pelo desejo de combater o crime e oferecer maior liberdade à sociedade, tomei a decisão de ser Policial Militar. Alcançada a aspiração, surgia a necessidade de rigidez profissional e honestidade incansável.

Sendo chamado por Jesus, com cerca de 10 anos de corporação e gozando da fama de policial durão, senti-me incomodado em mudar meu estilo de vida profissional e parecer à sociedade que estava assumindo uma postura de incompetente e desmoralizado, pois o senso comum dizia que ser cristão e policial atuante eram incongruentes.

Meu coração ardia por servir ao Senhor com sinceridade, mas eu não queria perder a popularidade. Foi quando Deus me encaminhou ao texto de Lucas 3. Quanta alegria invadiu meu ser, afinal aquela incongruência se desmontou perante meus olhos.

Ainda assim, a exortação "não pratiquem extorsão" me incomodava, criava resistência em mim, mas o Senhor me fez enxergar que eu precisava deixar para trás a fama e seguir as ordens do alto. O nosso Pai nos quer diferentes. É preciso atender à ordem de Paulo para sermos seus imitadores, como ele era de Cristo (1 CORÍNTIOS 11:1).

Essencial ao guerreiro é a coragem. Hoje, o Senhor nos convoca não a abandonar nossa vida, mas a darmos um novo significado a ela. Ele nos chama a servir-lhe e lhe obedecer como fiéis soldados do Céu, os quais o adorarão em espírito e verdade. —Obrigado JBS.

O amor de Deus nos conduz à transformação de vida.

SENHOR, OBRIGADO POR TEU AMOR E POR NOS ABRIRES OS OLHOS À UMA TRANSFORMAÇÃO QUE AGRADA A TI.

TEN CEL KILDARE NASCIMENTO DA SILVA — PMCE (EM MEMÓRIA DE MEU PAI, JBS)

10 DE JULHO **Romanos 13:1-7**

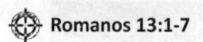

AUTORIDADE

Todos devem sujeitar-se às autoridades... (v.1)

Nossa Constituição declara que todo poder emana do povo, e em seu nome é exercido. Realmente o poder emana do povo, porém, o ser humano se esqueceu de onde está a verdadeira fonte do poder.

Quando Deus criou os céus e a Terra, delegou ao homem a autoridade para dominar sobre a Terra: "...Sejam férteis e multipliquem-se. Encham e governem a terra. Dominem sobre os peixes do mar, sobre as aves do céu e sobre todos os animais que rastejam pelo chão" (GÊNESIS 1:29). Deus entregou ao homem essa autoridade para que lhe fosse uma bênção.

Mas existe outra autoridade que nos rege. Na escola, ela se apresenta no relacionamento professor e aluno. No trabalho, entre o funcionário e o chefe. Nas forças de segurança, sempre há um superior imediato para delegar, dar uma missão ao imediato. Essas regras servem para policiar as pessoas a não extrapolarem os limites legais.

Em nossa trajetória de vida e profissão, somos autoridade e respondemos a autoridades. Temos autoridade para fazer o bem e o mal, e a autoridade que nos rege nos responsabilizará pelos nossos atos. Romanos 13:1-4 traz uma percepção tanto de ser autoridade quanto de não ser repreendido por ela. "O policial é enviado por Deus para ajudar. Mas se você estiver fazendo algo errado, é natural que deva ter medo, pois ele terá que puni-lo. Ele é enviado por Deus exatamente para esse fim". Pense nisso. Ao exercer seu papel, você está trabalhando para melhorar a sociedade, e exercê-lo com eficiência é um dom de Deus.

Nossa vida pode ser instrumento de princípios
e valores para abençoar pessoas.

DEUS TODO-PODEROSO, OBRIGADO PELA BÊNÇÃO DE SER FERRAMENTA PARA TORNAR O MUNDO MELHOR.

CEL CUSTÓDIO ALVES BARRETO NETO — PMESP

11 DE JULHO

Atos 1:1-11

A INTENÇÃO DO NOSSO COMANDANTE

E eu respondi: "Aqui estou; envia-me".
—ISAÍAS 6:8

A doutrina militar apresenta um importante conceito voltado para potencializar, dentro de parâmetros preestabelecidos, a iniciativa por parte daqueles que cumprirão a missão, fornecendo diretrizes de procedimentos perante as diversas situações que poderão advir. Trata-se da denominada "intenção do comandante".

De igual forma, Cristo também nos deixou instruções para realizarmos a Sua missão: "Portanto, vão e façam discípulos de todas as nações, batizando-os em nome do Pai, do Filho e do Espírito Santo. Ensinem esses novos discípulos a obedecerem a todas as ordens que eu lhes dei. E lembrem-se disto: estou sempre com vocês, até o fim dos tempos" (MATEUS 28:19-20).

Jesus nos orienta acerca do posicionamento que devemos adotar diante das adversidades no cumprimento da missão: "...Aqui no mundo vocês terão aflições, mas animem-se, pois eu venci o mundo" (JOÃO 16:33). E por fim, Ele nos mostra como alcançaremos a vitória: "...Mas, se você permanecer fiel mesmo diante da morte, eu lhe darei a coroa da vida" (APOCALIPSE 2:10).

Dessa forma, não temos o que temer no cumprimento do nosso propósito, pois todas as orientações sobre preparação, luta e vitória foram estabelecidas por Deus em um poderoso manual de instrução chamado Bíblia Sagrada. Portanto, cumpramos fielmente nossa missão, pois em Cristo "somos mais que vencedores" (ROMANOS 8:37).

Ao que se dispõe a servir ao Senhor, o Espírito Santo o capacita com poder, autoridade e sabedoria.

SENHOR, GLÓRIA TE DAMOS POR TUA PALAVRA, A QUAL NOS INSTRUI A CUMPRIRMOS TEU CHAMADO E A RECEBERMOS A SALVAÇÃO.

MAJ JOSÉ WILSON GOMES DE ASSIS — PMPI

12 DE JULHO — Lamentações 3:21-22

ESPERANÇA

Ainda ouso, porém, ter esperança quando me recordo disto:
O amor do Senhor não tem fim!... (vv.21-22)

A esperança é um princípio orientador e motivador na vida de uma pessoa. É o que nos impele a continuar prosseguindo na existência. A esperança tem sido definida como o desejo acompanhado de expectativa. Porém, devemos reconhecer que a esperança não é sempre esperada, ou pelo menos, ardorosamente esperada.

Alguém pode ter esperança com pouca ou nenhuma expectativa. Assim, a esperança seria mais uma espera despretensiosa e passiva do que uma expectativa confiante. Por isso, uma definição melhor de esperança é um interesse cujo cumprimento seja alimentado. Em outras palavras, a esperança precisa ser cultivada, fortalecida e exercitada.

O profeta nos ensina que a esperança se desenvolve como um exercício de memória: "Ainda ouso, porém, ter esperança quando me recordo disto" (LAMENTAÇÕES 3:21). No entanto, um exercício da memória não é relembrar algo do passado, ao passo que a esperança não seria uma expectativa no futuro? Afinal, qual a relação entre passado e futuro? Eis o segredo de uma esperança triunfante: olhar para trás, para os desafios superados, e perceber que o Senhor nos ajudou e esteve ao nosso lado o tempo todo é o que nos impele a olhar confiadamente para frente. Pois, aquele que nos deu vitória sobre os desafios do passado continuará nos dando vitória sobre os desafios do futuro.

Por que devemos ter esperança no futuro? Porque até aqui nos ajudou o Senhor, porque as Suas misericórdias não têm fim e porque grande é a Sua fidelidade.

Sem esperança não há como viver.

DEUS, TU ÉS A FONTE DE TODA MINHA ESPERANÇA.
SEM TI NADA SOU.

MAJ EDMILSON ALVES GOUVEIA — CBMDF

13 DE JULHO — **Lucas 7:1-10**

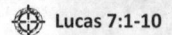

QUANTOS SENHORES TEM O MILITAR?

Não sou digno sequer de ir ao seu encontro.
Basta uma ordem sua, e meu servo será curado. (v.7)

Nós, militares, estamos sempre servindo a alguém. Ora atendemos a um necessitado em situação de perigo, ora a uma ordem de nossos superiores. Tudo sempre no escopo dos tão conhecidos regulamentos. Teríamos, então, vários senhores?

Por vezes, ficamos confusos sobre quem ou o que atenderemos. Vivemos dilemas morais, sem saber se priorizamos a lei dos homens ou da misericórdia, a vida de um ou de outro. Nesse sentido, penso que ter em mente a quem servimos e o peso de sua autoridade pode ser decisivo.

O evangelho de Lucas conta a história do centurião romano, de nome desconhecido, cujo servo estava à beira da morte. O centurião estimava os judeus e, provavelmente, seus valores e crenças. Ele requisitou a presença de Jesus, mas, no meio do caminho, percebeu algo que nem mesmo aqueles judeus haviam notado: havia diante deles um novo Senhor. Então, seu pedido mudou. Jesus nem precisava mais ir até ele, bastava uma palavra de autoridade e o servo seria curado.

Antes, Jesus, o profeta, estava indo servir-lhe. Agora, Jesus, o Senhor, era grande demais para que o centurião sequer fosse até ele, o qual tinha o poder até mesmo sobre a vida e a morte.

Entender a ascendência de Cristo sobre as autoridades de nossa vida pode ser o ponto chave para nos tornarmos cada dia melhores no que fazemos.

Jesus é o bom e gentil Senhor, que conduz
à excelência na vida e no trabalho.

> **PAI, PEÇO-TE QUE REVELES AO MEU CORAÇÃO QUÃO GRANDE E MARAVILHOSA É A AUTORIDADE DE TEU FILHO SOBRE MIM.**

CAP CAIO CÉSAR NASCIMENTO FRANCO — EB/MG

14 DE JULHO — Mateus 8:5-13

DEIXE JESUS ADMIRADO

Quando Jesus ouviu isso, ficou admirado... (v.10)

A Bíblia não menciona o nome do oficial romano em Cafarnaum. Porém, sabemos que era um militar romano muito respeitado — tanto que tinha sob seu comando uma centúria, ou seja, um grupo de cem soldados.

Assim como nós, que exercemos o poder de polícia e representamos o Estado, o centurião representava o império romano. Ele era um homem simples e humilde, que se dirigiu a Jesus chamando-o de senhor. Aquele alto oficial reconheceu o senhorio de Jesus, o que muitos de seu tempo não o fizeram.

Nesse diálogo de Jesus com o policial romano, o Senhor fez uma declaração que deixou muitos espantados. O centurião foi até Jesus e rogou pelo seu criado. Jesus prontamente se dispôs a ir à casa dele. Entretanto, o centurião disse que não era digno de recebê-lo em sua casa e que apenas uma palavra Sua seria o suficiente para curar ser servo. Com essa atitude de fé, o militar deixou Jesus maravilhado a ponto de o Filho de Deus exclamar que nem mesmo em Israel havia tão grande fé.

A fé do centurião não foi uma mera expressão de religiosidade, mas sim, uma fé verdadeira. Esse é o tipo de fé e devoção que realmente move a mão de Deus. É justamente esse tipo de fé que atrai o olhar do Eterno.

Meus camaradas, hoje vemos muitas pessoas encantadas com Jesus. Porém, o centurião foi além disso. Ele o deixou admirado.

Você também, leitor amigo, pode deixar Jesus maravilhado por intermédio de uma fé sólida e edificada na Palavra de Deus. Essa fé direcionada para Cristo Jesus o conduzirá à vida eterna!

*Somente deixaremos Jesus admirado por meio
de uma fé sólida na Palavra de Deus!*

BONDOSO DEUS, CONCEDE-NOS A GRAÇA DE TER UMA FÉ A PONTO DE DEIXAR JESUS MARAVILHADO.

2º SGT OZEAS LUCAS RODRIGUES — BOPERJ

15 DE JULHO — Provérbios 27

FAZENDO DO LAR O MELHOR LUGAR PARA SE ESTAR

Quem anda distante de casa é como pássaro longe do ninho. (v.8)

A passagem bíblica de hoje apresenta provérbios muito úteis e destaca que uma ave que deveria cuidar dos seus filhotes e voa para longe do ninho deixa-os desprotegidos. O rei Salomão comparou o voo errante dessa ave ao homem ausente que vagueia longe do lar.

No exercício das responsabilidades que lhes são atribuídas, muitas vezes com escalas apertadas, devido ao efetivo reduzido, muitos militares sacrificam o seu convívio no lar. Em meio à correria, surgem os desgastes físico e mental, tornando-se imprescindível a necessidade de um tempo para descanso.

Infelizmente, muitos buscam refúgio em lugares geralmente impróprios, em vez de desfrutarem do aconchego do lar. No lar o conforto e a paz são seguros e duradouros, porém fora dele os momentos são vazios, superficiais e perigosos. Distante de casa, do ambiente restaurador das suas forças, o militar torna-se presa fácil para todo tipo de desventura. Se o permitirmos, Deus pode tornar os nossos lares o lugar ideal para o repouso, repleto de paz e tranquilidade.

Se você crer no Senhor Jesus Cristo, Ele transformará você e a sua família. Com a presença de Deus em sua vida, a paz e a segurança tornam o seu lar o melhor lugar para estar.

Quando Deus habita em nosso lar,
jamais sentiremos o desejo de vaguear.

SENHOR, ENTREGO A MINHA VIDA E O MEU LAR EM TUAS MÃOS. FAZ DA MINHA CASA UM LUGAR DE PERFEITA PAZ E HARMONIA!

3º SGT JONATHAS DE LIMA — PMESP

16 DE JULHO
Josué 23:1-8

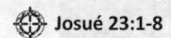

MANTENHA O FOCO

*...mas apeguem-se firmemente ao Senhor,
seu Deus, como fizeram até hoje.* (v.8)

Quando não perseveramos na jornada com Deus, saímos do propósito divino. Desistimos facilmente até diante de pequenos desafios, pois investimos tempo no supérfluo, nos apegando às futilidades, e deixamos de alcançar conquistas inimagináveis.

Josué soube perseverar em todo tempo de sua liderança. Ele animou seu povo com a mesma ordem divina inicial da missão sem alterar seus valores, como obediência e fidelidade, até conquistar a Terra Prometida!

Sua trajetória foi marcada pela adaptabilidade. Em sua missão, Josué suportou situações adversas e não perdeu o foco na Palavra de Deus. A adaptação é mudança sem perder a essência! Como no treinamento militar, Josué discerniu bem sua prioridade, mesmo em tempos de confrontos, e por isso concluiu sua missão.

Podemos alcançar o propósito de Deus em nossa vida hoje se mantivermos os valores divinos diariamente. Enfrente as mudanças com Jesus! Reaja como Ele disse: "Tomem sobre vocês o meu jugo. Deixem que eu lhes ensine, pois sou manso e humilde de coração, e encontrarão descanso para a alma" (MATEUS 11:29).

Como você tem reagido às mudanças da vida? Já estabeleceu o foco divino do seu dia hoje?

Mude seus pensamentos e você mudará seu mundo.
—N.V.PEALE

DEUS, AJUDA-NOS A MANTER O FOCO EM TI PARA QUE A TUA PALAVRA DIRIJA NOSSA VIDA.

1º TEN ROSANE PAIVA DA SILVA – EB/RJ

17 DE JULHO

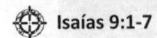

Isaías 9:1-7

A MISSÃO E O PODER DE JESUS

*...ele será chamado de Maravilhoso Conselheiro, Deus Poderoso,
Pai Eterno e Príncipe da Paz.* (v.6)

Numa corporação militar, a patente vem à frente do nome do militar. Por exemplo, cabo fulano, sargento beltrano, tenente sicrano e assim por diante. Através do regulamento militar, entendemos que a patente fala muito sobre o poder de seu portador.

Vemos na Bíblia que Deus descreveu com antecedência quem Jesus é e porque viria ao mundo. Assim, muito antes de o Messias nascer, o profeta Isaías prenunciou sobre Ele e listou vários títulos que nos ajudam a entender o propósito de Jesus, Seu poder e Sua pessoa. Jesus é o "Maravilhoso Conselheiro, Deus Poderoso, Pai Eterno e Príncipe da paz" (ISAÍAS 9:6).

Os títulos atribuídos a Cristo afirmam que Ele é o *Maravilhoso Conselheiro*. Aquele que instrui e guia a vida de todos que nele creem. Deus também lhe atribuiu um título para demostrar que a força de Jesus é celestial, pois está no Espírito. Ele é o *Deus Poderoso*. Jesus apresenta duas naturezas simultaneamente: a divina e a humana. Assim, *Pai Eterno* quer dizer que, tal como um pai amoroso que tudo provê a seus filhos, Jesus concede vida eterna a todos que creem em Seu nome e em Sua obra redentora. Por fim, como *Príncipe da Paz*, Ele nos perdoa e reconcilia com Deus, através de Seu sacrifício na cruz. Logo, podemos ter paz com Deus e em nossa vida.

Portanto, não importam quais dificuldades tenhamos que enfrentar, quando optamos por reconhecer quem é Jesus, honrá-lo e glorificá-lo, somos abençoados por Deus nesta vida e na eternidade.

Saber quem é Jesus nos traz conforto nas horas de aflição.

PAI, OBRIGADO POR PERMITIRES QUE CONHEÇAMOS A TEU FILHO ATRAVÉS DOS TÍTULOS QUE DESTE A ELE.

CB ABIAS COSTA DOS SANTOS — CBMAM

18 DE JULHO

Hebreus 1:1-4

DEUS AINDA SE REVELA AO HOMEM?

Por muito tempo Deus falou várias vezes e de diversas maneiras a nossos antepassados... (v.1)

Em meados do ano de 1980, quando eu executava o serviço de sentinela na Academia de Polícia Militar em Porto Alegre, RS, com o fuzil à bandoleira, pensava que naquele momento eu era o responsável pela segurança dos colegas que dormiam tranquilamente nos alojamentos. E esse serviço é uma situação de risco, então clamava a Deus que impedisse qualquer tentativa de invasão, pois eu não queria ser conhecido como alguém que falhou na segurança.

Certa noite, por volta das 2h da madrugada, observei uma chama aparentemente no ar, e, ao me aproximar, verifiquei que era na ponta de uma árvore seca, mas não havia fogo em nenhuma outra parte, nem no chão e nem teria como alguém ter subido lá para atear. Então algo muito maravilhoso tomou conta de mim, quebrantei-me, orei e naquele momento entendi, através do Espírito Santo, que aquilo era uma resposta de Deus me dizendo que estava ali, me protegendo e protegendo a todos naquele quartel.

Portanto, caros leitores, tenham plena convicção de que Deus guarda, zela e responde a cada um que se coloca na total dependência Dele. O Espírito Santo está em nós 24h por dia, Ele não é um turista, não é um hóspede. Ele veio habitar em nós de mala e cuia, como chamamos aqui no Sul quando alguém vem para a nossa casa e não quer mais sair.

Tenha certeza de que Deus sempre quer se comunicar com você, basta ser sensível à voz dele!

PAIZINHO QUERIDO, OBRIGADO PELO TEU ESPÍRITO SANTO QUE HABITA EM NÓS!

MAJ VOLNI POMPEO VIEIRA — BMRS

19 DE JULHO — Mateus 21:21-22

PEÇA COM FÉ

*Se crerem, receberão qualquer coisa
que pedirem em oração.* (v.22)

No ano de 1972, incorporei nas fileiras do Exército Brasileiro para cumprir o Serviço Militar Obrigatório. Quando terminou o tempo limite para servir na graduação de soldado, desejei continuar no Exército. Porém, para isso, eu teria que fazer o teste de seleção para o concurso de sargentos através do qual poderia permanecer até a aposentadoria. Todavia, esse teste era em nível nacional e muitíssimo concorrido. Mesmo assim, fiz a inscrição e fiquei em oração e crendo. Pedi a Deus para ser aprovado no teste de seleção, mesmo que fosse o último colocado da lista.

Ao cabo de algumas semanas, saiu a publicação oficial dos aprovados e Deus respondeu ao meu pedido. Lá estava eu na lista dos aprovados como o último integrante por critério de nota do teste.

O grande destaque da fidelidade de Deus nesse caso é que fui o último integrante aprovado no teste. Porém, ao término do curso de formação de sargentos do Exército Brasileiro, fui aprovado em 1º lugar de um total de 106 participantes.

*Deus é fiel. Peça, crendo,
e você receberá.*

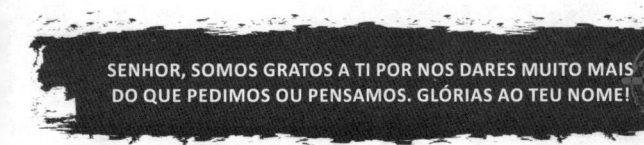

SENHOR, SOMOS GRATOS A TI POR NOS DARES MUITO MAIS DO QUE PEDIMOS OU PENSAMOS. GLÓRIAS AO TEU NOME!

S TEN LEVI LIMA DA SILVA — EB/SC

20 DE JULHO
Isaías 40:27-31

O MEDO DO DESCONHECIDO

*...os que confiam no SENHOR renovam suas forças; voam [...]
Correm [...] caminham e não desfalecem.* (v.31)

Como Deus é bom para com os Seus! Desde muito jovem, eu era dependente de meus pais e muito insegura, principalmente ao deixar a família rumo ao desconhecido. Quando o governo abriu concurso público na área militar, vim para a capital para tentar uma vaga como soldado de polícia, mas toda a mudança para alguém jovem, a princípio, é motivo de insegurança e assusta a qualquer um. Essa trajetória foi árdua e solitária, principalmente por ser mulher, sofremos discriminações, assédios, além de sermos rotuladas de várias maneiras.

Às vezes eu me perguntava: "O que estou fazendo aqui? Longe da família, será que é isto mesmo que quero? Será que não há algo melhor para fazer?". Mal sabia eu que Deus estava me direcionando, dando-me força, guardando-me, e que havia de vencer as provocações que encontraria na caminhada. Depois de um tempo, percebemos que é mais perigoso permanecermos parados. Temos que continuar, pois Deus não nos deu espírito de covardia e sim de ousadia.

Depois de alguns anos, fiz vários cursos dentro da caserna e a vida prosseguiu normalmente. Fiz várias amizades, muitas das quais preservo até hoje. E com o passar do tempo, encontrei meu amado esposo e formamos uma família. Hoje posso dizer que aquelas dúvidas, inseguranças e medos ficaram para trás. Que maravilhas Deus fez em minha vida e na vida da minha família! Sirvo a Deus com alegria, e Ele cuida de mim e da minha família com muito carinho e amor.

"Combati o bom combate, terminei a corrida, neste caso, 'a carreira', guardei a fé" (2 TIMÓTEO 4:7-8).

O nosso Deus é maravilhoso; Ele nos entende e nos dá força.

GLORIOSO DEUS, EU TE LOUVO POR ME DARES FORÇA EM TODOS OS MOMENTOS DA MINHA CAMINHADA.

1º SGT DULCE MARIA GAVAZZONI RODRIGUES — PMPR

21 DE JULHO

Tiago 1:19-25

LEAIS DISCÍPULOS DE CRISTO

*Não se limitem, porém, a ouvir a palavra; ponham-na em prática.
Do contrário, só enganarão a si mesmos.* (v.22)

Quando o assunto é seguir a Jesus, faz toda diferença refletir sobre até que ponto estamos, de fato, sendo verdadeiros praticantes e não meros ouvintes da Palavra de Deus.

Nesta passagem bíblica, ao meditarmos sobre o apelo de Tiago, concluímos que ser crente não propriamente significa ser discípulo. É que, enquanto o crente crê, assiste aos cultos, louva, devolve os dízimos, e nada mais, o discípulo, além de tudo isso, segue a Cristo, assumindo o compromisso moral e a responsabilidade de levar pessoas aos pés do Mestre.

Os praticantes da Palavra são os que vivem e agem sob a ordem missionária do Mestre, não poupando tempo, talento, recursos e esforços pessoais para cumpri-la. E o fazem não apenas por meio da exposição doutrinária do evangelho, mas da revelação do próprio caráter de Jesus ao mundo em sua experiência diária de transformação, que envolve estudo regular da Bíblia, constante oração e fiel testemunho.

Somente quando revelarmos em nossa vida, por meio de nossas ações, aquilo que a graça e o amor de Deus nos têm feito, é que nos tornaremos verdadeiros praticantes, e não meros ouvintes da Palavra. Apenas, quando sairmos da comodidade dos templos e proclamarmos nas ruas e nas casas a bondade salvadora de Deus, tornando assim Seu caráter evidente e conhecido perante as pessoas, é que estaremos então cumprindo verdadeiramente a missão que, por Cristo, nos foi confiada para sermos sal e luz num mundo carente do sabor e do resplendor do amor divino.

Quando há harmonia entre o que falamos e o que fazemos, podemos revelar o caráter e a salvação de Cristo ao mundo.

PODEROSO DEUS E PAI, ENSINA-NOS A SERMOS NÃO APENAS OUVINTES, MAS OPEROSOS PRATICANTES DA TUA PALAVRA PARA A HONRA E GLÓRIA DO TEU NOME.

CEL ANTÔNIO SOARES NOGUEIRA — PMCE

22 DE JULHO — Deuteronômio 31:1-8

A ORAÇÃO TIRA A PREOCUPAÇÃO

Não tenha medo nem desanime, pois o próprio Senhor irá adiante de vocês. Ele estará com vocês... (v.8)

Ao longo da vida militar, passamos por provações nas quais questionamos a Deus: "Por que Ele permitiu isso? Será que sou capaz de suportar?" Sabemos em quem cremos. Cremos em um Deus que tem profunda compaixão e misericórdia. O nosso relacionamento com o Deus da compaixão deve nos levar ao exercício da justiça, da transformação e do amor ao próximo.

Alguns anos atrás, após uma promoção, fui surpreendido com uma transferência para um local até então rejeitado por muitos, devido às grandes dificuldades que o cercavam. Além de realizar ajustes administrativos, eu precisava também ajustar ações de pessoas internas e externas. Foram momentos de aflição até eu aceitar a missão.

Como novas criaturas em Cristo, devemos ser capazes de contribuir para que esse novo ser que nos tornamos também transforme seu ambiente natural a partir de um novo perfil, pautado em atitudes cristãs, favoráveis à inclusão e à construção de novas identidades.

Naquele momento de incerteza e de dúvida, Deus se mostrou fiel mais uma vez, expondo nas leituras diárias do Antigo e Novo Testamentos a história de homens e mulheres semelhantes a nós, sujeitos aos mesmos sentimentos e até falta de fé, e como Ele age nas nossas inseguranças. Talvez, possamos nos identificar com alguns deles e, assim, descobrirmos nos erros e acertos como crescer em nosso compromisso e amor a Deus.

Em um ano de trabalho, a semente foi plantada. Creio que o Espírito Santo completará a obra.

A oração é o melhor antídoto para a insegurança.

SENHOR, OBRIGADO PORQUE PODEMOS CONFIAR EM TI. SABEMOS QUE TU ESPERAS DE NÓS EMPENHO E FAZES O ORDINÁRIO DE FORMA EXTRAORDINÁRIA.

TEN CEL LUIZ AUGUSTO DE OLIVEIRA FRANÇA – CBMPE

23 DE JULHO — Isaías 59:1-4

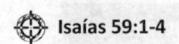

LARGUEM O PECADO

...suas maldades [...] os separaram de Deus;
por causa de seus pecados, ele se afastou... (v.2)

Muitas vezes as orações não são ouvidas, respondidas e não se tem a percepção do porquê disso. Sentimo-nos completamente esquecidos pelo Senhor, mas não nos apercebemos de que os pecados cometidos causam um hiato entre nós e Deus. Quando não obtemos a resposta tão esperada, muitas vezes, é porque mantemos um pecado escondido por muito tempo e passamos uma vida de joelhos, sem receber a chave de Deus. Hoje é dia de mudança, de arrependimento, de *metanoia*. Deus perdoa e leva ao mar do esquecimento os nossos pecados quando há arrependimento genuíno. O perdão se reestabelece, renovam-se alma, corpo, espírito, mente e coração. Confessem seus pecados e sejam curados, pois é o que diz a Palavra de Deus: "Portanto, confessem seus pecados uns aos outros e orem uns pelos outros para serem curados..." (TIAGO 5:16).

Quando a cura vem através da confissão do pecado a uma outra pessoa, reafirmamo-nos com Deus, e com essa atitude resgatamos nossos irmãos de farda dos maus caminhos, aqueles que se desviaram por algum motivo. Também auxiliaremos e cumpriremos o que expressa a Palavra de Deus em Tiago 5:19-20: "Meus irmãos, se algum de vocês se desviar da verdade e for trazido de volta, saibam que quem trouxer o pecador de volta de seu desvio o salvará da morte e trará perdão para muitos pecados".

Transformemo-nos de irmãos de farda em irmãos na fé, visto que Jesus nos conduz a amarmos uns aos outros como amamos a nós mesmos (MATEUS 22:39).

Santifiquemo-nos para que nossas orações sejam ouvidas,
pois a oração do justo é poderosa e eficaz.

DEUS, LEVA-ME AO ARREPENDIMENTO E REVELA MEUS OS PECADOS OCULTOS. LAVA-ME COM TEU SANGUE E PERMITE-ME UM NOVO RECOMEÇO EM CRISTO JESUS.

INVESTIGADORA DE POLÍCIA ELIZABETH LEMOS LEAL — PCPR

24 DE JULHO — Salmo 46:1-11

UM LUGAR DE SEGURANÇA

Deus é o nosso refúgio e nossa força... (v.1)

Os Salmos são verdadeiras radiografias da alma humana. Todas as vezes que passamos pelos corredores desses cânticos, encontramos uma exposição clara dos mais diversos sentimentos e reações que podemos produzir frente aos cenários que a vida apresenta. Alguns desses cenários serviram de inspiração para cânticos de gratidão, pois eram regados pelas marcas da vitória e do cuidado, como é o que vemos no Salmo 46.

Diante das mais terríveis ameaças a que o salmista estava exposto, o seu coração não se abalou, pois ele tinha uma certeza e uma convicção clara, não necessariamente sobre suas habilidades e competências, mas sobre quem realmente estava com ele, o Deus de Jacó.

Todos os dias somos convocados para enfrentarmos as mais diversas batalhas no terreno da vida. Muitas dessas batalhas, em especial por causa de nosso ofício, são físicas. Contudo, a maior parte delas acontece em nossas emoções.

A exposição constante a ambiente hostil, o contato com circunstâncias de crise, a necessidade de atenção constante para o enfrentamento, as possíveis ações adversas nos colocam em um nível de estresse elevado. Contudo, a partir do cântico de vitória, somos convidados a entendermos no dia chamado "hoje" que, além de nossas forças, temos um Deus que nos guarda e nos protege. Ele é a nossa verdadeira segurança, tanto física como emocional.

Aproveite este dia para descansar no Senhor.

SENHOR DEUS, OBRIGADO POR TUA PALAVRA VIVA E EFICAZ EM NOSSA VIDA!

SD ANDRÉ LUIS DO NASCIMENTO SANTOS — PMPR

25 DE JULHO — Josué 10:7-15

VOCÊ SONHA, DEUS REALIZA

...O sol parou no meio do céu e não se pôs por cerca de um dia inteiro. (v.13)

Aquele dia era decisivo para que eu, recém-aprovada na prova teórica, conseguisse passar no teste físico que definiria minha entrada no Corpo de Bombeiros. Mas o tempo que tive para treinar foi muito curto após o resultado da prova e agendamento do teste físico.

Mesmo após alguns treinos, estava sendo muito difícil alcançar os índices propostos no edital, já que levava uma vida sedentária e não tinha costume de me exercitar. Então, apenas segui para o Centro Esportivo, acompanhada pelo meu noivo (hoje meu esposo), uma amiga e meu pai. Mesmo contando como estava meu desempenho, todos estavam felizes acreditando em mim. Eu estava bem reflexiva, consciente de que não conseguiria atingir os números requeridos e pensando humanamente como Deus faria aquele milagre de me conceder força e resistência para realizar as atividades no devido tempo.

Porém, orando e concentrada, nem observei que os minutos passavam e a chuva que insistentemente caía estava impedindo nossa chegada ao local. De repente, num telefonema ao centro esportivo, descobri que o teste seria adiado. Que emoção!

Com isso, tive o tempo necessário para treinar, e na segunda marcação do teste, consegui o resultado que tanto desejava. Fui aprovada e ingressei no CBMPE.

Foi maravilhoso receber aquela notícia e sentir tremendamente o agir de Deus naquele momento. Como Ele é fiel!

Quando estamos alinhados com a vontade de Deus e nele confiamos, Ele realiza nossos planos.

MEU DEUS, QUE EU APRENDA A CONFIAR EM TI SEM QUESTIONAR COMO TU AGES, LEMBRANDO QUE NADA É IMPOSSÍVEL PARA TI.

1º SGT RENATA VAREJÃO DA SILVA DOS SANTOS — CBMPE

26 DE JULHO — Salmo 133

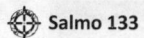

UNIDOS POR TODOS

*Como é bom e agradável quando os irmãos
vivem em união!* (v.1)

Um dos momentos que eu mais apreciava quando toda a tropa estava reunida era o desfile. Perfilados milimetricamente, observando o alinhamento e a cobertura. Passos cadenciados, cronometrados e compassados com os acordes da banda de música. Imagem muito bonita e emocionante de se ver e sentir.

Em nossa vida particular, pessoal e familiar também precisamos estar unidos, alinhados, comprometidos com o bem comum de todos. O apóstolo Paulo nos convida a estarmos alinhados com os seus ensinamentos e orientações, sendo seus imitadores, assim como ele foi de Cristo. Como no desfile existe a presença do militar, que é referência à testa de formação, assim devemos ter o nosso Comandante Maior, Jesus Cristo, no comando de nossa marcha aqui na vida terrenal. Se assim agirmos, jamais estaremos descompassados com o Seu querer e, dessa forma, nosso viver será muito abençoado. Siga a voz de comando de Deus!

*A união fortalece o espírito de corpo,
tornando-nos mais fortes frente às lutas.*

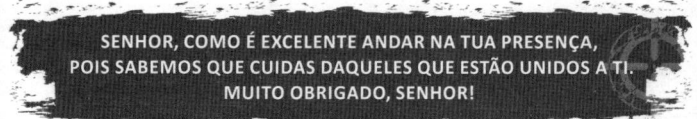

**SENHOR, COMO É EXCELENTE ANDAR NA TUA PRESENÇA,
POIS SABEMOS QUE CUIDAS DAQUELES QUE ESTÃO UNIDOS A TI.
MUITO OBRIGADO, SENHOR!**

2º TEN PEDRO TADEU DE SOUZA MAIA — EX/PB

27 DE JULHO — 2 Timóteo 2:15-16

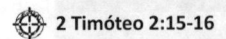

OPORTUNIDADE DE COMPARTILHAR

*...pregue a palavra. Esteja preparado, quer a ocasião
seja favorável, quer não.* —2 TIMÓTEO 4:2

Em uma manhã de sábado, ao sair de minha residência, havia uma viatura militar estacionada, em patrulhamento, com dois policiais. Subitamente, ouvi aquela voz não audível, no interior do coração: "Compartilhe a Palavra de Deus". Não tive dúvidas de que era o Espírito Santo. Voltei rapidamente à minha residência, busquei por dois exemplares personalizados do devocional *Pão Diário* e me aproximei da viatura identificando-me como Capelão. Pedi permissão para entregar os exemplares e agradeci pelo trabalho que estavam prestando em nosso bairro. Compartilhei a Palavra de Deus de forma breve.

Para minha surpresa, um dos policiais tirou os óculos escuros e, em lágrimas, contou-me que estava muito triste. O vizinho dele dera veneno para seu gato de estimação de apenas um ano, vindo o animal a falecer. Inconformado com tamanha crueldade, naquele exato momento que cheguei para entregar os devocionais, ele estava questionando a existência de Deus e pensando sobre como "resolver" aquele episódio cruel da noite anterior.

O policial abriu imediatamente o livreto devocional que acabara de ganhar e enquanto eu falava com o outro policial, ele começou a ler e seus olhos se encheram novamente de lágrimas. Na sequência, ele me disse: "Capelão, Deus falou comigo agora. Obrigado por me trazer esta Palavra de Deus!"

*Jamais deixemos para outro momento o nosso dever
de anunciar as boas-novas e realizar o ministério que nos foi confiado.*
(BASEADO EM 2TM 4:5)

OUÇA A VOZ DO ESPÍRITO SANTO! A QUEM ELE O ORIENTA PARA COMPARTILHAR A PALAVRA DE DEUS AINDA HOJE?

PR. GILSEMAR SILVA — PMS DE CRISTO/SP

28 DE JULHO

Mateus 18:1-5

NÃO NOS DEIXE CRESCER

...a menos que vocês se convertam e se tornem como crianças, jamais entrarão no reino dos céus. (v.3)

Num dia chuvoso, os passageiros de um avião estavam todos assombrados por conta de uma grande turbulência. Ao olharem ao redor, havia um garotinho tranquilo, sem esboçar nenhuma preocupação. Um dos passageiros foi até ele e perguntou se ele não sabia o que estava acontecendo. Aquele menininho, com olhar tranquilo, disse que sabia, mas que não tinha motivo para se desesperar, pois o piloto do avião era o seu pai.

É muito engraçado! Quando somos crianças queremos crescer para podermos fazer várias coisas que somos impedidos de fazer. Mas isso é uma ilusão. Quantos de nós, agora adultos, refletimos em como era bom ser criança. Viver na dependência de nossos pais e debaixo de sua proteção.

Na vida espiritual também é assim. Quando queremos crescer e andar por conta própria, deixamos de depender inteiramente do nosso Pai amoroso, o Deus Todo-poderoso, e passamos a "quebrar a cara" nas diversas situações da vida.

Mateus 18:3 nos ajuda a entender que devemos ser como crianças para entrar no reino dos céus, porque viveremos todo o tempo dependendo de Deus, assim como uma criança que, colocada em um local alto, ouve de seu pai: "Pule, filho". A criança se joga, pois sabe que seu pai vai segurá-la. É assim que devemos depender de Deus e confiar nele certos de que Ele nos conduzirá pelos melhores caminhos. Vivamos de agora em diante dependendo inteiramente de Cristo e que o Senhor não nos deixe crescer para que possamos entrar no reino dos céus.

Confie naquele que tem o controle da nossa vida em Suas mãos.

SENHOR, PEDIMOS QUE O TEU SANTO ESPÍRITO CONDUZA NOSSA VIDA E QUE SEJAMOS INTEIRAMENTE DEPENDENTES DE TI.

1º SGT GUSTAVO EPITÁCIO DE SANTANA — CBMPE

29 DE JULHO — 2 Coríntios 3:1-5

CARTA EM BRANCO

Vocês mesmos são nossa carta, escrita em nosso coração,
para ser conhecida e lida por todos! (v.2)

Nos idos dos anos 80, um jovem de 18 anos deixou sua terra natal e seus parentes. Assim se cumpriu em sua vida conforme a Palavra: "Deixe sua terra natal, seus parentes e a família de seu pai e vá à terra que eu lhe mostrarei" (GÊNESIS 12:1). Iniciou-se então a vida castrense — três anos e meio no Exército Brasileiro (EB). Mas Deus tinha um propósito maior na vida daquele jovem: "Meus pensamentos são muito diferentes dos seus [...] e meus caminhos vão muito além de seus caminhos" (ISAÍAS 55:8).

A carta do jovem ainda seria escrita. Passado o tempo de caserna, Deus o levou a ser um Policial Militar. Tentou ingressar primeiro como soldado, sem sucesso. O aparente insucesso foi, na verdade, o cumprimento da vontade de Deus: Ele tinha muito mais! O jovem entrou direto com a graduação de 3º Sgt. Durante a sua carreira (23 anos de serviço), conseguiu galgar até a honrosa patente de Subtenente.

E a carta deste jovem foi sendo escrita, dia após dia, pois Deus preparou uma esposa para ele, sendo ela também policial. "Deus não é homem para mentir, nem ser humano para mudar de ideia" (NÚMEROS 23:19). O jovem que saiu da sua parentela teve sua vida guiada e transformada por Aquele que prometeu, livrando-o de ciladas da morte durante toda a sua vida.

Levo a vida triunfante, porque sei que o amor divino me guia,
orienta, sustenta e cura.

SENHOR DEUS, TU ÉS FIEL, E NENHUM DE TEUS PLANOS PODEM SER FRUSTRADOS.

S TEN JOSÉ ROBERTO RODRIGUES — PMPR

30 DE JULHO — **Romanos 6:16-22**

CONHECENDO A VERDADEIRA LIBERDADE

...Vocês eram escravos do pecado... Mas agora que vocês foram libertados do pecado e se tornaram escravos de Deus... (vv.20,22)

Ser tocado pelo amor de Cristo nos leva a uma nova dimensão de vida; as coisas mudam: é uma experiência inigualável. No mundo em que vivemos, em que se fala tanto em liberdades, é incrível como algo pode ser tão comentado e tão mal compreendido. Entendendo errado, pessoas movidas por seus instintos desenfreados ferem e são feridas pela vida, fazem coisas que geram um peso de consequências, que fica quase insuportável de carregar.

Parafraseando o que está registrado em João 8:31,32, Jesus fala assim para você: "Permaneça na minha Palavra e você será meu discípulo". E vai além: "Você vai conhecer a verdade, e a verdade o libertará". Essa é a verdadeira liberdade que nos dá senso de propósito e a mais elevada razão da nossa existência. Parece até um paradoxo, porém, como diz nosso versículo do dia, atingimos a plenitude da liberdade humana quando nos tornamos "escravos" de Deus.

Zach Williams compôs uma canção chamada "No longer slaves" (Não mais escravos). O videoclipe dessa música foi gravado num presídio e mostra que pessoas privadas de suas "liberdades" encontraram a verdadeira liberdade quando conheceram a Cristo e foram impactadas pelo Seu amor. Seja feliz e viva a verdadeira liberdade!

O discípulo de Cristo experimenta a verdadeira liberdade.

MEU DEUS, AJUDA-ME A ENTENDER E VIVENCIAR OS TEUS PROPÓSITOS E A TER A COMPREENSÃO CORRETA DA VERDADEIRA LIBERDADE!

PRF ANTONIO PAIM DE ABREU JUNIOR — SUPERINTENDENTE DA PRF/PR

31 DE JULHO

Provérbios 16:20-25

EXAMINANDO BEM CADA QUESTÃO

Quem ouve a instrução prospera;
quem confia no SENHOR é feliz. (v.20)

Quantas missões malsucedidas! Quantas operações desastrosas! Quantas dores e sofrimentos podem ser causados pela simples falta de atenção! O militar, no exercício de sua função, deve examinar cada questão com cuidado.

É preciso fazer tudo com muita atenção, observando-se os detalhes de forma responsável, atentando-se para evitar erros e demonstrando prudência. Essas simples atitudes garantem o sucesso em uma operação. Diariamente lidamos com diversas situações: algumas mais fáceis, por vezes tão simples, que até se tornam rotineiras; em outras circunstâncias, enfrentamos situações mais complexas, que requerem total empenho e atenção do início ao fim. O certo é que todas as missões a nós confiadas, simples ou complexas, necessitam sempre de muita atenção.

O militar atento geralmente é bem-sucedido em suas missões. Aquele que tem a sua confiança ancorada em Deus encontra felicidade e muita segurança no que faz. Em cada missão recebida, aja com determinação, examine cuidadosamente os seus detalhes. Confie em Deus, pois apenas Ele pode trazer à sua mente todos os cuidados necessários, para a execução segura da operação, independentemente do seu grau de complexidade.

Confiar em Deus e nas Suas orientações é a garantia
do sucesso em nossas missões.

DEUS, AJUDA-ME A CONFIAR NA CAPACITAÇÃO QUE VEM DE TI. DÁ-ME TAMBÉM A ATENÇÃO NECESSÁRIA NO CUMPRIMENTO DE TODAS AS MINHAS ATIVIDADES.

3º SGT JONATHAS DE LIMA — PMESP

1º DE AGOSTO — Mateus 5:13-16

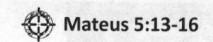

BEM-PREPARADO

*Vocês são o sal da terra. Mas, se o sal perder o sabor,
para que servirá?* (v.13)

Todos ganham quando um líder está em seu melhor. A família ganha quando a mãe está mais bem preparada, quando todos se unem para economizar energia, para fazer uso correto da água. A sociedade, a família, a igreja e a corporação ganham quando as pessoas cooperam umas com as outras sob a liderança de alguém que sempre busca ser melhor.

E como podemos nos tornar melhores? Todos sabemos que deixamos de liderar quando paramos de aprender todos os dias. E como aprenderemos se não separarmos um tempo para investir em nosso crescimento pessoal, intelectual, emocional ou espiritual? Não podemos ficar estagnados porque aqueles que param ficam para trás.

Eu gostaria de convidá-lo para tomar o curso da sua vida, para exercer o protagonismo no propósito para o qual Deus o chamou. Em Gênesis 1:28-30, vemos que o Senhor criou o homem para ser o mordomo da criação e para dominar sobre a Terra. Ou seja, fomos criados para sermos líderes. Podemos ser líderes onde quer que estejamos: no banco de uma viatura, na seção onde trabalhamos, na comunidade em que servimos ou em nosso prédio, onde podemos organizar a coleta seletiva de lixo, por exemplo.

Não importa onde estejamos. Esse é exatamente o lugar onde Deus nos colocou para que possamos ser sal da terra e luz desse mundo que carece de bons líderes-servos estabelecidos pelo Senhor.

O seu chamado de liderança é para fazer a diferença!

SENHOR DEUS, AJUDA-ME A DESEJAR SER SEMPRE MELHOR PARA ESPELHAR A TUA IMAGEM AONDE QUER QUE EU VÁ E EM TUDO O QUE EU FIZER.

MAJ JOEL ROCHA — PMESP

2 DE AGOSTO — **2 Coríntios 5:20**

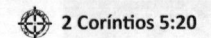

AGENTES DA SALVAÇÃO

...somos embaixadores de Cristo; Deus faz seu apelo por nosso intermédio. Falamos em nome de Cristo... (v.20)

No dia 5 de julho de 2016, por volta das 15 horas, enquanto observávamos o trajeto da tocha olímpica em Pelotas, RS, nossa equipe se deparou com uma senhora no parapeito de uma ponte prestes a se jogar. Os bombeiros foram chamados, mas quando a ambulância chegou, a mulher se jogou de uma altura de 25 metros.

Ao vermos a cena, eu e um amigo entramos naquele canal poluído para resgatá-la das águas geladas. Depois de buscas, encontramos a senhora sem sinais vitais. Retiramos seu corpo sem vida das águas e começamos o procedimento de reanimação. Enquanto fazia massagens cardíacas, clamava para que o nosso Deus poupasse a vida dela, para que não morresse sem conhecer o doador da vida. Após um tempo de luta, a mulher retornou e foi conduzida para o hospital mais próximo.

Nossa equipe foi ao hospital para sermos medicados e ver como a mulher estava. Ao se aproximar daquele leito, meu amigo virou-se para mim e disse: "Você não pedia a Deus para preservar a vida dela para que viesse a conhecer ao Deus Todo-poderoso? Então, este é o momento". Preparei-me e passei um tempo falando com ela sobre a maravilha que é deixar Cristo guiar nossa vida e que Ele é quem pode resolver todos os nossos problemas.

No dia seguinte, partimos daquela cidade e não mais tive contato com aquela senhora. Não sei se ela sobreviveu, mas tenho certeza que a esperança lhe foi apresentada e este é o nosso maior dever, como agentes de salvação: apresentar Cristo como a solução e a salvação de nossa vida.

Que privilégio inigualável ser representante de Deus.

SENHOR, PEDIMOS QUE O TEU SANTO ESPÍRITO CONDUZA NOSSA VIDA E QUE A CADA DIA POSSAMOS SER AGENTES DE SALVAÇÃO PARA TODOS OS QUE ENCONTRARMOS.

1º SGT GUSTAVO EPITÁCIO DE SANTANA — CBMPE

3 DE AGOSTO

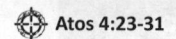

Atos 4:23-31

UM SÓ ESPÍRITO

Depois dessa oração, o lugar [...] tremeu, e todos ficaram cheios do Espírito Santo... (v.31)

Uma das virtudes mais propaladas, destacadas e incentivadas no meio das forças militares é o espírito de corpo. Nos exercícios de campo, nas manobras, nos acampamentos, quando todos são expostos a treinamento severo, uns dependem primordialmente dos outros. Então é quando a dor de um só é sentida por todos, quando a necessidade de um é a necessidade de todos. Isso, quando praticado em alto nível, assegura o fortalecimento da união do grupo.

Quando em Jerusalém, os discípulos foram perseguidos ferozmente pelos opositores e a união consolidada entre eles os manteve de pé. "Os que criam se reuniam num só lugar e compartilhavam tudo que possuíam" (ATOS 2:44). O Espírito Santo estava no controle da vida deles: "adoravam juntos no templo diariamente..." (ATOS 2:46).

Assim procedendo, o Corpo de Cristo se fortalece, e cada um, de forma particular, também é edificado e consolidado. A Palavra de Deus nos diz, categoricamente: "...duas pessoas juntas podem se defender melhor. Se houver três, melhor ainda, pois uma corda trançada com três fios não arrebenta facilmente" (ECLESIASTES 4:12).

Esteja ligado ao Senhor e à Sua Igreja. Assim, você não estará só.

Unidos e reunidos, somos mais que vencedores em Cristo Jesus.

SENHOR, OBRIGADO POR ESTARMOS UNIDOS A TI PELO TEU ESPÍRITO SANTO.

2º TEN PEDRO TADEU DE SOUZA MAIA — EX/PB

4 DE AGOSTO

Jó 14:7-9

SUA VIDA TEM SOLUÇÃO

*com o cheiro da água, voltará a brotar e dar ramos,
como uma planta nova.* (v.9)

Uma árvore cresce, floresce e frutifica. Às vezes, é surpreendida por intempéries, pragas tentam consumi-la, ou simplesmente alguém corta seus galhos, suas flores e seus frutos, sem justificativa alguma. Mas ela se esforça, busca energia do que restou, luta para se desenvolver novamente. Estação após estação, torna-se uma árvore madura, forte, com raízes firmes e profundas. Mas, às vezes, o solo em que está firmada não dispõe das substâncias necessárias para suprir a demanda que ela precisa para continuar crescendo saudável. O alimento não chega às copas. Sem nutrientes, a morte acontece. Sem flores, sem frutos, somente galhos secos, sem vida. Ainda assim, há esperança para qualquer árvore. Respingos de água trazem-na à vida.

Do mesmo modo, é você quando cortado, ferido, humilhado, perseguido, procurando energia no que sobrou para florescer novamente. Ou então, cansado, desgastado emocionalmente, com problemas persistentes, desanimado, sem forças para se erguer. Quem sabe até morto espiritualmente, sem vida, sem alegria, com depressão, sem diálogo com seu Criador.

Há esperança para você! Não existe coração perdido para Deus. Ele quer fazê-lo brotar. Jesus disse que "quem bebe da água que eu dou nunca mais terá sede. Ela se torna uma fonte que brota dentro dele e lhe dá a vida eterna aquele que beber da água que eu lhe der nunca terá sede, porque a água que eu lhe der se fará nele uma fonte de água a jorrar para a vida eterna" (JOÃO 4:14). Jesus é a água viva. Beba, e nunca mais morrerá!

O Deus do universo é a fonte inesgotável da plena felicidade.

PAI, OBRIGADA POR TEU ESPÍRITO EM NÓS, QUE PLANTA A FONTE DE ÁGUA VIVA NOS CORAÇÕES, FAZENDO-OS BROTAR SEM CESSAR.

3º SGT BIANCA OLIVEIRA DE ARAÚJO — CBMPE

5 DE AGOSTO

Êxodo 15:22-27

OUÇA O SENHOR

*Se ouvirem com atenção
a voz do SENHOR, seu Deus...* (v.26)

O medo invadiu o mundo diante da pandemia que nos assolou. Podemos identificar esse sentimento em todas as épocas, desde o homem primitivo que se protegia do calor, do frio e dos ferozes animais até a geração atual.

Somos resilientes para superar os desafios, contudo, enfrentamos as consequências do rompimento da nossa aliança com o Criador. A comunhão com Aquele que nos fez à Sua imagem e semelhança foi barrada. Fomos criados para compreender, à luz de Sua semelhança, que o nosso Pai, com sabedoria e prudência, formou-nos para que o víssemos como um Deus de comunhão.

Como agentes de Segurança, nossa responsabilidade é proporcionar um ambiente estável e seguro aos cidadãos. Infelizmente, muitos dentre nós estão apreensivos quanto ao seu propósito, pois é comum ouvirmos de companheiros que desistiram da vida, renegaram suas famílias, distorceram o juramento feito e se corromperam ante às oportunidades que a profissão apresenta.

Há esperança? Há luz no fim do túnel? Sim! Há! Basta buscarmos o nosso Criador, resgatar a aliança com Ele e declarar-lhe que queremos caminhar novamente na presença do Senhor. Temos o Seu manual, o Seu código de valores e conduta.

*Não se preocupe com o medo! O Autor e Consumador
de nossa fé já levou sobre si as nossas dores, enfermidades
e medos e afirmou que se ouvirmos a Sua voz e fizermos
o que é certo aos olhos dele, Ele será o nosso Deus que nos cura.*

SENHOR DEUS, ENSINA-NOS A OLHAR PARA A CRUZ E ENTENDER O TEU SACRIFÍCIO DE AMOR E DOAÇÃO.

CEL PAULO JOSIMAR DIAS SIMÕES — PMCE

6 DE AGOSTO — Salmo 121:1-8

NO MEU TURNO, NÃO!

Aquele que guarda Israel não cochila nem dorme. (v.4)

Em um bivaque, depois de um dia de instrução bem "sugado", fomos recolhidos às 23 horas. Mas peguei turno de sentinela com um amigo às 2 horas. Pois bem. Estava bem frio e chovendo. Todos dormíamos em uma grande barraca improvisada. Fui despertado para o meu turno e coube a mim acordar o parceiro da hora. Pensa em uma dificuldade! Atrasei o turno uns 10 minutos tentando acordar "meu canga". Imagine o sono do guerreiro! Só quem já "puxou hora" sabe bem o que é isso.

Em nossa vida espiritual, o sono também pode acontecer. Podemos estar cansados ou até dormindo quando deveríamos estar bem alertas para a realidade eterna. Por vezes as coisas deste tempo nos cansam e tiram a atenção. Problemas familiares, financeiros, emocionais etc. Com isso, tornamo-nos pessoas exauridas espiritualmente. Isso quando não estamos dormindo o sono profundo da indiferença e só um chamado contundente e forte pode nos despertar. Esse chamado já foi feito há muitos anos. Deus foi quem o fez por meio de Seu Filho Jesus Cristo. Ele chama eficazmente a todos para crerem em Jesus e serem salvos.

Deus não está desatento às suas lutas diárias, meu amigo. Isso porque o guarda de Israel não dorme nunca. Ele está sempre alerta para aqueles que o buscam e que nele esperam.

Portanto, confie no Senhor Deus. Leve a Ele suas orações, pois Ele não dorme no turno. Está sempre alerta para salvar os que a Ele se achegam confiadamente. Acheguemo-nos, pois, a Deus, orando sempre em nome de Jesus Cristo.

Se estiver cansado e prestes a cochilar na vida espiritual,
clame por misericórdia. Deus o ouvirá.

SENHOR DEUS, AJUDA-NOS A MANTERMOS NOSSA PRONTIDÃO ESPIRITUAL. NÃO PERMITAS QUE DURMAMOS EM NOSSO TURNO, MAS QUE ESTEJAMOS SEMPRE ALERTAS. AMÉM.

PR. ANDERSON ADRIANO S. FARIA — CAPELÃO VOLUNTÁRIO/PR

7 DE AGOSTO — Neemias 4:14-21

NÃO NOS QUESTIONE, DÊ-NOS A MISSÃO

...os trabalhadores [...] com uma das mãos levavam as cargas [...], com a outra, seguravam uma arma. (v.17)

issão dada é missão cumprida. Neemias, o copeiro do rei Artaxerxes da Pérsia, não era militar ou cidadão notável. No entanto, por agradar a Deus, ser homem de oração, de fé e temente ao Senhor, tornou-se grande líder militar e político. Deus o usou para reconstruir os muros de Jerusalém. O rei Artaxerxes o autorizou após Neemias jejuar e orar por 40 dias. Neemias reuniu o seu povo e fez algo impossível aos olhos humanos. Concluiu o muro em 52 dias (NEEMIAS 6:15), em obediência a Deus e com comprometimento, planejamento, estratégia, criatividade, foco e dependência do Senhor. Foi difícil: "...os trabalhadores [...] com uma das mãos levavam as cargas [...], com a outra, seguravam uma arma" (4:17) e os inimigos não queriam permitir a reconstrução.

Apesar disso, após 52 dias a missão foi cumprida. A Bíblia afirma que os inimigos "ficaram assustados e sentiram-se humilhados. Perceberam que a obra havia sido realizada com a ajuda de nosso Deus" (6:15-16).

Quando nos afastamos dos caminhos de Deus, nossa vida pode ser comparada aos muros destruídos por desobediência e pecado, e isso traz vergonha, dor e sofrimento. Neemias nos ensina a reconstruir — é necessário começar espiritualmente, pelo arrependimento, oração e jejum.

Que a nossa principal missão seja reconstruir a nossa vida, restaurar, reintegrar, voltar ao princípio, identificar os erros, arrepender-se e pedir perdão a Deus.

A reconstrução de uma vida é possível quando a confiamos a Deus.

MISERICORDIOSO DEUS, PERDOA OS MEUS PECADOS E TORNA-ME OBEDIENTE E TEMENTE A TI. FAZ-ME ANDAR EM TEUS CAMINHOS.

CEL ULYSSES ARAÚJO — PMAC

8 DE AGOSTO — Salmo 121

A VERDADEIRA SEGURANÇA

Olho para os montes e pergunto: "De onde me virá socorro?".
Meu socorro vem do Senhor... (vv.1-2)

No ano de 2012, eu exercia a função de Chefe de Segurança e Disciplina numa unidade penitenciária quando foi descoberto um plano para a minha execução a mando de um grupo de criminosos de alta periculosidade. Aquela notícia dada por um colega veio como um soco no estômago. Eu me perguntava a todo o instante: "E agora? O que eu faço?"

Confesso que me desesperei e entrei em pânico. Porém, resolvi lutar, não com armas carnais, mas com as espirituais em Cristo. Passei a orar como Davi orou, declarando o que a Palavra diz a meu respeito: que sou guardado e protegido por um Pai zeloso! Aquele "Golias" não me causaria prejuízo algum! Assim como a tempestade veio, ela passou.

Talvez você esteja assustado com os momentos atuais, com a violência crescente e com esta pandemia. Então, surge a pergunta: "De onde vem a nossa segurança?" Em momentos de insegurança, como os que vivemos, é natural temer. Entretanto, se estamos firmados na Rocha, que é Cristo, devemos elevar nossos olhos aos céus e confiar que o nosso Deus virá em nosso auxílio. Nosso socorro está garantido pela promessa de Deus. "Deus não é homem para mentir, nem ser humano para mudar de ideia. Alguma vez ele falou e não agiu? Alguma vez prometeu e não cumpriu?" (NÚMEROS 23:19).

Deus é nosso escudo e proteção!

Eu sou o que a Bíblia diz que eu sou: guardado,
protegido e suprido!

PAI AMADO, TU ÉS A MINHA MAIOR E MELHOR SEGURANÇA. ÉS O MEU REFÚGIO, LUGAR DE DESCANSO!

POLICIAL PENAL ISRAEL MOURA FERREIRA — PMCE

9 DE AGOSTO

Mateus 14:13-21

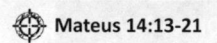

TRÊS ATITUDES IMPORTANTES

*Quando Jesus saiu do barco, viu a grande multidão,
teve compaixão dela e curou os enfermos.* (v.14)

Por muito tempo, pensei que o relacionamento sincero com Deus já me bastava. Entendia a necessidade de compaixão, mas não a de interação. Tudo mudou quando li que "Jesus saiu do barco, viu a grande multidão, teve compaixão dela e curou os enfermos" (MATEUS 14:14). Essa passagem me fez refletir e mudar. Jesus, nosso modelo de pessoa, sendo Deus, fez-se humano para nos ensinar. Jesus enfrentava o luto pela morte de Seu primo João Batista, poderia lamentar por Sua dor e pouco se importar com as pessoas ao redor. No entanto, Ele "viu a grande multidão". Mas não apenas isso. O Senhor teve compaixão delas, sentiu as suas dores. Elas o seguiam esperando por algo, pois tinham ouvido a respeito dele. Jesus não as ignorou, mas deixou Sua própria dor de lado e compadeceu-se dos que sofriam, talvez dor até menor do que a dele.

Jesus os curou de doenças físicas, psicológicas ou espirituais. Ele tem poder para fazer milagres, e nós não. Porém, podemos falar com Deus e refleti-lo em nossas atitudes. Com esse texto, Mateus nos ensina três atitudes: Precisamos ver as pessoas, ter compaixão e agir, mesmo que nossa dor seja maior.

Podemos orar por cura, mas devemos praticar o ensino bíblico: "Se um irmão ou uma irmã necessitar de alimento ou de roupa, [e] vocês [...] não lhe derem [...] em que isso ajuda?" (TIAGO 2:15-16).

*É preciso que tenhamos atitudes compatíveis
às atitudes de Jesus.*

PODEROSO E ETERNO DEUS, AJUDA-NOS A SERMOS AGENTES TRANSFORMADORES EM NOME DE TEU FILHO JESUS.

CEL AVELAR LOPES VIVEIROS — PMGO

10 DE AGOSTO

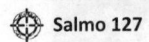

Salmo 127

DEUS É O NOSSO REFÚGIO

*Se o SENHOR não protege a cidade,
de nada adianta guardá-la com sentinelas.* (v.1)

Sou policial militar da reserva há quase 30 anos, mas nunca me afastei da cidade onde prestei os meus serviços. Hoje, continuo servindo ao Senhor na minha igreja local. Minha tarefa foi árdua, pois eu sempre era escalado para combater o tráfico de drogas. Efetuei centenas de prisões, e a consequência disso foram os muitos atentados contra os meus familiares.

Há 15 anos, minha esposa e eu éramos muito atuantes como líderes no ministério com os adolescentes de nossa comunidade. Organizamos um congresso para os jovens e eu estava à frente do auditório quando percebi que um conhecido meliante entrou na igreja.

Sou grato porque "Deus cuida dos seus amados" (v.2), pois no decorrer do culto percebi o movimento de viaturas policiais. Questionei um dos dirigentes e ele me informou que um assassino de aluguel tinha vindo ao culto disposto a me assassinar. Sua paga seria um revólver, dinheiro e o perdão de dívidas de drogas. Na mensagem daquela noite, esse jovem ouviu sobre o perdão de Deus ao que crê no sacrifício de Jesus que veio nos libertar do pecado. O Espírito Santo agiu na mente daquele rapaz disposto a me matar e o convenceu de que Jesus morrera por ele também. Graças a Deus, ele e eu, hoje somos salvos. Aquele que se refugia em Deus tem nele a sua morada segura.

Com Deus ao nosso lado, não somos envergonhados quando enfrentamos os inimigos "às portas da cidade". (v.5)

PAI, AJUDA-NOS A ANDAR SEMPRE À TUA SOMBRA, POIS É NELA QUE SEMPRE ENCONTRAMOS O DESCANSO QUE HÁ EM TI.

3º SGT LOACIR ANTÔNIO PADILHA — PMSC

11 DE AGOSTO — Salmo 23

VOCÊ NUNCA ESTÁ SOZINHO

*Certamente a bondade e o amor me seguirão
todos os dias de minha vida...* (v.6)

Deus, o nosso Pastor, dispensa generosamente Seu favor e cuidado a Seus filhos. O salmista está certo de que as bênçãos da aliança e o amor inabalável de Deus o acompanharão para sempre. Mas de onde vem tal confiança que o assegura de que os atos bondosos de Deus o acompanhariam?

Todos os cristãos devem ficar atentos às bênçãos que Deus derrama de tempos em tempos. Sua providência acompanhará os que habitam em Sua casa mesmo em meio a momentos dolorosos da vida. Manter os olhos na providência divina, mesmo diante da morte, é característica do verdadeiro cristão, que também sabe que sua vida não depende das coisas exteriores, nem a graça divina é medida segundo seu próprio juízo.

Mesmo quando a assistência lhe faltar, quando se sentir vulnerável diante de situações que pareçam impossíveis, mantenha sua fé inabalável e cativa à Palavra de Deus. Demonstre maturidade espiritual, lembrando-se de Davi. Ele estava convicto de que a bondade e a misericórdia do Bom Pastor nunca o abandonariam. Alimente-se da esperança de que, visto que a bondade divina jamais falha, Deus será favorável a você até o fim.

*A bondade e a misericórdia divinas
nunca nos abandonam.*

SENHOR, GRAÇAS POR TUA BONDADE E MISERICÓRDIA. USA-ME COMO CANAL DA TUA BONDADE PARA QUE MAIS PESSOAS RECONHEÇAM O QUANTO CUIDAS DOS QUE TE AMAM.

1º SGT CASSANDRO DA COSTA E SILVA — CBMES

12 DE AGOSTO

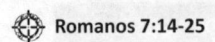

Romanos 7:14-25

LUTANDO CONTRA O PECADO

Como sou miserável! Quem me libertará deste corpo mortal dominado pelo pecado? (v.24)

Segundo alguns estudiosos, os romanos tinham como ética da guerra não matar um soldado inimigo quando a guerra já tivesse terminado. Em vez disso, deveriam levá-lo como prisioneiro. Entretanto, alguns resolviam deixar o inimigo no campo de batalha amarrado em algum cadáver, prática conhecida como necroforia. Imagine um soldado cansado, possivelmente com alguns ferimentos e, agora, com um cadáver amarrado em seu corpo. Se ninguém o livrasse, seu destino certamente seria a morte. O apóstolo Paulo, ao dizer "Como sou miserável! Quem me livrará deste corpo mortal dominado pelo pecado?" (ROMANOS 7:24), está fazendo alusão a este costume de guerra para mostrar que o ser humano, por causa do pecado, tem em si um corpo mortal, o qual está destinado à morte, a não ser que receba livramento. Já no versículo posterior, o apóstolo encerra o capítulo dizendo: "Graças a Deus, a resposta está em Jesus Cristo, nosso Senhor..." (v.25).

Talvez você esteja passando por momentos difíceis, quem sabe até mesmo pensando em desistir, lutando contra sua carne, sua natureza pecaminosa. Mas graças a Deus que a resposta está em Jesus Cristo, pois somente Ele pode ajudá-lo a vencer todas as tribulações e dificuldades humanas. Sabemos que sozinhos não seremos capazes de nos desamarrar do corpo mortal. Mas tenha fé com todo o coração que o Senhor Jesus é poderoso para ouvir o seu clamor e libertá-lo das aflições.

Posso vencer o pecado, pois Cristo já venceu por mim.

MEU SENHOR, OBRIGADO PELA VIDA DE TEU FILHO AMADO JESUS CRISTO, QUE PODE NOS LIVRAR DE TODAS AS AFLIÇÕES.

PASTOR SHARLES CRUZ — PRESIDENTE DA IGREJA COBERTURA CRISTÃ

13 DE AGOSTO

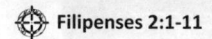

Filipenses 2:1-11

UM APELO À UNIDADE

*Então completem minha alegria concordando sinceramente
uns com os outros [...] trabalhando juntos...* (v.2)

Uma das maiores alegrias para aqueles que estão na linha de frente liderando, comandando e gerindo é a de ver seus liderados trabalhando unidos, em equipe, sendo um só corpo, "vestindo a camisa"! Dessa mesma forma desejava o apóstolo Paulo em relação à igreja em Filipos. Que ela fosse unida!

A cidade de Filipos está localizada na Macedônia Oriental, a 16 km do mar Egeu. Foi chamada assim em homenagem ao rei da Macedônia Filipe II, em meados dos anos 300 a.C. Filipe II era pai de Alexandre Magno, que se tornaria Alexandre, o Grande!

O apóstolo Paulo percebeu que quando não existe unidade na Igreja, algo de vital importância para o bom andamento dela fica comprometido. Tal princípio se aplica a qualquer instituição de natureza coletiva. Sem unidade não há conquista e sem conquista não há alegria!

Para que todas as coisas cooperem entre si, a unidade deverá que ser fraterna, por isso o apelo do apóstolo. Quando pessoas se unem para um bem maior, unem-se não só pessoas, mas sim propósitos! E não há maior propósito do que sermos um só corpo em Cristo Jesus.

*Quando o coletivo está engajado,
o resultado é só alegria.*

PAI, OBRIGADO, POIS A BARREIRA QUE SEPARAVA AS PESSOAS DE TI FOI DERRUBADA POR MEIO DE JESUS. E AGORA, NÃO HÁ MAIS DISTINÇÃO ENTRE AS PESSOAS.

PR. EUGÊNIO LOPES OLIVEIRA — CAPELÃO VOLUNTÁRIO/DF

14 DE AGOSTO — Salmo 1:1-6

FORTALECIDOS PARA A MISSÃO

...tem prazer na lei do Senhor e nela
medita dia e noite. (v.2)

Na Granja do Torto, havia um posto para o serviço de sentinela, que para mim era como se fosse um prêmio, enquanto para outros colegas de caserna não havia nada de espetacular. A guarita era próxima a um pomar e um pasto, onde com frequência eu via um pastor conduzindo seu rebanho de ovelhas. Naquele lugar, além de apreciar a natureza, sentia-me movido a meditar na Palavra de Deus. Isso renovava minhas forças e me ajudava a manter a serenidade frente aos desafios da honrosa incumbência, dos Dragões da Independência.

O salmista Davi, que foi pastor de ovelhas antes de se tornar líder militar, também foi preparado para as adversidades e fortalecido através da meditação, o que lhe possibilitou ser bem-sucedido quando assumiu o comando da tropa. Deduz-se daí que a meditação fortalece o espírito para o dia da batalha, capacita a agir com serenidade e a tomar decisões com sabedoria (PROVÉRBIOS 16:23). E ainda, para que a missão seja cumprida com rigor e excelência, é preciso distensão da ansiedade e do estresse.

Hoje, podemos desfrutar da meditação cristã, que é a desaceleração dos pensamentos e da agenda cheia, para estar na presença de Deus. Isso, por sua vez, propicia força para fazer o que é certo e elimina pensamentos ruins que podem criar vícios ou desejos impróprios levando-nos a cometer erros graves.

É preciso priorizar tempo para meditação
para ter sucesso na missão.

SENHOR MEU DEUS, RENOVA MINHAS FORÇAS, FAZE-ME VENCEDOR NA MISSÃO QUE TENS ME CONFIADO, E QUE MINHA MEDITAÇÃO SEJA AGRADÁVEL A TI.

PR. EZEQUIEL BRASIL PEREIRA — CAPELÃO VOLUNTÁRIO/GO

15 DE AGOSTO

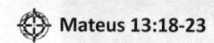

Mateus 13:18-23

A FERTILIDADE DO TERRENO

*E as que caíram em solo fértil [...] produzem uma colheita [...]
até cem vezes maior...* (v.23)

Em uma operação policial, um traficante de drogas em Santo Antônio do Descoberto, Goiás, foi preso. Não era a primeira vez que ele estava sendo preso, mas, aproveitando as brechas da lei, o criminoso sempre conseguia escapar da condenação. Porém, desta vez, chamei-o em particular e lhe disse: "Até quando você vai ficar nesta vida? Algum dia uma bala vai encontrá-lo e sua alma vai para o inferno".

Anos depois, estava eu no gabinete de comando quando fui informado que um homem gostaria de falar comigo. Como atendia a todos, sem distinção, autorizei a entrada dele. Por um momento, fiquei surpreso. O homem era o mesmo traficante a quem anos atrás eu havia dado voz de prisão. Ele se aproximou e disse: "Coronel, não sei o porquê estou aqui, mas uma força muito grande me impulsionou a entrar neste quartel. E assim que eu soube que o senhor era o comandante, entendi o que Deus me mandou fazer. Desde aquele dia em que o senhor me disse aquelas palavras, fiquei a pensar muito. Hoje, estou aqui para lhe agradecer. Voltei aos caminhos do Senhor e tenho uma nova vida em Cristo". Tendo ele dito isso, apenas falei um "amém". Ele se levantou, cumprimentou-me com a "paz do Senhor" e se retirou. Nunca mais o vi.

A boa semente deve ser lançada em todos os tipos de solo. Ela germinará e dará frutos no seu tempo. Por mais que os pássaros, espinhos ou o sol quente possam impedi-la de germinar, uma apenas que vingue já é o suficiente.

*Não deixemos de plantar a semente da Palavra de Deus.
Ela sempre gerará algum fruto.*

SENHOR, AJUDA-NOS A SERMOS SEMEADORES DA TUA PALAVRA PARA QUE MAIS CORAÇÕES SE TORNEM TEUS.

CEL WELLINGTON CARDOSO LAUREANO — PMGO

16 DE AGOSTO

Provérbios 16:18

AOS HUMILDES É CONCEDIDA GRAÇA

...Deus se opõe aos orgulhosos, mas concede graça aos humildes.
—TIAGO 4:6

Faço parte das fileiras da Polícia Militar do estado de Rondônia, servindo no 2º Batalhão. Sou Sargento, mas todos me chamam de pastora, pois o sou e atuo no batalhão na Assistência Religiosa, mesmo sendo combatente.

Certa feita, estávamos no TFM e após uma *corridinha*, um grupamento foi jogar voleibol. Fiquei numa equipe que sabia o básico, e a equipe adversária era muito forte. Então, eles logo começaram ganhando. Cada partida era de dez pontos. Fizeram seis a zero e os demais policiais fora do jogo riam e gritavam. Começaram a zombar e a falar: "Saca mais fácil pra ver se dá jogo...".

A minha equipe estava constrangida. Então eu disse: "Vocês estão soberbos por causa de seis pontos e por isso vocês já perderam esse jogo, pois está escrito na Palavra de Deus que a soberba precede a ruína e isso é uma verdade". Todos ficaram atentos quando bradei essas palavras. Ao perceber a atenção de todos falei baixinho: "Meu Deus, honra a Tua palavra para que creiam". Viramos o saque para a nossa equipe fazendo o primeiro ponto. Fui para o saque, e fizemos muitos pontos, fechando a partida vencedores.

Todos começaram a repetir e outros perguntavam: "Como está escrito mesmo?". E Provérbios 16:18 tornou-se o lema para todas as competições esportivas no batalhão. Alguns me mandavam foto no aplicativo de mensagens dizendo: "Achei o Provérbio na Bíblia".

No dia a dia, dentro das nossas atividades de segurança pública, podemos contribuir para que todos creiam e cheguem ao conhecimento de Deus.

A humildade é o caminho perfeito.

SENHOR, TORNA-NOS CADA VEZ MAIS HUMILDES E ATENTOS AOS TEUS PRECEITOS.

3º SGT LUCIANA SOARES RÊGO — PMRO

17 DE AGOSTO — Lucas 11:1-13

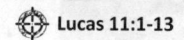

A ORAÇÃO DE UM POLICIAL

Senhor, ensine-nos a orar... (v.1)

É fundamental que compreendamos a importância da oração para a nossa vida. Ela é a base para nosso sucesso, para que superemos os obstáculos diários. Quando observamos a história bíblica e o relato dos heróis da fé, ao longo da história da Igreja, vemos que os homens e mulheres que se destacaram eram pessoas de oração. O que todos tinham em comum era a vida comprometida com a busca por Deus.

Os contemporâneos de Jesus já possuíam instrução acerca de como orar, porém, quando observaram Cristo, perceberam que Ele era diferente. As preces que eles conheciam eram algo mais formal, mas Jesus sempre demonstrava que tinham um relacionamento diferente com o Pai. Ele separava tempo e se apartava dos outros para estar a sós com Deus Pai, pois sabia que, como Deus-Homem, Ele precisava orar. Então, pediram-lhe: "Senhor, ensine-nos a orar..." (LUCAS 11:1).

Mesmo sendo um cristão antigo, eu não conseguia entender a importância da oração individual e comunitária. Hoje não consigo mais viver sem ter um tempo devocional em que busco a Deus em Sua Palavra e orando. Quando oramos, colocamos de lado nosso orgulho, nosso currículo e nossas preocupações para admitir que dependemos do Senhor. É um erro achar que resolvemos todas as coisas por conta própria. Precisamos que Deus cuide de cada detalhe de nossa vida.

Que você também se coloque diariamente nas mãos do Pai Celestial, como uma criança, para que os propósitos e a vontade dele se cumpram em sua vida.

Invista em seu tempo com Deus e, assim, você construirá uma coluna forte, que lhe dará sustentação para toda a sua vida.

SENHOR, EU PRECISO DA TUA DIREÇÃO E DA TUA ESTRATÉGIA PARA RESOLVER MINHA AGENDA EM TODOS OS DIAS.

CEL ALEXANDRE MARCONDES TERRA — PMESP

18 DE AGOSTO — João 4:7-15

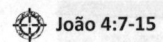

SEDE E VIDA

...Quem bebe desta água logo terá sede [...] quem bebe da água que eu dou nunca mais terá sede. (vv.13-14)

Nas mais diversas operações, bebemos em variadas fontes: rios, lagos, água tratada, mineral, água em abundância que mata a sede do corpo. Mas como militares, precisamos aprender a matar a sede da alma numa fonte em que não mais teremos sede. Essa fonte é Jesus. Fonte inesgotável de palavras de ordem, consolo, amor, cuidado, profecias e promessas. Beba dessa fonte inesgotável e acessível hoje por meio da Bíblia, de momentos a sós com Ele e de comunhão com a Sua Igreja.

Se estiver longe da Fonte da vida que mata a sede da alma, logo estará trilhando caminhos de morte. Contudo, se estiver perto e experimentar dessa Fonte, que é Jesus, nunca mais terá sede. "Entregue seu caminho ao SENHOR; confie nele, e ele o ajudará" (SALMO 37:5).

A Fonte que me leva para a vida eterna com Deus está me esperando. Por que ainda não fui para lá? O que me impede de beber dela?

Quero estar à beira da Fonte.

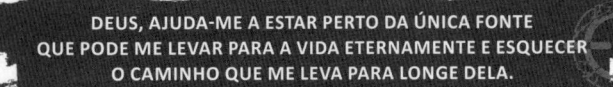

DEUS, AJUDA-ME A ESTAR PERTO DA ÚNICA FONTE QUE PODE ME LEVAR PARA A VIDA ETERNAMENTE E ESQUECER O CAMINHO QUE ME LEVA PARA LONGE DELA.

CAP LUIZ FERNANDO PEREIRA DO NASCIMENTO — CBMGO

19 DE AGOSTO — **Lucas 10:38-42**

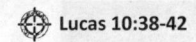

O COLAPSO DO RELÓGIO

*Mas o Senhor respondeu: "Marta, Marta, você se preocupa
e se inquieta com todos esses detalhes.* (v.41)

O relógio trabalha fazendo o ponteiro girar a cada segundo, cada minuto, a cada hora e a cada dia! Se ele quiser marcar a hora exata durante muitos anos, terá que fazê-lo todos os dias. Para isso, os minutos e segundos deverão ser marcados de forma perfeita.

Certa vez, Jesus visitou duas irmãs, Marta e Maria. Ocupadas com as atividades domésticas, ambas pareciam um relógio trabalhando. Tal rotina tem o poder de gerar um estresse tão grande que pode levar à ansiedade, ao cansaço e à fadiga mental.

Um relógio começou a calcular o trabalho que teria que fazer durante um ano. Quantos tique-taques teria que fazer. Em sua contagem, chegou à seguinte conclusão: 2 vezes por segundo, 120 por minuto, 7.200 em 1 hora, 172.800 durante 24 horas, 63 milhões durante um ano. "Isso é demais até para um bom relógio como eu!" Assim, por imaginar o imenso trabalho que teria, o relógio não resistiu e teve um colapso!

Jesus percebeu que Marta estava à beira de um colapso, comportando-se como um relógio! Então, Ele lhe apresentou os sinais de um pré-colapso, os quais são ansiedade e cansaço. A preocupação demasiada tem levado muitos a uma estafa mental e ao desenvolvimento de patologias.

O relógio de Marta não entrou em colapso porque Jesus entrou em sua vida. Ele é a melhor válvula de escape que pode existir! Quando Jesus disse "Apenas uma coisa é necessária..." (LUCAS 10:42), estava se referindo a si mesmo! A maior preocupação do ser humano deve ser a de estar junto a Jesus.

"Não é a falta de tempo que nos persegue. É a falta de organização".
—TUCA NEVES

DEUS, DÁ-NOS A PAZ QUE EXCEDE TODO ENTENDIDO, A FIM DE ALCANÇARMOS OS QUE ESTÃO PASSANDO POR MOMENTOS DE ANGÚSTIA. QUE A TUA PAZ PROMOVA REFRIGÉRIO E CURA.

PR. EUGÊNIO LOPES OLIVEIRA — CAPELÃO VOLUNTÁRIO/DF

20 DE AGOSTO — 1 Coríntios 2:1-9

DEUS CUIDA DOS MÍNIMOS DETALHES

Olho nenhum viu, ouvido nenhum ouviu, e mente nenhuma imaginou o que Deus preparou... (v.9)

Quando me inscrevi para o concurso da Polícia Militar do Paraná, a fim de participar do Curso de Formação de Sargentos (CFS), existiam apenas quatro vagas para policial militar feminina. Após as provas, consegui ficar com a terceira vaga. Fiquei feliz, pois havia várias candidatas excelentes. Mas logo foram divulgadas notícias de que a terceira e a quarta vagas seriam tiradas para que outras duas entrassem.

Naquela época, eu não tinha intimidade com Deus, nem conhecia a Jesus Cristo como meu Salvador. Todavia, Ele cuida e zela pelos Seus. Quando Jesus tem um propósito e Ele é a base de nossas vidas, nada nem ninguém pode nos derrubar: "...Se Deus é por nós, quem será contra nós?" (ROMANOS 8:31).

O agir de Deus ninguém entende. Ele trabalhou e me surpreendeu: foram autorizadas a abrir, além das vagas existentes, mais duas vagas para que as outras candidatas pudessem entrar, num total de seis vagas. Era Deus cuidando dos Seus. Então entendi o que significa "...o que Deus preparou para aqueles que o amam" (1 CORÍNTIOS 2:9).

Há muitas coisas que não entendemos.
Mas Deus cuida dos Seus nos mínimos detalhes.

DEUS AMADO E SANTO, EU TE AGRADEÇO PELO QUE FIZESTE, ESTÁS FAZENDO E AINDA FARÁS EM NOSSA VIDA.

1º SGT DULCE MARIA GAVAZZONI RODRIGUES — PMPR

21 DE AGOSTO — Apocalipse 3:7-13

FIDELIDADE A TODA PROVA

Venho em breve. Apegue-se ao que você tem, para que ninguém tome sua coroa. (v.11)

As palavras acima são dirigidas à Igreja de Filadélfia, que, apesar de ter pouca força, guardava a Palavra e não negava o nome de Cristo. Por isso o Senhor pôs para a Igreja uma porta aberta que ninguém podia fechar.

Sendo fiel e perseverante na Palavra, a igreja seria guardada na hora da provação que viria sobre o mundo e receberia um alerta de Jesus: "Venho em breve. Apegue-se ao que você tem, para que ninguém tome sua coroa" (v.11). Assim como o Senhor colocou uma porta aberta para que Filadélfia pudesse ser uma Igreja fiel, Ele faz o mesmo conosco.

O Senhor abre as portas de nossa vida para a proclamação do evangelho da graça salvadora de Jesus e para acolher as pessoas sofridas de nosso tempo. A carta à Igreja de Filadélfia também nos ensina que, na hora da provação, como a que estamos passando no momento por conta da pandemia da Covid-19, somos amparados pelo Senhor. Por isso, não somos como aqueles que não têm esperança, pois o nosso socorro vem do Senhor!

Ele espera de todos nós que guardemos a nossa fé e o nosso testemunho como Seus seguidores fiéis, para que jamais a coroa da vida, símbolo da salvação em Cristo, seja tirada de nós.

Aqueles que são fiéis até à morte, apesar das circunstâncias, receberão a coroa da vida.

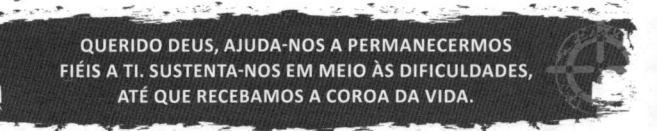

QUERIDO DEUS, AJUDA-NOS A PERMANECERMOS FIÉIS A TI. SUSTENTA-NOS EM MEIO ÀS DIFICULDADES, ATÉ QUE RECEBAMOS A COROA DA VIDA.

BISPO JOÃO LUIZ FURTADO — PRESIDENTE DA IGREJA PRESBITERIANA INDEPENDENTE DO BRASIL

22 DE AGOSTO — Romanos 8:1-11

JUSTIFICADOS EM CRISTO

*Agora, pois, já nenhuma condenação há para
os que estão em Cristo Jesus.* (v.1)

Em seus argumentos sobre a doutrina bíblica da justificação pela fé, e não pelas obras, o apóstolo Paulo conclui, em Romanos 8:1, sua visão da salvação em Cristo Jesus como o prêmio, a promessa e o resultado da batalha que, como cristãos, enfrentamos todos os dias: a luta entre a lei do espírito da vida e a lei do pecado e da morte.

Paulo, em Romanos 7:15-25, expõe a realidade do pecado e da morte na vida dos pecadores, em função dos quais praticamos o mal que não queremos, e não conseguimos fazer o bem que desejamos. Então, devido ao caráter condenatório da Lei de Deus, nosso destino inevitável seria a morte eterna, como o pagamento pelo pecado. Porém, todos os que, pela fé, aceitam e reconhecem o sacrifício na cruz de Jesus como o único e suficiente meio para os reconciliar com o Pai são, pela graça, justificados, ou seja, cobertos pela justiça salvadora de Cristo, que lhes é imputada para que andem e vivam no Espírito (GÁLATAS 5:25).

Em virtude disso, cumpre-nos andar em novidade de vida, por meio do Espírito Santo, que habita em nós e nos santifica dia a dia. Assim, confirmamos a vitória sobre a prisão do pecado e o governo da liberdade, para o qual Cristo nos salvou.

Que pela ação santificadora do Espírito de liberdade possamos entender que a nova vida a nós outorgada por meio da morte vicária e ressurreição do Mestre, ao mesmo tempo, cancela nossa prisão decorrente do pecado e inaugura uma nova relação de vida e liberdade. Nessa liberdade, somos justificados para viver em Cristo, para a honra e a glória de Deus.

*Felizes os que, pela fé, reconhecem e aceitam a Cristo como
o Cordeiro de Deus que tira o pecado do mundo.*

**OBRIGADO, DEUS, PELA TUA GRAÇA INFINITA
E MISERICÓRDIA BENDITA, QUE NOS JUSTIFICAM E CAPACITAM
NO CAMINHO DA SALVAÇÃO EM CRISTO JESUS!**

CEL ANTÔNIO SOARES NOGUEIRA — PMCE

23 DE AGOSTO

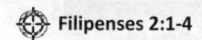

Filipenses 2:1-4

O CAMINHO PARA SUBIR É DESCER

*Não sejam egoístas [...] Sejam humildes e considerem
os outros mais importantes que vocês.* (v.3)

Um dos grandes anseios do homem contemporâneo é o sucesso na carreira profissional. A medida desse sucesso é a capacidade de consumo. Nesses termos, a alegria da vida ficou muito condicionada ao poder de consumir. Muitas pessoas vivem situações rotuladas como frustrantes ao não conseguirem tais objetivos.

Imaginem essa situação nas carreiras profissionais nas quais esse "sucesso" é garantido por lei e mesmo assim, não se consegue. Que frustração! Sobre a vida bem-sucedida, Jesus disse: "Cuidado! Guardem-se de todo tipo de ganância. A vida de uma pessoa não é definida pela quantidade de seus bens" (LUCAS 12:15). Nesse sentido, o verdadeiro sucesso do homem não é medido pelo poder de consumo, que a ascensão na carreira profissional traz.

Vamos lá: o alvo a ser atingido é a sua capacidade de lidar com as conquistas dos outros, com a alegria alheia (MATEUS 20:25-28). Em outras palavras, ser semelhante ao Mestre Jesus. Cristo nos convida a superar a ideia de sucesso contemporâneo que é a raiz de muitos males. Com gentileza, Ele pede para que aceitemos os muitos sofrimentos inerentes à vida e comecemos a acreditar na esperança por Ele prometida. Convida-nos a amar o próximo como Ele nos amou. Tal atitude é, de fato, o real sucesso do ser humano. Para que essa experiência de sucesso fosse possível, Ele morreu na cruz. Agora, devemos perceber que os infortúnios da vida são, na verdade, meios para o real sucesso com Cristo.

*A conquista que Deus espera de nós é a humildade
e coragem para sermos servos uns dos outros.*

SENHOR, AJUDA-ME A COMPREENDER QUE MELHOR É DAR DO QUE RECEBER, MELHOR É SERVIR DO QUE SER SERVIDO.

3º SGT EDUARDO SILVA LEITE — CBMMT

24 DE AGOSTO — Isaías 43:10-19

CRISES

Pois estou prestes a realizar algo novo.
Vejam, já comecei! Não percebem?... (v.19)

É comum que grandes expoentes religiosos apontem a crise como o momento indispensável a partir do qual passaram a vivenciar uma experiência mais significativa de sua fé. Sem a ruptura trazida pelos questionamentos, dúvidas e decepções, não teriam conseguido descobrir um sentido mais profundo naquilo que, até então, fazia parte de sua vida, porém, sem a pertinência e a força trazidas pela longa e fria noite da tribulação.

Existem adversidades que são oportunidades. Não se trata de romantizar a dor ou querer encontrar propósito imediato em tudo, como é comum se ver por aí. Quando a pandemia do Coronavírus começou no mundo todo, uma semana depois já havia aqueles que arriscavam longas conclusões sobre as "lições da pandemia". Não. Trata-se, antes, de dar ouvidos àquilo que as angústias querem dizer, sabendo que crises podem ser oportunidades.

Há momentos em que o desassossego ou a ansiedade, a ira ou a tristeza, a impaciência ou a inquietude são os empurrões que precisamos para tomarmos atitudes que darão a chance para algo novo surgir em nós.

As dificuldades podem se tornar oportunidades por meio
da serenidade e da sabedoria.

DEUS DE TODA GRAÇA, QUE POSSAMOS TER SERENIDADE PARA ENFRENTAR OS MOMENTOS DIFÍCEIS COM SABEDORIA E CONFIANÇA.

CAP ALEX THOMAZ DE ALMEIDA — PMSC

25 DE AGOSTO — Êxodo 14:15-16

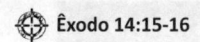

MARCHAR COM JESUS

...Diga ao povo que marche! (v.15)

Nos exercícios de treinamento prático realizados periodicamente pelas Forças Armadas e militares, uma das atividades programadas era a caminhada a pé por longas distâncias. Durante esses deslocamentos testava-se a resistência física do militar, bem como sua percepção sobre qualquer movimento, ruído ou ações que viessem a ocorrer durante o trajeto. Todo esse esforço exigia determinação, perseverança e confiança de que o objetivo final seria alcançado. Esse exercício é de suma importância para a sobrevivência do militar quando nos enfrentamentos reais.

Nossa vida apresenta-nos diversas formas de surpresas. Todos nós devemos estar preparados para enfrentá-las, pois fazem parte do cotidiano. O Senhor Jesus Cristo nos alerta: "Eu lhes falei tudo isso para que tenham paz em mim. Aqui no mundo vocês terão aflições, mas animem-se, pois eu venci o mundo" (JOÃO 16:33). Um conselho sábio para todos nós.

Contudo, devemos perseverar na jornada com bom ânimo, pois haveremos de vencer o mundo e todo os artifícios do inimigo. Siga em frente, olhando somente para o Autor e Consumador da fé (HEBREUS 12:2).

Ao andarmos segundo nossa própria vontade e direção, corremos o risco de nos perder no caminho.

SENHOR, OBRIGADO POR ME CONDUZIRES PELO CAMINHO DO TEU CONHECIMENTO E REVELAÇÃO.

2º TEN PEDRO TADEU DE SOUZA MAIA — EX/PB

26 DE AGOSTO

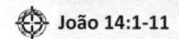

João 14:1-11

"BIZU" DA VIDA

Jesus disse: "Eu sou o caminho, a verdade e a vida.
Ninguém pode vir ao Pai senão por mim. (v.6)

Sem dúvida, a palavra mais falada entre os militares é "bizu". Dica importante, macete ou informação privilegiada representam muito bem o termo. Vou passar um bizu ao leitor: solicite o pagamento das férias para janeiro porque depois de torrar o 13º salário é ele que vai ajudar na compra do material escolar do novo ano letivo dos filhos. Outro bizu? Não faça empréstimo consignado sem necessidade.

Um bizu correto muda a vida de alguém. Jesus Cristo fez isso quando interpelado por um discípulo, em João 14:5, que não sabia para onde o Mestre iria e muito menos o caminho. Tomé parecia verdadeiramente perdido.

Talvez tudo esteja perdido, não apenas você, mas esta palavra pode ser sua bússola eterna: "Eu sou..." (JOÃO 14:6) foi o que Cristo respondeu. Tudo inerente ao homem é momentâneo. Dos cargos ao fôlego de vida não somos, nós estamos. Somente Ele é: "...o caminho...": ninguém fica sem direção quando há um lugar a chegar. Para onde os vícios levam o homem? Não há atalhos se deseja seguir a Cristo. Sem demora entre no caminho que é Cristo; "...a verdade...": num mundo relativista, do "faz de conta" nas redes sociais, da mídia que não inspira confiança, o Mestre dá a segurança que precisamos de que não seremos iludidos e muito menos enganados por Ele; "...a vida...": a nossa pode encontrar verdadeiro sentido nele, que deu a própria vida para nos salvar e perdoar de todos os pecados.

O amor de Jesus resgata aquele que está longe, o que vive
em mentiras e o que está destruindo a própria vida.

QUERIDO SENHOR, PRECISO DE TUA AJUDA PARA VENCER OS OBSTÁCULOS QUE ME IMPEDEM DE TE SERVIR DE TODO CORAÇÃO.

1º TEN THARCIS DAMASCENO DE MACEDO — PMMA

27 DE AGOSTO — Isaías 40:28-31

A FORÇA NECESSÁRIA

Dá forças aos cansados e vigor aos fracos. (v.29)

193 em QAP-total! Surgiu, de forma repentina, um chamado para uma ocorrência e, ao chegarmos no local, fez-se necessário o emprego de grande esforço e relevante técnica de salvamento. Era uma situação de alta complexidade. Lembro-me bem de que a vítima estava presa entre o volante e o banco da cabine de um caminhão e se encontrava na iminência de cair em um precipício. Parecia cena de um filme.

Eu estava no comando da operação e, mesmo já tendo passado por inúmeros salvamentos, esse apresentava maior risco a todos os envolvidos. Decidi entrar na cabine e realizar os procedimentos necessários e, de repente, veio um grande estalo, surgindo um sentimento de insegurança. Em seguida, ouvi um "Não vá!", era a vítima implorando por ajuda. Com o emprego de grande força, alinhamento da equipe e trabalho contra o tempo, conseguimos livrá-la das ferragens: salvamento com êxito!

Uma das maravilhas do ser humano é a capacidade de atuar na adversidade, habilidade que nós desconhecemos, mas que aparece nos momentos de grande provação. O profeta Isaías nos mostra que a confiança no Senhor é a chave para a nossa força: "Mas os que confiam no SENHOR renovam suas forças; voam alto, como águias. Correm e não se cansam, caminham e não desfalecem" (40:31). A fé e a confiança devem estar presentes em todos os momentos da vida, mais ainda nos tempos de dificuldades.

Deus nos concede forças e, por meio dele, somos capazes de coisas inimagináveis. A Ele damos graças e louvores para todo o sempre.

A grandiosidade de Deus é maravilhosa e se revela
por meio de nossas ações cotidianas.

SENHOR, SOU GRATO PELA DÁDIVA DE TER A FORÇA NECESSÁRIA PARA LEVAR ESPERANÇA AOS QUE PRECISAM.

TEN CEL EDNALDO FERNANDO RODRIGUES — CBMMT

28 DE AGOSTO

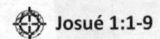

Josué 1:1-9

IMAGINAÇÃO E REALIDADE

Esta é minha ordem: Seja forte e corajoso!
Não tenha medo nem desanime... (v.9)

Muito do que nos amedronta, desencoraja e, por vezes, até paralisa, existe apenas em nosso pensamento. São projeções e antecipações que fazemos, cenários que criamos, resultados que imaginamos, e que simplesmente não existem.

Se, por um lado, esse exercício de "revisão" é inevitável e, por vezes, indispensável, somos racionais, associamos passado e futuro, imaginamos e planejamos; por outro, isso pode ser danoso. Uma coisa é organizar a vida para saber o que fazer. Outra, bem diferente, é ser consumido por pensamentos e preocupações oriundos de medo, culpa e insegurança.

Por vezes, um pouco de coragem resolve muita coisa. Fazer o que há para ser feito, sem tantas racionalizações. Existem problemas que são maiores dentro do que fora de nós. Precisamos enfrentar nossos monstros imaginários. Embora dura, tantas vezes, há ocasiões em que a realidade traz paz ao nosso assombrado mundo interior.

A presença de Deus nos fortalece para enfrentarmos dificuldades
e nos dá coragem para viver.

SENHOR DEUS, AJUDA-ME A ENFRENTAR PENSAMENTOS NEGATIVOS E DÁ-ME A ALEGRIA DE VIVER!

CAP ALEX THOMAZ DE ALMEIDA — PMSC

29 DE AGOSTO — **2 Coríntios 5:16-17**

TUDO SE FEZ NOVO

*...todo aquele que está em Cristo se tornou nova criação [...]
uma nova vida teve início!* (v.17)

Tudo se fez novo! Você já parou para refletir sobre essa expressão? Talvez tenhamos a impressão de que tudo continua igual em nossos dias, até mesmo na manhã do dia 1º de cada ano novo.

De forma geral, o que nos rodeia parece estar igual, mas na realidade, está em constante movimento. Basta ficarmos dias ou meses sem passar por um lugar para que vejamos grandes mudanças. Algum tempo atrás, visitando a casa onde morei quando criança, percebi o quanto ela encolheu. Simplesmente incrível, pois não sabia que prédios encolhiam. Brincadeiras à parte, o que precisamos entender é que as grandes mudanças estão em nós e não apenas fisicamente — a minha nova estatura mudou a percepção do tamanho da minha antiga casa —, mas principalmente na forma de olharmos para nossa vida e tudo o que está a nossa volta.

Uma nova mente, conectada a Cristo, proporciona-nos um novo colorido no olhar. Vemos mais nitidamente o que antes eram apenas sombras. Assumamos essa nova identidade em Jesus. Sejamos novas criaturas nele, filhos amados de um Pai Eterno, que nos inunda com Seu amor incompreensível, mas vívido e eficaz, o único capaz de nos consolar em tempos de dor.

Sorria! O mundo está encolhendo diante do amor que se agiganta. O amor chamado Jesus.

*Um olhar transformado por Cristo enxerga o que
se fará real mesmo diante do improvável.*

SENHOR JESUS, RENOVA A MINHA MENTE PARA QUE EU POSSA VER A BELEZA DE CADA NOVO AMANHECER.

CAP PAULO QUINELATO JÚNIOR — PMPR

30 DE AGOSTO — Provérbios 16:1-9

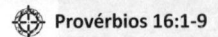

COM UM PLANO FICA MAIS FÁCIL

*É da natureza humana fazer planos, mas a resposta
certa vem do SENHOR.* (v.1)

O planejamento é uma realidade para o êxito das ações policiais. Na Polícia Federal, colaborei com o plano para a aquisição do Sistema Automático de Impressões Digitais, AFIS, sigla em inglês. Atualmente, o AFIS garante pesquisas de natureza civil e criminal, com eficácia e eficiência, auxiliando na expedição do passaporte e investigações da polícia brasileira, além de auxiliar no trabalho da Justiça em todo o País.

Em Jeremias 29:11, o Senhor nos adverte que tem planos para a nossa vida! Esses planos são diferentes e melhores dos que os nossos, pois os Seus pensamentos e caminhos são superiores aos nossos (ISAÍAS 55:8-9).

É necessário estarmos atentos a essa realidade da existência de planos divinos excelentes a nosso respeito e, ainda, não incorrermos no erro de planejar a vida por conta própria (PROVÉRBIOS 3:5-8). Existem planos divinos nos aguardando para serem descobertos. Junto com eles estão a garantia de sucesso e sentido para as nossas vidas.

*Somos o resultado de um plano de Deus.
Tudo dará certo!*

**DEUS, OBRIGADO POR TERES PROVIDENCIADO
PARA NÓS PLANOS DE VIDA MARAVILHOSOS.**

PAPILOSCOPISTA GLÉDSTON CAMPOS DOS REIS — PF/DF

31 DE AGOSTO — Jeremias 33:1-3

A FAMÍLIA QUE DEUS CRIOU

Mas, a todos que creram nele e o aceitaram, ele deu o direito de se tornarem filhos de Deus. —JOÃO 1:12

Vejo irmãos felizes porque Deus, em Cristo, concedeu-nos gratuitamente a salvação. Até os que não professam a fé cristã dizem que Ele precisou vir ao mundo para nos salvar, mas quando lhes questiono se para isso não bastava a vontade de Deus ficam intranquilos.

Muitos desconhecem o que vem após a salvação. Não compreendem o porquê de Jesus ter vindo à Terra e o significado da vida eterna. Porém, Jesus afirma que os que lhe pertencem "são aqueles que ouvem a palavra de Deus e a praticam" (LUCAS 8:21). O apóstolo João ensina que Deus enviou o Seu Filho ao mundo, não para o condenar, mas para o salvar e "a todos que creram nele e o aceitaram, ele deu o direito de se tornarem filhos de Deus" (JOÃO 1:12). Jesus derramou o Seu sangue "em favor de muitos, para perdão de pecados" (MATEUS 26:28).

Deus nos assegura que ouvirá os nossos clamores. O apóstolo Paulo também nos ensina que ao aceitarmos Jesus como Salvador pessoal nos tornamos "membros da família de Deus" (EFÉSIOS 2:19) e que devemos orar sempre (1 TESSALONICENSES 5:17).

Há muitos ensinos bíblicos sobre os relacionamentos que começam aqui neste mundo e se estendem à vida eterna. Deus pode dispor de nós como melhor lhe convém. No entanto, o Senhor nos deu liberdade, vontade e capacidade de decisão para aceitarmos o relacionamento com Ele e a participação em Sua família

Deus quer se relacionar com você. Busque-o e confie nele.

PAI, SOU GRATO POR FAZER PARTE DE TUA FAMÍLIA. CLAMO E ORO PARA QUE OUTROS VENHAM A CRER EM TI.

CEL AVELAR LOPES VIVEIROS — PMGO

1º DE SETEMBRO — João 14:15-26

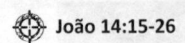

ENSINADO PELO MELHOR PROFESSOR

*Mas quando o Pai enviar o Encorajador, o Espírito Santo
[...] ele lhes ensinará todas as coisas...* (v.26)

Em junho de 1998, fui para a Academia Nacional de Polícia Federal. Eu havia acabado de passar no meu 3º concurso público, o 2º da área de Segurança Pública.

Havia preparado o enxoval e fui me familiarizando com o regime de semi-internato do curso. Havia também algumas incertezas e alguns medos, que eram amenizados com o pensamento de que eu teria os melhores professores que a formação poderia oferecer. Afinal, não era um concurso qualquer. Eu me tornaria um Policial Federal. E foi exatamente assim que aconteceu.

Na nossa vida diária não é diferente. Mesmo inconscientemente, buscamos professores, pessoas que possam nos ensinar a ser um bom filho, um pai dedicado, um marido amoroso, um colega de trabalho exemplar, um líder competente... Para isso, podemos contar com o melhor professor que existe: o Espírito Santo de Deus. Ele está disponível 24 horas por dia. Essa verdade é revelada no evangelho de João 14:26 onde lemos: "Mas quando o Pai enviar o Encorajador, o Espírito Santo, como meu representante, ele lhes ensinará todas as coisas...".

Da mesma maneira como fui ensinado na Academia Nacional de Polícia Federal pelos melhores professores, eu e você podemos ser ensinados em tudo pelo melhor e maior professor que existe ou já existiu: o Espírito Santo de Deus.

O Espírito Santo, o Consolador, está disponível para nos ensinar todas as coisas. Basta pedirmos.

ESPÍRITO SANTO DE DEUS, ENSINA-NOS DIARIAMENTE A SERMOS AQUILO PARA O QUE FOMOS CRIADOS.

AGENTE GIANCARLO TENÓRIO — SRPF/DF

2 DE SETEMBRO

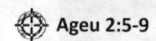

Ageu 2:5-9

VIVA O NOVO DE DEUS

A glória deste novo templo será maior que a glória do antigo,
diz o SENHOR dos Exércitos... (v.9)

Ageu, que significa minha festa, é um profeta que veio com poder de Deus para transmitir a palavra do Senhor para Seu povo. Uma das mensagens era incentivá-los na reconstrução do templo, priorizar Deus. Naquela ocasião, o povo tinha se desviado dando prioridade às suas casas, sua vida particular, em vez de priorizar a casa de Deus. Então, o profeta os repreende, pois viviam uma vida atormentada.

Precisamos priorizar a obra de Deus. É preciso reconstruir o templo, reconstruir a vida com Deus, priorizar Sua obra. Para que a festa de Deus aconteça em nós, é necessário arrumar o templo, adorná-lo com santidade e devoção.

O povo hebreu estava passando por momentos de muitas aflições e sofrimentos. Se você está atormentado, sua vida pode se tornar uma festa em Deus. Então se alegre, pois o Senhor quer reconstruir sua vida espiritual. Você pode viver uma vida de bênção, alegria, gozo e paz. No lugar de tormento, viva a festa que Deus tem para você.

Aprendemos com o livro de Ageu que Deus quer nos abençoar, que é preciso priorizar a obra dele, que é necessária a purificação, depositar esperança somente em Deus e sempre lembrar que nosso destino é o paraíso, e que a festa pode começar agora mesmo. Não perca tempo.

Todos os dias precisamos priorizar
a vida com Deus.

DEUS PODEROSO, OBRIGADO POR FAZERES DE NOSSAS VIDAS UMA FESTA ESPIRITUAL QUE NOS TRAZ ALEGRIA NA TUA PRESENÇA.

PASTOR SHARLES CRUZ — PRESIDENTE DA IGREJA COBERTURA CRISTÃ

3 DE SETEMBRO

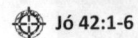

Jó 42:1-6

DEUS DE PERTO

*Antes, eu só te conhecia de ouvir falar; agora,
eu te vi com meus próprios olhos.* (v.5)

No atendimento a uma ocorrência de incêndio em uma área de chácaras, após horas de combate sob o sol quente, uma das famílias da região convidou a equipe para beber água em sua residência. Ao chegarmos à humilde casa, havia uma criança que correu em minha direção, olhou nos meus olhos e, com um misto de espanto e alegria, disse: "Sabia que eu nunca tinha visto um bombeiro de perto?". Em seguida, ergueu os bracinhos e me abraçou fortemente. Um abraço puro, de alegria e gratidão. Depois ficou ali, feliz, conversando comigo, mesmo com a situação caótica ao redor.

Fiquei comovido com a cena e nunca a esqueci. Aquela alegria pura e infantil em apenas conhecer um bombeiro. Ela sabia o que um bombeiro fazia, ela sabia que era apenas um ser humano que, às vezes, era descrito como um provável herói. Mas ainda assim, ficou impressionada ao ver um de perto. Tal fato fez-me refletir como seria se eu visse a Deus de perto. Como eu reagiria? Será que o abraçaria? Será que o encheria de perguntas?

Refletindo, concluí que posso ver a Deus de perto e o vejo todos os dias! Não com olhos humanos, mas por meio da fé e da vida de Jesus Cristo, que disse: "...Quem me vê, vê o Pai..." (JOÃO 14:9). Também posso fazer com que outras pessoas o vejam, sendo um imitador de Cristo (1 CORÍNTIOS 11:1). Para o imitarmos, precisamos conhecê-lo e ter intimidade com Ele, o que é possível quando dedicamos tempo para refletir em Sua Palavra e conversamos com Ele através da oração.

*Conhecer a Deus não é ouvir falar dele,
mas sim relacionar-se com Ele.*

SENHOR DEUS, OBRIGADO POR MANIFESTARES TUA PRESENÇA A NÓS CONSTANTEMENTE.

MAJ DONATO COELHO DE ALMEIDA — CBMMT

4 DE SETEMBRO — Hebreus 11

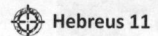

CONVICÇÃO DE FÉ

Sem fé é impossível agradar a Deus. Quem deseja se aproximar de Deus deve crer que ele existe... (v.6)

Quando alguém está em Cristo, torna-se uma nova criatura, ou seja, já não é mais a mesma pessoa, as coisas antigas já passaram e teve início a uma nova vida (2 CORÍNTIOS 5:17)! Portanto, eu nasci de novo, agora sou uma nova criatura.

Pelo grandioso poder de Deus, Ele nos concedeu todas as maravilhosas promessas para nos salvar da imoralidade e dos desejos carnais do mundo, fazendo-nos, assim, participantes da natureza divina (2 PEDRO 1:4). E, por causa de Sua glória e excelência, Ele nos concedeu grandes e preciosas promessas. São elas que nos permitem participar da natureza divina e escapar da corrupção do mundo causada pelos desejos humanos. Sou agora coparticipante da natureza divina, o meu espírito uniu-se com o Senhor (1 CORÍNTIOS 6:17). Portanto, posso dizer que vivo a vida de Cristo. "...já não sou eu quem vive, mas Cristo vive em mim. Portanto, vivo neste corpo terreno pela fé no Filho de Deus, que me amou e se entregou por mim" (GÁLATAS 2:20). Por isso, tenho um propósito definido na vida: fazer a obra de Deus.

Se estamos vivendo pelo poder do Espírito Santo, sigamos a liderança dele em todos os aspectos de nossa vida. O mundo precisa de Cristo. Com a ajuda do Espírito Santo, vamos pregar o evangelho enquanto há tempo.

Em quem você crê? Você precisa que seja aumentada a sua fé?

Tudo que temos, onde estamos, quem somos e para onde iremos é por causa da fé.

MEU DEUS, AGRADEÇO-TE POR ME DARES FÉ PARA FAZER A TUA OBRA E ANDAR EM TEUS CAMINHOS.

MAJ RAUL CAVALCANTE BATISTA — PMMA

5 DE SETEMBRO — Números 14:18-20

DEUS RESPEITA O NOSSO PROCESSO

...até que todos alcancemos a unidade que a fé e o conhecimento do Filho de Deus produzem... —EFÉSIOS 4:13

Muitas vezes, não vislumbramos o real significado da morte de cruz do nosso Senhor Jesus. Sabemos que Ele nos libertou da morte proveniente do pecado, mas deixar a vida de escravo, de engano e decidir ter uma nova vida não é tão fácil, uma vez que temos que nos esvaziar de nós mesmos e deixar Cristo operar em nós. Tal aquiescência é difícil.

Eu percebia que os policiais militares do batalhão ficavam chateados, impacientes e desanimados ao observarem que suas vidas eram repletas de atitudes inconstantes, cometendo reincidentes erros e tendo reiteradas "quedas", demonstrando o quanto eram imaturos na fé, facilmente iludidos e inseguros na doutrina. Assim, nos encontros religiosos daquele quartel, concluíamos que atingir a "estatura de Cristo" não aconteceria de uma hora para a outra, e que Deus, sabendo disso, na Sua majestosa paciência, respeitaria o nosso processo.

Na cruz fomos justificados e, por isso, existe uma força em nós para buscarmos a renovação da nossa mente através da mudança de pensamento. Há a transformação paulatina do "velho homem" para o "novo homem" para que vivamos o melhor de Deus para nós.

Ao fazer uma autoanálise, questiono o que me impede de orar e meditar, e na minha reflexão, percebo que, além da luta para não pecar, também tenho que me desembaraçar de tudo aquilo pelo qual perco tempo, uma vez que não me edifica. Assim sendo, não devemos desistir de buscar a Deus, mesmo diante dos tropeços, para que consigamos ser mais que vitoriosos.

Olhemos firmemente para Cristo, seguindo a verdade em amor, contando com Sua capacitação e força.

PAI, QUE ATRAVÉS DO CONHECIMENTO DE TUA PALAVRA EU SEJA CONSTANTEMENTE APERFEIÇOADO E PRODUZA FRUTOS PARA A TUA GLÓRIA.

TEN CEL KARISE NÉRIS — PMGO

6 DE SETEMBRO

João 15:1-8

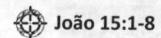

DEPENDÊNCIA OU MORTE!

...Pois, sem mim, vocês não podem fazer coisa alguma. (v.5)

O glorioso grito do Ipiranga, relembrado anualmente em 7 de Setembro, marca nossa identidade como nação soberana e independente. "Independência ou morte" é o grito dos livres, dos decididos a tomarem as rédeas de sua própria vida. É uma declaração de autonomia perante as outras nações. Preservar nossa soberania e liberdade face a outros Estados e à criminalidade é uma missão gloriosa, que fazemos com a graça de Deus, ainda que com o risco da própria vida.

No entanto, na relação com Deus, o nosso grito deve ser diferente. Devemos dar o grito da *Dependência*! Sem Ele nada podemos fazer e sem Ele não podemos dar frutos espirituais realmente agradáveis. Dependemos dele como os ramos dependem do caule. Ele é quem nos capacita e alimenta. Ele é quem nos dá condições de frutificar. Isso vale para todas as áreas da nossa vida: casamento, criação de filhos, finanças e trabalho. O ar que respiramos, a força que temos e até mesmo nossas qualidades e capacidades são oriundas do potencial que o Senhor nos concedeu.

Diante do Senhor Jesus, o dilema é outro: "Dependência ou morte!" Porque a independência de Deus leva à morte, como galhos cortados do tronco principal. Então, faça o seu melhor, mas viva na dependência do Senhor. Consagre a Ele hoje todas as suas ações. Assim, sua vontade se alinhará com a de Deus e suas orações serão atendidas.

Viver na dependência de Deus é o caminho da vida plena e realizada.

SENHOR, ENTREGO COMPLETAMENTE A MINHA VIDA EM TUAS MÃOS! AJUDA-ME A VIVER INTEIRAMENTE NA TUA DEPENDÊNCIA!

TEN CEL GISLENO GOMES DE FARIA ALVES — PMDF

7 DE SETEMBRO

Atos 2:42-47

INDEPENDÊNCIA OU DEPENDÊNCIA

*sempre louvando a Deus e desfrutando
a simpatia de todo o povo...* (v.47)

O dia 7 de Setembro de 1822 entrou para a história como o dia da Independência do Brasil de Portugal. As guerras começaram em 1821 com a expulsão do exército lusitano de Pernambuco, formando então o embrionário Exército Brasileiro. Em 1825, findam-se as hostilidades, e o Brasil é reconhecido como Estado independente de Portugal.

Em Atos 2, vemos o início da igreja cristã, como os primeiros cristãos viviam o dia a dia da sua fé e sua dependência de Deus. Anteriormente, eram dependentes do mundo e independentes de Deus. Eram egoístas, e o pecado os regia. Bebedices, glutonarias e prostituição eram comuns.

Ao serem confrontadas pela Palavra de Deus e ouvirem sobre a poderosa obra que Deus realiza por meio de Jesus Cristo, obra obtida sem preço e sem dinheiro, unicamente por amor e compaixão, aquelas pessoas foram transformadas. Suas mentes foram iluminadas e seus olhos, abertos. Homens e mulheres recebem nova direção através do poder de Deus.

Hoje, dois mil anos depois, você é independente ou dependente de Deus? Nem sempre ser independente é bom. Você é livre da tirania do pecado que oprime e faz da sua vida um "muquiço"? Ou você já está livre e dependente de Deus? Ser independente de Deus é "boca podre". Haverá guerrilhas, mas ser independente do pecado e dependente de Deus é o grande "bizu". Seja "safo", pegue o "bizu" e seja totalmente dependente de Deus, em todas as áreas da sua vida.

*Sejamos cada dia mais dependentes de Deus para sermos
cada vez mais independentes do mundo.*

SANTO E ETERNO DEUS, AJUDA-NOS A SERMOS PESSOAS DEPENDENTES DO SENHOR. QUE SEJAMOS VALOROSOS COMBATENTES E FIÉIS TESTEMUNHAS DE JESUS CRISTO. AMÉM.

PR. ANDERSON ADRIANO S. FARIA — CAPELÃO VOLUNTÁRIO/PR

8 DE SETEMBRO

Isaías 55:6-7

UM DEUS SALVADOR

*...Estou à porta e bato. Se você [...] abrir a porta,
entrarei...* —APOCALIPSE 3:20

O hábito de bater à porta de alguém simboliza respeito, educação para pedir permissão e entrar nos domínios dessa pessoa. Quanto ao que Jesus Cristo diz, à semelhança do coração dos membros da igreja em Laodiceia, devemos entender que o Senhor se refere ao nosso coração, cuja porta só é possível ser aberta por dentro. Isso significa que somente você pode aceitar o Senhor, outras pessoas podem até ajudá-lo a entender a vontade de Deus para sua vida, mas é uma decisão sua, somente sua!

Além disso, Ele demonstra o quanto é suave, gentil e bondoso, pois está à porta, mas não invade, não ultrapassa os limites da nossa vontade. O próprio Senhor Jesus nos afirmou: "Eu lhes digo a verdade: quem entra no curral das ovelhas às escondidas, por sobre a cerca, em vez de passar pela porta, é certamente ladrão e assaltante!" (JOÃO 10:1).

O apóstolo Paulo recomenda que, quando você ouvir a voz de Deus, não endureça seu coração, antes o receba depressa, abra seu coração e firme-se na verdade para a vida eterna com Ele, pois Cristo está bem próximo e acessível, à porta e batendo.

Portanto, meus caros, como está escrito: "O que nos faz pensar que escaparemos se negligenciarmos essa grande salvação, anunciada primeiramente pelo Senhor e depois transmitida a nós por aqueles que o ouviram falar?" (HEBREUS 2:3).

*O amor do Senhor, manifesto em Seu Filho Jesus Cristo,
nos assegura a Nova Jerusalém.*

**PAI, GRAÇAS POR TÃO GRANDIOSO SACRIFÍCIO
QUE NOS TRAZ A SALVAÇÃO!**

1º SGT ANTÔNIO RODRIGUES DE SOUZA — PMAC

9 DE SETEMBRO — Atos 9:1-15

SERVIR POR MEIO DA PROFISSÃO

Lutei o bom combate, terminei a corrida e permaneci fiel.
—2 TIMÓTEO 4:7

Na estrada de Damasco, Paulo teve uma experiência sobrenatural e transformadora com Cristo (ATOS 9:3-6). A partir desse evento, aceitou seu chamado para servir a Jesus, tornando-se um instrumento escolhido para levar Seu nome perante os gentios e reis, bem como para o povo de Israel (ATOS 9:15).

Nós também temos um chamado especial para servir a Jesus, seja em nossa vida pessoal ou mediante a profissão que exercemos. Assim, por meio do nosso exemplo pessoal fundamentado em uma postura bíblica, edificaremos nosso lar, nossa família e as pessoas que nos cercam. Igualmente, por intermédio de uma conduta profissional firmada nos preceitos cristãos (amor ao próximo, obediência às leis e desejo de servir à sociedade), contribuiremos significativamente para a construção de um mundo melhor.

Nesse sentido, busquemos, pois, cumprir o chamado de Deus através de nossa vida profissional na defesa da Pátria (Forças Armadas), na preservação da ordem pública (Polícias Militares), na defesa civil (Corpos de Bombeiros Militares), na investigação criminal (Polícia Civil e Polícia Federal), no patrulhamento das rodovias federais (Polícia Rodoviária Federal), na segurança prisional (Polícia Penal) ou na proteção de bens, serviços e instalações do município (Guardas Municipais).

Assim, ao cumprirmos fielmente nosso chamado, mesmo diante das mais severas provações, poderemos dizer ao final como Paulo: "Lutei o bom combate, terminei a corrida e permaneci fiel" (2 TIMÓTEO 4:7).

Deus opera nas mais variadas formas e lugares, inclusive por meio da profissão de Seus servos.

SENHOR JESUS, DÁ-ME SABEDORIA PARA CUMPRIR O TEU CHAMADO ATRAVÉS DA MINHA VIDA PESSOAL E PROFISSIONAL.

MAJ JOSÉ WILSON GOMES DE ASSIS — PMPI

10 DE SETEMBRO
2 Coríntios 2:14-17

DESISTIR OU INSISTIR?

...Agora, por nosso intermédio, ele espalha o conhecimento de Cristo por toda parte... (v.14)

Quando servi em hospitais, percebi que todos nós enfrentamos lutas longas, rápidas ou breves que só podem ser vencidas na dependência de Jesus. Para muitos, o viver é um grande desafio diário! Seja qual for a nossa batalha, o que conta para Deus é a vida de triunfo que levamos, se vamos desistir ou insistir, pois o triunfo é uma sucessão de vitórias, é manter o terreno sem a presença da desistência, esse inimigo. Então podemos ter algumas batalhas vencidas em algumas frentes, mas jamais perderemos a vitória da guerra. O importante é termos fé para crer que "O anjo do Senhor é guardião; ele cerca e defende os que o temem" (SALMO 34:7). Se Jesus estiver no centro do comando de nossa vida, caminharemos e chegaremos em triunfo como Cristo.

As pequenas e terrenas perdas lembram-nos de que somos dependentes de Deus. Elas não devem nos assustar, pois todas nos conduziram à presença de Deus em oração, levando-nos à adoração. Se nossos olhos estiverem firmes em Cristo, veremos um misto de fragilidade e favor divino em cada batalha.

Você já percebeu o quanto Deus o tem abençoado até hoje?

Se não puder voar, corra, ande ou rasteje. Mas continue em frente de qualquer jeito.

DEUS, AJUDA-NOS A PROSSEGUIR E ANTEVER AS VITÓRIAS QUE TU TENS PARA CADA UM DE NÓS.

1º TEN ROSANE PAIVA DA SILVA — EB/RJ

11 DE SETEMBRO

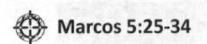

Marcos 5:25-34

PERSEVERANDO NA SUA FÉ

...Filha, a sua fé a curou. Vá em paz.
Seu sofrimento acabou. (v.34)

O relato bíblico nos fala de uma mulher que sofria de problemas de saúde há vários anos, e que, após ter procurado todo tipo de cura existente na época, mas sem êxito, não foi curada, pois não procurava no local certo. Porém, um dia ela viu que sua vida poderia mudar. Estava passando aquele que tudo pode, Jesus, que transformava, que salvava vidas.

Ela, então, teve fé e creu que era a sua hora de obter a vitória. Com muita fé e perseverança, apesar de toda multidão perto do Mestre, ela acreditou que era o seu momento. Foi perseverante na fé e insistiu até que tocou nas vestes de Cristo, recebendo instantaneamente a sua vitória. A vitória vem, mas, para isso, temos que esperar a hora determinada por Deus. A fé daquela mulher foi tamanha que um simples ato, como o toque nas vestes de Jesus, pôde lhe proporcionar a vitória. À semelhança dela, devemos perseverar com fé, superando e resistindo a todas as adversidades, pois Deus é maior do que qualquer problema que venhamos a enfrentar.

Se confiarmos em Deus com fé e perseverança,
a vitória é certa, pois Ele é misericordioso.

SENHOR ETERNO E TODO-PODEROSO, QUE NOSSA FÉ E PERSEVERANÇA SEJAM SUFICIENTES PARA ALCANÇARMOS A VITÓRIA E PRINCIPALMENTE A SALVAÇÃO ETERNA.

2º SGT ROBERTO CARLOS CHAVES — PMSC

12 DE SETEMBRO

Tiago 3:1-14

LUTANDO CONTRA O FOGO

*...Vejam como uma simples fagulha é capaz
de incendiar uma grande floresta.* (v.5)

Nos últimos anos, o fogo tem castigado a nossa fauna e flora. A natureza sofre na época das queimadas. O Pantanal sul-mato-grossense, dentre outros biomas, com sua riqueza e exuberância, entristece-se por suas perdas. Entretanto, mais do que qualquer outro, nós bombeiros-militares sabemos o quanto esses incêndios nos levam à exaustão e são deletérios ao meio ambiente, e principalmente à saúde das pessoas. Muito se discute sobre os responsáveis por eles, mas, sem dúvida, grande parte tem causa humana, consequência da negligência, inobservância de formas simples de prevenção que poderiam evitar tais catástrofes. Para uma recuperação plena, muitos anos são necessários para que a natureza se recomponha.

Assim como os que causam os incêndios, conscientes ou não, muitas vezes, causamos estragos imensos na nossa vida e na vida de outras pessoas por causa de nossa língua. Através do que expressamos impensadamente, causamos danos irreparáveis em nossos familiares, amigos, desconhecidos e até mesmo em nós memos. São feridas que, na maioria das vezes, são profundas e permanentes. Temos que tomar muito cuidado com as palavras que usamos, pois de uma mesma boca procede bênção e maldição, e não podemos agir dessa forma.

*Pai, clamamos a ti para que nos ajudes a refrear a nossa língua
e que venhamos pôr o Teu amor em nossas palavras.*

**QUE NOSSAS PALAVRAS POSSAM EDIFICAR AS PESSOAS
COM QUEM CONVIVEMOS.**

3º SGT ANDERSON SILVIO MENDES — CBMMS

13 DE SETEMBRO — Mateus 11:25-30

DEIXEM QUE EU LHES ENSINE

*Tomem sobre vocês o meu jugo. Deixem que eu lhes ensine,
pois sou manso e humilde de coração...* (v.29)

O apóstolo Paulo, empenhado em pregar a mensagem de Cristo e preocupado em passar para seu aprendiz, Timóteo, seus últimos ensinamentos, escreveu e recomendou: "Suporte comigo o sofrimento, como bom soldado de Cristo Jesus" (2 TIMÓTEO 2:3).

Pela recomendação do apóstolo Paulo, percebemos que, para sermos participantes da obra de Deus e de Seus propostos, necessitamos ser bons soldados de Cristo, moldados pelo Seu caráter e vivendo o que Ele ensinou.

Talvez você se questione, e até afirme, que nunca poderá ser um policial e, ao mesmo tempo, ser um soldado de Cristo, pois há momentos em que, para fazer prevalecer a ordem, é preciso deixar a mansidão de lado e usar a força para conter a injustiça e a agressão. Na nossa profissão, passamos por momentos de extrema aflição. Haverá momentos em que você terá que fazer uso da força, e se vacilar, sua vida, a de seu companheiro, ou de um inocente estará em risco.

Em João 2:13-16, Jesus entrou no Templo e se deparou com uma desordem. O comércio no Templo era uma agressão ao Senhor Deus. Jesus derrubou as mesas e estabeleceu a ordem, dizendo que o Templo era "casa de Deus" e seria chamado casa de oração. Jesus estava demostrando que algumas vezes a força deve ser usada para estabelecer a justiça de Deus. Porém, nunca se esqueça: ela é apenas uma ferramenta que deve ser bem usada. Agindo assim, você se manterá sempre manso e humilde.

*Agem em estrito cumprimento do dever legal os policiais que,
quando necessário, empregam força física para cumpri-lo.*

**SENHOR, FAZ DE MIM UM PROFISSIONAL EXEMPLAR,
COMPROMETIDO COM A JUSTIÇA E A VERDADE.**

CEL CUSTÓDIO ALVES BARRETO NETO — PMESP

14 DE SETEMBRO

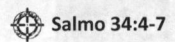

Salmo 34:4-7

AMEAÇADO, MAS GUARDADO

O anjo do SENHOR é guardião... (v.7)

Em setembro de 2017, sofri um atentado em uma avenida importante do Rio de Janeiro. Após deixar um casal em uma igreja, onde iam participar de um encontro de casais, voltando para minha casa, um carro inesperadamente fechou bruscamente o meu. Quando percebi a ação, orei rapidamente pedindo o socorro divino. Olhei para o retrovisor, vi que não havia nenhum carro atrás do meu e engatei a marcha ré.

Quando os elementos armados vieram em minha direção, acelerei o meu carro em zigue-zague, olhando para as armas deles por pelo menos 150 m e consegui me desvencilhar. Entretanto, acabei batendo meu veículo em outro. Imediatamente socorri o motorista, enquadrei dois elementos que vinham da direção onde havia ocorrido o sinistro, liguei para o corpo de bombeiros e para a polícia. Pude, então, agradecer a Deus pelo livramento.

Existem momentos perigosos que enfrentamos em nossa lide diária, mas quando clamamos ao Senhor em oração, temos a certeza do Seu socorro bem presente na hora da angústia.

Naquele momento em que a minha vida corria risco, clamei, e Deus me ouviu. Tenho a certeza de que nenhum tiro me acertou porque o Senhor estava me protegendo e guardando.

Se você enfrenta perigos diários, confie sua vida e suas atividades aos Senhor. É Ele quem nos guarda, toma conta de nossa família e envia um de Seus anjos para nos livrar. Verdadeiramente "o anjo do SENHOR é guardião; ele cerca e defende os que o temem" (SALMO 34:7).

Estamos mais protegidos com Deus em meio a uma tempestade do que em tempos de bonança sem Ele.

DEUS, AGRADEÇO POR TEU AMOR, TUA MISERICÓRDIA, TEUS CUIDADOS E TUA PROTEÇÃO.

CEL JORGE LUÍS DOS SANTOS LACERDA — PMERJ

15 DE SETEMBRO

Lucas 9:51-56

RESPEITO À CRENÇA ALHEIA

Pois o Filho do Homem não veio para destruir as almas dos homens, mas para salvá-las. (v.56 ARC)

Como capelão civil junto à Polícia Militar no Pará, certo dia ao visitar o Hospital da Corporação, fui cumprimentar o diretor, como de costume. Ele estava reunido com seus oficiais, mas fez uma pausa para me receber. Os minutos seguintes foram marcados por um breve bate-papo muito cordial. Num dado momento, um dos médicos pediu minha opinião sobre Nossa Senhora de Nazaré, a santa padroeira dos paraenses. Percebi a relevância daquela oportunidade, sobretudo em relação à minha atuação pastoral na corporação. Vi-me, também, diante de um teste relacionado ao alinhamento de minha conduta como capelão num ambiente de pluralismo cultural e religioso.

Fiz referência aos pontos de vista católico e protestante sobre o assunto. Enalteci as virtudes de Maria, a bem-aventurada mãe de Jesus: sua submissão a Deus, sua humildade etc. Registrei meu respeito à posição da Igreja Católica Apostólica Romana quanto aos atributos conferidos à Maria. Porém, comentei sobre as duas partes mais importantes do assunto: a indiscutível piedosa vida exemplar de Maria, digna de respeito e admiração, e o fato de que, à luz do Evangelho, somente Jesus recebeu a missão de nos salvar.

A partir daquele ligeiro encontro, no qual foi observado o respeito à crença alheia, constatei sua decisiva e grande contribuição na promoção e fortalecimento das relações pessoais e funcionais envolvidas na assistência médica e religiosa prestada aos membros da PMPA e seus familiares, bem como ao bom testemunho do evangelho de Cristo.

Devemos contribuir para a edificação das pessoas.

DEUS, AJUDA-ME A SER SÁBIO PARA INTERAGIR COM O PRÓXIMO, RESPEITANDO SUAS CRENÇAS, ESPECIALMENTE QUANDO EU COMPARTILHAR AS BOAS NOTÍCIAS DE CRISTO!

CAP ALUÍSIO LAURINDO DA SILVA — CBMPA

16 DE SETEMBRO — Lucas 18:18-30

QUEM SEGUE A JESUS

...Venda todos os seus bens e dê o dinheiro aos pobres [...] Depois, venha e siga-me. (v.22)

Ao nos desligarmos do cordão umbilical da família, ainda jovens, e incorporarmos à vida militar, deparamo-nos com ensinamentos que nos empolgam ao usarmos uniformes e armas da instituição, tornando a nossa vida confortável. Muitas vezes isso é por conta do mérito da graduação ou posto, com poderes e prestígios que podem nos levar a esquecermos que somos humanos.

Quando Jesus disse ao jovem, em Lucas 18:18-30, que vendesse tudo que possuía, o Senhor mexeu na base de segurança e identidade do rapaz. Este não entendeu que estaria mais seguro seguindo a Jesus do que se mantivesse as suas condições financeiras e a posição social. Jesus não quer que os cristãos percam tudo que Deus permitiu que adquirissem, pois Ele sabe do que precisamos para bem concluirmos a missão que nos foi confiada, depositando mais fé em Deus do que na posição social em que vivemos. Jesus pede a todos que nos livremos de qualquer coisa que se torne mais importante do que Deus em nossa vida. Ele nos ensina a como mantermos a vida eterna durante a missão e a retornarmos ao nosso Deus com a missão cumprida.

Seguir a Jesus é acompanhar, ficar perto, não perder de vista, estar no caminho, sempre pronto e voluntário para demonstrar fé. Quem segue a Jesus tem um Amigo, tem vida eterna, tem proteção, enfrenta o medo, não passa necessidades, vive em paz e aprende a conhecer os mistérios de Deus. É um soldado escolhido do Senhor Deus para a missão de resgatar os que se perderam pelo caminho.

Ser soldado é estar sempre pronto para o bom combate!

SENHOR DEUS, PEÇO-TE QUE ABENÇOES A PESSOA QUE ESTÁ LENDO ESTA MENSAGEM, SUA FAMÍLIA, SUAS ATIVIDADES FUNCIONAIS E SITUAÇÃO FINANCEIRA.

1º TEN ANTÔNIO CARLOS DA SILVA — BMRS

17 DE SETEMBRO — Êxodo 18:13-27

A INFLUÊNCIA DO CAPELÃO MILITAR

"O que você está fazendo não é bom",
disse o sogro de Moisés. (v.17)

Olhando para Moisés, o libertador do povo hebreu do Egito, vê-se quão estressado ele estava atendendo aos hebreus, a fim de julgar os conflitos entre eles. Eram muitos atendimentos. Seu sogro, que o estava visitando, vê essa cena e lhe pergunta: "O que você está fazendo com este povo? (ÊXODO 18:14). Moisés respondeu: "Quando surge algum problema, eles me procuram e eu resolvo a questão entre as partes em conflito" (v.16). Então, o sogro diz: "O que você está fazendo não é bom. Você ficará esgotado e deixará o povo exausto" (vv.17-18).

Essa cena me parece típica do serviço policial. Muitos atendimentos por dia, lidando com a falta de educação e respeito, enfrentando grupos criminosos, ficando com o sistema de alerta ligado quase que 24h.

Como Jetro, sogro de Moisés, assim são os capelães que têm se dedicado a servir de apoio, consolo e alívio do estresse das ruas. Por outro lado, não vejo os policiais buscando esse apoio na figura amiga do capelão. Os capelães são pessoas que Deus tem colocado à sua disposição para prevenir o estresse mental que acaba prejudicando sua relação com a família, com os seus superiores e colegas, bem como consigo mesmo. Será que você está pensando: "Ah! Se eu tivesse me aconselhado com aquele capelão, eu poderia ter evitado fazer essa bagunça em minha vida?". A resposta está na Bíblia: "Se você seguir esse conselho [...] poderá suportar as pressões, e todo este povo voltará para casa em paz. Moisés aceitou o conselho do sogro e seguiu todas as suas recomendações" (vv.23-24)

Devemos estar atentos àqueles que desejam
auxiliar-nos com seus conselhos.

SENHOR, QUE EU TENHA SABEDORIA PARA ACEITAR OS CONSELHOS QUE RECEBO DE TI ATRAVÉS DAS PESSOAS.

CEL CARLOS ANDRÉ MEDEIROS LAMIN — PMESP

18 DE SETEMBRO — **Salmo 121**

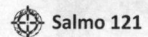

DE CORPO E ALMA

O Senhor é seu protetor!... (v.5)

Nas ocorrências do bombeiro militar, enfrentamos muitos perigos. Alguns previsíveis outros não, mas temos um Deus que nos ajuda a enfrentar as dificuldades da profissão. Ele é o guarda de Israel.

Somos acostumados a socorrer pessoas em diversas situações, mas temos um Deus que está pronto para socorrer os bombeiros — "Meu socorro vem do Senhor, que fez o céu e a terra!"(SALMO 121:2). No Seu socorro "Ele não deixará que você tropece; aquele que o protege não cochilará" (v.3). Ele está conosco 24 horas.

Por vezes, sentimo-nos sozinhos no fogo, debaixo da água turva, no salvamento em rodovias, mas Ele é a nossa sombra à nossa direita (v.5). Diuturnamente podemos contar com Ele (v.6).

Por fim, como estamos bem próximos da morte, não que queiramos, mas porque entendemos e nos comprometemos em estar lá, podemos contar com Aquele que também pode guardar nossa vida (v.7). Creia naquele que pode, por meio de Cristo Jesus, socorrer-nos da nossa maior dificuldade e medo — um dia passaremos por isso em ocorrências ou não. "Porque Deus amou tanto o mundo que deu seu Filho único, para que todo o que nele crer não pereça, mas tenha a vida eterna" (JOÃO 3:16).

Posso reconhecer agora quem sempre esteve comigo. Posso garantir agora quem guardará não somente meu corpo, mas a minha alma eternamente.

O Senhor pode guardar o corpo e a alma.

DEUS, GRAÇAS POR TUA PRESENÇA, MAS, NESTE MOMENTO, SALVA-ME EM CRISTO JESUS. SOCORRE-ME POR COMPLETO PARA QUE EU POSSA ESTAR ETERNAMENTE CONTIGO.

CAP LUIZ FERNANDO PEREIRA DO NASCIMENTO — CBMGO

19 DE SETEMBRO

Isaías 40:26-31

ESPERANÇA EM MEIO AO CAOS

Mas os que confiam no SENHOR renovam suas forças;
voam alto, como águias... (v.31)

"Na entrada do inferno, sem portas nem cadeados, há uma advertência: 'Deixai toda a esperança, ó vós que entrais'", escreveu Dante Alighieri, em *A Divina Comédia*.

Alighieri compara a terrível concepção do Inferno a um lugar de desespero total. É comum que situações negativas e frustrantes promovam em nós desespero. Quem se desespera acaba em confusão e age de forma irreflexiva e prejudicial. O desespero é a porta do inferno, pois produz o caos. Nesse sentido, é com palavra de ordem que Deus estabelece Sua criação. O caos se dissipa quando a ordem chega. Nem sempre é fácil colocar a vida "nos trilhos". Pelo contrário, quanto mais difícil a situação, mais tendemos ao desespero.

É justamente aqui que a esperança tem seu papel fundamental. Numa breve definição, esperança é o antônimo de desespero. Viver com esperança é projetar-se para algo a partir de ações do presente com base no passado. Assim o esperançoso enfrenta os problemas do seu dia a dia, pois sabe que já passou por muitas dificuldades e que com a ajuda divina é capaz de suportar mais uma.

Não se desespere diante do caos que você possa estar experimentando. Pense no que já enfrentou. "Basta para hoje os problemas deste dia" (MATEUS 6:34). Lute sem perder as raízes que o sustentam e a esperança que o impulsiona. Não se esqueça de que esperança é ter raízes sólidas no passado, descansar os pés no presente, caminhar com confiança para o futuro, mas, sobretudo, fixar os olhos no alto, de onde vem o socorro!

Esperança é fixar os olhos no alto, de onde vem o socorro!

DEUS, AJUDA-NOS A MANTER NOSSOS OLHOS EM TI PARA QUE ASSIM POSSAMOS ENFRENTAR OS DIAS MAUS.

2º TEN WELLINGTON CASAGRANDE — FAB/RS

20 DE SETEMBRO

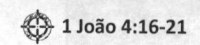

1 João 4:16-21

TÁ COM MEDO DE QUÊ?

*No amor não há medo; pelo contrário
o perfeito amor expulsa o medo...* (v.18 NVI)

O medo muitas vezes pode fazer uma pessoa se aproximar de Deus; o receio das coisas que acontecerão com ela pode fazê-la buscar algum tipo de benefício, favor e até mesmo a redenção. Porém isso não é suficiente para mantê-la próxima de Deus. A mudança de comportamento genuína ocorre no anelo de uma alma em aceitar o chamado de Deus e receber o Seu amor.

Veja que o medo foi uma das primeiras consequências do erro humano: Adão se escondeu de Deus depois de sua desobediência. O medo paralisa, produz a perversão dos instintos humanos naturais.

Mas o medo, ah, o medo quer sempre estar presente em nossa vida: medo de morrer, de ficar doente, de ser ridicularizado, de não ser aceito, de ser rejeitado. Enfim, o ser humano pode se cercar de muitos motivos para temer.

No entanto, é maravilhoso o texto na Bíblia que diz que "...o amor lança fora o medo...". Aí está a receita de Deus para nós, para termos uma vida abundante com Ele, para abrirmos a porta do nosso coração e sermos preenchidos pelo amor incondicional do Senhor. Recebemos o amor de Deus e, quando tomamos posse dele, tudo muda em nossa vida: nossa percepção de mundo, nossos relacionamentos, nosso receio do que pode acontecer conosco. Paulo afirmou, em Filipenses, que já tinha experimentado todo tipo de situação, tanto em ter fartura e abundância quanto em passar por grandes dificuldades e finaliza: "tudo posso naquele que me fortalece".

O amor de Deus nos habilita a vencer qualquer tipo de medo.

MEU DEUS, QUE EU POSSA EXPERIMENTAR EM MINHA VIDA E NOS MEUS RELACIONAMENTOS O TEU AMOR DERRAMADO EM MINHA VIDA E VENCER TODO TIPO DE MEDO!

PRF ANTONIO PAIM DE ABREU JUNIOR — SUPERINTENDENTE DA PRF/PR

21 DE SETEMBRO — Mateus 22:34-40

CAPELANIA CENTRADA NA PESSOA

...Ame o seu próximo como a si mesmo. (v.39)

A Capelania Militar é um ministério incomparável. Nos meus anos de serviço na Polícia Militar de Rondônia, aprendi o real valor de uma pessoa investida de autoridade para exercer o poder de polícia.

O ser humano Policial Militar geralmente possui esposa, filhos, pais e demais familiares. Ele é oriundo da própria comunidade e, ao ingressar na vida policial, é treinado para lhe prestar serviço de segurança. Mas, em algumas situações, sofre para cumprir sua missão. É exatamente nesses momentos que o Capelão Militar vem para atendê-lo, não se esquecendo que, debaixo daquela farda, existe um ser humano integral.

O capelão procura transmitir confiança para que o policial se sinta seguro para falar. Naquele momento, não há ninguém mais importante do que ele. Os fatos ocorridos em sua vida familiar e profissional o atingem de tal forma que somente alguém que o veja como uma pessoa integral pode lhe dar algum auxílio. O capelão age com empatia, aceitação incondicional e procura ser congruente para que o Policial Militar supere a situação vivida, recebendo o suporte espiritual de que precisa.

Amar o próximo como a si mesmo é realmente um desafio para o Ministério de Capelania, pois os policiais observam o capelão para constatar se realmente ele ama de verdade. Esse amor ao próximo lhe possibilita apresentar Jesus para essa classe, que somente é chamada quando há algum risco de vida.

O amor ao próximo, parte do princípio que amamos
a nós mesmos, como realmente Jesus ensinou.

SENHOR, AGRADEÇO PELOS CAPELÃES DO BRASIL E SEUS MINISTÉRIOS DE "AMAR AO PRÓXIMO COMO A SI MESMOS".

TEN CEL JOSUÉ FERNANDES MARRIELI — PMRO

22 DE SETEMBRO **1 Samuel 17:24-54**

DERROTANDO OS GIGANTES

*Assim, Davi venceu o filisteu e o matou com apenas
uma funda e uma pedra...* (v.50)

O exército filisteu reuniu suas tropas de guerra contra Israel. De repente, do arraial dos filisteus sai um guerreiro de nome Golias, com aproximadamente 2,90m, desafiando o exército dos israelitas durante 40 dias para um duelo. Então, entra em cena um garoto chamado Davi, que tinha ido ao vale de Elá, local da batalha, a mando do seu pai, para levar provisões a seus três irmãos mais velhos, Eliabe, Abinadabe e Samá, que serviam no exército do rei Saul, e ter notícias deles. Davi ouviu a afronta de Golias ao exército israelita e viu que ninguém do exército de Israel se atrevia a duelar com o gigante. Assim, Davi se oferece ao rei Saul para o duelo com Golias, um guerreiro desde a sua mocidade. Apesar da sua idade, estatura e inexperiência de guerra, Davi derrotou o gigante com uma funda e uma pedra, e a confiança que ele tinha em Deus, o Senhor dos Exércitos de Israel.

Davi, mesmo sendo tão jovem, ensina-nos nessa história o que significa viver pela fé em Deus. Sua comunhão com Deus é algo que nos motiva a seguir em frente, a não ter medo das dificuldades e a confiar em Deus com todas as forças.

Atentando para o exemplo de Davi, nós também podemos derrotar os nossos gigantes. Os gigantes para nós podem ser as lutas, as adversidades, os sofrimentos, os problemas que enfrentamos dia a dia.

*As nossas lutas são lutas do Senhor e com Ele
somos mais que vencedores.*

SENHOR DOS EXÉRCITOS, CONFIANTES NO SENHOR, AJUDA-NOS A DERROTAR OS GIGANTES DA NOSSA VIDA.

PR. JOÃO DE DEUS DOS S. SILVA — CAPELÃO VOLUNTÁRIO/GO

23 DE SETEMBRO

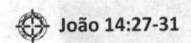

João 14:27-31

SEDE DE PAZ INTERIOR

Eu lhes deixo um presente, a minha plena paz. E essa paz [...] o mundo não pode dar... (v.27)

Em São Paulo, o projeto chamado "Polícia e Igreja", uma parceria entre os "PMs de Cristo", a Igreja Evangélica e a Polícia Militar, tem oferecido assistência espiritual voluntária aos policiais e bombeiros. Na pesquisa de avaliação, em 2017, várias perguntas foram feitas sobre a participação nos "Momentos com Deus", feitos na passagem de serviço, se o trabalho era válido e se deveria continuar, entre outras. As respostas variaram entre 80 a 90% em relação à aceitação e continuidade. Mas uma pergunta de múltiplas oportunidades, já sugerida por mim, é que chamou minha atenção: "Estas reflexões já o ajudaram em algumas das situações abaixo?". A mais indicada foi "paz interior" (252); conhecimento da Palavra de Deus (228) e aproximação de Deus por meio da oração (206).

Ficou muito claro o desejo e a sede do policial de ter, regularmente, a Palavra de Deus compartilhada, independentemente de religião, pois o capelão é treinado não para pregar religião, mas expor a Bíblia e aconselhar segundo ela. Em João 14, Jesus dialoga com Seus discípulos, respondendo muitas dúvidas e resolvendo as aflições da alma. Ele diz: "Eu lhes deixo um presente, a minha plena paz. E essa paz que eu lhes dou é um presente que o mundo não pode dar"(v.27).

A paz que procuramos não está nas circunstâncias, uma vez que, ora elas são favoráveis, ora não. Não está em pessoas, pois, muitas vezes, somos enganados e traídos por elas. Não está no dinheiro, visto que hoje o temos, amanhã não. Essa paz existe quando nos rendemos ao senhorio de Jesus Cristo.

Em meio aos momentos de crise, Jesus é a nossa paz.

SENHOR, GRAÇAS TE DAMOS POR NOS CONCEDERES A PAZ QUE EXCEDE TODO O ENTENDIMENTO.

CEL CARLOS ANDRÉ MEDEIROS LAMIN — PMESP

24 DE SETEMBRO

João 14:16-17,26; 15:26

ELE ESTÁ SEMPRE CONOSCO

*É o Espírito da verdade [...] vocês o conhecem,
pois ele habita com vocês...* (v.17)

Em meados do ano de 2001, eu estava em deslocamento ao 24º Batalhão de Polícia Militar onde servia como Subcomandante, quando comecei a orar pedindo que o Senhor nos guardasse, que aquele dia fosse diferente e que Ele nos livrasse de qualquer mal.

Nesse momento convidei o Espírito Santo para conversar comigo, pois queria ter uma experiência diferente e, no mesmo momento, senti como se Ele estivesse ali no banco do carona, e conversamos como verdadeiros amigos. A situação foi tão intensa, que mesmo dirigindo não pude conter as lágrimas e tive que parar antes para não chegar chorando no quartel.

Esse momento especial marcou minha vida e me provou que o Espírito Santo é uma pessoa, é real, está sempre presente. Basta convidá-lo e lhe dar liberdade para interagir conosco. Na verdade, Ele habita em nós.

A Palavra de Deus nos afirma tal situação em várias passagens bíblicas, incluindo o próprio Jesus, que nos prometeu que iria aos Céus, mas rogaria a Deus para que o Espírito Santo ficasse conosco para sempre.

*Reconheça Jesus como o Filho de Deus e seu Salvador,
e o Espírito Santo passará a morar em você!*

OBRIGADO, JESUS, PELA PROMESSA DO ESPÍRITO SANTO!

MAJ VOLNI POMPEO VIEIRA — BMRS

25 DE SETEMBRO — João 15:1-4

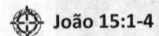

ACEITAR O DESAFIO PARA PRODUZIR MAIS

...Todo ramo que dá fruto, ele poda, para que produza ainda mais. (v.2)

Tenho dois pés de acerola em casa, sendo que um deles estava produzindo muito pouco. O grande dilema sempre é: deixar e ver se vai produzir mais na próxima florada ou cortar os galhos para que eles venham mais fortes? O que você faria?

Essa foi minha dúvida, mas como eu tinha um outro pé de acerola produzindo abundantemente, optei por pedir para um vizinho passar a serra elétrica deixando uma base de aproximadamente 1 metro de altura. Meses depois, os novos brotos vieram verdes e viçosos e continuam crescendo dia a dia. Eles logo frutificarão. A Palavra de Deus diz que Jesus é a verdadeira videira e Deus é o lavrador, e que Ele poda todo ramo que dá fruto para que essa produção aumente ainda mais.

Em alguns momentos da vida passamos por provações e desafios e pensamos que não daremos conta de produzir mais frutos. E, às vezes, não entendemos o porquê daquela poda. Assim como a árvore que é podada para aumentar sua produção, as dificuldades que enfrentamos têm o único objetivo de nos tornar mais fortes e resilientes. Fomos feitos para crescer e avançar e se não passássemos pelas podas, pelos desafios, não produziríamos mais, ficaríamos estagnados.

Toda poda, todo desafio enfrentado, é porque já produzimos frutos. Todo ramo que dá fruto vai passar por poda e limpeza para que produza ainda mais (JOÃO 15:2).

Se quisermos aumentar as nossas colheitas, precisamos aceitar e agradecer pelas podas de Deus.

SENHOR, OBRIGADO PORQUE, MESMO SEM ENTENDERMOS ÀS VEZES, O SENHOR TRABALHA PARA PRODUZIRMOS MAIS.

AGENTE GIANCARLO TENÓRIO — SRPF/DF

26 DE SETEMBRO

Efésios 4:17-27

A RAIVA É FILHA DO MEDO

*...não pequem ao permitir que
a ira os controle.* (v.26)

Eu estava de serviço como supervisor em uma unidade da Polícia Militar em Goiânia, numa noite monótona, até que a notícia de uma ocorrência na qual morreu um soldado, filho de um sargento, causou um alvoroço geral e despertou a ira de um batalhão inteiro. Larguei o que estava fazendo e fui participar da busca dos criminosos que ainda estariam por perto.

Depois de alguns minutos de patrulhamento, veio o confronto. Éramos dois policiais contra dois criminosos fugitivos do presídio local, e novamente homicidas. Só que agora mataram um dos nossos. Eu estava com a arma em punho e, mesmo com os criminosos dominados, sentia uma raiva terrível deles. Nesse momento, creio que a voz do Espírito Santo conteve o meu desejo de vingança e me colocou numa difícil situação de levar presos e em segurança os homens que haviam acabado de abater um dos nossos. Eu sabia que precisava de sangue frio para fazer o que era certo, ainda que sob a crítica e ira de alguns colegas mais exaltados diante de assassinos de policiais ainda armados.

Mesmo depois do flagrante, tive que ouvir alguns comentários desagradáveis por não ter feito justiça com as próprias mãos. Confesso que o meu desejo era esse, mas não deixei que a ira me controlasse. Os criminosos foram entregues em segurança e a minha guarnição recebeu um grande elogio na ficha de serviços.

*A raiva é filha do medo, pois quando nos sentimos
ameaçados, somos dominados pela ira.*

**SENHOR, OBRIGADO POR ME PERMITIRES SENTIR RAIVA,
MAS AJUDA-ME A NÃO SER DOMINADO POR ELA.**

TEN CEL AILTON SOUSA BASTOS — CBMGO

27 DE SETEMBRO

Marcos 11:25-26

TRANSFERÊNCIA DE CULPA

*Mas, se vocês se recusarem a perdoar,
seu Pai no céu não perdoará seus pecados.* (v.26)

Certo dia, um comandante me pediu para dar aconselhamento a uma policial que estava enfrentando um momento muito difícil no casamento. Atendendo ao pedido do comandante, fui procurá-la. Ao perguntar-lhe o que estava acontecendo, ela afirmou que o problema era ela. Disse-me que quando o marido chegava do trabalho, ela olhava seu celular pensando que encontraria algo de errado. Olhava a roupa para ver se achava algo suspeito. Tudo que pertencia ao marido ela tinha que averiguar.

Perguntei se isso acontecia com todos os policiais. Ela disse que não. Ela sabia que estava errada, mas não conseguia deixar o hábito, mesmo com o seu marido pedindo para ela parar, pois ele não fazia nada de errado. Então perguntei-lhe: "Você foi traída no passado?". "Sim", disse ela.

Logo entendi que se tratava de transferência de culpa. Como consequência de ter sido traída num relacionamento anterior, ela não confiava em mais ninguém e achava que seu marido também a trairia. A transferência de culpa é quando alguém ferido projeta em outra pessoa a frustração sofrida no passado. Esse sentimento é escravizante. Somente através do perdão, poderemos nos libertar dessa prisão e ser livres para viver uma vida com um relacionamento saudável e feliz.

Como o Senhor Jesus nos ensina em Marcos 11:25-26, o perdão é uma decisão que tomamos para também recebermos o perdão de Deus.

Liberte-se! Perdoe!

> SENHOR AMADO, AJUDA-NOS A PERDOAR AQUELES QUE NOS OFENDERAM PARA DESFRUTARMOS DO TEU RICO PERDÃO.

PASTORA DIRCE SHIROTA — COORDENADORA DE NÚCLEOS PMS DE CRISTO/SP

28 DE SETEMBRO — Gênesis 22:1-5

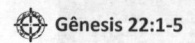

VAMOS ADORAR E DEPOIS VOLTAREMOS

*O rapaz e eu iremos mais adiante. Vamos adorar
e depois voltaremos.* (v.5)

No livro de Gênesis, encontramos a história de intimidade e confiança do servo Abraão com Deus quando lhe foi pedido seu único filho como prova de amor. É importante destacarmos que Deus falou a Abraão, e ele não questionou. No dia seguinte, saiu com seu filho e dois servos para obedecer ao que Deus havia lhe falado. Viajou três dias até o local que Deus lhe mostrara, confiando na provisão do Senhor. Abraão teve tempo de desistir, mas continuou a caminhada com fé. Ele sabia que voltaria com seu filho Isaque vivo. Isso pode ser comprovado quando ele disse aos seus servos: "Fiquem aqui com o jumento", disse ele aos servos. "O rapaz e eu iremos mais adiante. Vamos adorar e depois voltaremos" (GÊNESIS 22:5).

Assim deve ser a nossa caminhada de fé. As montanhas que enfrentamos, as dificuldades, os problemas no trabalho, doenças, dívidas, conflitos familiares ou conjugais não podem abalar a nossa convicção, a nossa fé de que, se semearmos com lágrimas em oração, colheremos com cânticos de alegria, pois "Toda a glória seja a Deus que, por seu grandioso poder que atua em nós, é capaz de realizar infinitamente mais do que poderíamos pedir ou imaginar" (EFÉSIOS 3:20).

*A fé agrada o coração de Deus, e Ele tem alegria
em nos abençoar.*

DEUS MARAVILHOSO, OBRIGADO POR NOS SOCORRERES NO DIA DA ANGÚSTIA.

CAP EZILDA SILVA DOS SANTOS — PMGO

29 DE SETEMBRO — Oseias 4:6

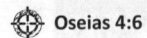

BUSCA PELO CONHECIMENTO

*Meu povo está sendo destruído porque não me conhece
[...] vocês, sacerdotes, não querem me conhecer...* (v.6)

A era do conhecimento impera nos dias de hoje para mudar os relacionamentos nos ambientes de trabalho. O capital humano é reconhecido como o maior potencial das empresas. Seu sucesso requer investimento na gestão de pessoas, visando ao treinamento em inovação, à capacitação e adoção de postura estratégica. Para isso, nenhum profissional pode se dar por satisfeito com a capacitação que já obteve.

Da mesma forma, uma tropa necessita de treinamento e aprimoramento constantes para o cumprimento de sua missão precípua. Sun Tzu afirmava que um exército não pode desdenhar do conhecimento exato e detalhado de todas as diretrizes e táticas de combate, com o risco de ser tomado pela confusão e dominado pelo adversário.

O que nos move na caminhada espiritual é uma busca constante pelo conhecimento de Deus. A Palavra de Deus nos diz: "...conhecerão a verdade, e a verdade os libertará" (JOÃO 8:32). A verdade de Deus ilumina nosso entendimento para discernirmos o que vem de Deus e o que vem do maligno. Em um mundo em que 2,2 milhões de *terabytes* são gerados todos os dias, o conhecimento da verdade nos auxilia a focar no que realmente importa: na sabedoria divina, que é divinamente inspirada e apta a discernir os espíritos. Deus nos coloca à disposição os recursos necessários para que não sejamos enganados. Como soldados do exército celestial, precisamos conhecer as táticas, técnicas e procedimentos que nosso General capaz nos dá.

Seja o melhor "profissional" espiritual que puder. Mantenha-se atualizado, buscando conhecer o Pai.

SENHOR JESUS, INSTRUI-ME E ME ESTIMULA A CONHECER MAIS DE TI E DO TEU PODER!

CEL GERSON ROLIM DA SILVA — EB/PR

30 DE SETEMBRO — Salmo 119:1-8

A IMPORTÂNCIA DA LEITURA DA BÍBLIA

Tua palavra é lâmpada para meus pés e luz para meu caminho. (v.105)

A distribuição da Bíblia no ambiente militar e policial é muito importante e acontece há anos. Durante a Segunda Guerra Mundial, o pastor e capelão João Filson Soren entregou exemplares da Bíblia para os militares da Força Expedicionária Brasileira, que lutavam na Itália. Ele relata, em carta do dia 16 de abril de 1945 dirigida ao pastor e missionário L. M. Bratcher:

"Não lhe será possível avaliar que importância têm tido aqui os Novos Testamentos que me forneceu a Junta de Missões Nacionais. Quase só os distribuo àqueles que os pedem. Entretanto, tantos pedidos aparecem, que relativamente poucos exemplares me restam. [...] Tenho encontrado os nossos homens lendo o Novo Testamento nos postos mais avançados de nossas linhas, em breves momentos que têm para descanso...". (*A Pátria para Cristo*, Ano I, abril-junho de 1946, p. 12).

Vale a pena entregar um exemplar da Bíblia àqueles que nunca tiveram acesso a ela, seja em tempo de paz ou de guerra; no templo ou nas ruas; em escolas, prisões, hospitais, quartéis, delegacias, comércios. Não importa onde.

Em Niterói, temos oferecido Bíblias e Novos Testamentos àqueles que servem nas Forças Armadas, nas Forças Auxiliares e na Guarda Municipal, aos que vivem nas ruas e aos que chegam à nossa Tenda de Oração. Os que recebem uma Bíblia ou um Novo Testamento são gratos por poderem ler a Palavra de Deus. Que o Senhor abençoe aqueles que distribuem a Sua Palavra, pois, ela é lâmpada para os nossos pés e luz para o nosso caminho!

A Bíblia é esperança para os desesperados e a orientação segura para quem abre o coração para a salvação em Cristo Jesus.

SENHOR, AJUDA-ME A VALORIZAR MEU ACESSO À TUA PALAVRA, A LÊ-LA DE CORAÇÃO ABERTO E A COOPERAR PARA QUE ELA SEJA MAIS CONHECIDA.

PR. JOSÉ LAURINDO FILHO — CAPELÃO VOLUNTÁRIO/RJ

1º DE OUTUBRO — Lucas 3:10-14

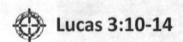

O QUE DEUS ESPERA DOS SOLDADOS

..."Não pratiquem extorsão nem façam acusações falsas.
Contentem-se com seu salário". (v.14)

João Batista estava advertindo as pessoas de como deveriam agir corretamente, pois o modo de vida delas poderia não ser adequado aos olhos de Deus, e muitos perguntavam o que deveriam fazer. Então, cada resposta implicava uma mudança de atitude. Muitos eram surpreendidos com respostas duras e até de mudança de vida.

Porém, alguns soldados romanos que faziam o trabalho policial naquela região perguntaram o que deveriam fazer. A resposta foi surpreendente. Eles deveriam ser honestos, não dar falso testemunho e se contentar com o salário. Foram três orientações que têm um crescente grau de dificuldade e estão diretamente ligadas à ética da atividade policial.

A primeira é um requisito para a profissão: a honestidade. A segunda está ligada ao falar a verdade sempre, em qualquer circunstância. Por fim, a terceira orientação existe porque todo soldado tem a sensação de que o seu salário não é justo pelo seu trabalho, por um motivo muito simples: quanto vale uma vida que salva? Ou a preservação da integridade física de alguém? Ou o salvamento de uma criança perdida que foi encontrada? A resposta é simples: não tem preço.

Como nosso trabalho não tem preço, que o Senhor, em Sua infinita bondade e justiça, possa nos guardar, proteger nossa família e nos conceder a Sua prosperidade.

Deus é justo e bondoso e recompensa o trabalho, guardando aqueles que são fiéis aos Seus mandamentos.

DEUS, OBRIGADO POR TUA PROTEÇÃO E JUSTIÇA, POIS A TI CONFIAMOS A NOSSA VIDA.

TEN CEL ALEXANDRE ANTUNES NEVES — PMESP

2 DE OUTUBRO
Eclesiastes 3:1-14

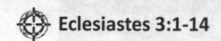

DESFRUTANDO A ESPERA

...Deus fez tudo apropriado para seu devido tempo [...] colocou um senso de eternidade no coração humano... (v.11)

Tudo tem o seu devido tempo. Essa talvez seja uma das expressões mais complicadas de se lidar. Por persistir num comportamento ansioso, a espera por qualquer coisa torna os meus dias uma corrida de 100 m de sentimentos. A ansiedade pode tirar o sono, deixar as pessoas nervosas, descompensar as emoções e pior, atrapalhar o desfrutar do tempo presente.

Já faz algum tempo que tenho buscado no Senhor mudar meu comportamento quanto a isso e, por Sua misericórdia, tenho vivido muito melhor, esquecendo o que fica para trás e caminhando sem pressa para o que está adiante de mim. É desafiador, mas o exercício diário de entrega do meu dia a Ele faz com que eu busque aproveitar cada instante do "agora", pois entendo ser um grande presente de Jesus.

Deixe para viver o amanhã, amanhã. Não desperdice nenhum instante de sua vida. Lembre-se: a contagem não para. A eternidade é real e chegaremos lá. Mas tudo no seu devido tempo.

O tempo é um tesouro sem medida que teimamos em medir.

SENHOR JESUS, PERMITE-ME DESFRUTAR, SEM PRESSA, A DÁDIVA DE CADA INSTANTE DA MINHA VIDA.

CAP PAULO QUINELATO JÚNIOR — PMPR

3 DE OUTUBRO
Mateus 22:29-32

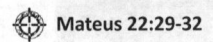

BUSCANDO A SABEDORIA DIVINA

Jesus respondeu: "O erro de vocês está em não conhecerem as escrituras e nem o poder de Deus...". (v.29)

Muitas vezes nos deparamos com situações difíceis no âmbito da segurança pública. Arrisco até a dizer que lidamos com fatos que nos trazem angústia constante. Nem sempre é fácil ter que se responsabilizar pela ressocialização de um indivíduo que cometeu um crime brutal e, ao mesmo tempo, ter que controlar totalmente as emoções para que a pena daquele sentenciado seja executada plenamente conforme a lei. Existem algumas decisões que precisam ser tomadas em apenas frações de segundos. E, independentemente da decisão tomada pelo agente público, o rigor da lei se faz presente tanto para livrar quanto para punir. Porém, vale ressaltar que quando essa lei vem para punir, é bastante dolorido!

Diante disso, o mais importante é sabermos que existe um Deus sempre disposto a nos presentear com a dádiva da sabedoria!

Precisamos entender que não somos os super-heróis da sociedade, mas, sim, seres humanos falhos que necessitam da sabedoria de Deus. Em Tiago 1:5 está escrito: "Se algum de vocês precisar de sabedoria, peça a nosso Deus generoso, e receberá. Ele não os repreenderá por pedirem". E, em Mateus 22:29: "...o erro de vocês está em não conhecerem as Escrituras e nem o poder de Deus". A falta de sabedoria nos leva para caminhos duvidosos. Se há algo que temos que fazer é buscar o conhecimento verdadeiro, pois é ele que nos traz a segurança de uma boa decisão.

*Dentro de um coração humilde há sempre
espaço para a sabedoria.*

SENHOR DEUS TODO-PODEROSO, ENSINA-NOS O CAMINHO DA HUMILDADE PARA QUE ALCANCEMOS A SABEDORIA.

POLICIAL PENAL AMANDA MENDES BRANDÃO DE FARIA — SAP/DF

4 DE OUTUBRO
Filipenses 4:4-6

ANSIEDADE, NOSSO INIMIGO ÍNTIMO

*Não vivam preocupados com coisa alguma;
em vez disso, orem a Deus...* (v.6)

Dizem que a ansiedade é o mal do século 21, e que os policiais, bombeiros e outros militares são os profissionais que mais sofrem desse mal. A ansiedade, seja pela natureza do serviço, pelas dificuldades no exercício da função, pelas questões pessoais, familiares, financeiras e de saúde, tem afetado os corações da grande família militar. As consequências são vistas nos índices de suicídios, uso de drogas, doenças psicológicas, casamentos e famílias desfeitos, violência policial e tantas outras de que as corporações militares são palco.

A única coisa que pode dar uma resposta efetiva para a ansiedade, seja a dos militares nas corporações ou na sociedade, é a fé cristã. Não apenas a fé que os militares cristãos têm no nome e na pessoa do Senhor Jesus permite-nos afirmar isso com segurança, mas também as pesquisas estatísticas seculares mostram que tais problemas são eliminados ou reduzidos drasticamente entre estes profissionais cristãos.

Todo militar cristão precisa ter na fé um canal de arrefecimento dessas pressões internas. Tais pressões são, muitas vezes, até mais espirituais que físicas. Mas, sejam quais forem, todas são lavadas e curadas pelo sangue do Senhor Jesus Cristo para a salvação de todos, inclusive das tropas militares da qual fazem parte. Obviamente que cabe a cada um fazer uso desse grande medicamento espiritual, a fé, ferrenha e inabalável, que destrói qualquer artimanha maligna que tenta roubar a paz e deixar a angústia em seu lugar. A ansiedade é, acima de tudo, falta de fé.

A ansiedade não soluciona problemas; ela os aumenta.

DEUS, RETIRA DO NOSSO CORAÇÃO A ANSIEDADE, A ANGÚSTIA, A DEPRESSÃO OU QUALQUER SENTIMENTO QUE NÃO CONDIGA COM A PRESENÇA DO TEU ESPÍRITO EM NÓS.

CEL ROBERSON BONDARUK — PMPR

5 DE OUTUBRO

Filipenses 2:1-11

O CHAMADO PARA SERVIR

*Em vez disso, esvaziou a si mesmo; assumiu a posição
de escravo e nasceu como ser humano...* (v.7)

O segundo chamado na vida de um cristão, logo após seguir a Jesus, é aprender a servir, descobrindo a sua missão na igreja local e no Reino de Deus.

A mensagem de Jesus é clara: o amor serve, não deseja ser servido. O serviço é a forma mais nobre de liderança. O cristão maduro escolhe servir em vez de ser senhor em todas as situações. Jesus assumiu, por vontade própria, a forma de servo (FILIPENSES 2:7). Jesus foi servo por excelência. Serviu sem reservas e depois nos instruiu a fazer o mesmo: "Eu lhes dei um exemplo a ser seguido. Façam como eu fiz a vocês" (JOÃO 13:15).

O terceiro chamado é o mais honroso de todos, pois é um verdadeiro privilégio. Somos chamados por Deus para a glorificação: "Ele os chamou para a salvação quando lhes anunciamos as boas-novas; agora vocês podem participar da glória de nosso Senhor Jesus Cristo" (2TESSALONICENSES 2:14). Nosso corpo será semelhante ao corpo glorificado de Jesus após Sua ressurreição. Esse novo corpo glorificado que receberemos do Senhor não estará mais sujeito à deterioração — ele estará perfeitamente adaptado para vivermos no Céu: "Estou dizendo, irmãos, que nosso corpo físico não pode herdar o reino de Deus. Este corpo mortal não pode herdar aquilo que durará para sempre. Mas eu lhes revelarei um segredo maravilhoso: nem todos dormiremos, mas todos seremos transformados! [...] Pois nosso corpo mortal precisa ser transformado em corpo imortal" (1 CORÍNTIOS 15:50-51,53).

Sigamos rumo à glorificação.

DEUS, QUE PRIVILÉGIO SER TEU FILHO E AGUARDAR ESPERANÇOSAMENTE O DIA EM QUE ESTAREI CONTIGO ETERNAMENTE.

CEL VALDERIR PEREIRA DOS SANTOS — PMGO

6 DE OUTUBRO — Salmo 120

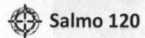

TEMPOS ESTRESSANTES E CONFLITUOSOS

Estou cansado de habitar entre os que odeiam a paz. (v.6)

"Como sofro na distante Meseque! É doloroso viver entre os moradores de Quedar" (SALMO 120:7). Foi assim que o salmista lamentou o fato de viver entre pessoas briguentas. Ele se referiu a duas tribos distantes, mas afamadas por serem belicosas, guerreiras. Quem já não se desgastou com um vizinho ou condômino implicante? Quem não tem um parente valentão que procura encrenca? São os filhos de Belial, pessoas de confusão.

Os cristãos devem ser conhecidos pelo espírito pacífico, atitude conciliadora e pela mansidão, a capacidade de, mesmo sofrendo o dano, preservar a paz. Sua inspiração está no próprio Jesus, o Príncipe da paz, e outros homens e mulheres inspiradores que, com resignação e sabedoria, pavimentaram a estrada da conciliação e respeito.

Embora por vezes pareça não haver alternativas ao conflito, devemos recorrer à oração com fé e humildade, a fim de encontrarmos refrigério e alento em Deus, a quem nunca faltam recursos para socorrer Seus filhos.

Outra fonte de encorajamento está nas palavras de Jesus: "Felizes os que promovem a paz, pois serão chamados filhos de Deus" (MATEUS 5:9).

O conflito ou o entendimento são frutos das escolhas de cada parte.

JESUS, DÁ-NOS UM CORAÇÃO AMOROSO E PERDOADOR COMO O TEU E SABEDORIA PARA AJUDAR OS OUTROS NA BUSCA DA PAZ.

PR. JOSÉ CARLOS DA SILVA — PRESIDENTE DA ACMEB/DF

7 DE OUTUBRO

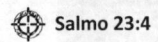

Salmo 23:4

SEGURANÇA

*Mesmo quando eu andar pelo escuro vale da morte,
não terei medo, pois tu estás ao meu lado...* (v.4)

Diante da realidade do mundo em que vivemos, corrompido pela violência e a criminalidade, a segurança está entre os principais temas abordados pelos cidadãos. Os profissionais da área da segurança desenvolvem seus trabalhos com afinco e dedicação contínua, em busca de proporcionar às pessoas melhor qualidade de vida.

Em alguns momentos, esses nobres profissionais também sentem insegurança, devido a sua árdua missão cotidiana e às aflições pessoais. Mas o salmista afirma e nos ensina: "Mesmo quando eu andar pelo escuro vale da morte, não terei medo, pois tu estás ao meu lado. Tua vara e teu cajado me protegem (SALMO 23:4).

De igual maneira, devemos nos comportar. Como cidadãos ou profissionais da área da segurança, devemos confiar que Deus sempre nos guiará. Por mais que passemos por momentos difíceis, de sofrimentos e incertezas, Ele estará sempre conosco, livrando-nos de todo mal. Devemos sempre buscar o repouso em Deus, nosso bom pastor, que com a Sua infinita misericórdia derramará bênçãos em nossas vidas e nos guardará eternamente, se nele confiarmos sem vacilar.

A segurança está em Cristo.

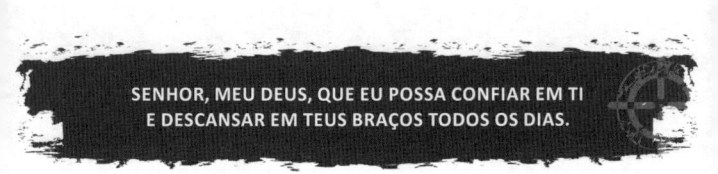

**SENHOR, MEU DEUS, QUE EU POSSA CONFIAR EM TI
E DESCANSAR EM TEUS BRAÇOS TODOS OS DIAS.**

GCM CÍCERO RIBEIRO SILVA — GCM/SBC-SP

8 DE OUTUBRO

Mateus 10:34

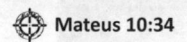

UMA ESPADA PODEROSA

Pois a palavra de Deus é viva e poderosa. É mais cortante que qualquer espada... —HEBREUS 4:12

A espada é o símbolo do oficialato militar. Ela é uma das armas de guerra mais antigas. A simbologia nos traz a ideia de bravura e virtude, relacionadas ao compromisso de bem servir. Quando falamos em Estado Militar, a espada nos remete ao estabelecimento da paz e da justiça. Arma mais poderosa, exige de quem a porta a habilidade no seu manuseio e treinamento árduo para usá-la com responsabilidade e eficiência. Portar uma espada é possuir a autoridade e o poder de decisão e separação entre o bem e o mal, sendo misericordioso para com os inocentes e agente da disciplina para os culpados. A Bíblia faz referência à espada em Gênesis 3:24, ainda nos primórdios da humanidade, como um instrumento de julgamento executado por Deus, para a proteção à vida e ao conhecimento.

Jesus disse que Ele veio para trazer a espada que separa os justos dos injustos (MATEUS 10:34), agraciando-nos com a definição de honra, fidelidade, imutabilidade, integridade e retidão, refletindo o caráter santo do Deus vivo. Na carta aos Hebreus 4:12, a espada é comparada ao "Verbo", a palavra de Deus viva e eficaz, que fortalece nossa fé e diligência. Viva, porque fortalece nosso coração, conforta-o e cura as feridas, e eficaz porque convence, converte, consola, transforma e derruba as fortalezas poderosamente. Esta espada transforma de dentro para fora, o corpo, a alma e o espírito, libertando o ser humano do reino das trevas para o reino de Cristo, pois penetra no mais íntimo de nosso ser, produzindo em nós vida onde havia morte e dor.

O Senhor conhece nosso coração como ninguém.

DEUS, FAZ-NOS PESSOAS CONSCIENTES DE QUE TU CONHECES NOSSO ÍNTIMO E PERMITE QUE SEJAMOS CADA VEZ MAIS ÍNTEGROS DIANTE DE TI E DE TODOS.

CAP ZACARIAS SOUZA DO CARMO JÚNIOR — PMBA

9 DE OUTUBRO

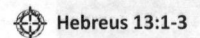

Hebreus 13:1-3

PENSANDO NO SOFRIMENTO DOS PRESOS

Lembrem-se dos que estão na prisão, como se vocês mesmos estivessem presos... (v.3)

Quando evangelista, residente em Caratinga, Minas Gerais, fui convidado por um irmão a visitar seu parente na cadeia de Manhuaçu. Havia dois detentos na cela. O desconhecido, após ouvir a Palavra que li (JÓ 36:5-14), disse: "Se essa visita fosse para mim, eu o enforcaria aqui mesmo". Oramos. Era uma segunda-feira, e na quarta-feira o rapaz que eu fora visitar foi solto. Ele realmente mudou de vida, trabalhou e prosperou.

Nomeado pastor, fui designado para a AIM Serra/Pitanga, e tendo conhecido o QCG de Maruípe, o capelão Pr. Aluísio e o Cel. Getúlio Cabelindo, fui inspirado a apresentar o projeto "Estive preso com os presos". Recebi sinal verde da PMES e, todos os sábados, das 9h às 17h, propus-me a ficar com os encarcerados, convivendo, ouvindo-os, conversando, estudando a Bíblia. Criei uma biblioteca e uma videoteca. O louvor era realizado pelo cantor e militar Adelmo Rainha. Isso trouxe mudanças no comportamento, melhorando o relacionamento dos internos. Deixamos lá trinta e três crentes que oravam como Daniel.

Um concidadão convertido que havia sido condenado a uma pena de 35 anos, recebeu do ITJRJ da Igreja Metodista um curso de teologia por correspondência. Estudou, formou-se e, cinco anos depois, foi ao projeto "Passa à Macedônia". Recebi um abraço apertado daquele que fora preso e agora é pastor. Glória a Deus! Nessa empreitada, lembrava dos presos como se estivesse na própria pele deles. Tive apoio do governador e de sua esposa, irmã na fé.

Os que confessam o pecado e o abandonam alcançam a misericórdia, a verdadeira liberdade e a novidade de vida!

SENHOR, TEM MISERICÓRDIA DOS PRESOS NAS CADEIAS POR SUAS DROGAS, DÚVIDAS, MENTIRAS, SEITAS E HERESIAS, E TRANSPORTA-OS PARA TUA MARAVILHOSA LUZ. AMÉM!

PR. JOSÉ TARCÍSIO R. PINTO — CAPELÃO VOLUNTÁRIO/ES

10 DE OUTUBRO — Filipenses 4:6-7

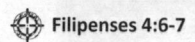

VENCENDO A ANSIEDADE

Não vivam preocupados com coisa alguma [...] orem a Deus [...] agradecendo-lhe por tudo... (v.6)

Os dias difíceis que temos enfrentado têm aflorado as fragilidades humanas. As pessoas têm enfrentado problemas emocionais severos, e a ansiedade tem sido um dos maiores a atingi-las, indistintamente.

É imperioso que aprendamos dois antídotos para que a ansiedade seja combatida: a súplica e a gratidão. A oração de súplica acontece quando rasgamos nosso coração diante do Senhor apresentando nossas reclamações e até desesperos. Encontramos um bom exemplo dessa oração no Salmo 13. A oração de gratidão nos mostra que é mais fácil enfrentarmos as adversidades quando olhamos a vida pela retrospectiva, lembrando-nos das poderosas e bondosas ações do Senhor a nosso favor. Um bom exemplo é encontrado em Lamentações 3.

Quando Jeremias começa a trazer à memória as ações de livramento do Senhor sobre sua vida, ele começa a encarar o seu presente, por mais difícil que estivesse sendo, de forma diferente. Nada havia mudado nele exteriormente, mas interiormente havia a paz.

A oração não é um "método" para conseguirmos tudo quanto queremos, mas um processo transformador, tornando-nos mais semelhantes ao Senhor Jesus. Através dela experimentamos a paz de Deus, que excede todo o entendimento, que só é possível em Jesus Cristo.

Por meio da oração de súplicas e de ações de graça, podemos enfrentar a ansiedade.

SENHOR, OBRIGADO PELA POSSIBILIDADE DE VENCER A ANSIEDADE.

BISPO MÁRCIO DE CARVALHO LEAL — PRES. DA UNIÃO DAS IG. EV. CONGREGACIONAIS DO BRASIL

11 DE OUTUBRO — 2 Coríntios 4:16-18

NÃO DESISTA

...porque Deus é fiel para cumprir sua promessa.
—HEBREUS 10:23

Os primeiros dias de um curso militar é um período bem difícil para quem almeja concluí-lo, pois como dizem "é onde se separam os homens dos meninos".

Lembro-me de um curso em que participei. Ao final dele, havia um pouco mais da metade que iniciou o curso. Dos que desistiram, muitos o fizeram na primeira semana, por ser uma fase crucial. Porém, o curso segue com as suas dificuldades até a reta final.

Olhando para a vida, vejo muita semelhança com os cursos militares. As dificuldades sempre nos dizendo que não conseguiremos chegar ao final. A todo momento, os problemas querem nos fazer desistir de alcançar aquilo que almejamos. Os gigantes insistindo em nos fazer parar no caminho. Os desafios continuamente parecendo maiores que nossos esforços.

No decorrer de nossa vida, os problemas continuarão. Contudo, durante a nossa caminhada com Deus, nós nos tornamos mais fortes e convictos da fé que nos faz continuar e nos fortalece para prosseguirmos. Aquele que prometeu o prêmio da soberana vocação é fiel para premiar, ao final, os que completarem a corrida.

Creia e confie que o Deus que fez a promessa
há de cumpri-la.

DEUS TODO-PODEROSO, TORNA-NOS FORTES E PERSISTENTES PARA NÃO DESISTIRMOS NO MEIO DA CAMINHADA. SUSTENTA-NOS COM TUAS FORTES E PODEROSAS MÃOS.

3º SGT ANDERSON SILVIO MENDES — CBMMS

12 DE OUTUBRO — Mateus 18:1-5

MASCOTES MISSIONÁRIOS MILITARES

...a menos que vocês se convertam e se tornem como crianças, jamais entrarão no reino dos céus. (v.3)

A origem dos Mascotes Missionários Militares remonta ao curso de formação de sargentos da Polícia Militar do Estado da Bahia, em 2015. Em uma aula de primeiros socorros, tivemos a demonstração de uma manobra de engasgo em crianças — manobra de Heimlich —, na qual o instrutor usou uma boneca pertencente à filha de um colega.

Por mais curioso que seja, desde então até o fim do curso, todos passaram a interagir com a boneca como se fosse humana. Mais que isso, sua presença contribuiu para a integração de nossa turma, além de remeter nossa memória à imagem da criança e da família.

A partir daí, senti-me motivada e inspirada. Criei os Mascotes Missionários Militares, bonecos fardados que no dia da solenidade de formatura, com a autorização do Comando, foram postos no palanque principal ao lado de uma corbelha de flores, junto às autoridades. Eles chamaram a atenção do público e despertaram muita curiosidade. Fiquei felicíssima! Desde então, os Mascotes têm participado de cerimônias militares e religiosas muitas vezes.

Como representantes silenciosos de nossas crianças, eles contribuem para a integração dos policiais e ajudam a nutrir carinho pelos filhos, atenção à família e a preservar preciosas lições do evangelho.

Em Mateus 18:1-5, Jesus nos convida a aprendermos com as crianças. Com elas aprendemos humildade, sinceridade, simplicidade e ternura, valores que enriquecem a convivência e a qualidade de vida no âmbito da família policial militar.

"Crianças: elas tocam nossa esperança! Guiam-nos à ternura com apenas um pequeno sorriso" —GIVAS DEMORE

PAI, ABRE MEUS OLHOS E OUVIDOS PARA QUE EU POSSA APRENDER COM AS CRIANÇAS A COLOCAR EM PRÁTICA OS PRINCÍPIOS DO TEU MARAVILHOSO REINO.

1º SGT ANA CÉLIA ARAÚJO MACHADO — PMBA

13 DE OUTUBRO

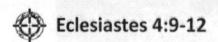

Eclesiastes 4:9-12

SOZINHO É MAIS DIFÍCIL

...e os enviou adiante, dois a dois, às cidades e aos lugares que ele planejava visitar. —LUCAS 10:1

Passar pela experiência de uma jornada floresta adentro para ter seus limites expostos ao temível "teste de sobrevivência" é uma oportunidade para se aprender o valor do companheirismo e da união. Quem se mantiver constante e rente ao grupo completará o percurso, mesmo que para isso necessite de apoio, alcançando a satisfação de ter superado os desafios, os limites pessoais e as dores da prova.

Foi o que aconteceu com uma turma de soldados durante o curso de formação bombeiro militar, em uma madruga fria de inverno, com os uniformes molhados e enlameados. A alternativa que lhes restou para enfrentar o frio foi ficarem unidos, sem distanciamento físico, com o intuito de aquecerem um ao outro. Quando precisavam se dividir, a fração mínima não poderia ser inferior a uma dupla.

Jesus sempre cuidou de estar acompanhado durante Sua missão aqui na Terra. Essa mesma preocupação, Ele também teve ao comissionar Seus discípulos, enviando-os em duplas para anunciar o reino de Deus. Que belo exemplo nos ensina o Mestre de que a solidão e o isolamento só tornam as pessoas mais vulneráveis, enquanto o cuidado recíproco evita danos e sofrimentos!

Lembre-se de que, quando as lenhas estão afastadas, a fogueira se apaga facilmente. Evite se afastar das pessoas que podem ajudá-lo na jornada da vida e peça ao Espírito Santo para conduzi-lo por um novo e vivo caminho, onde há paz, esperança e vida eterna.

O trabalho em conjunto favorece a conquista, gera alegria e cria coragem para avançar sem retroceder.

OBRIGADO, PAI DE AMOR, POR NOS UNIRES A CRISTO. PEDIMOS QUE ESSA UNIÃO ALCANCE OS AGENTES DA SEGURANÇA PÚBLICA, RENOVANDO SUAS FORÇAS, ÂNIMO E FÉ.

CAP RONALDO FRANÇA DA SILVA — CBMGO

14 DE OUTUBRO — Mateus 16:24-26

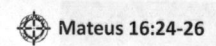

SUA ALMA VALE MAIS QUE TUDO

*Que vantagem há em ganhar o mundo inteiro,
mas perder a vida?...* (v.26)

Certo dia, fui procurada por uma policial militar, juntamente com sua mãe, num quartel em que trabalhei. A militar estava afastada por problemas psiquiátricos após ter se envolvido em uma ocorrência de tentativa de suicídio. Ela tentara uma reconciliação com seu ex-companheiro, mas situações recorrentes de desentendimento entre o casal levaram ao triste fim da relação, o que a fez desistir da sua vida.

Durante a conversa, por várias vezes, falei sobre o valor da sua alma e o quanto ela era importante para Deus, sua família, seus amigos e para a atividade fim da corporação, adequando suas escalas para que pudesse ser tratada e voltar a gozar da alegria de viver. Assim, diante do sofrimento da mãe e da filha, restou apenas orientá-las e ajudá-las na transferência para outra cidade, próxima do convívio familiar, e oração e leitura bíblica, devidamente permitido por ambas.

Como cristã, ajudei-a nas áreas que foram possíveis. Li para elas Mateus 16:26 e as orientei a entregarem a vida ao Senhor Jesus Cristo, a fim de encontrarem paz, descanso e o real valor da existência. Hoje, ela está bem. Está trabalhando e prosseguindo com sua vida, que vale mais que tudo.

Quanto vale a sua vida? Será que seus problemas valem sua morte?

A sua vida tem um valor inestimável para Deus!

DEUS, AJUDA-ME A COMPREENDER O VALOR QUE TENHO E TODO MAL QUE INTENTO CONTRA MIM POSSA SE DISSIPAR! AJUDA-ME A SER UM INSTRUMENTO DE VIDA!

MAJ VANILCE ALMEIDA ALVES — PMRO

15 DE OUTUBRO

Apocalipse 1:17-18

VOCÊ VIVERÁ E NÃO MORRERÁ

...Estive morto, mas agora vivo para todo o sempre!... (v.18)

Os anos 2020 e 2021 foram marcados pela pandemia do coronavírus que resultou na morte de milhares de pessoas. Eu fui gravemente acometida pela Covid-19 em fevereiro de 2021. Fui transferida para a UTI com mais de 60% dos meus pulmões comprometidos, avançando em poucos dias para mais de 90% e com uma bactéria causando acúmulo de secreção.

Quando os médicos se reuniram para decidir sobre a minha intubação, com tantas incertezas e muito debilitada percebi a presença de Jesus Cristo. Ele falou ao meu coração: "Você viverá e não morrerá". Senti muita felicidade. Tanto amor, poder, cuidado e autoridade vindos dele. Essas palavras me foram irresistíveis e me trouxeram paz. Então descansei no Senhor.

Fiquei vinte e três dias hospitalizada, quinze dias na UTI. Milagrosamente não fui entubada. O Senhor Jesus tem poder sobre a vida e a morte. Ele decide o que fazer a nosso respeito.

A chave da sua vitória está nas mãos de Jesus.

PAI CELESTE, OBRIGADO PELA CERTEZA DE QUE TE IMPORTAS COM A NOSSA DOR.

3º SGT LUCIANA SOARES RÊGO — PMRO

16 DE OUTUBRO

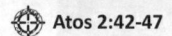

Atos 2:42-47

AQUECIDOS E FORTALECIDOS

*Os que criam se reuniam num só lugar e compartilhavam
tudo que possuíam.* (v.4)

Lembro-me que duas vezes por semana, na hora do almoço, fazíamos uma reunião com alguns companheiros do quartel para ler a Bíblia e cantar louvores. Aproveitávamos para compartilhar sobre nossas lutas pessoais e orar uns pelos outros. Momentos de comunhão que nos aqueciam e fortaleciam espiritualmente, muitas vezes resgatando a fé vacilante e renovando a desgastada comunhão com Deus. Que maravilha! Jesus incendiava nossos corações.

Os cristãos do primeiro século desfrutavam desse braseiro espiritual e o tinham como estilo de vida revitalizante: "adoravam juntos no templo diariamente, reuniam-se nos lares para comer e partiam o pão com grande alegria e generosidade, sempre louvando a Deus e desfrutando a simpatia de todo o povo..." (ATOS 2:46-47). Juntos, aqueciam a fé e fortaleciam uns aos outros, em meio às ameaças e perseguições.

Quando o carvão é colocado no braseiro, logo é aquecido e vira brasa. Carvões abrasados transmitem seu calor e fogo aos que chegam. Mas, o *carvãozinho* que for afastado do braseiro perderá o fogo e terá seu calor diminuído até esfriar por completo. Então, junte-se ao braseiro!

"Permanecei na presença de Deus! Se o vosso fervor esfriar, não podereis orar bem no púlpito... pior com a família... e ainda pior nos estudos, sozinhos" (Charles Spurgeon).

*Através dos relacionamentos, Deus compartilha
do Seu precioso amor conosco.*

MEU DEUS, GUIA-ME AOS TEUS BRASEIROS E AJUDA-ME A VENCER OS OBSTÁCULOS QUE ME DISTANCIAM DE TI E DOS IRMÃOS.

CAP MARCELLO SILVA DE AZEVEDO — EB/RJ

17 DE OUTUBRO

Mateus 25:14-28

FORA DA MOITA

Tive medo de perder seu dinheiro, por isso o escondi na terra.
Aqui está ele. (v.25)

"Moita" na gíria militar é aquele que tem a facilidade de se esconder dos superiores e ou da tropa. Discreto, não gosta de chamar atenção. Prefere não fazer algo além de suas atribuições até chegar o dia de *ir para casa* (aposentar-se).

O último moita que atendi relatou: "Na formatura de apresentação do novo comandante, ele perguntou quem sabia fazer planilhas. Fiquei calado mesmo tendo 10 anos de experiência. Senti medo de ficar no batalhão trabalhando até altas horas, não ganho para isso", concluiu. A situação é ruim, a palavra é engraçada, mas quando um "moita" é descoberto arranca muitos risos.

A parábola dos talentos contada por Jesus em Mateus 25 combate justamente esse comportamento. Um servo recebeu cinco talentos, outro dois e o terceiro apenas um. Os servos que receberam cinco e dois respectivamente dobraram o ganho. Bem diferente do último que resolveu esconder o seu por medo de perder algo do severo patrão. A história se repete. O receio de conviver com alguém no setor, o semblante fechado de outro, exposição e outras justificativas são apenas impedimentos. Não perca a oportunidade de crescer profissionalmente, de ser útil além do "feijão com arroz", de expandir novos horizontes, só pelo medo de se expor. Sem contar que algumas oportunidades não se repetirão.

Todo crescimento exigirá de você muito trabalho. Não existe recompensa na moita do conforto. Não fazer porque não vai receber pode ser um prejuízo para você.

A dedicação é uma arma poderosa.

SENHOR, CONCEDE-ME A OPORTUNIDADE QUE PRECISO E RENOVA-ME PARA NÃO DESISTIR.

1º TEN THARCIS DAMASCENO DE MACEDO — PMMA

18 DE OUTUBRO — Salmo 51:16-17

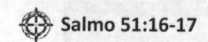

CRER PARA ACONTECER

Sem fé é impossível agradar a Deus. Quem deseja se aproximar
[...] deve crer que ele existe... —HEBREUS 11:6

Muitas vezes, na "vida castrense", enfrentamos dias difíceis. A perda de um irmão de farda, o sensacionalismo irresponsável dos meios de comunicação ao demonstrar nossas ações, as críticas parciais e injustas daqueles que não conhecem o nosso trabalho podem gerar em nós um sentimento de cansaço, desânimo e de muitas dúvidas.

Com pouco apoio, vestimos orgulhosamente a nossa farda e vamos para a frente de serviço, sem saber o que nos acontecerá. São olhares julgadores e preconceituosos, constrangimentos, emboscadas, trocas de tiros, anos de luta na justiça ao nos tornarmos réus, diante do combate às ações de um criminoso que veio para "roubar, matar e destruir" (JOÃO 10:10).

Movida pelo Espírito de Santo, tenho a absoluta convicção de que, nesta honrosa profissão, somos instrumentos de Deus para garantir a Sua justiça aqui na Terra, ouvindo, protegendo, acolhendo e amando as vítimas das ocorrências que estão desamparadas, confusas e sem esperança. Sei também que Deus é fiel para galardoar cada oração, cada gesto de obediência e toda a obra de caridade oferecida, atingindo um alto grau de consideração e comunhão divina.

Assim crendo, eu abandono o visível pelo invisível e observo que o entendimento não vem de uma observação exterior pelos sentidos, mas de uma revelação interior. Por isso, não mais me atemorizo e não mais desanimo, porque sei que Cristo venceu o mundo e, como o autor aos Hebreus sabiamente ensina: "A fé [...] nos dá convicção de coisas que não vemos" (11:1). Então vou, pela fé.

Pela fé, vidas são transformadas e eternizadas.

DEUS, DÁ-ME DISCERNIMENTO PARA OBEDECER-TE, NÃO IMPORTANDO O QUE OS MEUS OLHOS VEJAM, PARA EU CUMPRIR O PROPÓSITO DA MINHA VIDA QUE É TE GLORIFICAR.

TEN CEL KARISE NÉRIS — PMGO

19 DE OUTUBRO

Efésios 3:14-21

A RESSURREIÇÃO DO SARGENTO ADELMO

Deus [...] é capaz de realizar infinitamente mais do que poderíamos pedir ou imaginar. (v.20)

O servidor militar sargento Adelmo Rainha, dedicado ao Senhor, compositor e cantor, contribuía no projeto "Estive preso com os presos" no QCG de Maruípe, ES. Para diagnóstico, ele se submeteu a um cateterismo que constatou ter de 70 a 90% das veias entupidas. Foi internado em maio de 2000. A cirurgia aconteceu no dia seguinte e, em seguida, ele teve um derrame. Recebeu um dreno e teve um segundo derrame. Ficou no Centro de Terapia Intensiva por 20 dias e teve morte cerebral. A junta médica decidiu desligar os aparelhos, mas a esposa, Denizia, ajoelhou-se agarrando as pernas do médico e disse: "Jesus ressuscitou a Lázaro após 4 dias de morto. Não desligue, doutor". No dia seguinte, uma enfermeira chegou perto do leito e o chamou pelo nome e ele acordou. Ele continua vivo até hoje para demonstrar que Deus faz infinitamente mais. Aleluia!

Depois, ele foi transferido para o quarto, onde ficou dez dias em observação antes de receber alta. A família fez um voto de que realizaria um culto de ação de graças todos os anos pelo fato de o sargento Adelmo ter sido ressuscitado. Em junho de 2021, completaram-se 21 anos de gratidão.

Como pastor deles há 12 anos, posso endossar a veracidade desse milagre nessa família, que continua servindo ao Senhor.

A ciência pode curar muitas doenças, mas não tem remédio para salvar a alma.

BENDIZE, Ó MINHA ALMA, AO SENHOR QUE CURA E PROPORCIONA VIDA ABUNDANTE DE PAZ. OBRIGADO PELO MILAGRE E VIDA ABUNDANTE.

PR. JOSÉ TARCÍSIO R. PINTO — CAPELÃO VOLUNTÁRIO/ES

20 DE OUTUBRO — Salmo 121

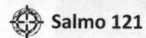

O EXÉRCITO DE UM HOMEM SÓ

Aquele que guarda Israel não cochila nem dorme. (v.4)

Desde agosto de 2016, minha família, igreja e eu temos acolhido refugiados venezuelanos. Confesso que não queria trabalhar com refugiados, pois tinha certeza de que não seria fácil (nunca é). Sabia que estava entrando em uma peleja muito séria e sem muito apoio. Assim que os refugiados começaram a chegar à igreja, minha mente disparou com milhares de pensamentos: Como vamos pagar as contas? Como vamos fazer comida para esse povo? Onde vamos hospedar tantas famílias? Que curso oferecer para capacitá-los? Quantas pessoas vamos conseguir atender?

Por vários dias, eu me sentia como o exército de um homem só. Dezenas de coisas para fazer, centenas de pessoas precisando de ajuda e socorro imediato. Parecia que minha esposa e eu estávamos sós! Porém, Deus não cochila nem dorme. Ele é o guarda de Israel (SALMO 121:4).

Quando pensamos que estávamos sozinhos, a "Operação Acolhida" chegou a Boa Vista, sob a liderança do coronel Kanaan e do general Pazuello. Fomos convidados para somar forças e fazer parte das ações da operação. Em um momento que achávamos estar lutando sozinhos, foi nos dada uma palavra de renovo e alegria: "Pastores, estamos juntos nesta peleja. Juntos somos um grande exército do bem!"

Deus não nos deixa desamparados. Essa é a certeza que Sua Palavra nos dá: "Mesmo quando eu andar pelo escuro vale da morte, não terei medo, pois tu estás ao meu lado. Tua vara e teu cajado me protegem" (SALMO 23:4).

Acredite, você nunca estará sozinho.
Deus está com você!

SENHOR MEU DEUS, QUE, NAS MINHAS LUTAS E PELEJAS, TU, QUE NUNCA DORMES, ENVIES OUTROS SOLDADOS PARA SOMAR E VENCER AS BATALHAS DE CADA DIA!

PR. AUGUSTO CARDIAS FILHO — CAPELÃO VOLUNTÁRIO/RR

21 DE OUTUBRO

Provérbios 15:1-3

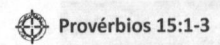

DEUS VÊ O QUE NINGUÉM PODE VER

Os olhos do Senhor estão em todo lugar... (v.3)

Era uma noite fria, eu estava retornando para casa após um longo dia de trabalho. De repente, pensei ter visto um vulto saindo da estrada cerca de 500 m à minha frente. Devido à forte chuva, pensei que não fosse algo que realmente acontecera e fruto da minha imaginação, consequência do meu cansaço. Ouvi então Deus falando comigo para eu parar e averiguar. Em obediência e por desencargo de consciência, foi o que fiz.

Ao parar o carro no acostamento, liguei o alerta, olhei para fora e não vi nada. Quando estava para continuar o meu trajeto, ouvi novamente a voz do Espírito Santo me dizer: "Desça e averigue". Ao descer do carro, olhei mais à frente para uma ribanceira, e com muito custo, vi um carro capotado com as rodas para cima. Desci rapidamente e quando cheguei mais perto ouvi uma voz pedindo socorro. Retirei o homem do carro, afastei-o do veículo e liguei para o Corpo de Bombeiros, que chegou rapidamente.

Alguns chegam a duvidar que Deus não esteja olhando para a sua situação ou para o seu sofrimento. Não se engane, pois "Os olhos do Senhor estão em todo lugar; observam tanto os maus como os bons" (PROVÉRBIOS 15:3).

Ninguém viu o que aconteceu com aquele homem, mas Deus viu. Deus vê o que ninguém mais pode ver. Ele está vendo você agora e está pronto para o ajudar, disposto a providenciar a salvação. Creia e confie no Deus que tudo vê e tudo pode. Ele está presente hoje aqui.

Não há sequer um mínimo detalhe que passe despercebido aos olhos de Deus.

SENHOR, MUITO OBRIGADO POR SERES O DEUS QUE TUDO VÊ E POR CONTEMPLARES AS MINHAS FRAQUEZAS E DIFICULDADES.

CEL JORGE LUÍS DOS SANTOS LACERDA — PMERJ

22 DE OUTUBRO

Efésios 6:10-18

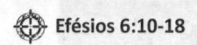

O UNIFORME E A ARMADURA DE DEUS

...Sejam fortes no Senhor e em seu grande poder. (v.10)

Um dos momentos marcantes de um policial federal é quando ele ingressa na polícia e veste, pela primeira vez, o uniforme. Aquele primeiro olhar no espelho ninguém esquece. Essa vestimenta denota uma nova e inconfundível identidade e dá forma ao que antes era um sonho. Ela nos diferencia do cidadão comum, reveste-nos da autoridade e do respeito reservados àqueles que se dedicam à carreira policial.

Acoplados ao uniforme, estão os adereços essenciais ao trabalho cotidiano: armas, bonés, boinas ou quepes, cinto de utilidades, coturnos ou sapatos. Muitas vezes, usamos o escudo, o cacetete, a lanterna, a caneta, o bloco de anotações, celulares ou tablets para os registros de ocorrência. Tudo pronto para o combate diário tão esperado pelo guerreiro da justiça terrena. Os inimigos? Criminosos de toda a sorte. O campo de batalha? As ruas das cidades.

Mas a Bíblia amplia essa visão. Nela, aprendemos que há um outro tipo de uniforme. Ele foi preparado por Deus, para os Seus guerreiros, para que o utilizassem em um tipo de batalha diferente: a espiritual. Para isso, o apóstolo Paulo nos aconselha: "Vistam toda a armadura de Deus, para que possam permanecer firmes contra as estratégias do diabo" (EFÉSIOS 6:11).

Para os guerreiros da Justiça de Deus, a armadura é uma vestimenta completa, com o capacete da salvação, a couraça da justiça, o escudo da fé, a espada do Espírito, o cinturão da verdade e os calçados do evangelho da paz. Com ela, conseguimos enfrentar os inimigos mais terríveis da nossa vida.

Para além das aparências, nossa constante
batalha ocorre no campo espiritual.

SENHOR, REVESTE-ME COM A TUA ARMADURA, PARA QUE EU POSSA TRAVAR O BOM COMBATE, GUARDAR A FÉ RESISTIR AO INIMIGO.

AGENTE FEDERAL LUÍS ANTÔNIO BOUDENS — FENAPEF

23 DE OUTUBRO — Mateus 8:5-13

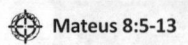

JESUS FICOU ADMIRADO

...Basta uma ordem sua... (v.8)

Um oficial romano deixou o Senhor Jesus admirado com suas atitudes de fé. Imagine o que significa deixar Deus (Jesus Cristo) surpreso! As atitudes do centurião servem como bom exemplo a ser seguido pelos militares cristãos.

O centurião romano implorava a Jesus pela cura de seu criado. Ele desafiou o Senhor a fazer algo inédito: a cura a distância. Disse ele: "Sou homem sob autoridade, dou ordem aos soldados e eles me obedecem e o criado faz o que digo". Assim fez uma ilustração: *se eu, sendo um mortal, faço isso, o Senhor fará grandes maravilhas só com a Sua Palavra*. Disse, então, ao Senhor: "...Basta uma ordem sua, e meu servo será curado" (MATEUS 8:8). O Senhor aceitou o desafio. Deu ordens pela Palavra e naquela mesma hora o criado foi curado.

Vendo tamanha fé, o Senhor Jesus fala aos discípulos: "...jamais vi fé como esta em Israel! [...] muitos virão de toda parte, do leste e do oeste, e se sentarão com Abraão, Isaque e Jacó" (vv.10-11). Essa declaração é uma referência a muitos de nós, cristãos de lugares e tempos distantes, que também terão a fé à semelhança daquele centurião. Sejamos policiais cristãos exemplares na profissão e na fé para causar admiração aos colegas.

Atitudes de fé trazem resultados e servem
de referencial de vida cristã.

AGRADECEMOS, SENHOR, PELO RELATO DA FÉ DO CAPITÃO ROMANO, QUE NOS SERVE DE EXEMPLO.

CAP JOSÉ DIERSON RICARDO — PMDF

24 DE OUTUBRO

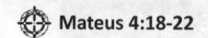

Mateus 4:18-22

O CHAMADO PARA SEGUIR

...Jesus lhes disse: "Sigam-me, e eu farei de vocês pescadores de gente". (v.19)

O primeiro chamado na vida de um cristão é para que ele seja um seguidor de Cristo: "André, irmão de Simão Pedro, era um dos dois que ouviram o que João tinha dito e seguiram Jesus. André foi procurar seu irmão, Simão, e lhe disse: 'Encontramos o Messias (isto é, o Cristo)'. Então André levou Simão para conhecer Jesus. Olhando para ele, Jesus disse: 'Você é Simão, filho de João, mas será chamado Cefas (isto é, Pedro)'" (JOÃO 1:40-42).

Conforme podemos ver no Evangelho de João, os homens supramencionados já haviam encontrado Jesus anteriormente, mas agora deixaram suas ocupações para segui-lo. Contudo, não basta ser chamado, pois ao final de tudo, o mais importante é ser escolhido, porque "muitos são chamados, mas poucos são escolhidos" (MATEUS 22:14).

Os escolhidos que atendem ao chamado de Cristo passam a ser chamados de filhos de Deus, conforme lemos em 1 João 3:1: "Vejam como é grande o amor do Pai por nós, pois ele nos chama de filhos, o que de fato somos!"

Agora, a nossa missão é deixar a luz habitar em nós e brilhar para a glória de Deus (MATEUS 5:14-16). O amor pelos outros é o sinal certeiro de que Deus vive em nós e que estamos em comunhão com Seu amor (1 JOÃO 3:7-15; JOÃO 13:35).

Quando ouvir o Mestre chamar, siga-o imediatamente!

DEUS, OBRIGADO POR NOS CHAMAR PARA SERMOS PESCADORES DE GENTE.

CEL VALDERIR PEREIRA DOS SANTOS — PMGO

25 DE OUTUBRO
Jeremias 1:5

VOCÊ JAMAIS SERÁ CONFUNDIDO!

...antes de formá-lo no ventre de sua mãe;
antes de você nascer, eu o separei... (v.5)

As polícias possuem várias demandas e competências. Uma delas é o controle de fronteiras. Ao fazer uma viagem internacional, certamente você passará pelo setor de imigração, onde seus dados serão checados e sua saída e entrada serão registradas.

Em 2018, trabalhei na imigração de um aeroporto no sul. Ao verificar os dados de um viajante, uma colega constatou que havia um mandado de prisão para ele. Ele foi levado a um lugar mais reservado até que a situação fosse resolvida. O fato, que logo foi esclarecido, tratava-se de um caso de duas pessoas com o mesmo nome, sendo que o mandado de prisão não era para aquele passageiro. Que momentos aquele homem e sua esposa viveram! Que transtorno por algo de que ele sequer tinha ideia!

Esse fato me levou a pensar em como é bom saber que Deus não precisa de um sistema eletrônico que o informe a respeito de alguém. Ele é onisciente. Ele sabe todas as coisas.

Em Jeremias 1:5, Deus afirma que conhecia o profeta antes mesmo de ele ser concebido! Isso é algo que se aplica a qualquer um de nós, pois Ele mesmo nos formou no ventre materno! Sou alguém com mais do que um nome e sobrenome. Sou Sua filha e Ele conhece tudo sobre mim.

Aquele homem e sua esposa não puderam embarcar no voo programado. Tiveram que aguardar o próximo. Como é bom saber que jamais serei confundida e não perderei o voo, pois é Deus quem garante, por meio de Jesus, o embarque seguro para a eternidade em Sua presença!

Nossa resposta positiva ao amor de Deus revelado em Jesus
nos torna inconfundíveis aos olhos do Pai.

SENHOR, DAMOS GRAÇAS A TI POR NOS CONHECERES!
OBRIGADA PORQUE EM CRISTO JAMAIS SEREMOS CONFUNDIDOS.
ÉS O BOM PASTOR QUE CONHECE AS OVELHAS!

AGENTE ADM JACQUELINE ALBÉFARO OLIVEIRA — PF/DF

26 DE OUTUBRO — Lucas 19:1-10

IDENTIDADE É ALGO SAGRADO

...Zaqueu, desça depressa! Hoje devo hospedar-me em sua casa. (v.5)

Os desafios que os profissionais de segurança pública enfrentam lhes impõem um elevado senso de responsabilidade e compromisso que ultrapassam as questões profissionais. São compelidos a ver, escutar, vivenciar e compreender as consequências resultantes das diversas formas de violência. Esse envolvimento, por vezes, leva-os a assumir uma identidade fora da subjetividade e, assim, são levados pelo estresse a esquecer a essência de filhos, pais, cônjuge, dos sonhos e objetivos, do templo, o corpo de cada um de nós, onde, pelo Espírito Santo, Deus habita.

Zaqueu era um homem comprometido com seu governo e compreendia bem a importância de sua tarefa. Tamanho era seu empenho que assumiu o cargo de chefe dos publicanos, cobradores de impostos da época. Contudo, aos poucos sua identidade foi sendo transformada, e ele acabou se esquecendo dos valores que antes o constituíam.

Certo dia Zaqueu decidiu ver quem era Jesus (LUCAS 19:3). Ao avistá-lo, Jesus lhe disse para que descesse da árvore. Dois momentos que mudaram a vida de Zaqueu: primeiro, decidir conhecer a Jesus; segundo, ouvir o Seu chamado.

Zaqueu levou Jesus à sua casa para cear. Esse encontro fez com que ele resgatasse a sua identidade. Como bom servidor do seu governo, continuou seu trabalho, mas agora o fazia melhor, reconhecendo o amor de Deus sobre sua vida.

Com o mesmo amor, Jesus nos convida para sairmos de onde estamos e termos um encontro maravilhoso com Ele. Ele quer restaurar nossa alegria, tirar de nós todo estresse e ansiedade e nos devolver a identidade.

Nossa identidade é quem somos em Cristo.

DEUS PAI ETERNO, SOMOS GRATOS POR OLHARES PARA NÓS COM AMOR E POR NOS ENCONTRARES, DANDO-NOS A OPORTUNIDADE DA RESTAURAÇÃO DA NOSSA VIDA.

ESCRIVÃ DE POLÍCIA MYRTHES FREITAS LOPES — PF/DF

27 DE OUTUBRO

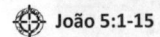

João 5:1-15

MANTENHA A ESPERANÇA

...Você gostaria de ser curado? (v.6)

Um oficial adentrou à sala carregando um peso de frustração. Compartilhou com o colega que, afinal de contas, havia dedicado 10 anos de serviço à Corporação, no mesmo posto, sem alcançar a tão sonhada promoção. "O capote" - disse ele - "acontece quando alguém mais recruta é promovido à sua frente e, com o passar dos anos você vai ficando para trás".

João 5:1-15 mostra um homem à beira de um tanque que aguardava ser promovido a ex-paralítico há 38 anos, mas que já havia perdido a esperança ou pelo menos 99% dela. Ao ser questionado por Jesus se desejava ser curado, o homem respondeu: "Não consigo, senhor, pois não tenho quem me coloque no tanque [...] Alguém sempre chega antes de mim" (v.7).

Aquele homem sofria capotes há 38 anos. Porém, ele nunca saiu de perto do tanque de Betesda. Foi lá o encontro do capotado com o Sol da Justiça. Não é fácil se dedicar à profissão durante anos sem receber o devido reconhecimento e ainda manter a esperança. "Amigos" prometem, mas acabam colocando outros no tanque, por isso a necessidade de manter a esperança naquele que não comete injustiças.

Abandonar os "tanques de Betesda" é o principal motivo de não se alcançar os objetivos.

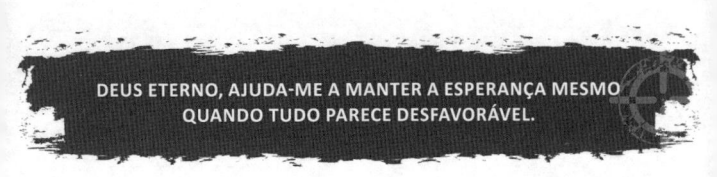

DEUS ETERNO, AJUDA-ME A MANTER A ESPERANÇA MESMO QUANDO TUDO PARECE DESFAVORÁVEL.

1º TEN THARCIS DAMASCENO DE MACEDO — PMMA

28 DE OUTUBRO — João 14:1-14

UM REQUISITO NECESSÁRIO

...Ninguém pode vir ao Pai senão por mim. (v.6)

Conduzir veículos sem habilitação é muito comum em nosso país, especialmente nas cidades do interior. Nós, que atuamos na segurança pública, já abordamos muitas pessoas. A ausência da habilitação não quer dizer que ela não saiba dirigir. Aliás, não é raro encontrarmos pessoas sem habilitação que dirigem com mais técnica do que alguns habilitados. No entanto, a habilitação é um requisito necessário. E quem insistir em dirigir sem ela, quando for flagrado por um profissional cumpridor da lei, sofrerá a pena.

Em nossa caminhada, encontramos muitas pessoas que têm um comportamento padrão, uma vida digna, são modelos para os outros. Algumas vezes ficamos até surpresos quando descobrimos que aquela pessoa não tem Jesus como Salvador, pois seu modo de viver é melhor do que muitos cristãos que conhecemos. No entanto, uma vida exemplar não é suficiente para entrar no reino de Deus, por mais louvável que ela seja. Para ser salvo, um requisito é necessário e inegociável: ter Jesus Cristo como Senhor e Salvador da sua vida.

Não conseguimos abordar todos os condutores e, por isso, muitos conseguem dirigir sem habilitação. Porém, todas as pessoas, sem exceção, um dia estarão diante do Senhor Jesus. Aqueles que são dele desfrutarão da salvação, os outros sofrerão a pena.

E você? Já tem o requisito necessário?

Só por Jesus é que podemos ser salvos.
Não há outro meio.

SENHOR JESUS, QUE A VERDADE DA TUA SALVAÇÃO SEJA PROCLAMADA A CADA PESSOA.

PRF TÉRCIO SILVA DAMASCENO — PRF/SE

29 DE OUTUBRO — Colossenses 3:16-17; 4:5-6

PALAVRAS

Que a mensagem de Cristo, em toda a sua riqueza,
preencha a vida de vocês... (v.16)

Por vezes, as palavras saem rápido demais de nossa boca. Não conseguimos segurá-las. Somos tomados pela emoção e dizemos algo que não seria apropriado. Ou até poderíamos ter usado aqueles termos, mas o tom é que não foi adequado.

Grande parte dos nossos problemas e dos nossos desentendimentos acontecem porque não sabemos ser mais ponderados, respirando fundo antes de falar. Ou ainda, porque o melhor é ficar calado. Por isso, o ditado ensina: "Há três coisas na vida que nunca voltam atrás: a flecha lançada, a palavra pronunciada e a oportunidade perdida".

Na vida em geral, e no âmbito militar em particular, aquilo que falamos atesta o nosso caráter e a nossa confiabilidade. Mentir, falar "da boca pra fora" e "enrolar" depõem contra nós mesmos, além de nos colocar em muitos problemas. Por isso, as Escrituras nos admoestam: "Que suas conversas sejam amistosas e agradáveis, a fim de que tenham a resposta certa para cada pessoa" (COLOSSENSES 4:6).

Assim como Jesus já nos ensinou que a boca fala do que está cheio o coração (MATEUS 12:34), deixe que a Palavra de Deus transforme e encha a sua vida: "Que a mensagem a respeito de Cristo, em toda a sua riqueza, preencha a vida de vocês. Ensinem e aconselhem uns aos outros com toda a sabedoria. Cantem a Deus salmos, hinos e cânticos espirituais com o coração agradecido" (COLOSSENSES 3:16).

Quem permanece na Palavra de Deus não diz palavras vazias,
mas cheias de graça e verdade.

SENHOR, QUE AS PALAVRAS DOS MEUS LÁBIOS SEJAM AGRADÁVEIS NA TUA PRESENÇA!

CAP PAULO SAMUEL ALBRECHT — AFA/SP-FAB

30 DE OUTUBRO

2 Coríntios 10:3-6

UMA ARMA PODEROSA

*Usamos as armas poderosas de Deus [...] para derrubar
as fortalezas do raciocínio humano...* (v.4)

Hoje sou o capelão na minha corporação. Assim que assumi a função, decidi escolher um texto bíblico para servir de lema da nossa capelania. Escolhi o texto da segunda carta do apóstolo Paulo aos Coríntios 10:4, que fala sobre as armas. Achei que se encaixava bem com a minha missão.

Meu serviço vai além das armas. Meu combate está na esfera do invisível. Meu campo de batalha envolve almas, a vida dos policiais. Nessa guerra, armas comuns não servem. Precisamos lançar mão das armas espirituais, e uma delas é a oração. É preciso orar. A oração é uma arma infalível. Daniel foi um nobre de Israel, cativo na Babilônia, influenciador de sua geração. Além de fazer a diferença, era capaz de mover o coração de Deus, por causa de sua intimidade com Ele. Daniel orava e isso fez diferença em sua vida.

Há situações em nossa vida em que não sabemos o que fazer, perdemos a esperança e nosso espírito enfraquece. Mas existe uma saída. Temos uma arma poderosa a nossa disposição, a qualquer hora e lugar. A oração é a comunicação direta com o único que pode trazer paz à nossa alma. Ela é indispensável para que nossas guerras sejam vencidas, nossos sonhos sejam realizados.

Ore. Jesus entregou a arma certa que precisamos. Confie nele, em Seu poder e acalme seu coração. "Se crerem, receberão qualquer coisa que pedirem em oração" (MATEUS 21:22).

*Há uma guerra acontecendo. Deus está ao seu lado.
Você tem as armas para fazer Satanás correr!*

PAI, OBRIGADO PELA ARMA DA ORAÇÃO, COM A QUAL POSSO VENCER MINHAS BATALHAS.

MAJ JOSÉ RIBAMAR DE LIMA MARTINS — PMRN

31 DE OUTUBRO

Efésios 6:10-17

A ARMADURA DE DEUS

Portanto, vistam toda a armadura de Deus... (v.13)

Uma das características da nobreza de todo militar é que ter consciência do seu dever em cumprir sua missão. Para tanto, ele deve estar preparado e bem treinado, devotado à sua causa, calejado para a batalha, preparado para enfrentar qualquer condição adversa, sempre buscando a vitória com toda sua energia.

Os militares são os legítimos guardiães da nossa nação, do nosso estado, da nossa cidade, graças à sua determinação, obediência, autodisciplina, lealdade e devoção à sua nobre profissão. Isso está muito claro no juramento de dar a sua própria vida em defesa da pátria e de seus cidadãos.

Entretanto, estamos diante de uma implacável guerra espiritual, quer tenhamos consciência disso ou não. A Bíblia Sagrada, a inerrante Palavra de Deus, faz essa declaração na epístola de Paulo aos Efésios 6:10-17. Por essa razão, devemos nos revestir da armadura de Deus, usando o cinto da verdade (MATEUS 5:37); a couraça da justiça, que era um colete de metal usado para a proteção do tórax e das costas no combatente (ROMANOS 3:21); calçados com a paz das boas-novas (SALMO 37:23; MATEUS 5:9); embraçando o escudo da fé, para a defesa contra os dardos flamejantes (1 JOÃO 5:4); usando o capacete da salvação, proteção para a cabeça e a mente (ISAÍAS 59:17; 1 TESSALONICENSES 5:8); e empunhando a espada do Espírito, a Palavra de Deus (HEBREUS 4:12).

Todo soldado que vai para a batalha precisa
estar totalmente equipado.

SENHOR DOS EXÉRCITOS, QUE USEMOS OS EQUIPAMENTOS QUE TU MESMO COLOCASTE À NOSSA DISPOSIÇÃO.

MAJ WAGNER TADEU DOS SANTOS GABY — EB/PR

1º DE NOVEMBRO

Lucas 10:25-28

LUZ, CÂMERA, AÇÃO

"Está correto!", disse Jesus.
"Faça isso, e você viverá." (v.28)

Grandes comandantes sabem que não se mede o valor de um exército pela quantidade de pratos dispostos no refeitório, mas sim, pelo número de soldados que estão prontos para a batalha. Seja no trabalho, na família, no ministério ou em outra área da vida, a vitória está intimamente ligada à capacidade de ter atitude, de decidir, de agir e fazer o que é certo, avançando para conquistar o que se deseja. Alguém já disse que não é preciso ordem para se fazer o que é certo.

Certa vez, um especialista da lei que conhecia bem os mandamentos chegou a Jesus e disse. "'Ame o Senhor, seu Deus, de todo o seu coração, de toda a sua alma, de toda a sua força e de toda a sua mente' e 'Ame o seu próximo como a si mesmo'" (LUCAS 10:27). Ao aprovar sua resposta, Jesus declarou: "Está correto! [...] Faça isso, e você viverá" (v.28).

Perguntaram a um maratonista como ele havia chegado tão longe em sua carreira, e ele prontamente respondeu: "Tudo ficou mais fácil quando dei o primeiro passo". Tudo começa com o primeiro passo!

Sobre atitude, Salomão observou: "O agricultor que espera condições de tempo perfeitas nunca semeia; se ele fica observando cada nuvem, não colhe" (ECLESIASTES 11:4). O apóstolo Paulo, em tom imperativo, afirmou: "Continuem a praticar tudo que aprenderam e receberam de mim, tudo que ouviram de mim e me viram fazer..." (FILIPENSES 4:9).

Diante das lutas e das adversidades, faz bem lembrar da Palavra que o Senhor disse a Moisés diante do mar Vermelho: "...Diga ao povo que marche!" (ÊXODO 14:15).

Que a intenção se transforme em atitude.

DEUS, ENSINA-NOS A SERMOS PROATIVOS E A TOMARMOS AS DECISÕES SEGUNDO A TUA VONTADE.

MAJ JOEL ROCHA — PMESP

2 DE NOVEMBRO

Colossenses 4:5-6

SABOR CELESTIAL

Que suas conversas sejam amistosas e agradáveis
[...] a resposta certa para cada pessoa. (v.6)

A Palavra de Deus nos adverte da importância de desenvolvermos um linguajar agradável. A nossa palavra precisa ter sempre um sabor celestial. Ter uma palavra com sabor celestial fará com que as pessoas que nos escutam sejam impactadas pela nossa maneira de falar. Ter uma palavra com sabor celestial é ser manancial de vida para aqueles que nos ouvem: "As palavras do justo são fonte de vida" (PROVÉRBIOS 10:11). Ter uma palavra com sabor celestial é apascentar corações necessitados e famintos pelas verdades eternas: "As palavras do justo dão ânimo a muitos" (PROVÉRBIOS 10:21). Ter uma palavra com sabor celestial é ser remédio para os doentes e enfermos espirituais. Ter uma palavra com sabor celestial é se tornar um bálsamo para curar feridas das almas angustiadas. Ter uma palavra com sabor celestial é estar cheio do Espírito Santo e ser usado como instrumento do Deus vivo para poder restaurar vidas amarguradas e libertar os algemados de espírito.

Quando temos o sabor celestial em nossas palavras, nosso testemunho sempre transformará o ambiente que frequentamos e vivemos, e o Senhor será glorificado em nosso viver.

As palavras de um cristão só chegam até onde as projeta
a força propulsora duma vida piedosa.

Ó DEUS, ENSINA-ME A USAR PALAVRAS QUE AGRADEM E EDIFIQUEM A TODAS AS PESSOAS COM QUEM EU ME COMUNICO DIARIAMENTE.

TEN CEL MARIVALDO DE SOUZA FRANÇA — FAB/AM

3 DE NOVEMBRO

2 Coríntios 5:15-17

FORJANDO UMA NOVA IDENTIDADE

...todo aquele que está em Cristo se tornou nova criação
[...] uma nova vida teve início! (v.17)

Quando entrei para a formação de policial militar, fui levada a intensas mudanças e incontáveis instruções sobre disciplina, hierarquia, prontidão, obediência, ritos e símbolos, doutrinas, fardamento, legislação, serviços, treinamentos etc. Cada novo conteúdo era agregado ao aprendido nos dias anteriores, fortalecendo assim, a modelagem ou forja do espírito militar.

Houve um momento, entretanto, que quase cheguei a desistir. Uma pergunta desafiadora me incomodava: "será que é isso mesmo que você quer para si a vida toda?". Contudo, depois de um período em oração, apresentando ao Senhor Deus as minhas incertezas, fui inundada por um sentimento de paz, que me levou adiante, com o coração apaziguado, até o fim da carreira.

Fazendo um paralelo entre a vida militar e a vida cristã, entendemos que esta última, representada como reino de Deus em nós, também nos leva a intensas mudanças e incontáveis aprendizados: buscar o reino de Deus e a Sua justiça em primeiro lugar, submissão às Sagradas Escrituras, santidade, desenvolvimento da fé, amor, arrependimento, perdão, bom testemunho etc. Tudo isso é concebido por meio do novo nascimento, da forja espiritual.

Compreende-se, assim, que o Senhor Deus, por meio do Seu Santo Espírito, opera em nós todos esses aprendizados, muitíssimo necessários a serem vividos na vida terrena, mas que sem dúvida alguma nos levarão para a eternidade.

A identidade cristã nos torna seres únicos. Ela apresenta
as marcas da nossa filiação em Deus.

DEUS, BENDITO SEJAS PELO TEU AGIR EM NOSSA VIDA. PERMITA-NOS AJUDAR AS PESSOAS A TE CONHECEREM E A SEREM TRANSFORMADAS.

TEN CEL JESIANE CALDERARO COSTA VALE — PMPA

4 DE NOVEMBRO — Salmo 91

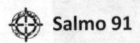

NAS MÃOS DE DEUS

Pois ele o livrará das armadilhas da vida... (v.3)

Em uma missão dada pelo comando, na década de 90, estavam alguns colegas e eu à paisana para fazermos reconhecimento em um dos bairros de Porto Alegre. Ao chegar no local, nos deparamos com uma verdadeira guerra entre rivais do tráfico.

Estávamos em menor número e com equipamentos inferiores aos deles, mas representávamos o Estado e os cidadãos de bem. No entanto, tivemos que nos proteger e revidar. O clima era extremamente pesado. "Ah, se não fosse as mãos de Deus". Logo comecei a meditar no Salmo 91: "Aquele que habita no abrigo do Altíssimo encontrará descanso..." (v.1).

Às 23 horas, somente eu e um colega, cujo apelido era Vovô, estávamos dentro daquela comunidade. A situação era de disparos para todos os lados. Trinta minutos mais tarde, chegou o reforço e saímos ilesos do laço da morte. O veterano concluiu que o "meu Santo era forte. Ele nos livrou da morte".

Por mais preparado que você esteja,
a vida pode lhe surpreender, mas Deus estará
com você em cada momento.

PAI, EM TUAS MÃOS ME COLOCO TODOS OS DIAS POR TODOS OS DIAS DE MINHA VIDA. AMÉM!

2º SGT ALEXANDRE GOTTSCHALK — BMRS

5 DE NOVEMBRO

Josué 24:1-21

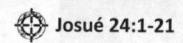

DECISÃO DEFINITIVA

*Quanto a mim, eu e minha família
serviremos ao SENHOR. (v.15)*

Desde a antiguidade, o ser humano é direcionado a tomar decisões em todas as áreas da vida. A Bíblia Sagrada é repleta de histórias e relatos que comprovam isso.

Após o povo de Israel conquistar a Terra Prometida, sob a liderança de Josué, experimentou bons momentos de conquistas de espaço territorial e batalhas vencidas, bem como passou por momentos difíceis. Mas Deus sempre esteve com o Seu povo, embora os israelitas nem sempre o seguissem fielmente.

No final de sua vida, o líder Josué reuniu os principais do povo (JOSUÉ 24:2-3) para dar-lhes orientações sobre como agir em meio às nações pagãs (vv.6-7). Nessa reunião, Josué direcionou os principais da nação a tomar a decisão mais importante — escolher o Deus de Israel ou os deuses pagãos (v.14). Josué, como líder, declarou sua decisão: "eu e minha família serviremos ao SENHOR" (v.15).

Vivemos tempos semelhantes aos dias de Josué, quando Deus muitas vezes tem ficado em segundo plano, sendo lembrado somente quando a dificuldade bate à nossa porta. Ainda há tempo para tomarmos uma decisão definitiva, assim como Josué. Eleger a Deus como prioridade em nossa vida! Vamos escolher a Deus?

*Decidir definitivamente por Deus nos dará o direcionamento
para outras áreas de nossa vida.*

SENHOR, DECIDO HOJE, TAL QUAL JOSUÉ, SERVIR A TI! QUE EU SEJA GUIADO PELO TEU ESPÍRITO SANTO A CADA DIA.

SD MÁRIO CÉSAR VALÉRIO MONTEIRO SOARES — BMRS

6 DE NOVEMBRO — 1 Samuel 17:1-11

DERROTE OS GIGANTES DA SUA VIDA

*Quando Saul e os israelitas ouviram isso,
ficaram aterrorizados e muito abalados.* (v.11)

Um gigante sozinho paralisou um exército inteiro por quarenta dias. Os gigantes modernos (depressão, ansiedade, dívidas, vícios, mágoas, imoralidade e inúmeros outros) também fazem o mesmo conosco. Com gigantes não se pode conviver ou dialogar. Para vivermos uma vida saudável, plena e abundante, eles têm que ir ao chão!

Davi sabia como sua vida mudaria para melhor se ele vencesse o gigante. Sua família não pagaria mais impostos, e ele se casaria com a filha do rei. E quando você vencer os gigantes da sua vida o que mudará para melhor?

Outra boa estratégia é vencer gigantes menores antes de enfrentar os maiores. Davi derrotou um urso e um leão antes do filisteu. Deus permitirá que alguns gigantes o afrontem para fazê-lo mais forte, dependente e mais confiante no Senhor.

Saul disse que Davi não tinha as credenciais para enfrentar Golias. Algumas pessoas também o desestimularão por inveja, mas outras, por zelo, pois não querem vê-lo sofrendo nessa árdua batalha. Mas a confiança de Davi não estava nas armas humanas, e sim no Senhor dos exércitos. A nossa também.

A vitória do povo de Israel estava condicionada à queda do gigante. A morte de Golias os encheu de força e valentia! Perseguiram os inimigos e os venceram! A vitória de Davi se tornou a vitória de todos. Quando você vencer o seu gigante, outros serão motivados a vencer os deles também.

*Pense em como sua vida mudará para melhor
quando seu gigante for derrotado.*

SENHOR DOS EXÉRCITOS, FORTALECE MINHAS MÃOS E MEU CORAÇÃO PARA EU VENCER OS GIGANTES QUE CONSTANTEMENTE ME AFRONTAM.

1º TEN CLAUDIO BRITTO — FAB/PA

7 DE NOVEMBRO — Atos 3:12-21

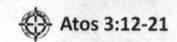

ENQUANTO HÁ TEMPO

Agora, arrependam-se e voltem-se para Deus, para que seus pecados sejam apagados. (v.19)

Eu era capitão no Quartel do Comando Geral e servia juntamente com um de muitos soldados na mesma unidade. Ele era muito prestativo e benquisto por todos. Um bom militar e pai de família exemplar. Tinha um irmão subtenente, cristão evangélico, com quem eu sempre conversava sobre a Palavra de Deus. Mas o soldado jamais mostrou interesse em tomar uma decisão pessoal por Jesus. Contudo, a semente estava em seu coração.

Certo dia, depois de ir ao cardiologista, constatou-se que o rapaz estava com sérios problemas e necessitava fazer vários exames. Após as peregrinações de exames e avaliações médicas, foi internado para uma cirurgia. Todos ficaram muito preocupados. Ele era jovem e tinha uma família linda e abençoada. Recebia visitas, mas seu estado emocional oscilava entre altos e baixos.

Numa madrugada, com os corredores do hospital quase vazios, o soldado levantou-se desesperado, arrastando o suporte com as medicações injetáveis e soro. "Eu quero aceitar a Jesus! Eu quero aceitar a Jesus agora!", gritava. Ele sempre teve à disposição a possibilidade de seguir a Jesus, mas adiava sua decisão, ou não dava a real importância em mudar o rumo de sua existência. Foi por meio de uma enfermidade que sentiu a fragilidade da vida e não quis perder mais tempo, clamando a quem quisesse ouvir que Jesus era a salvação. O jovem foi curado e passou a servir a Jesus com dedicação e alegria.

Servir a Jesus depende de uma decisão pessoal e é uma oportunidade presente todos os dias, que devemos aproveitar, sem deixar para depois.

Estamos sempre andando sem rumo e só achamos o azimute de nossa vida ao nos encontrarmos com Jesus.

GRAÇAS TE DAMOS, JESUS, PORQUE NOS VÊS INDIVIDUALMENTE E ATENTAS PARA AS NOSSAS NECESSIDADES, AJUDANDO-NOS A SUPORTAR NOSSO FARDO PESADO.

CEL EDUARDO JOSÉ PEREIRA DA SILVA — PMPE

8 DE NOVEMBRO

Efésios 6:11-17

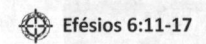

A ARMADURA IDEAL

Vistam toda a armadura de Deus, para que possam permanecer firmes contra as estratégias do diabo. (v.11)

Diuturnamente, os agentes das forças de segurança adentram suas unidades para se preparem para mais um turno de serviço. Eles vão aos alojamentos e, orgulhosamente, vestem os seus fardamentos únicos e especiais: botas, colete, material bélico e tudo o mais que precisam para estarem em condições de exercer as suas atividades especiais de segurança, como atender uma chamada e ir às ruas, por exemplo.

Mas Jesus ensina aos bons soldados através da Sua Palavra que, mais do que um fardamento e aparatos, Ele os chama para usar um outro tipo de farda, isto é, a vestimenta especial espiritual para que possa protegê-los contra o sorrateiro ataque do inimigo da alma humana — o diabo.

É bem verdade que, na atividade de segurança, os profissionais têm contato direto com todos os tipos de pessoas e, assim, estão sujeitos a receberem os mais variados tipos de ataques verbais, físicos e espirituais que, como dardos inflamados, vão como flechas certeiras direto aos seus corações. O soldado espiritual precisa ter a mente sã com ensino da Palavra do Senhor para vencer o dia mau (EFÉSIOS 6:13), os pés firmados no evangelho (v.15) e as mãos sempre bem empunhadas com o escudo da fé (v.16), o coração guardado em Deus, o olhar fixo no reino (MATEUS 6:21,33). Essas armas espirituais, dadas por Deus a Seus soldados, são poderosas!

Por vezes, pensamos estar bem fardados, com as roupas bem passadas e irretocavelmente alinhadas. Todavia, deixamos de nos revestir com a verdadeira armadura de Deus.

O favor de Deus nos protege de todo o mal.

SENHOR, AJUDA-NOS A NÃO NOS APARTAR DA TUA ARMADURA. PRECISAMOS NOS REVESTIR DELA PARA VENCERMOS O INIMIGO DA NOSSA ALMA.

1º SGT ALINE LAUER — PMESP

9 DE NOVEMBRO — Mateus 5:43-44

AQUELES QUE NOS ODEIAM E PERSEGUEM

Eu, porém, lhes digo: amem os seus inimigos e orem por quem os persegue. (v.44)

Em 2 Reis 6:8-23, há a história do profeta Eliseu e os sírios, inimigos de Israel. Estes pretendiam matá-lo porque ele alertara previamente a milícia israelita contra as estratégicas investidas de ataques de seus adversários, preservando-a. Cientes disso, planejaram capturá-lo, mas Eliseu, protegido pelo Senhor, os conduziu cegos até ao acampamento dos Israelitas. Mesmo diante da possibilidade de exterminar aqueles inimigos, os israelitas optaram por lhes oferecer um grande banquete (v.23). Essa ação inusitada fez com que os sírios deixassem de perseguir Israel.

Soa como contrassenso, mas os dois recursos que Deus nos concede contra quem nos persegue e odeia são o amor e a oração. O amor, pois aqueles que se opõem só podem ser persuadidos e mudados em suas opiniões pela bondade que virem em nós. O que há de ruim nas pessoas não evoca respeito e admiração. Os conceitos e preconceitos que elas elaboram sobre nós só poderão ser alterados se virem nossas virtudes. Sendo Deus a fonte das boas virtudes, pois Ele é amor (1 JOÃO 4:8), o que se requer de nós é que dele nos enchamos. Deus em nós nos habilita a lidarmos com nossos inimigos.

A oração nos aproxima de Deus e das Suas virtudes, ao mesmo tempo que nos aproxima de quem nos persegue. O ódio e a amargura nos afastam física e espiritualmente das pessoas, e isso impede a reconciliação. No entanto, orando, vencemos os sentimentos negativos e nos aproximamos dos que nos odeiam, possibilitando assim os reencontros no coração. Portanto, amemos e oremos.

Que o bem seja nossa arma na vitória contra o mal.

ENSINA-ME, SENHOR, A VENCER PELO AMOR E PELA ORAÇÃO.

PR. HUDSON FARIA DOS SANTOS — CAPELÃO VOLUNTÁRIO/GO

10 DE NOVEMBRO
Provérbios 3:5-6

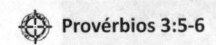

CONSULTANDO A PESSOA CERTA

...tomaram como prisioneiros as mulheres, as crianças e os demais e foram embora. —1 SAMUEL 30:2

Até hoje Davi é considerado o maior rei entre os homens que governou Israel. Mas ele era homem e falho como qualquer um de nós. Certo dia, ele resolveu participar de uma guerra contra povos não tementes a Deus. Não consultou ao Senhor, e as consequências foram desastrosas: familiares cativos, cidade incendiada e seu próprio exército querendo apedrejá-lo.

Em meio ao caos, Davi se lembrou do Senhor, das infinitas misericórdias, e foi consultá-lo. Recebeu a direção de Deus e transformou cativeiro e desolação em restauração, vitória e despojos de guerra.

Amado policial, neste dia, o Deus que endireita veredas está aqui para corrigir as suas, mesmo que tenha andado em caminhos tortuosos, em seu próprio entendimento, ignorando os conselhos do Senhor. Ele é o nosso advogado fiel, o Deus do perdão e da provisão. Confie no Senhor e permita que o Espírito Santo escreva uma nova história para sua vida.

Os justos se alegram no Senhor e confiam nele.

DEUS TODO-PODEROSO, OBRIGADO POR TEU PERDÃO E PELA OPORTUNIDADE DE SERMOS DIRIGIDOS PELO TEU ESPÍRITO.

CEL DENILSON LOPES DA SILVA — PMAC

11 DE NOVEMBRO
Isaías 40:28-31

RECARREGANDO AS ENERGIAS EM CRISTO

[Deus] Dá forças aos cansados e vigor aos fracos. (v.29)

Dias difíceis e excesso de más notícias podem contribuir para que as pessoas se sintam cansadas, sobrecarregadas, abatidas e desanimadas. A sensação de desalento trazida por esses fatores tem causado um efeito devastador na saúde física, mental e emocional de muitas pessoas ao redor do mundo. Não poucos se sentem exaustos, sem o arrojo necessário para encararem a estrada da vida e continuarem caminhando até completarem suas jornadas.

Se os dias têm sido trabalhosos, precisamos entender que Deus ainda possui o controle de todas as coisas e que todo o poder está em Suas grandiosas mãos. No passado, sempre que o povo de Deus era confrontado por um grande desafio, no tempo oportuno, o Senhor lhes dava um grande livramento. Como nos diz o autor de Hebreus: "Jesus Cristo é o mesmo ontem, hoje e para sempre" (HEBREUS 13:8).

Não permita que as lutas, tristezas e dificuldades da vida esgotem as suas energias e o impeçam de continuar seguindo em frente. Mas, se porventura, você achar que todo o seu ânimo já se exauriu, peça a Ele que renove suas forças e sua fé! Em todo caso, o convite feito por Jesus continua válido: "Venham a mim todos vocês que estão cansados e sobrecarregados, e eu lhes darei descanso" (MATEUS 11:28).

Por Seu amor e graça, o Senhor renovará as forças e restaurará o vigor de todos aqueles que ouvirem o chamado de Jesus.

A palavra "difícil" não se encontra no vocabulário do nosso Deus!

SENHOR, RENOVA AS MINHAS FORÇAS E FORTALECE-ME PARA SEGUIR EM FRENTE. ALIVIA-ME DE MEU FARDO E AJUDA-ME DURANTE TODA MINHA CAMINHADA.

1º TEN JOÃO PAULO MARTINS DA SILVA — FAB/PE

12 DE NOVEMBRO

Salmo 37:3-6

EM BUSCA DO SUCESSO

*Busque no Senhor a sua alegria, e ele lhe dará
os desejos de seu coração.* (v.4)

Todos sonham com o sucesso, ou pelo menos, em se dar bem na vida. Para alguns, o sucesso consiste em ganhar muito dinheiro, viver sem problemas e aposentar-se com uma boa conta bancária. Outros querem chegar ao auge da fama profissional, ser considerados importantes e estimados por todos. Ainda outros relacionam o sucesso com uma vida familiar tranquila, uma esposa meiga, um marido dedicado e filhos obedientes.

Todos parecem ter a fórmula para o sucesso, embora a maneira de alcançá-lo seja, às vezes, questionável do ponto de vista ético. Tais pessoas pouco se importam se fulano ou cicrano são seus amigos ou não. Se for necessário, "puxam o tapete" de qualquer um, pois o que importa é alcançar seus objetivos.

Nesse jogo do vale tudo, o ser humano tem se corrompido. Daí a importância de observarmos os ensinos da Bíblia em relação à busca do sucesso. Veja a promessa que se encontra no Salmo 37:4 citada acima. O cumprimento dela está condicionado à satisfação que a pessoa nutre na relação com Deus. Foi nesse sentido que Jesus falou aos seus seguidores, dizendo que priorizassem a busca do reino de Deus e sua justiça como condição fundamental para alcançar o que é necessário à vida (MATEUS 6:33).

Existem muitos ensinos bíblicos que nos orientam na busca de uma vida bem-sucedida, pautada por valores éticos que enobrecem nossa biografia, que transformam nosso sucesso num tributo a Deus e num meio de promover o bem-estar do próximo. Vale a pena conhecê-los!

*Os ensinos bíblicos nos auxiliam nas decisões relativas
à busca do sucesso em qualquer área da vida.*

SENHOR, ENSINA-ME A OBSERVAR, DE MANEIRA CORRETA, AS PRIORIDADES E OS VALORES ÉTICOS QUE NORTEARÃO MINHA CONSTANTE BUSCA POR UMA VIDA BEM-SUCEDIDA.

CEL JOSÉ ALFREDO FARIAS FILHO — PMPB

13 DE NOVEMBRO

Ester 6:1-3

TUDO SERÁ LEMBRADO

Pois Deus não é injusto; não se esquecerá de como trabalharam arduamente para ele... —HEBREUS 6:10

Quando se ingressa na vida militar, é impossível não incorporar algumas frases e jargões que só fazem sentido do Corpo da Guarda para dentro. Entretanto, algumas expressões se aplicam à vida diária, entre elas destaca-se: "Tudo será lembrado!"

Na dimensão humana, somos lembrados pelos erros que cometemos: Roberto Baggio, pelo pênalti perdido na Copa do Mundo de 1994; Davi, pelo adultério cometido; Pedro, por negar o Mestre! No quartel, o erro cometido o colocará na alça de mira. Você vai ser lembrado com certeza!

Raramente os acertos são postos em destaque. Mardoqueu delatou uma conspiração contra o rei Assuero e apenas uma nota de rodapé foi registrada nos documentos oficiais. Sem honras ou distinções. Porém, o autor de Hebreus nos assegura que, na dimensão divina, não há injustiça e, segundo o Seu querer, Deus intervém na esfera humana a fim de recompensar e exaltar os Seus. Deus tirou o sono do rei para exaltar Mardoqueu. No caso de José, Deus agiu de forma diferente, fazendo o Faraó sonhar para que seu servo saísse do esquecimento. Significa dizer que, na dimensão do reino, nada, nem mesmo um copo d'água será esquecido!

Portanto, mesmo que os adversários tentem nos relegar ao esquecimento, chegará o momento em que Deus intervirá em nosso favor dando sonhos ou tirando o sono de quem tem autoridade para nos honrar. Fato é que tudo será lembrado!

Confiar que Deus agirá na hora certa! Essa é a desejada estatura espiritual.

SENHOR, TU ÉS O MEU ADVOGADO! AGRADEÇO POR TUA FIDELIDADE EM MEU FAVOR.

3º SGT CHARLES ADRIANO FERNANDES — PMSC

14 DE NOVEMBRO

Lucas 6:46-49

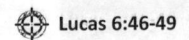

CRISTÃO DE VERDADE

*Por que vocês me chamam 'Senhor! Senhor!',
se não fazem o que eu digo?* (v.46)

Com essa direta e incômoda pergunta, Cristo nos chama ao zelo moral de não entrarmos em contradição quanto ao que afirmamos ser e o que de fato somos, ao que defendemos ser o melhor a fazer e o que de fato fazemos.

Quando o assunto é religião, tal pergunta desconcerta os que, sob uma falsa capa de religiosidade, utilizam-se da pretensa condição de cristão para camuflar sérios defeitos de caráter no trato com próximo, bem como nos sentimentos aparentemente nobres, mas que não correspondem às atitudes e aos comportamentos de um cristão de verdade.

Como "cristãos nominais", muitos vivem um cristianismo exterior. Chamam o Mestre de Senhor, mas não se submetem a Ele. Professam perdão, e praticam condenação. Exaltam a caridade, e praticam a usura. Falam do amor de Deus, e preferem a severidade para os outros.

Nesse contexto, todos precisamos entender que, somente considerando cuidadosamente nossas falhas com o firme propósito de em Cristo superá-las, é que nos identificaremos com o real sentido e significado do cristianismo que Jesus deseja que vivamos. Não uma mera escolha ou opção de vida, mas o fruto visível de uma efetiva conversão para agradar a Deus e conduzir outros a Ele.

Que, alertas à voz do Mestre e firmes no poder do Seu Santo Espírito, possamos viver como cristãos de verdade, não decepcionando Cristo com um coração enganoso e uma personalidade indecisa, mas honrando-o e alegrando-o com atitudes nobres, puras e fiéis.

*Cristo é a rocha, o fundamento seguro no qual devemos
alicerçar nossa fé com palavras e atitudes.*

**SANTO DEUS E PAI, DÁ-NOS A SABEDORIA PARA HONRAR
E GLORIFICAR A TI NÃO APENAS COM OS LÁBIOS, MAS TAMBÉM
COM O CORAÇÃO. EM NOME DE JESUS, AMÉM!**

CEL ANTÔNIO SOARES NOGUEIRA — PMCE

15 DE NOVEMBRO — Hebreus 12:1-13

SUPORTANDO A DISCIPLINA

...pois o Senhor disciplina quem ama, e castiga todo aquele que aceita como filho. (v.6)

Recentemente, adotei um filhote de cachorro, e os primeiros dias desse processo foram essenciais para disciplina-lo. Comecei a deixá-lo sozinho por algumas horas durante o final de semana para que ele se adaptasse à minha ausência durante o período de trabalho. Por dois minutos ele chorava, uivava, mordia a grade, até que se deitava em sua cama bastante triste e, contrariado, dormia. Confesso que esses momentos partiam meu coração, mas eu sabia que faziam parte do processo de disciplina que traria qualidade de vida para ele e para mim. Em seguida, eu o recompensava com muito carinho e um petisco quando ele acordava.

Refletindo sobre isso, lembrei-me de alguns processos de aprendizado em minha vida, que também me deixaram triste. Eles me faziam questionar, chorar e ir dormir contrariada. Esses processos fazem parte da disciplina do Senhor em nossa vida, pois nenhuma disciplina é agradável no momento que é aplicada, ao contrário é dolorosa (HEBREUS 12:11), mas ela é sempre para o nosso bem (v.10). Por isso o autor de Hebreus nos motiva a revigorarmos nossas forças e caminharmos pelo caminho reto para que eles sejam fortalecidos (v.13).

Quando encaramos a disciplina de Deus como uma preparação para o cumprimento de Suas promessas em nossa vida, conseguimos sair da posição de vítimas, não permitindo que a amargura contamine nosso coração. Também aceitamos o processo com esperança, crendo que Deus é um Pai amoroso e que nos recompensa com Seu amor todos os dias.

A disciplina é o GPS de Deus nos alinhando na rota que leva ao centro da Sua vontade.

DEUS, FORTALECE-NOS PARA SUPORTARMOS COM PACIÊNCIA E PERSEVERANÇA O TEMPO DA DISCIPLINA PARA SERMOS APROVADOS POR TI.

INVESTIGADORA DE POLÍCIA LUCIMÉIA SWIECH — PCPR

16 DE NOVEMBRO — **1 João 3:16-20**

UM SONHO, UM JURAMENTO, UMA MISSÃO!

...Jesus deu sua vida por nós. Portanto, também devemos dar nossa vida por nossos irmãos. (v.16)

"Somos fortes na linha avançada, sem da luta os embates temer". Assim começa o refrão do hino da Polícia Federal. Ao entoar essas palavras, com os pulmões e as cordas vocais no limite, fica claro o amor desenvolvido pelos servidores dessa instituição. E tudo começa com um sonho.

As diversas prisões de pessoas, até então inatingíveis pela Justiça terrena, têm movido o coração dos brasileiros, a ponto de algumas pesquisas colocarem a Polícia Federal no topo da confiança dos brasileiros. E surge a face mais intrigante desse fato: o crescimento vertiginoso do sonho de muitos brasileiros se tornarem policiais federais.

Após tempos de dedicação, o guerreiro sonhador é testado e aprovado na Academia Nacional de Polícia, o último degrau de acesso. Já não é mais sonho, é realidade! Então vem o juramento, quando a própria vida é colocada à disposição de outras. E outra parte do hino se cumpre: "Defendendo os direitos humanos, pela ordem em eterna vigília, contra os maus dia e noite lutamos, resguardando a sagrada família".

Por fim, a revelação da missão já não é mais segredo: defender, vigiar, lutar e resguardar a família. Que assim seja neste dia de comemoração, de lembrança, de exaltação divina e de certeza da escolha para uma vida de incansável luta por justiça.

Colocar a vida à disposição da segurança de outros é fazer semelhantemente a Cristo.

SENHOR, AJUDA-ME A CUMPRIR O MEU DEVER DE ZELAR PELA SEGURANÇA PÚBLICA DE FORMA QUE HONRE TEU NOME.

AGENTE FEDERAL LUÍS ANTÔNIO BOUDENS — FENAPEF

17 DE NOVEMBRO

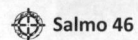

Salmo 46

BUSCANDO ABRIGO

*Deus é nosso refúgio e nossa força, sempre pronto
a nos socorrer em tempos de aflição.* (v.1)

O confronto armado acontece muitas vezes de forma repentina. Na maioria das vezes, precisamos buscar um refúgio e nos abrigar para não sermos atingidos, assim como em muitas situações em nossa vida que nos surpreendem.

Ainda lembro da minha primeira troca de tiros, quando estava no estágio da Polícia Militar do Estado do Paraná. Nesse dia, eu estava trabalhando com uma motocicleta da PM, deslocando em apoio à outra viatura, numa ocorrência de roubo em andamento. Quando chegamos, fomos recebidos a tiros pelos assaltantes e tivemos que nos abrigar atrás das nossas próprias motocicletas, que estavam caídas no chão. Não tínhamos certeza se elas seriam um abrigo muito seguro, porém, como não conseguíamos achar outro, elas foram o melhor refúgio naquele momento.

Numa ocorrência dessa natureza, o abrigo é importante e pode variar muito de acordo com o terreno do local. Um carro, por exemplo, pode oferecer um pouco mais de segurança do que um meio fio ou um poste. Em momentos de adversidades em nossas vidas, tanto na área profissional, pessoal ou espiritual, precisamos buscar um abrigo totalmente seguro. Podemos ter sempre algumas surpresas e desafios e precisamos saber que Deus é, e sempre será, o nosso melhor refúgio. Ele está sempre pronto a nos socorrer em tempos de aflição.

*Busquemos refúgio em Deus em todos os momentos.
Ele sempre será o único abrigo perfeito.*

SENHOR DEUS, EM TI ME REFUGIO, POIS EM TI SEMPRE ENCONTRO AMOR E CUIDADO EM TODOS OS MOMENTOS.

SD LAEDSON DOS SANTOS — PMPR

18 DE NOVEMBRO — Hebreus 11:1-6

CONECTADOS

...eu sou a videira; vocês são os ramos. Quem permanece em mim,
e eu nele, produz muito fruto... —JOÃO 15:5

Em meados de 2009, o sistema gerencial de ocorrências do quartel onde eu trabalhava foi conectado pela nova rede de *wi-fi* ora implantada. Aqueles antigos documentos físicos seriam substituídos por modernos relatórios de incêndio e de salvamento, com transmissão instantânea. Porém, os primeiros meses de operação não foram fáceis, pois a fonte do roteador, de onde emanava o sinal de internet, foi instalada longe da sala onde ficava o computador do serviço, de modo que as oscilações e a falta de conexão eram constantes. Numa rede *wi-fi*, quanto mais próximo do roteador do sinal, mais forte é a conexão.

De semelhante modo é a nossa caminhada cristã. Deus é fonte da vida, e nele devemos permanecer conectados. Quanto mais buscarmos nos achegar a Ele, mediante a fé, por meio da oração, leitura da Palavra de Deus e vivendo uma vida de propósitos, mais fortes estaremos. Distanciar-se da fonte é correr o risco real de ter oscilações e até de ficar *off-line*.

A fé é como um *wi-fi* invisível e tem o poder de nos conectar com Deus. Como lemos em Hebreus 11:6: "Sem fé é impossível agradar a Deus. Quem deseja se aproximar de Deus deve crer que ele existe e que recompensa aqueles que o buscam" (HEBREUS 11:6).

Se hoje você se encontra distante da fonte da vida, volte a se conectar. Com fé, chame por socorro, porque Deus, a fonte, nunca o deixou e está à sua espera.

Na nossa vida, não podemos estar
off-line de Deus.

DEUS PAI, QUE PERMANEÇAMOS SEMPRE CONECTADOS A TI.

TEN CEL CLEYTON CRUZ — CBMMA

19 DE NOVEMBRO — Romanos 12:9-21

A BANDEIRA DA PERSEVERANÇA

Alegrem-se na esperança, sejam pacientes na tribulação, perseverem na oração. (v.12)

Conta-se a história relatada pelos chineses que um de seus filósofos, durante os seus anos escolares, lançou os seus livros ao chão, certo de que nunca poderia assenhorear-se deles. Certo dia, andando pela rua, encontrou uma senhora que estava esfregando uma barra de ferro sobre uma pedra. "Por que está fazendo isso?", perguntou o estudante. "Porque desejo obter uma agulha e assim estou afinando esta barra até que fique em condições para costurar".

A moral dessa história consiste no desafio de vencer e nunca desistir. Para isso, é necessário que a bandeira da perseverança esteja sempre hasteada. Ou seja, assim como em uma guerra, a bandeira hasteada pode significar rendição perante a força militar estrangeira; esse ato, na vida espiritual, pode indicar rendição a Deus, como uma demonstração de gente que sofre, chora, adoece, perde valores e carece do amor e socorro divinos.

Todos estamos sujeitos ao cansaço, desespero, fadiga, depressão etc. Porém, o espírito de perseverança é o antídoto contra esses males. Perseverar em oração, fé e esperança ainda é o melhor conselho bíblico para uma vida bem-sucedida.

Pensar em desistir ou tomar qualquer decisão inadequada não é a solução. O caminho é buscar a justiça de Deus, como Jesus ensinou na parábola sobre o dever de orar sempre e jamais esmorecer (LUCAS 18:1-8).

Não desista. O Senhor é quem o sustém.

SENHOR DEUS TODO-PODEROSO, CREMOS FIELMENTE EM TUAS PROMESSAS. POR ISSO, DÁ-NOS PERSEVERANÇA PARA QUE NUNCA DESISTAMOS DOS NOSSOS OBJETIVOS.

PR. ADVANIR ALVES FERREIRA — PRESIDENTE DA IGREJA PRESBITERIANA RENOVADA DO BRASIL

20 DE NOVEMBRO

Gênesis 39:1-20

FUGINDO DA TENTAÇÃO SEXUAL

...a esposa de Potifar começou a olhar para ele com desejo.
"Venha e deite-se comigo", ordenou ela. (v.7)

Potifar era um oficial egípcio, capitão da guarda do Faraó, que constituiu José como chefe de sua casa. Uma posição de destaque para José aumentar sua influência administrando e se relacionando com novas pessoas.

Todo cargo traz consigo um universo de possibilidades, e se a vigilância, assim como o colete à prova de balas, não estiver na validade, um desastre familiar pode acontecer. Deixar-se ser conquistado pela beleza ou carisma de alguém é o mesmo que combater criminosos sem o uso de colete. É quase impossível não ser atingido fatalmente. A arma mais letal para vencer as tentações é justamente não se expor ao combate. Por isso Paulo escreve a Timóteo, um jovem recém-promovido: "Fuja de tudo que estimule as paixões..." (2 TIMÓTEO 2:22). Por mais linda que seja sua família, décadas de casamento, filhos etc., os mais fortes sempre serão os que fogem!

Se José tivesse aceitado o cargo de amante, seria o mais longe que poderia chegar. Não seria o governador que salvou a civilização egípcia e muito menos teria seu nome na galeria dos heróis da fé, na história dos hebreus (HEBREUS 11:22). Não tenha medo de bloquear, excluir pessoas das redes sociais ou se afastar delas. Mude de setor, delegacia, batalhão, cidade, estado. Compre pão em uma nova padaria, abasteça em outro posto de combustível. Faça o que for possível para honrar sua família e viver o sucesso profissional que Deus reservou para você.

Não há cova rasa quando cedemos às tentações. Um minuto
de aventura pode destruir a vida inteira.

DEUS, NÃO PERMITAS QUE CAIAMOS EM TENTAÇÃO DESONRANDO A TI E ÀS NOSSAS FAMÍLIAS.

1º TEN THARCIS DAMASCENO DE MACEDO — PMMA

21 DE NOVEMBRO

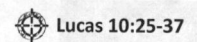

Lucas 10:25-37

QUEM É O MEU PRÓXIMO?

Então veio um samaritano e, ao ver o homem,
teve compaixão dele. (v.33)

Era o primeiro dia do ano, dia da Fraternidade Universal. Por volta das sete horas da manhã, estávamos de GT operação corredor bancário, no bairro de Boa Viagem, em Recife, quando, de repente, uma cena curiosa me chamou a atenção.

Três crianças estavam remexendo uma lixeira à procura de restos de comida. Bem próximo a elas em uma parada de ônibus, algumas pessoas se espremiam, espantadas, com medo dos meninos famintos que procuravam restos de comida. Imediatamente lembrei das minhas filhas, que àquela hora estavam dormindo, depois de uma noite abençoada, regada a uma mesa farta.

Então passei o resto do serviço refletindo em como somos insensíveis ao nosso próximo. Como demoramos a perceber a necessidade dos nossos irmãos. Como desprezamos a empatia. Lembrei-me da parábola do Bom Samaritano, na qual as pessoas que tinham a obrigação de ajudar um homem que estava à beira da morte passaram distantes: "Por acaso descia por ali um sacerdote. Quando viu o homem caído, atravessou para o outro lado da estrada" (LUCAS 10:31). Em nossa atividade policial, precisamos parar e pensar em quem é o nosso próximo. Nunca mais fiquei inerte ao me deparar com esse tipo de situação.

"O amor é mais do que um sentimento espontâneo. Ele é uma obrigação. Não se pode esperar indefinidamente pela vontade de amar. É preciso abrir o coração, forçar e cultivar o amor. É preciso remover as pedras que estão no caminho" (Pr. Elben M. Lenz César).

O amor e a justiça de Deus excedem
todo o conhecimento humano.

QUERIDO DEUS, GUIA OS MEUS PASSOS E QUE EU POSSA ESTAR SEMPRE DISPONÍVEL PARA AJUDAR O MEU SEMELHANTE.

MAJ SILVIO JOSÉ DA SILVA — PMPE

22 DE NOVEMBRO — **Mateus 15:21-28**

CONFISSÃO COMO ÚNICA ESTRATÉGIA

Ó Senhor, tu examinas meu coração [...] mesmo de longe, conheces meus pensamentos. —SALMO 139:1-2

É urgente convencer as pessoas, motivá-las, engajá-las, conseguir apoio e alcançar recursos. Contudo, precisamos saber qual dimensão estamos desbravando. Recursos e resultados espirituais exigem estratégias diferenciadas: sinceridade e pureza de coração.

Na história da mulher cananeia em Mateus 15, à que clama por Jesus, dizendo: "Senhor, Filho de Davi, tenha misericórdia de mim! Minha filha está possuída por um demônio..." (v.22), Jesus não correspondeu e ainda disse: "Fui enviado para ajudar apenas as ovelhas perdidas do povo de Israel" (v.24). E acrescentou: "Não é justo tirar o pão dos próprios filhos para alimentar os cães..." (v.26). A mulher responde: "Sim, Senhor, mas até os cães de estimação comem das migalhas que caem das mesas..." (v.27). Jesus, admirado, exclama: "...grande é a tua fé! Seja feito a ti conforme queres. E naquele exato momento sua filha ficou sã" (v.28).

Essa mulher se expressou como um judeu se expressaria (v.22), insinuando que fazia parte do povo de Israel e que merecia a atenção de Cristo. Porém, Jesus revelou saber quem ela era e lhe mostrou a sua posição (v.26). A cananeia renuncia à própria esperteza e, com discernimento, declara que a migalha do pão também é pão, ou seja, as bênçãos de Deus são tão grandes e poderosas que, mesmo direcionadas a outras pessoas, acabam abençoando tudo em sua volta.

As bênçãos de Deus dispensam a esperteza e o mérito.
Ficam apenas a humildade e a confissão.

Ó DEUS, RECONHEÇO MINHAS FALHAS E LIMITAÇÕES. SUPLICO POR TEU AMOR E POR TUA MISERICÓRDIA.

1º TEN FREDERICO JONAS ALCICI — FAB/AM

23 DE NOVEMBRO

1 Coríntios 12:27-31

PADRÃO DE EXCELÊNCIA

...vou lhes mostrar um estilo de vida que supera os demais. (v.31)

Desde nossa infância, somos medidos por alguma nota ou conceito. Logo que nascemos, somos rotulados com um número. Recebemos um CPF e RG, que indicam quem somos perante a sociedade. Na escola, aprendemos que nosso conceito ou nota nos distingue como alunos ruins, medianos, bons ou excelentes. Da mesma forma, é também um número que define o curso e a universidade que faremos. Na vida militar, como recruta, estagiário ou aluno, é-nos dado um número que nos define. Assim vivemos nossa vida nessa redoma de ser sempre o 01.

Tal conceituação não é em si negativa, pelo contrário, contribui para que cada indivíduo dê o melhor de si para conquistar seu espaço. No entanto, a maioria das pessoas acaba caindo na média (mediocridade) e não se sobressai naquilo que faz. Qual o motivo disso? Por que é tão difícil manter o padrão de excelência?

O apóstolo Paulo apresenta o caminho do amor. Quando se faz o que se faz por amor, a excelência é simplesmente o resultado. A excelência se conjuga no acróstico A.M.A.R. Aptidão: Apto é estar preparado e, para isso, é necessário percorrer o caminho árduo do esforço, do estudo e da prática. Motivação: Devemos fazer tudo para o Senhor (COLOSSENSES 3:23) e para Sua glória (1 CORÍNTIOS 4:7). Ação: Devemos aproveitar cada oportunidade para fazer o melhor (ECLESIASTES 9:10). Repercussão: Somos argumentos para Deus quando fazemos tudo com excelência. Portanto, lembre-se de que a excelência se encontra naquele que faz tudo por amor.

"Ama e fazes o que quiseres". —AGOSTINHO

DEUS, AJUDA-NOS A TER A MOTIVAÇÃO CORRETA E VIVER NOSSA VIDA COM EXCELÊNCIA PARA SERMOS ARGUMENTOS PARA GLORIFICAÇÃO DO SENHOR.

2º TEN WELLINGTON CASAGRANDE — FAB/RS

24 DE NOVEMBRO

1 João 14:1-6

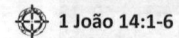

LÍDERES INDICAM CAMINHOS

*Simão Pedro disse: "Vou pescar". "Nós também vamos",
disseram os outros...* —JOÃO 21:3

Os discípulos pensavam que tudo tinha acabado. Mesmo sabendo que o Mestre havia ressuscitado e sido visto por alguns deles, a crise emocional os abateu. Nos três anos que estiveram com Ele, viveram coisas tão extraordinárias que ninguém jamais viveu. Ouviram a Palavra de vida eterna diretamente de Deus, que se fez homem e habitou entre nós. Jesus ressuscitou mortos, curou cegos, multiplicou pães e peixes, transformou água em vinho. Entretanto, aquele que deveria redimir Israel foi aprisionado, condenado e morto em uma cruz, e uma espécie de pandemia emocional trouxe desânimo sobre os discípulos.

Pedro, um líder entre os discípulos, viveu sua hora da verdade quando disse "vou pescar" (JOÃO 21:3). Se ele tivesse dito "vou orar", provavelmente os outros teriam dito o mesmo. Pedro não sabia que líderes indicam caminhos e por isso devem ter o cuidado redobrado de pisar sempre em terra firme. Ele resolveu abandonar o barco da fé e ir pescar. Seus amigos o seguiram. O que fazemos na Terra ecoa no Universo!

J. Maxwell, famoso conferencista, ensina que liderança é influência, pois tudo começa e termina com a liderança. Em meio às crises, precisamos de líderes que sejam referência na vida pessoal, familiar, corporativa e ministerial. Liderança é como a beleza: difícil definir, mas fácil de perceber. Como Jesus ensinou e viveu, liderança é também exemplo e atitude. Líderes indicam o caminho, por isso Jesus declarou: "Eu sou o caminho, a verdade e a vida. Ninguém pode vir ao Pai senão por mim" (JOÃO 14:6).

*Que a nossa influência possa levar as pessoas
aos pés da cruz.*

**SENHOR, AJUDA-NOS A LIDERAR COM O CORAÇÃO
PRONTO A OBEDECER À TUA LIDERANÇA.**

MAJ JOEL ROCHA — PMESP

25 DE NOVEMBRO
Salmo 126

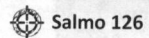

SEMEANDO E COLHENDO

*Os que semeiam com lágrimas colherão
com gritos de alegria.* (v.5)

Ninguém pode escapar de algumas leis. A lei da gravidade é uma delas. Alguns conseguem escapar das leis contidas no código penal, principalmente alguns criminosos e delinquentes. Já a lei da semeadura, num sentido amplo aplicado à vida, referida em vários textos da Palavra de Deus, talvez seja a que mais deve nos preocupar, pois a ela todos estamos sujeitos, independentemente da nossa vontade, pois colhemos o que plantamos! Se plantarmos as sementes certas, colheremos frutos que nos darão muita alegria e contentamento.

Na agricultura, os fatores determinantes para uma boa colheita incluem a qualidade das sementes, do solo, do clima, do tempo de maturação e do processo da colheita. Já, na vida, a boa colheita depende das palavras, das ações, do exemplo, da dedicação e do esforço semeados.

Ao lermos atentamente as Escrituras Sagradas, meditarmos nas diversas sementes que nela encontramos e colocá-las em prática na nossa maneira de viver, de falar, nos nossos relacionamentos familiares e sociais, em geral, e em todas as situações que enfrentarmos, teremos uma boa e surpreendente colheita!

Essa semeadura não é tarefa fácil. Algumas vezes teremos que semear com disciplina e dedicação diária e até com lágrimas. Teremos que enfrentar situações que mexerão com nossas emoções e nossos instintos mais primitivos. Todavia, com a Palavra de Deus em nosso coração e em nossa mente, voltaremos com júbilo trazendo os feixes, isto é, os resultados de nossa semeadura. Nossa missão estará cumprida!

A colheita é a recompensa daquele que se esforçou em semear.

SOBERANO DEUS, OBRIGADO POR TUA PALAVRA, QUE NOS DESAFIA A SEMEAR COM LÁGRIMAS, E PELA PROMESSA DE UMA BOA COLHEITA COM CÂNTICOS DE ALEGRIA.

PR. LEVI DE SOUZA PIRES — CAPELÃO VOLUNTÁRIO/DF

26 DE NOVEMBRO

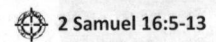

2 Samuel 16:5-13

A PROTEÇÃO QUE NUNCA FALHA

*Talvez o Senhor veja que tenho sido injustiçado e me abençoe
por causa dessas maldições de hoje.* (v.12)

Eu estava exercendo a função de Observador de Direitos Humanos da Missão de Paz da ONU na Guatemala. Tínhamos diversas responsabilidades, principalmente a de proporcionar segurança aos vários integrantes nacionais e estrangeiros de uma grande equipe multifuncional de civis, policiais, militares e intérpretes.

Acabara de acontecer um amotinamento de mais de mil indígenas em uma comunidade de nome "Quebrada Seca", e aquela região havia acordado bastante preocupada com a situação. Como representantes locais, fomos acionados para verificar possíveis violações aos direitos humanos, juntamente com forças nacionais responsáveis pela segurança de seus habitantes. Ao chegarmos, vimos um cenário de tensão composto por uma multidão enfurecida de indígenas.

Quando a comunidade local percebeu nossa presença, houve uma revolta e uma tentativa de nos rechaçar. Permitiram que ficassem apenas os integrantes das Nações Unidas, sendo eu um deles. Confesso que o meu coração "ficou a mil", pois nunca havia presenciado tal ação.

Ao me ver naquele local, orei silenciosamente a Deus, pedindo-lhe Sua misericórdia sobre mim e meu companheiro de missão, e que nos livrasse para regressarmos a nossas famílias. Naquele momento, lembrei-me da história de Davi que, enquanto fugia de seu filho Absalão, foi amaldiçoado por um homem de nome Simei, que lhe fazia falsas acusações e lançava pedras, mas Deus livrou o Seu servo. Aquele dia foi marcante em minha vida, pois pude sentir a mão de Deus cuidando de mim.

O Senhor está sempre a postos para nos livrar do mal.

**SENHOR, OBRIGADO POR TEU CUIDADO POR MIM,
POR TEU ZELO E PREOCUPAÇÃO EM FORTALECER A MINHA FÉ
E ME CAPACITAR PARA TE BUSCAR MAIS E MAIS.**

CEL PAULO JOSIMAR DIAS SIMÕES — PMCE

27 DE NOVEMBRO

2 Coríntios 10:1-5

ARMAS ESPIRITUAIS, GARANTIA DE VITÓRIA

Usamos as armas poderosas de Deus,
e não as armas do mundo... (v.4)

Geralmente, todo militar das forças armadas ou auxiliares, ao ingressar na carreira, passa por vários treinamentos e qualificações para cumprir bem sua missão. O fato é que ele precisa conhecer e manusear bem o armamento. Por isso, existe um tempo determinado para o curso de formação, mudança de costume civil, para que seja impregnado o militarismo propriamente dito. O militar aprende sobre hierarquia e disciplina, dentre outras disciplinas, para ter sucesso. Realiza cursos de qualificações, táticos, administrativos e muito mais. É uma vida totalmente diferente de uma vida de costumes civis da sociedade. "Nenhum soldado se deixa envolver em assuntos da vida civil, pois se o fizesse não poderia agradar o oficial que o alistou" (2 TIMÓTEO 2:4).

Quando alguém é alistado no exército de Cristo, tendo um encontro fiel com Ele, não é muito diferente, pois tem que buscar uma preparação, qualificação à altura para cumprir bem sua missão como um bom soldado. Daí passamos a usar outro tipo de armamento, desta feita, armas espirituais e poderosas, para vencermos as batalhas da vida e assim seguirmos agradando àquele que nos alistou para a guerra, o Senhor Deus Todo-poderoso. Essas armas nos livram da soberba, arrogância, autossuficiência etc. E a vitória é obtida de forma poderosa, pois é Deus que peleja por nós.

Você é um bom soldado de Cristo? Tem interesse em se alistar neste grande exército?

Quando nos rendemos ao General dos generais, temos uma vida
de sucesso, mesmo tendo grandes lutas.

SENHOR MEU DEUS, PEÇO-TE QUE ME AJUDES A SER UM BOM SOLDADO PARA QUE VENHA SER SEMPRE VITORIOSO COM CRISTO.

S TEN ERILSON MESQUITA ARAÚJO — PMMA

28 DE NOVEMBRO — Números 11:1-35

TRAÍDOS PELA INGRATIDÃO

...Ah, se tivéssemos carne para comer! (v.4)

Salvo exceções relacionadas às enfermidades que afetam a percepção individual, há pessoas que não são amáveis. São dominadas pelo orgulho e egoísmo, o que não lhes permite se colocar na condição do outro, sentir empatia e gratidão. O ingrato possui um descontentamento permanente. Sua perspectiva é sobre os desejos que não foram supridos. Semelhantemente à fome disfuncional que nunca é satisfeita, sempre haverá um novo apetite que gerará um novo descontentamento.

É o que se observa nas queixas descritas no episódio de Números 11. Aqui não se trata de necessidade de saciar a fome, é desejo pelo cardápio da culinária egípcia. Eles tinham o maná, com o sabor semelhante a bolo de mel, um alimento leve e saudável.

Eles já conheciam o poder e o cuidado de Deus, pois receberam livramento na travessia do mar Vermelho, saciaram a sede com água de uma rocha, uma nuvem protegeu-os do sol escaldante e uma coluna de fogo do frio do deserto. Mesmo assim, reclamaram porque eram cegos para o que tinham e enxergavam o que não possuíam.

De modo geral, a ingratidão é resultado da natureza pecaminosa. E, como o pecado obscurece mentes e corações, o ingrato não se percebe desagradecido. Por essa razão, não é de se surpreender que teremos que lidar com a ingratidão de pessoas da família, amigos ou conhecidos. E, possivelmente, em determinado momento, outros terão o desprazer de lidarem com nosso coração sem graça e sem gratidão, por não reconhecermos o bem que nos fizeram.

*A alegria de presentear é vivida somente
por pessoas agradecidas.*

SENHOR DEUS, DÁ-ME UM CORAÇÃO AGRADECIDO QUE SEJA DEMONSTRADO ATRAVÉS DAS MINHAS AÇÕES.

PR. EZEQUIEL BRASIL PEREIRA — CAPELÃO VOLUNTÁRIO/GO

29 DE NOVEMBRO

2 Timóteo 4:5-7

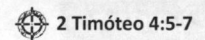

UM LEGADO POSITIVO

*Lutei o bom combate, terminei a corrida
e permaneci fiel.* (v.7)

Assim que fui convidada para integrar o projeto de devocionais para profissionais de segurança pública, promovido por Ministérios Pão Diário, pensei em várias temáticas. Mas, certo dia, ao chegar ao quartel de operação administrativa operacional, que é a edificação mais antiga do estado do Ceará, esta palavra me veio ao coração: Legado.

Ao refletir sobre a história dessa instituição, pensei: "e quanto a nós, homens e mulheres que dela fazemos parte? Quais os legados que estamos deixando?". Lembrei-me, então, de Ayrton Senna, por exemplo, que nos deixou um legado de superação. O nome do cientista Galileu Galilei nos lembra de que a Terra não é o centro do Universo. Adolf Hitler nos traz à mente um legado de ódio. Billy Graham foi um grande evangelista e homem de Deus.

E quanto aos profissionais de segurança pública, que enfrentam um desafio herculeo em um país cheio de excludentes sociais? Será que devemos apenas atuar no enfrentamento da criminalidade ou de forma preventiva para que ela não exista? Devemos, acima de tudo, amar pessoas, tanto as vítimas quanto os delinquentes, porque não cabe a nós juízo de valor, uma vez que custodiamos a paz social.

Pensando então em tudo isso, que a nossa história de carreira deixe legados e lembranças que reflitam o que Jesus deseja de nós: que sejamos à Sua imagem.

*Permita que sua história escreva histórias de Deus
no exercício de seu ofício.*

SENHOR, AJUDA-ME A REFLETIR JESUS A TODOS QUE ME CERCAM E QUE ISSO DEIXE UM LEGADO POSITIVO DE MINHA VIDA.

TEN CEL KEYDNA ALVES LIMA CARNEIRO — PMCE

30 DE NOVEMBRO

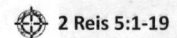

2 Reis 5:1-19

ASSUMINDO NOSSAS ENFERMIDADES

...embora Naamã fosse um guerreiro valente,
sofria de lepra. (v.1)

Naamã, além de ser um oficial do mais alto posto do exército sírio, gozava de muito prestígio diante dos comandados e do rei daquela nação, pois sob o seu comando, o exército sírio venceu uma guerra contra Israel. Apesar de todo esse prestígio, ele era portador de uma enfermidade horrível, incurável e desconhecida pela maioria dos seus soldados. Após ser informado sobre a possibilidade de ser curado através do profeta Eliseu, comunicou-se com o seu rei, que o recomendou ao rei de Israel. Naamã foi fortemente confrontado em seu orgulho pelo profeta de Deus, quando este nem ao menos saiu para recebê-lo, enviando-lhe apenas um recado para que fosse até o rio Jordão e mergulhasse por sete vezes. Para Naamã receber a cura, foi necessário ouvir a escrava da sua esposa, seguir o conselho de subordinados, obedecer fielmente à palavra do profeta e ainda expor as suas horríveis chagas diante de todos (2 REIS 5:14).

Quando colocamos uma farda sobre os nossos ombros, muitas vezes, esquecemo-nos de que dentro daquela capa existe um ser humano cheio de imperfeições, muitas delas, lepras incuráveis. A única saída, portanto, é recorrermos a uma arma secreta chamada humildade, submetermo-nos ao processo da cura por meio da obediência e alcançá-la tão avidamente.

Ser humilde é reconhecer a incapacidade.

QUERIDO DEUS, RECONHEÇO E EXPONHO AS MINHAS CHAGAS. PEÇO-TE QUE PERDOES O MEU ORGULHO E ME DIRECIONES NESTE PROCESSO DE CURA.

MAJ WALBER PEREIRA LIMA — PMTO

1º DE DEZEMBRO

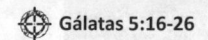

Gálatas 5:16-26

SEM MEDO DE SER FELIZ

Mas o Espírito produz este fruto: amor, alegria, paz,
paciência, amabilidade, bondade... (v.22)

A sensação de que "está tudo tão bem que até dá medo" é mais comum do que se pensa. Acreditar que, após certo período em que "tudo dá certo", algo muito ruim inevitavelmente acontecerá, provavelmente, todos já sentimos.

Estar feliz e realizado sempre será algo experimentado num contexto em que existe o contrário, isto é, frustração e tristeza. Que direito temos de sorrir enquanto outros choram? Especialmente em tempos mais turbulentos (como numa pandemia, por exemplo), a alegria pode ser algo até um tanto subversivo.

Parece ser comum vivermos a dor e a tristeza com intensidade, mas a alegria e a felicidade, com hesitação. Talvez porque a realidade não nos ilude, talvez porque trazemos a memória de alegrias interrompidas, talvez porque perdemos a inocência infantil, tão sublime quanto frágil.

Tenhamos paz, porém. É verdade que na vida existem tristezas, mas a alegria é insistente. A dor é uma realidade, mas a realização também é. Existem desafios e êxitos também. Há maldade, mas a bondade é real. Podemos ser alvos de vilania e desprezo. Porém, também somos alcançados pela gentileza e pelo amor. A felicidade é uma bênção a ser desfrutada.

A presença de Deus é sempre libertadora.

SENHOR, DEUS DA VIDA, LOUVO A TI PORQUE ÉS A FONTE DA ALEGRIA E DA PAZ!

CAP ALEX THOMAZ DE ALMEIDA — PMSC

2 DE DEZEMBRO

2 Coríntios 12:5-10

GRAÇA, A FORÇA NA FRAQUEZA

...Minha graça é suficiente para você, pois o meu poder se aperfeiçoa na fraqueza... (v.9)

O apóstolo Paulo foi um grande e fiel combatente na proclamação da boa notícia da salvação em Cristo Jesus. Ele entendeu a ordem: "Missão dada, missão cumprida!". Porém, ele não era o "Homem de Ferro". Tinha suas limitações e fraquezas. Mesmo assim, não desistiu de sua missão e foi fiel até mesmo na hora da morte. Ele disse a frase muito conhecida e desafiadora: "Combati o bom combate, terminei a corrida, guardei a fé" (2 TIMÓTEO 4:7). Graça é força na fraqueza. Veja o encorajamento e a graça de Deus: "...Não tema, pois eu o resgatei; eu o chamei pelo nome; você é meu. Quando você atravessar as águas, eu estarei com você; quando você atravessar os rios, eles não o encobrirão. Quando você andar através do fogo, não se queimará; as chamas não o deixarão em brasas" (ISAÍAS 43:1-2).

A graça de Deus é para todos. Ela nos fortalece a enfrentar os desafios e os momentos de fraqueza. Podemos perceber os cuidados e proteção de Deus como nosso Pai. O apóstolo Paulo recebeu graça e hoje mesmo ela também pode inundar sua vida para viver com fé e esperança na força da Palavra e do Espírito de Deus. A promessa graciosa de Jesus nos encoraja a cumprir a missão: "...E eu estarei sempre com vocês, até o fim dos tempos" (MATEUS 28:20). Portanto, cantemos: "Ah que tremenda graça, Ah que infalível amor".

Nos momentos de fraqueza, confie e busque forças na graça de Cristo. Ela está disponível a todos!

SENHOR, SOMENTE PELA TUA GRAÇA TEMOS FORÇAS PARA VIVER E VENCER AS FRAQUEZAS. AJUDA-NOS SEMPRE!

PR. SANDRO SOARES DE O. LIMA — CAPELÃO VOLUNTÁRIO/PR

3 DE DEZEMBRO

Provérbios 22:1-26

NO BOLSÃO TRASEIRO DO CARRO

Ensine seus filhos no caminho certo, e, mesmo quando envelhecerem, não se desviarão dele. (v.26)

Recebi de um amigo um exemplar do *Pão Diário* para as forças de Segurança Pública e o coloquei no bolsão traseiro do banco do carro, atrás do motorista. Dias depois, minha filha Rebeca, de 10 anos, descobriu o livro e passou a lê-lo para mim e para sua irmã Esther, 7. Algumas vezes, Esther lê o título e a mensagem final, e Rebeca lê todo o teor da mensagem. Isso se tornou um hábito para nós, que tem se repetido diariamente, depois de fazermos nossa oração matinal dentro do carro logo que saímos de casa.

Aposentado da Polícia Federal, hoje gozo do privilégio de levar minhas filhas todas as manhãs para a escola e desfrutar junto com elas dos ensinamentos da Palavra de Deus em leituras rápidas do *Pão Diário*.

Essa leitura diária de minhas filhas se encaixa como uma luva no versículo bíblico citado no livro de Provérbios 22:6: "Ensine seus filhos no caminho certo, e, mesmo quando envelhecerem, não se desviarão dele".

Não é à toa que Provérbios é conhecido como o livro da sabedoria. Recebemos essa direção para ensinarmos nossos filhos a trilhar o caminho da verdade e da vida através da Palavra de Deus. Ensinar o caminho da Palavra de Deus para nossos filhos é lançar a melhor semente em solo fértil e sedento de conhecimento.

Pequenos gestos podem criar em nossas crianças hábitos saudáveis da leitura da Palavra de Deus.

SENHOR DEUS, OBRIGADO POR NOS DEIXARES ESSA DIREÇÃO PARA ENSINARMOS TUA PALAVRA ÀS NOSSAS CRIANÇAS.

AGENTE GIANCARLO TENÓRIO — SRPF/DF

4 DE DEZEMBRO — Salmo 27:1-14 (ARA)

CONFIANÇA EM MEIO À ADVERSIDADE

Ainda que um exército se acampe contra mim, não se atemorizará o meu coração [...] terei confiança. (v.3)

Davi, antes de se tornar rei de Israel, foi comandante das tropas do rei Saul, um homem de guerra. O contexto do Salmo 27 é de perseguição. Observamos que Davi usa expressões como "opressores" (v.2), "inimigos" (vv.2,6), "exército", "guerra" (v.3), "adversários" (v.12), possivelmente quando foi perseguido pelo rei Saul por duas vezes, ou por seu próprio filho Absalão. Num contexto de medo, talvez como o "vale da sombra da morte" (SALMO 23:4), "de um poço de perdição, de um tremedal de lama" (SALMO 40:3), Davi desejava estar na presença do Senhor (v.4), porque o Senhor era a sua "luz e a sua salvação, e a fortaleza da sua vida". Nesse caso, ele não precisava temer os inimigos (vv.1,2,3).

Luz e salvação são referências à direção, norte, clareza, segurança, suporte, proteção, apoio, ajuda. Davi tinha convicção de que Deus, como sua luz e salvação, e fortaleza da sua vida, no dia da adversidade o esconderia no Seu esconderijo secreto, protegendo-o dos adversários (v.5), e exaltaria a sua cabeça acima dos inimigos (v.6).

Em meio às adversidades, à semelhança de Davi, esperemos e confiemos em Deus, que é a nossa luz, salvação e fortaleza da nossa vida.

Deus está presente com aqueles que nele esperam e confiam.

SOBERANO DEUS, OBRIGADO POR SERES A PROTEÇÃO E FORTALEZA DA NOSSA VIDA.

PR. JOÃO DE DEUS DOS S. SILVA — CAPELÃO VOLUNTÁRIO/GO

5 DE DEZEMBRO

Salmo 119:103-105

PLENITUDE DA PALAVRA DE DEUS

*Tua palavra é lâmpada para meus pés e luz
para meu caminho.* (v.105)

O Salmo 119 é de uma riqueza imensurável! Nele, desvenda-se a grandeza dos caminhos e estatutos de Deus. A riqueza de seus 176 versículos está em tornar a Palavra de Deus central em cada um deles. Ele é pleno de informações sobre o impacto das Escrituras. A poesia construída em um acróstico do alfabeto hebraico exalta o conhecimento dos estatutos divinos. Nesse Salmo, a Palavra de Deus é símbolo de bem-aventurança (vv.1-2), mandamento (v.4), possibilita pureza ao jovem (v.9), guarda o cristão do pecado (v.11), promove prazer ao que cumpre a Lei (v.16), fortalece e vivifica o cristão (vv.25-32), guia o perdido (v.35), promove misericórdia (v.41) e clareia o entendimento (v.105).

A lâmpada tem a função de clarear e promover visão diante da escuridão. Paulo entendia isso quando disse a Timóteo "...jamais se envergonhe de falar a outros sobre nosso Senhor [...] que [...] iluminou o caminho para a vida..." (2 TIMÓTEO 1:8,10). Ele também o incentiva dizendo: "...seja exemplo para todos os fiéis [...] Até minha chegada, dedique-se à leitura pública das Escrituras..." (1 TIMÓTEO 4:12-13).

É por meio das Escrituras que conhecemos Deus e o Seu plano. O salmista mostra isso ao dizer que a Bíblia ilumina os pés e os caminhos. A luz é necessária para que enxerguemos nossa realidade e entendamos nosso papel diante de Seus estatutos. Assim, as Escrituras tornam-se a "chave hermenêutica" para clarear nossa realidade. O caminho é iluminado pela Palavra de Deus ao vermos Sua realidade escatológica e futura para nós.

*As Escrituras devem ser a chave hermenêutica
do nosso olhar para a realidade.*

**PAI, ILUMINA NOSSO CAMINHO TIRANDO
NOSSA CEGUEIRA E PERMITINDO QUE, AO VIVERMOS O PRESENTE
EM CRISTO, VISLUMBREMOS O FUTURO COM ELE.**

2º TEN WELLINGTON CASAGRANDE — FAB/RS

6 DE DEZEMBRO — Levítico 19:17-18

CUIDADO COM A VINGANÇA!

*Não procurem se vingar nem guardem
rancor de alguém...* (v.18)

Certo dia, ministrei a Palavra de Deus na passagem de serviço de um batalhão especializado. Intercedi para que o desejo de vingança não tomasse conta de nenhum coração naquele momento. Dias depois, fui procurado por um militar que participara daquela oração testemunhando que um colega, decidido a matar a companheira que o traíra, logo após aquele plantão de 24 horas, tinha mudado de ideia.

A vingança é enganosa. Deus não deseja que o prejudicado se vingue para satisfazer a si mesmo. Esse é um falso sentimento de justiça. Milhares de anos antes de Cristo, Deus estimula o Seu povo a não guardar rancor, apenas amar o próximo (LEVÍTICO 19:18). Não querer que você se vingue não significa que Deus não faz justiça, o problema é que desejamos fazê-la no nosso tempo e com nossas próprias mãos.

A Bíblia registra um trágico caso de vingança ocorrido na família do rei Davi. Absalão, seu filho, mata o irmão Amnom por ter violentado sexualmente Tamar, irmã de ambos. Sem minimizar o trauma de Tamar, devemos entregar tudo a Deus que diz: "A vingança cabe a mim, eu lhes darei o troco; no devido tempo..." (DEUTERONÔMIO 32:35). Se você está sofrendo a ação de alguém que prejudicou sua carreira ou sua família, a melhor opção é aguardar em Deus para que Ele mesmo faça justiça. Foi traído? Perdoe. Acionar o gatilho como vingança pode ser apenas o começo de sua autodestruição.

*A vingança é o mesmo que ingerir veneno esperando que
o outro morra. Somos os verdadeiros prejudicados.*

DEUS DE JUSTIÇA, QUE TENHAMOS A FORÇA NECESSÁRIA PARA VENCER A NÓS MESMOS E PARA ESPERAR EM TI TODOS OS DIAS DE NOSSA VIDA.

1º TEN THARCIS DAMASCENO DE MACEDO — PMMA

7 DE DEZEMBRO

Deuteronômio 30:16-20

NÃO DESISTA DE PEDIR AJUDA

Há caminhos que a pessoa considera corretos [...]
que acabam levando à [...] morte. —PROVÉRBIOS 14:12

Quando a sirene do quartel soou naquele dia, acionando a guarnição de salvamento, os bombeiros de plantão não imaginavam que a ocorrência seria tão inusitada. A solicitante ligou no serviço de emergência pedindo socorro para que seu gato de estimação fosse salvo. Ele havia entrado no cano que captava a água da chuva e não conseguia mais voltar. Apenas miava cada vez mais forte, como se clamasse por ajuda para sair daquela situação, que sozinho jamais conseguiria.

Será que o aperto vivido por aquele pequeno felino pode ser comparado com o que você está vivendo hoje? As escolhas do passado o levaram para um lugar bem diferente dos seus sonhos e projetos, e você não sabe como agir? Não se sinta desamparado, sozinho ou sem alternativa. O livro de Eclesiastes nos ensina que enquanto há vida, há também esperança.

Lembre-se de que os ouvidos de Deus estão atentos ao clamor do justo. Ele é refúgio, fortaleza e socorro bem presente na hora da angústia. Mesmo quando Jonas estava dentro do grande peixe, após ter feito uma escolha errada, ele clama ao Senhor com gritos de socorro e é atendido imediatamente.

Contudo, vale lembrar que o maior plano de resgate da história da humanidade foi executado com perfeição pelo próprio Deus, através de Seu Filho Jesus. Depois que o homem pecou e se afastou do convívio com o Pai, tentou de várias formas retornar e reconciliar por meio de suas próprias forças. Porém, a salvação só foi possível quando Cristo pagou o alto preço com Seu próprio sangue.

A alegria de ser resgatado não tem fim.

SENHOR DEUS, FORTALECE OS PÉS DOS CANSADOS DE TANTO ANDAR POR CAMINHOS TORTUOSOS. FAZE-OS LEMBRAR DE QUE EXISTE DESCANSO EM TEU FILHO JESUS.

CAP RONALDO FRANÇA DA SILVA — CBMGO

8 DE DEZEMBRO

Gênesis 25:27-34

PRATO DE LENTILHAS JAMAIS!

...Jacó deu a Esaú [...] pão e [...] lentilhas. Esaú comeu [...] desprezou seu direito de filho mais velho. (v.34)

Tantas foram as emoções que tive nos últimos vinte anos que eu gostaria de retratar a que me mais me marcou e me proporcionou um novo olhar para a família policial militar.

Fui selecionado para representar o Brasil na Missão das Nações Unidas para Guatemala. No primeiro momento de minha chegada àquele país, deparei-me com um conflito característico de momento de instabilidade, reflexo da guerra civil de 40 anos, que dizimou grande parte da população deixando um cenário de pobreza, dor e insegurança. Confesso que essa missão teve um grande impacto em minha vida, mas o Deus dos Exércitos estava comigo, guiando-me e dando-me sabedoria e prudência.

Durante dois longos e emocionantes anos servindo naquela nação, por diversas vezes, fui pressionado a abrir mão da minha identidade cristã. Caso não concordasse, eu sofreria a possibilidade de ser repatriado para o Brasil. Entretanto, pela graça divina, fui capaz de resistir a tais pressões e, de forma maravilhosa, Deus me mostrou estratégias incríveis para permanecer lá. Cheguei à conclusão de que o segredo de nossa vitória é estarmos dispostos a assumir o papel que a nós foi designado pelo Pai das Luzes.

Assim sendo, levanto esta pergunta: Amado amigo, quer ter sucesso em sua vida? Caso a resposta seja sim, assuma a postura de um verdadeiro homem ou mulher de Deus, não abrindo mão tampouco negociando princípios de fé e de respeito à família, que foi e sempre será um projeto de Deus para o ser humano.

Que tenhamos os princípios de Deus como inegociáveis.

PAI AMADO, ENSINA-NOS A CONFIAR MAIS E MAIS EM TI E ENCHE-NOS DO TEU AMOR.

CEL PAULO JOSIMAR DIAS SIMÕES — PMCE

9 DE DEZEMBRO

1 Coríntios 13:4-7

A CARIDADE À LUZ DA BÍBLIA

A caridade é sofredora, é benigna,
a caridade não é invejosa... (v.4 ARC)

Temos uma visão muito distorcida do verdadeiro sentido da palavra caridade à luz da Bíblia, uma vez que são duas versões e um único significado. O apóstolo tinha em mente o verdadeiro amor, o amor altruísta, o amor pelo próximo, um amor incondicional. A caridade, aos olhos do apóstolo Paulo, está relacionada com: "Amar o próximo como a si mesmo" e não as esmolas.

Nas forças de segurança, verificamos essa atitude, uma vez que no juramento dos Policiais Militares dizemos: "...Se necessário for, com o sacrifício da própria vida". A lição nesse texto do apóstolo Paulo vai na direção de praticarmos o amor seja qual for a circunstância, seja qual for a profissão, ou mesmo a despeito da religião.

Quando olhamos para o próximo sob as lentes de Deus, "servir e proteger", que é a missão dos policiais destinada às pessoas anônimas, faz mais sentido e valerá a pena quando a decisão for pelo verdadeiro amor ao próximo. Você está disposto a amar as pessoas incondicionalmente?

Cristo deu a maior prova de amor, morrendo na cruz para
que tivéssemos vida eterna e paz com Deus.

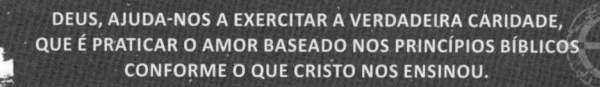

DEUS, AJUDA-NOS A EXERCITAR A VERDADEIRA CARIDADE, QUE É PRATICAR O AMOR BASEADO NOS PRINCÍPIOS BÍBLICOS CONFORME O QUE CRISTO NOS ENSINOU.

PR. JOANÃ MARTINS NOGUEIRA — PMS DE CRISTO/SP

10 DE DEZEMBRO

Rute 1

A LEALDADE É ARMA PODEROSA

O amigo é sempre leal, e um irmão nasce na hora da dificuldade. —PROVÉRBIOS 17:17

A lealdade é um fator de bênção na caserna. Diante do perigo iminente, ela é uma virtude extremamente necessária. Mas, atualmente, está quase extinta. Parece não ser mais necessária, nem honrosa. Quem a cultiva, por vezes, até recebe um tratamento pejorativo. Contudo, para Deus, ela é um fator de bênção na vida daqueles que a conservam. *Ah! Quantas bênçãos deixamos de experimentar por causa disso.*

No livro de Rute, uma senhora, Noemi, perdeu seu marido e dois filhos. Ela e suas duas noras ficaram desamparadas e passaram a sofrer muito. Então, Noemi disse às suas noras que voltassem às suas famílias e vivessem confortavelmente. Uma delas voltou. Mas Rute não teve coragem de deixar sua sogra e decidiu cuidar dela, apenas porque se compadeceu: "...Não insista comigo para deixá-la e voltar. Aonde você for, irei..." (1:16). Rute ficou muito conhecida por causa de sua lealdade à sua sogra e se tornou respeitada naquela terra. Foi justamente esse caminho que a conduziu à presença de um bom homem, Boaz, o qual se afeiçoou a ela, dispôs-se a tomá-la por esposa e a amá-la: "Não se preocupe com nada, minha filha. Farei o que me pediu, pois toda a cidade sabe que você é uma mulher virtuosa" (3:11). "Boaz levou Rute para a casa dele, e ela se tornou sua esposa" (4:13).

Onde a lealdade se manifesta, Deus dá ordens a favor daquele que a pratica.

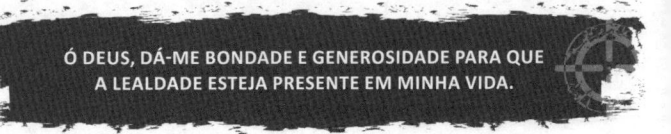

Ó DEUS, DÁ-ME BONDADE E GENEROSIDADE PARA QUE A LEALDADE ESTEJA PRESENTE EM MINHA VIDA.

1º TEN FREDERICO JONAS ALCICI — FAB/AM

11 DE DEZEMBRO — Salmo 139

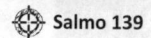

NA CAVERNA COM O REI

*Logo, outros começaram a chegar, pessoas aflitas,
endividadas e descontentes.* —1 SAMUEL 22:2

A história bíblica relata um local de desengano, local para onde iam pessoas excluídas, por culpa de erros que cometeram ou por aflições da vida. O certo é que essas pessoas fugiam de algo. Hoje, muitos policiais e familiares também se encontram em aperto, endividados ou amargurados, tentando fugir para alguma caverna: bebidas, drogas, prostituição ou corrupção em geral.

Mas, naquela caverna havia um rei ungido, alguém que, apesar das rejeições humanas, era segundo o coração de Deus. Esse líder construiu um exército de valentes que realizou diversas proezas sobrenaturais, transformou pessoas destruídas em pessoas vitoriosas e confiantes, que ficaram conhecidas como "os valentes de Davi".

Sei que há momentos em que pensamos em fugir de tudo, que queremos desaparecer, que não enxergamos saída satisfatória. Mas hoje quero lhe dizer que há, não um rei humano, mas um Rei eterno, que pode mudar sua vida. Alguém que pode transformá-lo, mesmo na caverna, para superar toda e qualquer situação e levá-lo a grandes vitórias e êxitos. O Salmo 139:14 diz: "Eu te agradeço por me teres feito de modo tão extraordinário; tuas obras são maravilhosas, e disso eu sei muito bem".

Você foi feito de maneira maravilhosa por Deus. Jesus Cristo o convida para viver uma nova história, viver em novidade de vida.

*A mão de Deus estará sempre estendida
para levar salvação a todos.*

DEUS TODO-PODEROSO, OBRIGADO POR NOS FORMARES DE MANEIRA TÃO MARAVILHOSA E DE SEMPRE NOS CONCEDERES UM ESCAPE EM MOMENTOS DIFÍCEIS.

CEL DENILSON LOPES DA SILVA — PMAC

12 DE DEZEMBRO

Provérbios 3:7-8

CUIDANDO DA SUA SAÚDE

Não se impressione com sua própria sabedoria;
tema o SENHOR e afaste-se do mal. (v.7)

Segundo a Organização Mundial de Saúde, a saúde de um indivíduo não consiste somente na ausência de doenças, mas engloba um estado de completo bem-estar físico, mental e social. Ela é um direito de todos e expressa bem o velho adágio popular: prevenir é melhor do que remediar.

Todo militar precisa cuidar bem da sua saúde. Para tanto, é necessário manter uma prática regular de exercícios físicos, buscar a boa alimentação e cultivar a qualidade de vida. O vigor físico é fundamental, mas não é o único aspecto que devemos cuidar. Por mais que o corpo esteja saudável, crises de relacionamentos e desequilíbrios emocionais podem adoecer a alma. Precisamos de corpo são e mente sã. Cuidar do físico e também do espiritual. Não podemos confiar na fragilidade do corpo humano, nem mesmo confiar que temos capacidade para cuidar da alma sem a ajuda de Deus.

Felizes são aqueles que guardam no coração os mandamentos do Senhor. Eles têm a promessa de vida longa, prosperidade e paz. Os que confiam no Senhor não se apoiam em seu próprio entendimento. Eles buscam a comunhão com Deus e com o próximo evitando o mal e fazendo o bem. Isso sim é cuidar bem da saúde individual.

Confie no Senhor de todo o seu coração, obedeça
aos Seus mandamentos e Ele cuidará de você.

DEUS, RECONHEÇO QUE SEM TI NADA SOU! PEÇO-TE PROTEÇÃO POR MINHA VIDA E CUIDA DA MINHA SAÚDE FÍSICA E ESPIRITUAL!

S TEN HEBER GONÇALVES CUNHA — CBMERJ

13 DE DEZEMBRO — Josué 10:12-15

QUEM LUTA POR VOCÊ?

*...O Senhor que me livrou das garras do leão
e do urso também me livrará desse filisteu!* —1 SAMUEL 17:37

O livro de Josué relata a fé que Josué tinha em Deus. Ele passou por muitas lutas em sua jornada para liderar o povo de Deus a tomar posse da Terra Prometida. E percebeu que a força dos seus braços não era suficiente para superar todas as dificuldades encontradas. Porém, ele vivia sob a proteção de um Deus que já havia provado a Sua fidelidade e o Seu amor por Seu povo, e por isso Josué não temia os perigos da guerra.

Diante de um inimigo poderoso e muito mais numeroso do que o exército de Israel, Josué não se acovardou e acreditou no impossível. Ele clamou a Deus para que o Sol se detivesse em Gibeom e a Lua parasse no Vale de Aijalom, para que pudessem ter mais tempo para vencer o inimigo.

Veja que a oração de Josué não trata de um pedido natural, refere-se a algo tremendamente extraordinário. Por causa de sua fé, Deus entrou na luta pelo povo e a Bíblia diz que "O sol parou e a lua ficou onde estava, até que o povo tivesse derrotado seus inimigos..." (JOSUÉ 10:13).

Hoje, enfrentamos, de igual modo, dificuldades que não podemos superar sem Deus. Mas, como está escrito no evangelho de João, o próprio Cristo concedeu poder aos que o receberam para se tornarem filhos de Deus, aos que creem no seu nome (1:12). Portanto, permita que Jesus lute por você. Em tudo Ele nos fez mais que vencedores.

A graça de Deus está ao alcance de todos.

SENHOR JESUS CRISTO, EU TE ACEITO COMO O MEU ÚNICO E SUFICIENTE SALVADOR E AGRADEÇO POR LUTARES AS MINHAS BATALHAS.

1º SGT ANTÔNIO RODRIGUES DE SOUZA — PMAC

14 DE DEZEMBRO

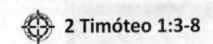

2 Timóteo 1:3-8

ESPÍRITO DE CORAGEM

...Deus não nos deu um Espírito que produz temor e covardia, mas [...] poder, amor e autocontrole. (v.7)

Certa vez, na troca do meu plantão, fui fazer uma conferência de rotina de trabalho. De repente, dois sentenciados começaram a se ofender verbalmente e a situação evoluiu para agressões físicas. Foi chocante, pois os demais presos começaram a se inflamar. De imediato acionei a sirene e prontamente vários colegas corajosos conseguiram tomar o controle da situação, de forma rápida e até discreta. A agilidade daqueles colegas policiais foi determinante. Eles foram muito técnicos e evitaram uma tragédia. A partir daquele dia passei a entender melhor a nossa profissão, a proteção divina e o quanto somos importantes para a sociedade.

Quando a Bíblia nos ensina em 2 Timóteo que Deus não nos deu um Espírito de covardia (1:7), ela nos remete a uma atitude de coragem, de apoio ao próximo. E a continuidade do versículo ratifica a necessidade de buscarmos ações de segurança mais equilibradas, quando explicita que Deus nos deu um Espírito de poder, amor e autocontrole (v.7). Diante dos desafios precisamos estar prontos para realizarmos aquilo que nos foi confiado. A Bíblia também relata no Salmo 121:1-2: "...De onde me virá socorro? Meu socorro vem do Senhor...". Isso significa que nada foge dos olhos de Deus e ainda reforça a ideia de que Ele adestra as nossas mãos para realizarmos com maestria aquilo que nos foi proposto cumprir.

Deus está pronto para as batalhas. Logo, estejamos também.

SENHOR DEUS TODO-PODEROSO, ADESTRA AS NOSSAS MÃOS E SEMPRE NOS PREPARA PARA O DIA DIFÍCIL.

POLICIAL PENAL AMANDA MENDES BRANDÃO DE FARIA — SAP/DF

15 DE DEZEMBRO — Filipenses 4:10-14

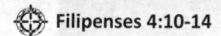

TUDO É POSSÍVEL

Posso todas as coisas por meio de Cristo,
que me dá forças. (v.13)

Esta epístola foi escrita aos filipenses, ou seja, aos cristãos em Filipos (uma das cidades da Macedônia), enquanto Paulo ainda era prisioneiro de Nero Cláudio César Augusto Germânico. Nero foi um imperador que governou Roma durante 14 anos, desde o ano 54 d.C até a sua morte, em 68 d.C.

"Posso todas as coisas por meio de Cristo, que me dá forças" é uma famosa frase, registrada pelo apóstolo Paulo, que pode ser lida na epístola aos filipenses. Nela, Paulo expressa que nada era impossível para ele com a ajuda de Jesus Cristo. Com essas palavras, o apóstolo encorajou os irmãos de Filipos, e ainda hoje nos encoraja, a buscar um estilo de vida que agrade a Deus. Paulo tinha plena convicção de que tudo se tornaria possível, por intermédio daquele que o fortalecia, Cristo Jesus.

É interessante destacar que, nessa ocasião, Paulo estava encarcerado por anunciar o evangelho. Mas, mesmo estando preso, o apóstolo não perdeu a esperança e aproveitou cada segundo para ajudar outras pessoas a encontrarem, em Cristo Jesus, a condição necessária para realizar o que antes parecia impossível sem o Cristo.

O apóstolo João escreve em seu evangelho as palavras que Jesus havia dito: "sem mim, vocês não podem fazer coisa alguma" (15:5). O segredo para que o impossível se torne possível chama-se Cristo Jesus. E, em Cristo, o ser humano passa a ser capaz de enfrentar e vencer qualquer situação ou problema, inclusive o pecado, para que o Pai seja glorificado.

"Comece fazendo o que é necessário, depois o que é possível, e de repente você estará fazendo o impossível." —SÃO FRANCISCO DE ASSIS

> PAI, PEÇO-TE QUE TU FORTALEÇAS O FRACO, LEVANTES O ABATIDO E DÊS VIGOR AO QUE NÃO O TEM. QUE O FRACO DIGA: "EU SOU FORTE EM NOME DE JESUS". AMÉM.

PR. EUGÊNIO LOPES OLIVEIRA — CAPELÃO VOLUNTÁRIO/DF

16 DE DEZEMBRO — Lucas 15:11-32

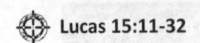

O IRMÃO DO FILHO PRÓDIGO

Mas tínhamos de comemorar este dia feliz, pois seu irmão estava morto e voltou à vida. Estava perdido e foi achado! (v.32)

Considero-me uma pessoa abençoada, não porque tenha o conforto que gostaria, mas porque vejo o cuidado de Deus comigo nos mínimos detalhes. Confesso que já questionei Deus sobre o porquê de Ele ser tão misericordioso comigo, e a única resposta que tenho é porque Ele não muda Sua essência quando eu erro.

No início da minha conversão, percebia que algumas pessoas não recebiam bem os testemunhos que eu, entusiasmada, contava. Eu não conseguia entender como aquelas pessoas, com muito mais tempo de caminhada com Deus, não se alegravam com o que Deus estava fazendo na minha vida depois que decidi entregá-la a Jesus.

Ao receber a notícia de que o pai estava preparando um banquete pelo retorno do filho pródigo, seu irmão se irou, não quis entrar e quando seu pai insistiu, respondeu: "Todos esses anos, tenho trabalhado como um escravo para o senhor e nunca me recusei a obedecer às suas ordens. E o senhor nunca me deu nem mesmo um cabrito para eu festejar com meus amigos. Mas, quando esse seu filho volta, depois de desperdiçar o seu dinheiro com prostitutas, o senhor comemora matando o novilho!" (LUCAS 15:28-30).

Sempre que um filho retornar para a casa do Pai, haverá restituição de sua posição de filho e festa, não porque ele seja merecedor, mas porque o Pai o ama e aguarda ansioso o seu retorno. Devemos nos alegrar também.

A identidade de filho de Deus nos tira da posição de servos e nos coloca na posição de administradores.

DEUS, RESTAURA NOSSA IDENTIDADE PARA QUE DESFRUTEMOS DA POSIÇÃO DE FILHOS E TOMEMOS POSSE DAS TUAS PROMESSAS.

INVESTIGADORA DE POLÍCIA LUCIMÉIA SWIECH — PCPR

17 DE DEZEMBRO

1 Crônicas 14:10-17

CONSULTANDO A DEUS PARA VENCER

...Davi consultou a Deus [...] disse [...] por meu intermédio, rompeu as fileiras inimigas... (vv.10-11 ARA)

Se você é um soldado de Deus, Ele quer usá-lo em Sua obra neste mundo. Para isso, é de vital importância consultar a Deus para cada decisão importante na vida.

Davi era um homem semelhante a nós, com falhas e limitações, mas era um "homem segundo o coração de Deus" (ATOS 13:22), pois sempre estava diante dele, confessando e buscando acertar para prosseguir nas batalhas da vida. Sua missão era conquistar a terra prometida por Deus, ao povo de Israel.

Os filisteus, inimigos de Davi, queriam prendê-lo. O texto bíblico nos ensina que Davi consultou a Deus se deveria atacar os filisteus ou não. Deus disse que lhe daria vitória, e Davi derrotou os filisteus. Mas os filisteus se voltaram contra ele. O texto diz que "de novo, Davi consultou a Deus" (1 CRÔNICAS 14:14) e Deus disse para fazer diferente. Davi obedeceu e obteve sucesso contra o inimigo.

Hoje, o inimigo dos servos de Deus, o diabo, procura de diversas formas usar as dificuldades familiares, sociais ou profissionais para nos levar a agir como bem entendermos. Mas, quando consultamos a Deus para agirmos e tomarmos decisões, Ele assume o controle. Quando a batalha é do Senhor, a solução será boa para continuarmos sendo instrumentos na Sua obra. Esse é o segredo da vida vitoriosa com Deus.

Quando consultamos a Deus, não há lugar para glória humana.
Somos apenas Seus instrumentos.

PAI CELESTIAL, OBRIGADO POR EU SER INSTRUMENTO NAS TUAS MÃOS. AJUDA-ME SEMPRE A CONSULTAR A TUA VONTADE EM MINHAS LUTAS DIÁRIAS.

CEL EDSON FERNANDES TÁVORA — PMRJ

18 DE DEZEMBRO — Provérbios 7

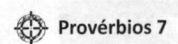

GUARDANDO O CORAÇÃO E OS OLHOS

Ame a sabedoria como se fosse sua irmã e faça do discernimento um membro da família. (v.4)

A tentação sexual está por toda parte: nas ruas, casas, quartéis, mídias e redes sociais. Ela seduz os que não temem a Deus e os leva ao caminho de destruição e morte. Alguns dos fatores que expõem o militar às tentações sexuais são a rigidez do serviço, os dias e noites longe do lar e as más companhias. Devemos evitar esse caminho, pois a imoralidade perverte a alma, corrompe o coração, destrói o caráter e nos afasta de Deus e da família.

Por mais atraente e sedutora que seja a imoralidade — não vale a pena. Ela promete o prazer, mas entrega a frustração. Promete alegria, mas seu fim é a tristeza. Entregar-se a tais desejos significa cair em armadilhas mortais. O insensato é como o pássaro que salta para dentro do alçapão e não percebe que a imoralidade lhe custará a vida. Quem se entrega às tentações sexuais esquece que "ela causou a ruína de muitos, [que] não são poucas as suas vítimas" (v.26).

Devemos guardar o coração e os olhos em Deus para ficarmos livres da imoralidade. O Senhor tem poder para nos livrar da avalanche imoral que assola os nossos dias e preservar o nosso coração puro. É obedecer aos mandamentos divinos e fugir da imoralidade. Como bem colocou Mark Twain: "a melhor maneira de vencermos a tentação é pela covardia".

A pureza sexual agrada a Deus e afasta-nos do mal.

SENHOR, LIVRA-ME DAS ARMADILHAS DA SENSUALIDADE E DA IMORALIDADE QUE ESTÃO PRESENTES POR TODA PARTE! AJUDA-ME A VIVER COM SABEDORIA, ENTENDIMENTO E SANTIDADE!

S TEN HEBER GONÇALVES CUNHA — CBMERJ

19 DE DEZEMBRO

Josué 14:6-15

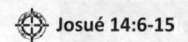

EQUIPADO E PRONTO

*Continuo forte como no dia em que
Moisés me enviou...* (v.11)

Os anos passam e nossa condição física também. Já não somos tão rápidos, fortes e ágeis como quando jovens. Nosso raciocínio fica mais lento, e os olhos precisam de ajuda. No entanto, com o passar dos anos, também ficamos mais experientes, cautelosos, estratégicos e menos impulsivos. Seja no modo de agir em casa, na igreja ou no trabalho.

Em Josué 14:6-15, vemos um soldado valoroso, Calebe. Homem destemido e corajoso que cumpriu a missão perigosa que lhe fora confiada: espiar a terra de Canaã. "Missão dada, missão cumprida". Josué e Calebe não se acovardaram. Eles espiaram e relataram tudo o que tinham visto, diferentemente dos outros 10, que ficaram com medo.

Calebe, agora com 85 anos, pede ao seu amigo Josué, comandante do povo de Israel, autorização para conquistar um monte. Ele, agora mais experiente e sábio, sem recuar, declara: "Equipado e Pronto". Parte para guerra, realiza a conquista e volta trazendo a boa notícia.

Quem sabe você já não seja mais um jovem ágil e forte, mas com certeza ainda está operacional para o Senhor. Está pronto para a missão de ir e vencer? Você vencerá como Josué e Calebe, pois Deus é o que garante a vitória nas lutas desta vida, nas missões que cumprimos todos os dias. Confiemos em Deus e na operosidade do Espírito Santo que nos segura firme pela mão em cada missão que recebemos.

*Deus usa a todos quantos Ele quer, desde que estejamos
aptos ao combate da vida cristã.*

SENHOR, AJUDA-NOS A CUMPRIR NOSSA MISSÃO COM FÉ, DETERMINAÇÃO E AMOR. AJUDA-NOS A SERMOS FIÉIS COMBATENTES, PARA GLÓRIA DE JESUS, O CRISTO. AMÉM

PR. ANDERSON ADRIANO S. FARIA — CAPELÃO VOLUNTÁRIO/PR

20 DE DEZEMBRO — Tiago 3:13-4:17

RESISTINDO A DOIS INIMIGOS

*Portanto, submetam-se a Deus. Resistam ao diabo,
e ele fugirá de vocês.* —TIAGO 4:7

Um menino chegou da escola muito irado porque fora humilhado e apanhara do coleguinha. O pai o levou ao quintal, colocou um lençol branco no varal e desenhou uma pessoa no tecido. Deu pedaços de carvão ao filho e pediu que os jogasse naquele desenho como se fosse o colega. O garoto descarregou toda a ira contra a representação do inimigo por alguns minutos. O pai então perguntou como ele se sentia. "Muito cansado", respondeu o filho. Mostrando ao filho o seu reflexo no espelho, fez outra pergunta: "Como você se vê?". A resposta foi: "Muito sujo".

Ao vivenciar situações de ira, estresse, perseguição, paixões mundanas e perdas, passamos por tentações comuns aos seres humanos e enfrentamos os nossos dois maiores inimigos: o diabo e nós mesmos. A Bíblia nos orienta a resistir a Satanás como Jesus lhe resistiu no deserto: com oração e com as Escrituras (MT 4:1-11). Esses dois são suficientes para que o diabo fuja de nós.

O segundo inimigo é mais difícil de resistir porque implica em dizer "não" a nós mesmos. Mas a Bíblia apresenta a forma de vencermos essa batalha: "...submetam-se a Deus" (TG 4:7). Ninguém consegue resistir ao diabo sem sujeitar-se a Deus. O texto diz ainda: "aproximem-se de Deus, e ele se aproximará de vocês..."(v.8); "humilhem-se diante do Senhor, e Ele os exaltará (v.10).

O sucesso depende da forma como reagimos às tentações. O diabo deve ser resistido com oração e conhecimento bíblico. Mas o pecado só pode ser vencido quando fugimos dele e corremos para Cristo.

*Planejar vingança é usurpar uma autoridade
que Deus não nos confiou.*

PAI CELESTIAL, OUVE NOSSA ORAÇÃO. CRISTO JESUS, INTERCEDE POR NÓS PECADORES. ESPÍRITO SANTO, DÁ-NOS FÉ PARA CRER QUE TEUS PLANOS SÃO MELHORES DO QUE OS NOSSOS.

REV. ISMAEL ORNILO — PRESIDENTE DA ALIANÇA DAS IGREJAS CONGREGACIONAIS DO BRASIL

21 DE DEZEMBRO

Romanos 5:1-11

SOLUÇÃO

...agora que já estamos reconciliados certamente seremos salvos por sua vida. (v.10)

Não há como viver sem enfrentar conflitos. Eles desgastam relacionamentos pessoais e profissionais. Nossas dificuldades em resolvê-los, na maioria das vezes, estão relacionadas ao fato de negociarmos posições, e não soluções. Em geral, estamos mais preocupados em sair vencedores dos problemas e conflitos do que em solucioná-los. A vaidade e o orgulho se interpõem e, assim, a animosidade e a disputa perduram ou até aumentam.

Felizmente, pensando na solução de nosso maior problema, foi que o Senhor Jesus não fez caso de sua posição. Abriu mão de títulos e vantagens, indo até o fim para cumprir a missão. É por isso que Ele obteve a reconciliação, trazendo paz entre Deus e a humanidade: "Pois, se quando ainda éramos inimigos de Deus nosso relacionamento com ele foi restaurado pela morte de seu Filho, agora que já estamos reconciliados certamente seremos salvos por sua vida" (ROMANOS 5:10).

Vivemos num mundo profundamente dividido e fraturado pela raiva, inveja e ódio. Em meio aos conflitos que, inevitavelmente, enfrentaremos, seremos tentados a nos apegar ao nosso direito ou dignidade, aos nossos bens ou ao fato de termos razão. No entanto, aquilo que de mais precioso temos ninguém pode nos tirar: somos filhos amados, reconciliados com Deus em Cristo. Somos herdeiros de Deus, tendo a melhor posição possível, para que possamos nos concentrar somente em buscar a solução!

Reconciliados com Deus, estamos preparados para buscar a solução dos nossos conflitos!

SENHOR, QUE A TUA PAZ ME LEVE A COMPARTILHAR A SOLUÇÃO PARA OS CONFLITOS NO MUNDO.

CAP PAULO SAMUEL ALBRECHT — AFA/SP-FAB

22 DE DEZEMBRO

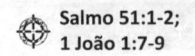

Salmo 51:1-2;
1 João 1:7-9

EM BUSCA DE PERDÃO

*Tem misericórdia de mim, ó Deus [...] apaga as manchas
de minha rebeldia.* —SALMO 51:1

Quando eu fazia o serviço de capelania evangélica da Polícia Militar do Pará no quartel de Barcarena, logo pela manhã, um Cabo me abordou e disse: "Pastor, tenho 29 anos de polícia, nunca li a Bíblia e nem sei para que lado vai esse negócio. Depois das 3 horas da madrugada, não consigo dormir. Vou para o meu quintal, sento em uma cadeira, coloco a minha arma ao meu lado e vejo o dia amanhecer. Isso é todos os dias. E agora, pastor?"

Pensei: "Espírito Santo, aqui é contigo". E Ele respondeu: "Leia o Salmo 103:3, que diz que é Ele quem perdoa todos os pecados e cura as doenças". Em seguida o Espírito Santo disse: "Agora leia o Salmo 51".

Abri no Salmo 51:1 e 14 e li: "Tem piedade de mim, ó Deus [...] apaga as manchas de minha rebeldia! Perdoa-me por ter derramado sangue, ó Deus de minha salvação; então, com alegria, anunciarei tua justiça". Quando terminei, o Cabo estava chorando, rendido a Cristo Jesus. Portanto, se voltarmos o nosso coração a Cristo, arrependidos, e confessarmos os nossos pecados, "Ele é fiel e justo para nos perdoar todos os pecados e nos purificar de qualquer injustiça" (1 JOÃO 1:9).

Como Policial, você pode estar enfrentando uma situação como essa. Volte-se para Deus e, arrependido, confesse seus pecados diante dele. Você receberá o perdão do Pai e encontrará descanso para sua alma. Creia!

*Deus procura o homem para favorecê-lo dando Seu Filho amado
como resgate da alma humana.*

CRIADOR DOS CÉUS E DA TERRA, SEGUNDO TUAS MISERICÓRDIAS, PERDOA NOSSOS PECADOS E APAGA NOSSAS TRANSGRESSÕES DA TUA PRESENÇA.

2º SGT ALBENIS DA SILVA ROCHA — PMPA

23 DE DEZEMBRO — 1 Reis 19

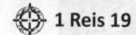

DEUS PROCURA UM MEDROSO

*"Saia e ponha-se diante de mim no monte",
disse o SENHOR...* (v.11)

Um representante comercial me disse: "Há épocas em que sinto firmeza e com coragem para enfrentar qualquer problema. Mas há dias em que sinto medo até de sair na rua para oferecer meu produto". Essa dicotomia não é tão rara. Um dia, você é capaz de enfrentar qualquer desafio. No outro, você se sente fragilizado e incapaz.

O profeta Elias viu uma clara evidência do poder de Deus e sentiu-se corajoso até para questionar o rei Acabe. Mas, pouco tempo depois, Elias teve medo e fugiu diante das ameaças do rei, sentindo-se acuado e abandonado pelo Senhor. Elias, então, se escondeu em uma caverna. Ele fugiu, mas Deus o procurou.

E nós? O que fazemos com os nossos medos? Você já se escondeu como Elias? Existem momentos de profunda dor que evocam um desejo de nos esconder de todos, até de Deus. Calma! A sua história com Deus não terminou, pelo menos não da parte dele. Deus disse a Elias: "Saia e ponha-se diante de mim no monte" (v.11). Assim também acontece conosco. Não conseguimos nos esconder de Deus. Ele nos vê e nos convida: "Saia e fique na minha presença".

Quando o desejo de fugir invadir seu coração, lembre-se das palavras ditas a Elias. Ainda hoje o Senhor faz este convite. Ele diz: "Venha, filho! Fique diante de mim. Ouça minha palavra de amor que lança fora todo o medo. Venha experimentar minha presença".

*Não há felicidade maior do que estar na presença
restauradora do Senhor!*

DEUS TODO-PODEROSO, GRAÇAS POR NOS ENCONTRARES MESMO QUANDO QUEREMOS NOS ESCONDER. QUE SEJAMOS SEMPRE SENSÍVEIS AO TEU CONVITE PARA ESTARMOS JUNTOS.

DOM PAULO RUIZ GARCIA — PRESIDENTE DA IGREJA EPISCOPAL CARISMÁTICA DO BRASIL

24 DE DEZEMBRO — 1 Coríntios 15:12-23

VIDA ETERNA

Se nossa esperança em Cristo vale apenas para esta vida, somos os mais dignos de pena em todo o mundo. (v.19)

Amados, seremos miseráveis se nos ativermos apenas às coisas deste mundo. Se direcionamos nossa visão à Palavra de Deus, ela realmente tem o poder de transformar vidas. Deus usa a Sua Palavra para nos orientar, corrigir, iluminar, amparar acolher, abençoar, animar e nos dar esperança. É ela que nos mostra que a nossa esperança em Cristo não está limitada a este mundo; nossa esperança tampouco se limita ao sepulcro.

Quem tem Jesus no coração, por meio do evangelho e da fé revelada por Deus, não tem seu olhar posto em uma vida que termina com um corpo colocado no túmulo. A fé em Cristo vai além da morte; ela nos conduz à vida eterna.

*A esperança em Cristo não termina nesta vida;
ela se estende até a eternidade.*

PAI, AJUDA-ME A COLOCAR MINHA FÉ E MINHA ESPERANÇA NA ROCHA QUE É CRISTO, EM VEZ DE NOS CASTELOS DE AREIA DESTE MUNDO.

2º SGT CELSO ALIAIR PORFÍRIO GALVÃO — CBMSC

25 DE DEZEMBRO — Mateus 1:18-23

DEUS CONOSCO

...Ela dará à luz um filho, e o chamarão Emanuel, que significa 'Deus conosco'. (v.23)

Sempre fico fascinado ao ler sobre o nascimento de Jesus na visão de Mateus. Sendo Mateus um judeu, era importante a comprovação de que Jesus tinha a linhagem real, que era descendente de Davi, o esperado e anunciado pelos profetas.

Como Rei, Jesus merecia toda honra e pompa. Deveria ser celebrado, receber membros da realeza para o homenagearem, ser reverenciado e respeitado. Porém, nasceu em uma simples estrebaria fora de Belém, celebrado apenas por um coro angelical e simples pastores. Ele poderia ter vindo acompanhado de um furacão, estrondos nos céus, mas veio em calmaria, como uma neblina matinal. Deus é realmente surpreendente!

Com o profeta Elias também foi assim. Uma brisa suave e tranquila, e lá estava Deus, o Criador do Universo, falando ao profeta através de um sussurro. Muitas vezes, ao ansiar pelo Espírito Santo, esperamos grandes manifestações, mas o salmista diz que ao soprar o Espírito de Deus sobre as coisas, a terra é renovada, as coisas são criadas (SALMO 104:30).

Talvez você precise de coisas grandes: cura física, restauração no casamento, solução financeira improvável, livramento da morte, e a solução parece não vir. Quero lhe dizer que hoje Jesus, o Emanuel, o "Deus conosco", está com você onde você estiver, na situação em que estiver, pronto a ouvi-lo. Não deixe de desfrutar a presença de Deus. Quiçá essa mensagem chegou a você hoje, em um simples livro devocional, para que saiba isto: "Eu vim por você, estou aqui. Olhe para mim. Sou o Deus que está com você".

O "Deus conosco" está com você todos os dias, nos tempos bons ou maus, na tempestade ou bonança.

DEUS TODO-PODEROSO, OBRIGADO POR TERES ENVIADO JESUS, TEU FILHO, PARA SER O "DEUS CONOSCO", PARA RESTAURAR O MEU RELACIONAMENTO CONTIGO.

EDILSON FREITAS — DIRETOR NACIONAL DE MINISTÉRIOS PÃO DIÁRIO

26 DE DEZEMBRO

Colossenses 3:17-25

TENHO SEMPRE UMA MELHOR OPÇÃO

Em tudo que fizerem, trabalhem de bom ânimo, como se fosse para o Senhor, e não para os homens. (v.23)

Recentemente recebi uma mensagem com o título "Nós podemos fazer mais que isso". Ela narra o pedido de uma mãe para que os bombeiros visitassem seu filho, com doença terminal. Os bombeiros se esforçaram para realizar o sonho de seu filho. Ouvindo essa história, em minha memória surgiram centenas de fatos que ouvi alguém contar, que presenciei ou até mesmo vivi.

Quantas pessoas pediram ajuda a um policial ou bombeiro em circunstâncias totalmente fora da normalidade, talvez em algum horário inadequado ou que extrapolassem o limite de suas obrigações. Porém, aquele profissional, por algum motivo, decidiu fazer algo além para ajudar, e foi surpreendido com o resultado positivo.

Quando optamos por atender a necessidade de alguma pessoa, prestar algum auxílio ou até socorrer alguém, estamos colocando em prática o que Jesus nos ensinou: "Ame o seu próximo como a si mesmo" (MATEUS 22:39). Quando auxiliamos alguém, com humildade no coração e boa vontade, mesmo que além da nossa obrigação, poderemos ter a alegria e a satisfação de ser instrumento do socorro de Deus a alguém em momento de dificuldade ou até em uma situação cotidiana. Talvez, até ser resposta de oração!

Nossa vida cotidiana, nosso trabalho, nossos relacionamentos estão cheios de oportunidades de fazer o bem com amor e gentileza.

O amor e o cuidado de Deus, muitas vezes, são expressos por alguém que fez a opção de ouvir e ajudar.

SENHOR, OBRIGADO PELO PRIVILÉGIO DE PODER SERVIR E QUE POSSAMOS SEMPRE FAZER O MELHOR PARA QUEM NOS PEDE AJUDA.

TEN CEL ALEXANDRE ANTUNES NEVES — PMESP

27 DE DEZEMBRO — Isaías 55:6-13

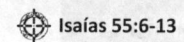

A PRESENÇA QUE TRAZ SEGURANÇA

*Vocês viverão com alegria e paz [...] as colinas cantarão,
e as árvores do campo baterão palmas.* (v.12)

As Escrituras Sagradas sempre têm uma palavra de conforto, alívio e encorajamento para solucionar os nossos conflitos, ansiedades, incertezas e temores. Encontramos nos conselhos divinos a sabedoria necessária para tomar decisões importantes e nos sentirmos seguros em tudo que fazemos e realizamos.

Era uma manhã ensolarada como outra qualquer. Naquela manhã, estávamos reunidos nas dependências do hangar da Escola de Cadetes do Ar no Campo dos Afonsos, Rio de Janeiro, onde receberíamos as instruções de voo para, em seguida, cumprirmos as missões a nós designadas.

Ao nos deslocarmos para nossas aeronaves, meu colega confidenciou que se sentia um tanto inseguro para realizar o seu voo solo. Mas qual era o motivo da sua insegurança? No dia anterior, um dos nossos companheiros de esquadrilha havia sofrido um acidente fatal no mar da Barra da Tijuca. Justamente naquele momento de insegurança pelo qual passava, pude orar com ele pedindo ao Senhor que acalmasse o seu coração. Em seguida, li o texto de Isaías 55:12, motivando-o a tomar posse da promessa maravilhosa nele contida: "Vocês viverão com alegria e paz". Os momentos com Deus que antecederam o seu voo fizeram com que ele se sentisse encorajado e seguro, realizando assim, sua missão com sucesso.

*A presença de Deus em nossa vida nos traz
confiança e segurança.*

**DEUS TODO PODEROSO, AJUDA-ME A MANTER
MINHA CONFIANÇA EM TI E DÁ-ME A SERENIDADE DE QUE PRECISO
PARA O CUMPRIMENTO DE CADA MISSÃO.**

TEN CEL MARIVALDO DE SOUZA FRANÇA — FAB/AM

28 DE DEZEMBRO — Salmo 23

FIQUEI COM MUITO MEDO, MAS...

*Mesmo quando eu andar pelo escuro vale da morte,
não terei medo...* (v.4)

Na maior façanha da minha vida, em novembro de 1986, fracassei, dominado pelo medo. O desafio era atravessar a baía da Guanabara, o que me daria o título de "nobre herói do mar".

Estávamos no último dia do Curso de Instrutor de Treinamento Físico Militar, da Escola de Educação Física do Exército, que, para mim, já era título suficiente. A Marinha alertara sobre as fortes correntes marítimas, que aumentavam muito os riscos, mas o calendário foi mantido.

Passamos meses treinando para aquela missão. Até acreditei que já estava preparado, mas eu, o caipira do Centro-Oeste, seria dominado pelo medo em uma tarefa simples para um garoto de 9 anos, nascido no litoral carioca e íntimo do mar. Mesmo nos treinamentos, o medo e a morte me assombravam quase todos os dias. Era angustiante.

No dia da travessia, chovia muito e, pouco tempo depois de entrar no mar, vi-me nadando sozinho, quase à deriva, quando me lembrei do Salmo 23 e comecei a orar com a própria Palavra dizendo: "Mesmo quando eu andar pelo escuro vale da morte, não terei medo..." (v.4).

Senti a maravilhosa companhia do Espírito Santo de Deus até que pude ser resgatado por um barco mais de duas horas depois. Não consegui cumprir aquela missão e não recebi o título, mas ganhei um Amigo íntimo, o próprio Espírito de Deus, que nunca me abandonou.

*Sentirei medo muitas vezes, mas não me deixarei dominar
por ele, pois a mão de Deus me sustentará.*

SENHOR, SOU MUITO GRATO POR TERES PRESERVADO A MINHA VIDA E ME DADO O TEU ESPÍRITO PARA ME GUIAR ATÉ A TUA GLORIOSA PRESENÇA.

TEN CEL AILTON SOUSA BASTOS — CBMGO

29 DE DEZEMBRO — 1 Pedro 5:6-9

LANÇANDO SOBRE ELE TODA A NOSSA DOR

Entreguem-lhe todas as suas ansiedades, pois ele cuida de vocês. (v.7)

O apóstolo Pedro está lidando com um assunto que faz parte da natureza humana, isto é, a ansiedade. A ansiedade está bem presente entre nós militares, pois, embora a profissão que exerçamos seja maravilhosa, o peso que ela impõe é extremamente grande.

Há momentos, principalmente aqueles que envolvem o reconhecimento de nosso esforço, quando aguardamos, por um longo tempo, a merecida promoção, o nosso coração fica agitado, angustiado e ansioso, esperando a publicação. E quando ela não vem? A tristeza invade a nossa alma, ficamos confusos e decepcionados e é nesse momento tão difícil que mais precisamos de alento, de uma palavra que venha a confortar um "espírito abatido". Precisamos de Deus.

O apóstolo Pedro nos convida a nos achegarmos a Deus e em Sua presença derramar a nossa alma e aprender com Ele a esperar, pois Ele cuida de nós e, no momento certo, a bênção chegará. Em Jesus Cristo é possível reconstruir nossos sonhos, nosso alento e nosso ânimo, lançando sobre Ele toda a nossa ansiedade, pois Ele está no controle e tem o melhor para cada um de nós.

Lançar sobre Ele a nossa ansiedade exige fé.

SOBERANO DEUS, PERMITE QUE POSSAMOS ENCONTRAR A PAZ QUE PROCEDE DO TEU CORAÇÃO. AMÉM!

TEN CEL NIOBEY AYER DA SILVA — PMTO

30 DE DEZEMBRO — **Deuteronômio 6:1-7**

TRANSMITIR ÀS NOVAS GERAÇÕES

Guarde sempre no coração as palavras que hoje eu lhe dou. (v.6)

A história profissional dos pais policiais e bombeiros é repleta de passagens pitorescas. Algumas são semelhantes às melhores cenas de filmes de ação; outras se aproximam de atos heroicos, dignos de "super-homens" e "mulheres-maravilha". O imaginário dos filhos (sobrinhos, netos etc.) segue rumo ao infinito.

Moisés conversava com a nova geração de hebreus que estava às margens do rio Jordão e muito próxima de conquistar a terra prometida. O líder hebreu lembrava a eles da saída espetacular do Egito e dos 40 anos de peregrinação no deserto, marcados por cenas extraordinárias, todas com interferência direta e milagrosa do Deus de Israel, entre elas a entrega dos Dez Mandamentos.

Moisés é assertivo quando destaca àquela geração: "... ame o S<small>ENHOR</small>, seu Deus, de todo o seu coração [...] Guarde sempre no coração as palavras que hoje eu lhe dou. Repita-as com frequência a seus filhos..."(6:5-7). As ações extraordinárias de Deus continuariam abençoando os hebreus desde que eles amassem a Deus. Era muito importante que repetissem, com *persistência*, aos seus filhos toda narrativa de bênção e livramento divinos, criando no imaginário (coração) ambiência para um relacionamento adorador a seu Deus, redentor e salvador.

Persistência ao falar do cuidado infinito Deus. Esse é um desafio diário. Certamente podemos falar dos nossos "feitos heroicos". Isso contribui com o respeito e a admiração à nossa profissão. Mas a prioridade é destacar o que Deus fez, faz e fará por nós.

A memória do coração deve estar repleta das bênçãos do Senhor.

QUERIDO DEUS, AJUDA-NOS NA PERSISTÊNCIA DE ANUNCIARMOS AOS NOSSOS FILHOS TEUS FEITOS EXTRAORDINÁRIOS E TEU CUIDADO INFINITO.

CEL ÉVERON CÉSAR PUCHETTI FERREIRA — PMPR

31 DE DEZEMBRO — 2 Coríntios 5:15-21

VIVER EM CRISTO É VIVER O NOVO

...se alguém está em Cristo, é nova criação.
As coisas antigas já passaram... (v.17)

Muitos estão esperando por um ano novo. Já ouvi muitas vezes as pessoas dizerem: "o ano podia acabar logo para recomeçar!" Mas, de fato, o que se faz necessário é viver o novo de Deus, a cada dia. Você tem vivido uma nova vida em Cristo? A igreja neotestamentária passou pelo mover espiritual, mas, em seguida, os irmãos daquela época foram levados à vida corriqueira e começaram a esfriar espiritualmente. Paulo mostra-nos que devemos ser movidos pelo temor de Deus, pelo Seu amor e novidade em Deus. Tudo isso implica uma mudança de mentalidade.

"O temor do SENHOR é o princípio da sabedoria" (SALMO 111:10). O cristão deve buscar esse temor, pois a Bíblia nos adverte que o povo de Deus foi destruído por falta de conhecimento (OSEIAS 4:6)

O amor de Deus nos supre, traz esperança, paz, conforto para a alma e a certeza de que somos Seus filhos e cuidados por Ele. Viveremos bem quando trouxermos sempre à memória o amor de Deus por nós.

Viver o novo de Deus é sempre mudar o nosso foco para os preceitos dele. Isso implica mudança de pensamento, pois somos levados para o mal o tempo todo. Porém, quando buscamos a mudança de pensamento, voltando-nos para Deus, podemos viver a novidade de vida a cada dia.

Quero agradar a Deus e viver o novo, cheio
da presença do Senhor Jesus.

SENHOR JESUS, AJUDA-ME A VIVER O NOVO A CADA DIA E QUE EU POSSA SER LUZ PARA ESTE MUNDO.

PASTOR SHARLES CRUZ — PRESIDENTE DA IGREJA COBERTURA CRISTÃ

AUTORES

Queremos agradecer e listar todos os escritores que participaram, de forma voluntária, deste projeto. Foram muitos desafios, reuniões, estudos de temas e orações. Com a graça de Deus, o projeto ficou único, inovador e abençoador. É a primeira vez — no mundo — que se tem notícia de um projeto desta dimensão com profissionais de Segurança Pública. Isso para nós é motivo de muita honra.

Nossos sinceros agradecimentos e honras aos convidados das Forças Armadas, líderes e representantes de organizações de capelanias. Também o nosso muito obrigado e parabéns a todos os profissionais da Segurança Pública do Brasil que participaram, separando um tempo precioso para escrever e contribuir com os textos e as reflexões que o Senhor colocou em seus corações.

A Deus sejam a honra, a glória e nossas vidas!

Autores da primeira edição do *Pão Diário — Segurança Pública do Brasil*:

Abias Costa dos Santos, Adelmo Antônio de Souza, Advanir Alves Ferreira,
Ailton Sousa Bastos, Albenis da Silva Rocha, Aldair Donato Espíndola,
Alex Thomaz de Almeida, Alexandre Antunes Neves, Alexandre Gottschalk,
Alexandre Marcondes Terra, Aline Lauer, Altemir Menezes,
Aluísio Laurindo da Silva, Amanda Mendes Brandão de Faria,
Amaro Martins Neto, Ana Célia Araújo Machado,
Anderson Adriano Silva Faria, Anderson Silvio Mendes,
André Luís do Nascimento Santos, Antoniel Alves de Lima,
Antônio Branco Dias, Antônio Carlos da Silva,
Antônio de Pádua Lopes Aguiar, Antônio Paim de Abreu Junior,
Antônio Rodrigues de Souza, Antônio Soares Nogueira, Arlindo José Rotta,
Artur Inácio da Purificação, Atilano Muradas Neto, Augusto Cardias Filho,
Avelar Lopes Viveiros, Bianca Oliveira de Araújo,

Caio César Nascimento Franco, Carlos André Medeiros Lamin,
Cassandro da Costa e Silva, Celso Aliair Porfírio Galvão,
Charles Adriano Fernandes, Cícero Nunes Moreira, Cícero Ribeiro Silva,
Claison Alencar Pereira, Claudio Britto, Cláudio Luz, Cleyton Cruz,
Cristiano Abirached Junqueira Lopes, Custódio Alves Barreto Neto,
Dakson Lima de Almeida, Denilson Lopes da Silva, Dirce Shirota,
Donato Coelho de Almeida, Dulce Maria Gavazzoni Rodrigues,
Edilson Freitas, Edmilson Alves Gouveia, Ednaldo Fernando Rodrigues,
Edson Fernandes Távora, Eduardo José Pereira da Silva,
Eduardo Silva Leite, Einars Wilis Sturms, Elias Champoski,
Eliezer Vitor Coelho, Elizabeth Lemos Leal, Enir Soares de Souza Júnior,
Erilson Mesquita Araújo, Eugênio Lopes Oliveira,
Éveron César Puchetti Ferreira, Ezequiel Brasil Pereira,
Ezilda Silva dos Santos, Frederico Jonas Alcici, Giancarlo Tenório,
Gilsemar Silva, Gisleno Gomes de Faria Alves, Glédston Campos dos Reis,
Gustavo Epitácio de Santana, Heber Gonçalves Cunha,
Hudson Faria dos Santos, Iran Bernardes da Costa, Isildinha Muradas,
Ismael Ornilo, Israel Moura Ferreira, Jackson Jean Silva,
Jacqueline Albéfaro Oliveira, Jairo Medeiros de Souza, Jamir Carvalho,
Jesiane Calderaro Costa Vale, Joanã Martins Nogueira,
João Batista dos Santos de Lima, João de Deus dos Santos Silva,
João Luiz Furtado, João Paulo Martins da Silva, Joel Antônio Vieira Lopes,
Joel Rocha, Jonas de Mello, Jonathas de Lima,
Jorge Luís dos Santos Lacerda, José Alfredo Farias Filho,
José Carlos da Silva, José Carlos Porto da Silva, José Dierson Ricardo,
José Laurindo Filho, José Ribamar de Lima Martins, José Roberto Rodrigues,
José Tarcísio Ribeiro Pinto, José Walber Rufino Tavares,
José Wilson Gomes de Assis, Josiel Borges da Silva,
Josué Fernandes Marrieli, Karise Néris, Keydna Alves Lima Carneiro,

Kildare Nascimento da Silva, Laedson dos Santos,
Lamartine Gomes Barbosa, Leonor Farias, Levi de Souza Pires,
Levi Lima da Silva, Loacir Antônio Padilha, Luciana Soares Rêgo,
Luciméia Swiech, Luís Antônio Boudens, Luis Seoane,
Luiz Augusto de Oliveira França, Luiz Cesar Nunes de Araújo,
Luiz Fernando Pereira do Nascimento, Manuel Gamaliel Lima,
Marcello Silva de Azevedo, Marcelo Alves dos Santos,
Márcio de Carvalho Leal, Mário César Valério Monteiro Soares,
Marivaldo de Souza França, Miguel Uchôa, Monick Cristine da Silva Barros,
Moysés Cruz, Myrthes Freitas Lopes, Nelson Bastian, Niobey Ayer da Silva,
Ozeas Lucas Rodrigues, Paulo Edson de Souza, Paulo Josimar Dias Simões,
Paulo Quinelato Júnior, Paulo Ruiz Garcia, Paulo Samuel Albrecht,
Pedro Tadeu de Souza Maia, Priscila Pontes, Raimundo de Souza Oliveira,
Raul Cavalcante Batista, Renata Varejão da Silva dos Santos,
Roberson Bondaruk, Roberto Carlos Chaves, Ronaldo França da Silva,
Rosane Paiva da Silva, Ruana Casas, Saimon Queiroz dos Santos,
Sandro Soares de Oliveira Lima, Sebastião Soares de Moura,
Selmir Moraes de Souza, Sharles Cruz, Sidiclei Silva de Araújo,
Silvio José da Silva, Sinval da Silveira Sampaio, Telma Lúcia Bernardes,
Tércio Silva Damasceno, Tharcis Damasceno de Macedo,
Thiago Machado de Araújo, Ulysses Araújo, Valderir Pereira dos Santos,
Vanilce Almeida Alves, Vinícius da Silveira Machado, Volni Pompeo Vieira,
Wagner Tadeu dos Santos Gaby, Walber Pereira Lima, Wandecy Rocha,
Wellington Cardoso Laureano, Wellington Casagrande,
Zacarias Souza do Carmo Júnior

NOTAS

NOTAS

NOTAS

PESQUISA DE SATISFAÇÃO

TEMOS UM PRESENTE PARA VOCÊ!

Responda à pesquisa de satisfação e receba de presente um livro digital.

Aponte a câmera do seu celular para o QR Code
e acesse a página da pesquisa.

CONHEÇA RECURSOS QUE PODEM SER DE AJUDA PARA SEU CRESCIMENTO!

Polícia e Igreja na prática

13,5x23,5cm / 200 páginas / Brochura
Cód.: HW179 / ISBN: 978-65-87506-36-4

Documenta o processo prático de implantação institucional da capelania voluntária na Polícia Militar de São Paulo, por meio da associação PMs de Cristo e igrejas parceiras. A obra ressalta o valor do capelão como figura imprescindível e complementar ao sistema de saúde mental da corporação.

O Resgate de um Fuzileiro

Aluísio Laurindo da Silva

13,5x23,5cm / 104 páginas / Brochura
Cód.: J9822 / ISBN: 978-65-87506-35-7

O relato autobiográfico do autor visa à comunicação com o público militar, policial e demais categorias profissionais, com os propósitos da prevenção dos caminhos que podem levar uma pessoa ao fundo do poço existencial. Aborda ainda o resgate, o encorajamento e o despertar espiritual.

Cristianismo para Policiais

Ozéas Lucas

14x21cm / 88 páginas / Brochura
Cód.: E9737 / ISBN: 978-65-87506-34-0

Expõe, biblicamente, como Deus capacita, instrui e guarda pessoas em Cristo Jesus, para que vivam sua profissão de maneira que dignifique o Seu santo nome.

101 conselhos para policiais

Heber Gonçalves Cunha
Jonathas de Lima

10x15cm / 120 páginas / Brochura
Cód.: D9350 / ISBN: 978-65-5350-051-8

Escrito POR militares PARA militares, apresenta 101 conselhos que o ajudarão em sua edificação pessoal, com orientações, sensatez e equilíbrio.

A Missão de Deus para Policiais

Custódio Alves Barreto Neto

14x21cm / 112 páginas / Brochura
Cód.: GN732 / ISBN: 978-65-5350-050-1

Uma mensagem de reflexão a todos os policiais sobre a autoridade que exercem e que foi dada por Deus. Os leitores saberão mais sobre o que é a Polícia e qual o seu papel no mundo espiritual.

EDIÇÕES ESPECIAIS
PÃO DIÁRIO
SEGURANÇA PÚBLICA

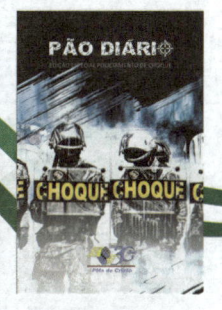

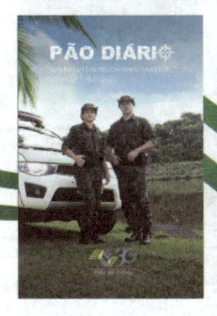

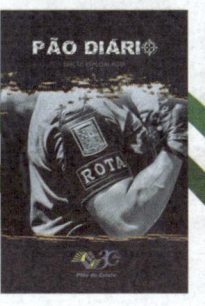

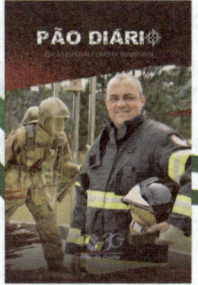

EDIÇÕES ESPECIAIS
PÃO DIÁRIO
SEGURANÇA PÚBLICA

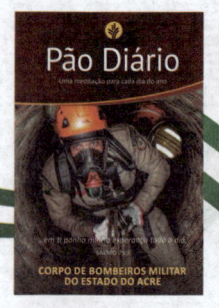

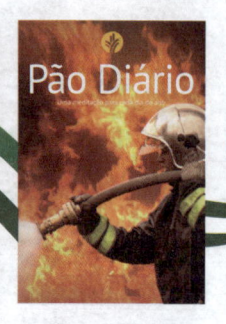

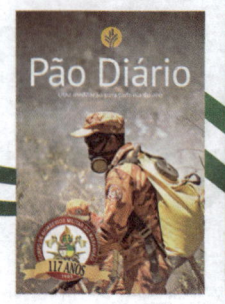

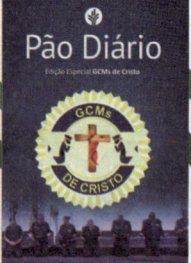

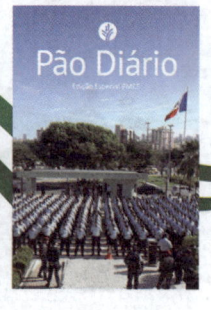